"中国停车产业研究与发展"系列丛书

机械式立体停车
设备安装、使用与维护

曾　超　许明金　张　敏　著
明艳华　唐伯明　主审

人民交通出版社
北　京

内 容 提 要

本书共分为8章，包括机械式立体停车设备的相关基础知识，设备构成，设备安装施工流程与要求，典型的设备安装施工流程，设备使用与操作，设备常用零部件及电气系统的检查与维护，设备检查与维护，设备安装、使用与维护发展新趋势等。

本书可供城市停车设施建设及管理部门、规划设计单位、停车设备制造及安装维护企业、停车场运营管理企业、大专院校及科研机构参考使用。

图书在版编目(CIP)数据

机械式立体停车设备安装、使用与维护/曾超，许明金，张敏著. —北京：人民交通出版社股份有限公司，2025.6. —ISBN 978-7-114-20290-2

Ⅰ. U491.7

中国国家版本馆CIP数据核字第2025Q694F2号

"中国停车产业研究与发展"系列丛书

书　　名：机械式立体停车设备安装、使用与维护
著 作 者：曾　超　许明金　张　敏
策划编辑：郭红蕊
责任编辑：单籽跃
责任校对：赵媛媛
责任印制：张　凯
出版发行：人民交通出版社
地　　址：(100011)北京市朝阳区安定门外外馆斜街3号
网　　址：http://www.ccpcl.com.cn
销售电话：(010)85285857
总 经 销：人民交通出版社发行部
经　　销：各地新华书店
印　　刷：北京科印技术咨询服务有限公司数码印刷分部
开　　本：787×1092　1/16
印　　张：17.25
字　　数：409千
版　　次：2025年6月　第1版
印　　次：2025年6月　第1次印刷
书　　号：ISBN 978-7-114-20290-2
定　　价：69.00元
(有印刷、装订质量问题的图书，由本社负责调换)

《机械式立体停车设备安装、使用与维护》编委会

著　　者：

重庆交通大学/重庆市公路学会静态交通专业委员会	**曾　超**	**副教授/秘书长**
江苏普腾智能技术有限公司　智能车库研究院	**许明金**	**正高级工程师/院长**
中国重型机械工业协会停车设备工作委员	**张　敏**	**秘书长**

主　　审：

中国重型机械工业协会停车设备工作委员会	**明艳华**	**荣誉理事长**
重庆交通大学	**唐伯明**	**教授/原校长**

顾　　问：

国家发展和改革委员会综合运输研究所城市交通室	**程世东**	**主任**
国家市场监督管理总局特种设备局	**尚　洪**	**高级工程师/二级巡视员**
重庆市停车管理事务中心	**张　鹏**	**主任**
重庆交通大学交通运输学院	**刘唐志**	**教授/院长**
中交嘉博智慧停车服务(重庆)有限公司	**李学超**	**董事**
中交嘉博智慧停车服务(重庆)有限公司	**刘银岩**	**高级工程师/副总经理**

参编人员：

李祥啟　张瑞锋　徐卫军　翟凯鸿　翟雨凡　冯瑞胜　薄晓鸣　马景山
林伟通　王　勇　王忠利　陈毛建　乔　昊　杨　林　杨佳莺　黄美良
廖　文　孙晋明　吕庆源　管延华　姚　昕　方祝花　刘程泉　吴青海
秦圣祥　王　斌　黎嘉殷　李春录　张国民　黄拾龙　杜希礼　冯小隆
黄　波　史焕然　孙振超　禚昌富　沈　坚　毛健民　李和平　郭双龙
赵永辉　张　春　沈如华　李建龙　陈　伟　丁丹枫　李仲军　杨京京
孟　佳　杨雪佳　幸　敏　林忠红　陈晓明　谢文礼　江　珊　王力行
熊　英　吴　坤　吴　严　田心畅

参编单位：(按汉语拼音字母排序)

安徽华星智能停车设备有限公司

安徽乐库智能停车设备有限公司
宝胜系统集成科技股份有限公司
北京鑫华源机械制造有限责任公司
重庆公共运输职业学院
重庆建工第三建设有限责任公司
重庆航天职业技术学院
大洋泊车股份有限公司
福建速易泊汽车服务有限公司
广东省三浦科技股份有限公司
广州广日智能停车设备有限公司
广州建德机电有限公司
杭州大中泊奥科技股份有限公司
杭州西子智能停车股份有限公司
河南冠翔停车设备有限公司
衡水奇佳停车设备有限公司
江苏川钿明椿电气机械有限公司
江苏普腾智能技术有限公司
江苏润邦智能车库股份有限公司
兰州远达停车产业有限公司
青岛德盛利立体停车设备有限公司
青岛茂源智能装备有限公司
青岛齐星车库有限公司
山东九路泊车设备股份有限公司
山东莱钢泰达车库有限公司
山东启阳液压科技有限公司
山东天辰智能停车有限公司
山西华博科技有限公司
陕西隆翔停车设备集团有限公司
陕西中科天驹智能停车系统有限公司
上海赐宝停车设备制造有限公司
上海禾通涌源停车设备有限公司
上海华宸立体车库集团有限公司
深圳精智机器有限公司
深圳市伟创自动化设备有限公司
深圳怡丰自动化科技有限公司
唐山通宝停车设备有限公司
西部(重庆)科学城沙兴实业发展集团有限公司
友嘉国际数控机床有限公司
中交长江建设发展集团有限公司

前言

Preface

随着城市化进程的加快及汽车保有量的不断增加，停车难问题已成为各大城市面临的一大挑战。机械式立体停车设备，以其空间利用率高、智能高效的特点，逐渐成为解决停车难问题的有效途径之一。由于机械式立体停车设备的安装、使用与维护直接关系其安全性、稳定性及使用寿命，是停车设备建设管理中不可或缺的重要环节。基于此，在出版《机械式立体停车设施》，向读者介绍了机械式立体停车设施分类及特征、运行原理、规划设计方法的基础上，为提升机械式立体停车设施中相关停车设备的安装、使用与维护水平，《机械式立体停车设备安装、使用与维护》应运而生。本书由中国重型机械工业协会停车设备工作委员会、重庆交通大学共同组织成立编委会，组织国内外数十家知名停车设备制造企业、停车设备建设管理运营单位、重庆市公路学会静态交通专业委员会的专家学者共同编著，旨在为广大停车行业从业者提供一本全面、实用的技术指南。全书共分为 8 章，内容涵盖了机械式立体停车设备安装、使用与维护等各方面，从基础知识到设备构成，从安装施工到验收要点，从使用操作到检查维护，力求为读者构建一个系统、完整的知识体系。

本书第 1 章介绍了机械式立体停车设备安装、使用与维护的基本概念，为后续章节的学习打下坚实基础。第 2 章通过图解的方式详细解析了典型的机械式立体停车设备的构成，帮助读者深入了解设备的内部结构和工作原理。第 3 章和第 4 章则重点阐述了设备的安装施工流程、要求以及各类设备的安装验收要点，确保设备能够安全稳定地投入使用。设备的维护是确保其正常使用的关键环节。第 5 章介绍了设备的使用与操作，包括日常操作规范、应急处理措施等，确保用户能够安全、便捷地使用设备。第 6 章和第 7 章介绍了常用零部件和电气系统的检查与维护技巧，以及典型的机械式立体停车设备的检查与维护方法，旨在延长设备的使用寿命，提高其运行效率。最后，第 8 章展望了设备安装、使用与维护的新技术，让读者了解行业发展的最新动态，了解行业未来发展趋势。

《机械式立体停车设备安装、使用与维护》一书的出版，旨在填补当前行业内的知识空白，为行业提供一套科学、实用的指导方案。本书可供城市停车设施建设及管理部门、规划设计单位、停车设备制造及安装维护企业、停车场运营管理企业、高等院校及科研机构的相关人员阅读参考。我们衷心希望本书能够得到广大读者的认可与支持，也欢迎读者提出宝贵的意见和建议，希望本书能够成为您工作中的得力助手，为您在机械式立体停车设备安装、使用与维护的过程中提供指引和帮助。

作　者

2025 年 1 月 16 日

第1章
概　　述

1.1 机械式立体停车设备发展概述

随着城市化进程的加快及汽车保有量的急剧增加，停车难问题已成为各大城市面临的一大挑战。机械式立体停车设备通过智能化控制，实现了车辆的自动化停放，大大提升了停车效率，同时其灵活多变的设计能够适应不同场地和需求，为缓解城市停车难问题提供了有效的解决方案。自2015年起，我国已成为全球机械式立体停车设备生产及使用的第一大国，机械式立体停车设备凭借其高效利用空间、快速存取车辆等优势得到快速发展，在我国各大城市得到了广泛应用，成为各大城市停车系统中不可或缺的组成部分，在缓解城市停车难题、提升城市停车智慧化水平方面发挥了重要作用。

机械式立体停车设备行业在我国发展40余年，设备设计及制造水平已位居世界前列。机械式立体停车设备的安装、使用与维护直接关系其安全性、稳定性及使用寿命，是停车设备建设与使用中不可或缺的重要环节。因此，本书将为广大停车行业从业者提供一本全面、系统的技术指南，帮助大家更好地掌握机械式立体停车设备安装、使用与维护的方法。本书通过介绍科学的建设和安装机械式立体停车设备的方法，以期提高设备的稳定性、安全性及使用寿命；通过规范使用及维护机械式立体停车设备，目的是避免或减少故障的发生，预防安全事故，从而确保设备的正常高效运行。

1.2 机械式立体停车设备的分类

机械式立体停车设备种类繁多、机型多样，不同类型停车设备的安全技术要求不尽相同，为便于读者清晰掌握不同类型停车设备的安全技术条件、检验检测方法及安全管理要点，本书选取介绍了9种典型的机械式立体停车设备，如读者需详细掌握该部分内容，可参阅本编写团队所编写的“中国停车产业研究与发展系列丛书”中《机械式立体停车设施》一书。

1）升降横移类机械式立体停车设备

升降横移类机械式立体停车设备是利用载车板或其他载车装置升降和平移存取汽车的机械式立体停车设备，代号为PSH，其基本工作原理及示意图如图1-1所示。

2）简易升降类机械式立体停车设备

简易升降类机械式立体停车设备是使用升降或俯仰机构使汽车存入或取出的机械式立

体停车设备,代号为 PJS,其基本工作原理及示意图如图 1-2 所示。

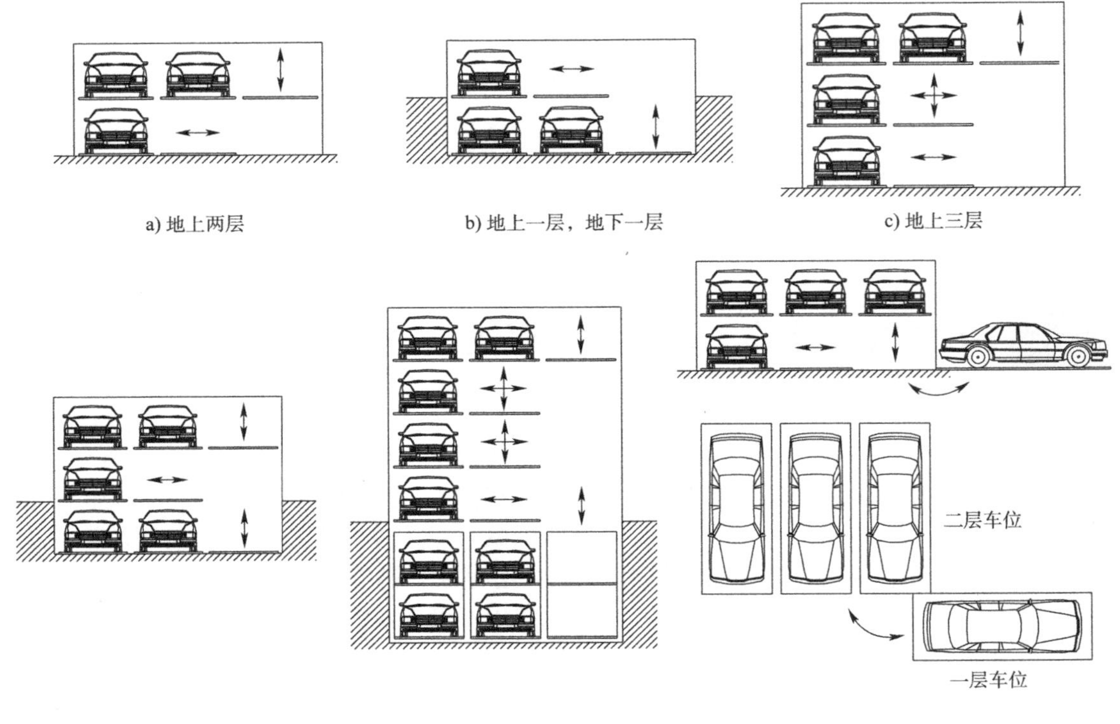

a) 地上两层　b) 地上一层，地下一层　c) 地上三层

d) 地上两层，地下一层　e) 地上四层，地下两层　f) 地上两层(无避让式)

图 1-1　升降横移类机械式立体停车设备基本工作原理及示意图

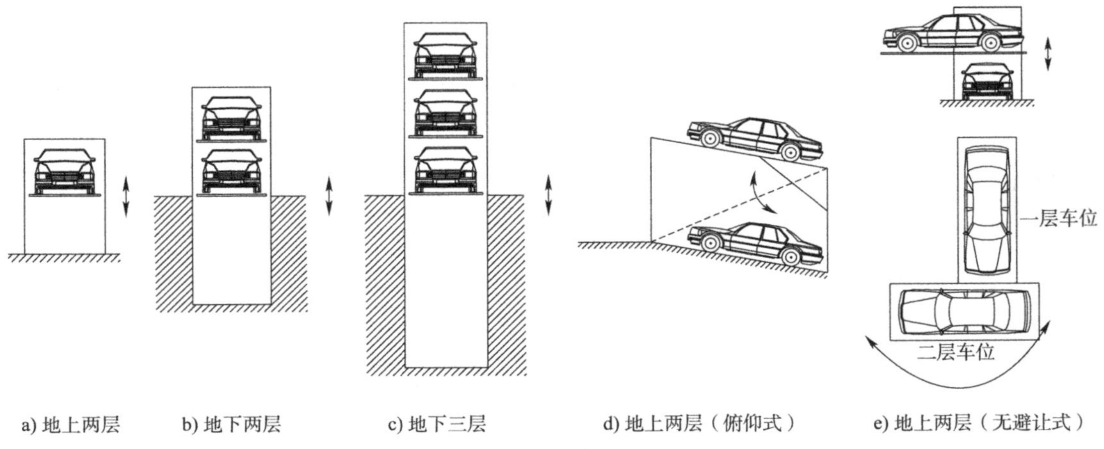

a) 地上两层　b) 地下两层　c) 地下三层　d) 地上两层（俯仰式）　e) 地上两层（无避让式）

图 1-2　简易升降类机械式立体停车设备基本工作原理及示意图

3) 平面移动类机械式立体停车设备

平面移动类机械式立体停车设备是在同一水平层用搬运器平面移动汽车或载车板,多层时使用升降机来进行不同层间的升降,从而实现存取汽车的机械式立体停车设备,代号为 PPY,其基本工作原理及示意图如图 1-3 所示。

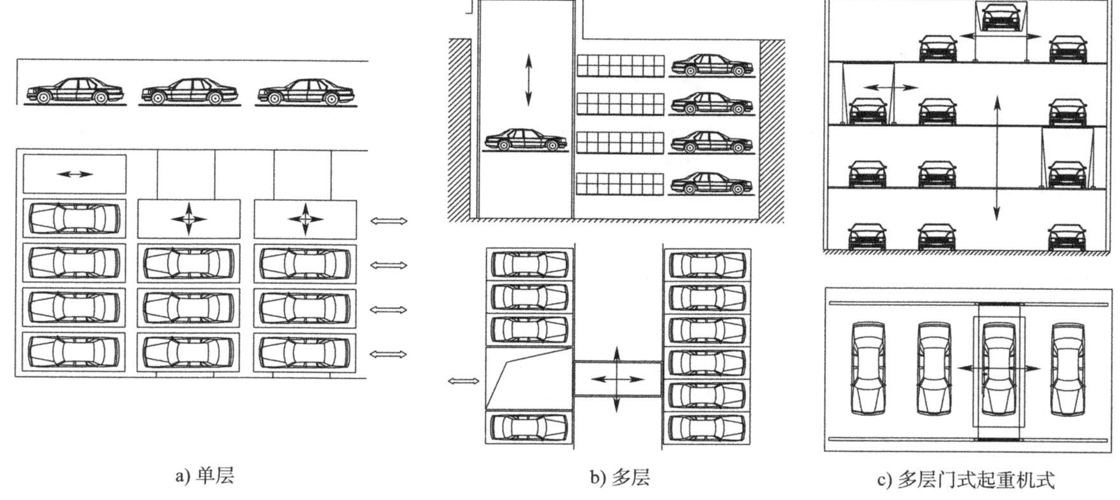

图 1-3　平面移动类机械式立体停车设备基本工作原理及示意图

4)巷道堆垛类机械式立体停车设备

巷道堆垛类机械式立体停车设备是使用巷道堆垛机,将汽车垂直且水平移动到停车位旁,并采用存取交接机构存取汽车的机械式立体停车设备,代号为 PXD,其基本工作原理及示意图如图 1-4 所示。

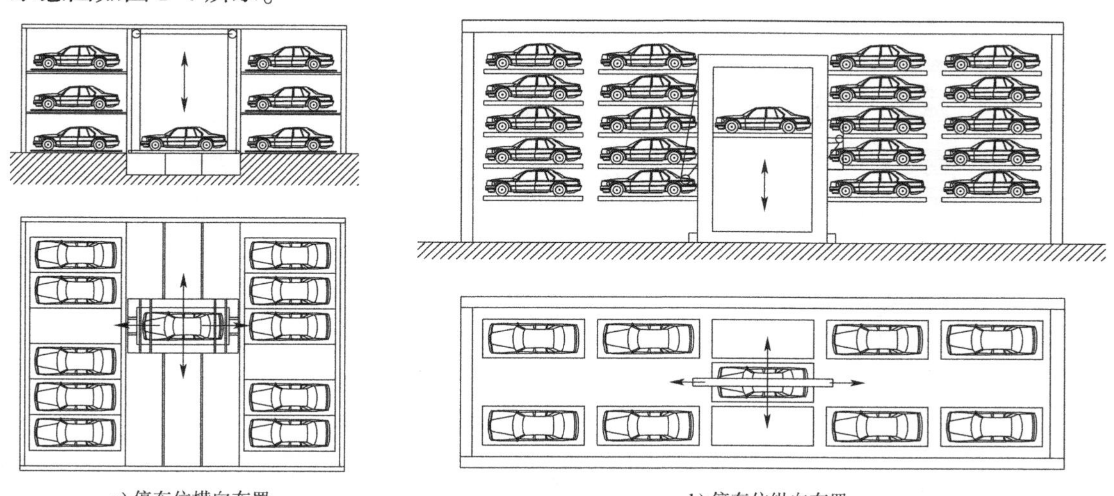

图 1-4　巷道堆垛类机械式立体停车设备基本工作原理及示意图

5)垂直升降类机械式立体停车设备

垂直升降类机械式立体停车设备是使用升降机将汽车升降到指定层,并采用存取交接机构存取汽车的机械式立体停车设备,代号为 PCS,其基本工作原理及示意图如图 1-5 所示。

6)垂直循环类机械式立体停车设备

垂直循环类机械式立体停车设备是使用垂直循环机构使车位产生垂直循环运动到达出入口层,进行存取汽车的机械式立体停车设备,代号为 PCX,其基本工作原理及示意图如图 1-6 所示。

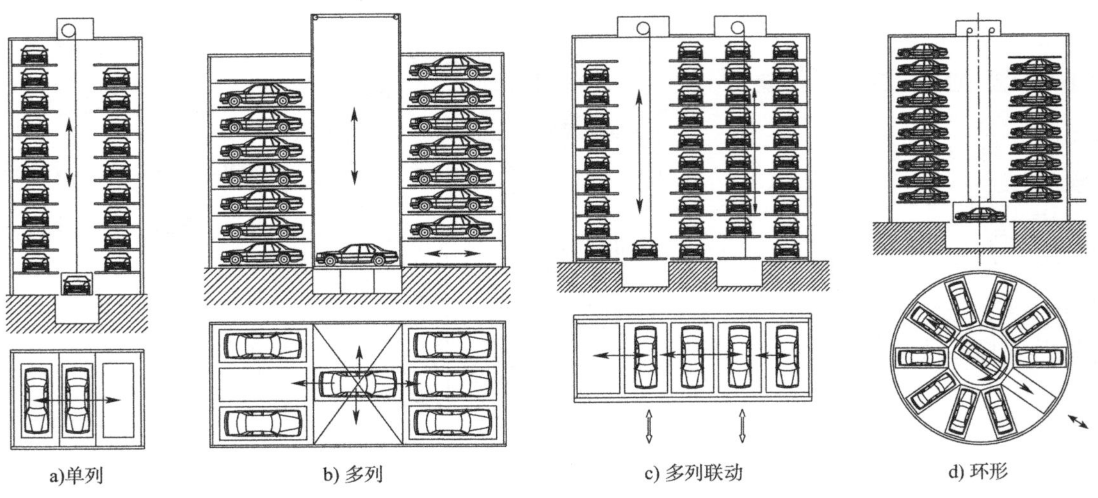

图 1-5　垂直升降类机械式立体停车设备基本工作原理及示意图

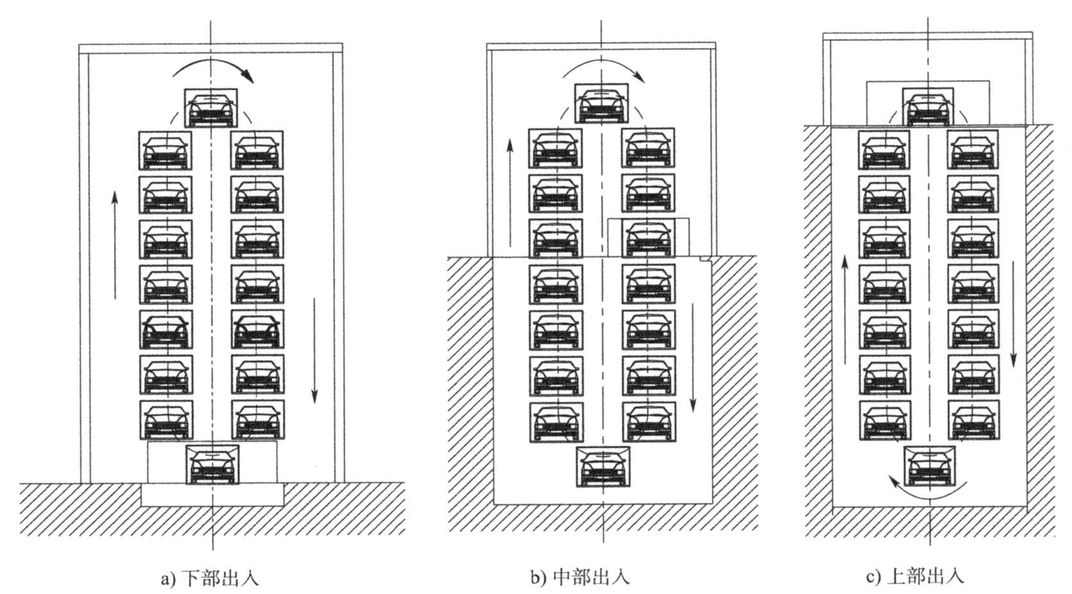

图 1-6　垂直循环类机械式立体停车设备基本工作原理及示意图

7) 水平循环类机械式立体停车设备

水平循环类机械式立体停车设备是使用水平循环机构使车位产生水平循环运动到达升降机或出入口，进行存取汽车的机械式立体停车设备，代号为 PSX，其基本工作原理及示意图如图 1-7 所示。

8) 多层循环类机械式立体停车设备

多层循环类机械式立体停车设备是使用上下循环机构或升降机将汽车在不同层的车位之间进行循环换位，来实现汽车存取的机械式立体停车设备，代号为 PDX，其基本工作原理及示意图如图 1-8 所示。

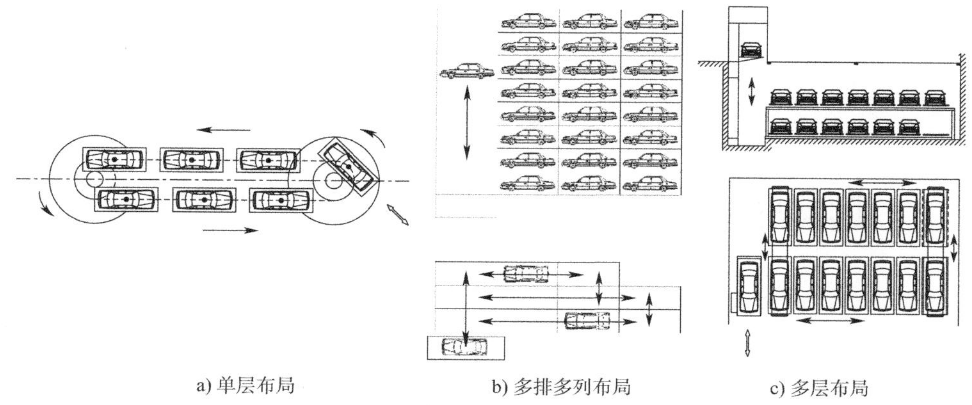

a) 单层布局　　b) 多排多列布局　　c) 多层布局

图 1-7　水平循环类机械式立体停车设备基本工作原理及示意图

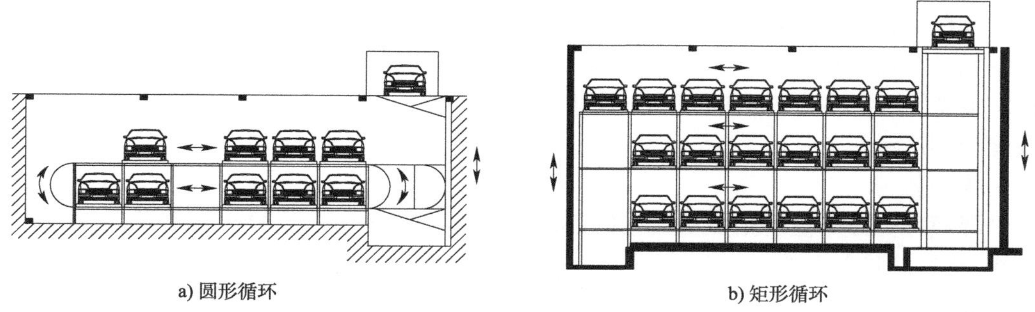

a) 圆形循环　　b) 矩形循环

图 1-8　多层循环类机械式立体停车设备基本工作原理及示意图

9) 汽车专用升降机

汽车专用升降机是用于停车设备出入口至不同停车楼层间升降搬运汽车的机械设备，代号为 PQS，其基本工作原理及示意图如图 1-9 所示。

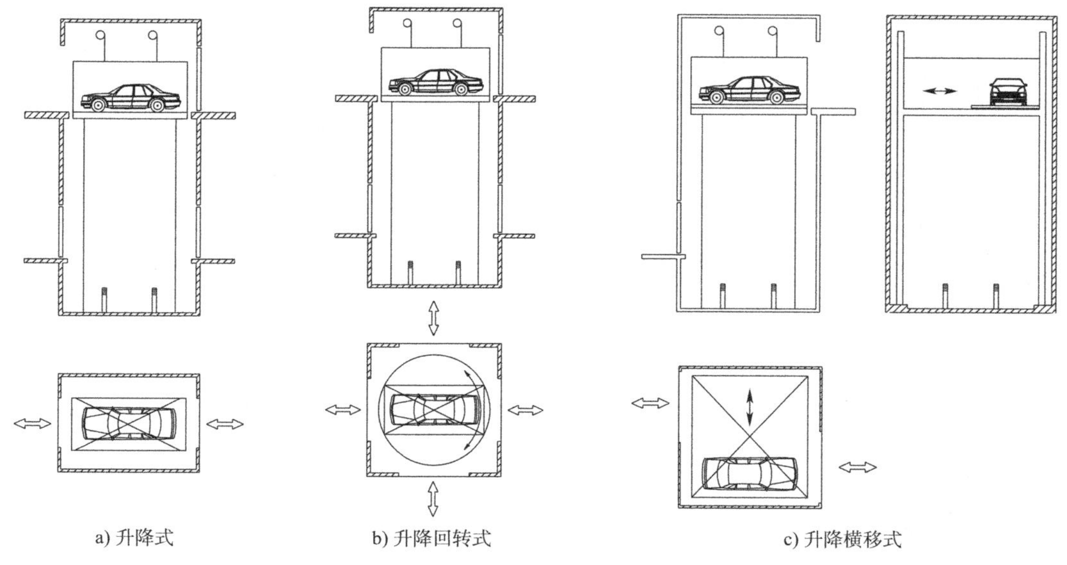

a) 升降式　　b) 升降回转式　　c) 升降横移式

图 1-9　汽车专用升降机基本工作原理及示意图

第2章

典型的机械式立体停车设备构成

2.1 升降横移类停车设备构成

升降横移类停车设备产品结构与传动机构都较为简单，产品性能相对稳定，可根据不同地形空间灵活组合搭配，对土建要求及投入、维护成本相对较低，维护简单，可扩充性好。该类停车设备在9类停车设备中一直占据市场的主导地位，尤其是2层升降横移类停车设备在我国应用广泛。

1）设备构成

升降横移类停车设备主要构成包括钢结构框架、载车板、起升机构、横移框（运行机构）、控制柜、安全防护装置等，如图2-1所示。

2）主体结构

升降横移类停车设备钢结构一般由立柱、横梁、纵梁和支撑等构成，如图2-2所示，各构件为H型钢、方管等型钢，构件或部件之间通常采用焊接、螺栓连接方式，形成刚性稳固的空间单元，承受设备自身质量、停放汽车质量以及其他外部自然载荷（如风载荷、雪载荷等）。

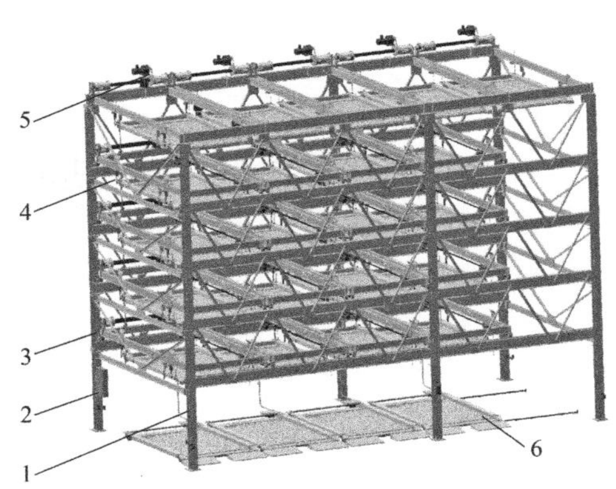

图2-1　升降横移类停车设备构成

1-钢结构框架；2-控制柜；3-横移框（运行机构）；4-安全防护装置；5-起升机构；6-载车板

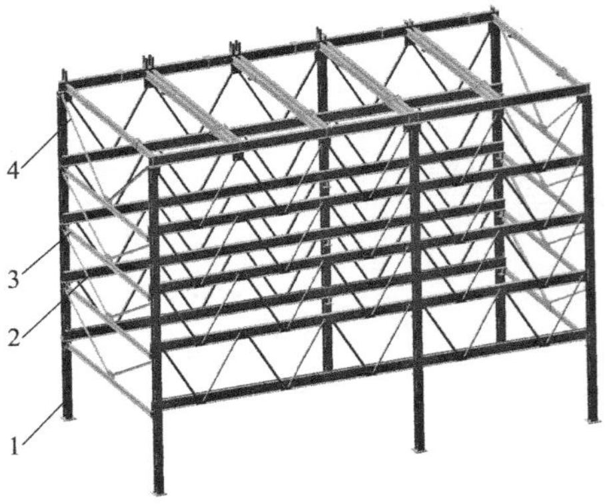

图2-2　停车设备钢结构

1-立柱；2-横梁；3-纵梁；4-支撑

3）起升机构及机械部分

升降横移类停车设备起升机构的起升方式主要有链条链轮式、钢丝绳卷筒式，其中三层以上的多层升降横移类停车设备起升机构多采用钢丝绳卷筒起升方式，两层升降横移类停车设备以链轮链条起升方式居多。图2-3以钢丝绳卷筒式起升机构为例,升降运动一般通过减速电机驱动链轮、链条及卷筒进行。

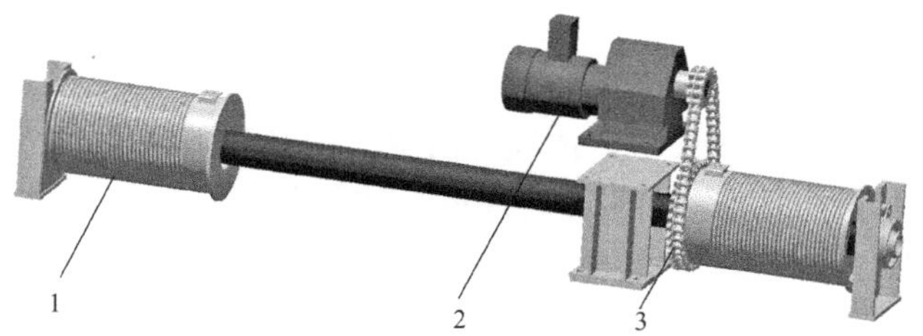

图2-3 起升机构

1-卷筒;2-减速电机;3-链轮链条

4)横移框

多层升降横移类停车设备(三层及以上)通常在设备中间层设有横移框,其上装有起升机构和横移机构,由此实现设备的载车板升降或横移运动,如图2-4所示。

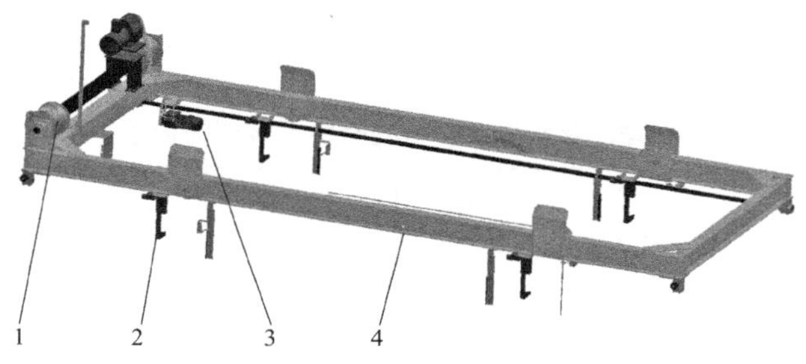

图2-4 横移框(运行机构)

1-升降机构;2-安全防护装置;3-横移机构;4-横移框

5)载车板

地面载车板由横移驱动机构、边梁、阻车装置等构成,如图2-5所示。载车板在出入口地面层轨道上实现横移。

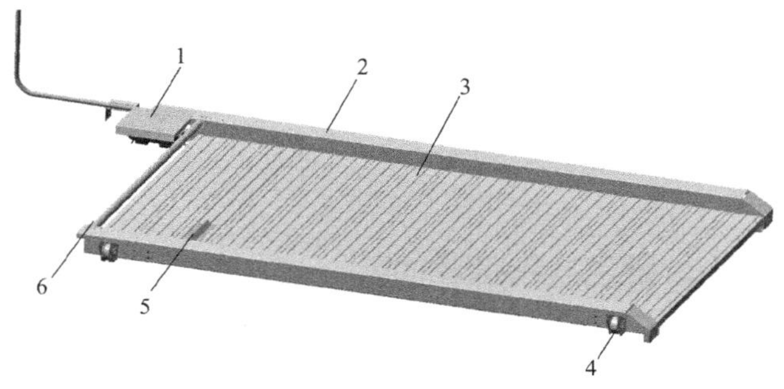

图2-5 载车板

1-横移驱动机构;2-边梁;3-波浪板;4-从动轮;5-防溜装置;6-阻车装置

6)电气控制系统

机械式立体停车设备执行存车或取车过程,通常由电气控制实现,控制器一般为可编程逻辑控制器(PLC)或单片机、工控机等。PLC可靠性高,程序设计方便灵活,在停车设备中得到广泛应用。特别是 PLC 集信号采集、信号输出及逻辑控制于一体，不仅可用于其内部存储程序、执行逻辑运算、顺序控制、定时、计数与算术操作等面向用户的指令，并能够通过开关、数字或模拟式输入/输出控制各种类型的停车设备运行过程，整个控制可以实现自动、半自动、手动运行等。

相对而言，升降横移类停车设备整体设置简单。但升降横移类产品自身各种限位开关、检测装置及升降、横移电机数量多，尽管设备运行的控制逻辑较简单，由于设备开关输入点和电机的输出控制点数量较多，因此需要可靠控制。

升降横移类停车设备自动运行流程：存车人或操作人员只需输入存取车位的密码 + 停车位编号（或只需输入停车位编号），按确认键（或启动键），设备所有运行动作便会自动完成，指定停车位到达出入口层地面，驾驶员即可将汽车驶进或驶出该停车位的载车板。常用的停车设备操作方式有：按键、刷卡、人脸识别、指纹识别、车牌识别等。

7）安全防护装置

停车设备安全防护装置的具体要求应符合现行《机械式停车设备设计规范》（GB/T 39980）相应规定，总述详见附录 2。升降横移类停车设备安全防护装置的设置应符合表 2-1 的要求。

升降横移类停车设备安全防护装置的设置 表 2-1

安全防护装置	安装标准	安全防护装置	安装标准
紧急停止开关	应装	警示装置	应装
防止超限运行	应装	轨道端部止挡装置	应装
汽车长、宽、高限制装置	限长限高	缓冲器	—
阻车装置	应装	松绳（链）检测装置	应装
人车误入检出装置	应装	安全钳限速器	—
汽车位置检测装置	—	紧急联络装置	—
出入口门（栅栏门）联锁保护装置	应装	运转限制装置	—
自动门及防夹装置	—	控制联锁功能（GB/T 39980）	应装
防重叠自动检测装置	—	超载限制器（TSG 51）	—
防坠落装置	应装	载车板锁定装置（GB/T 39980）	—
平层装置	—		

2.2 简易升降类停车设备构成

简易升降类停车设备有多种形式，一般分为简易升降地上 2 层（子母停车）、半地下 2 层和 3 层（俗称沉箱式）、俯仰式等，该停车设备设置灵活，投入成本低，操作简单，维护方便。其中俯仰升降式和简易升降地上 2 层式（子母式）设备，因存取上层车辆时下层车辆必须驶离的弊端，不适用于公用停车场。简易升降类停车设备停车层数一般不超过 3 层。

1）设备构成

沉箱式 3 层简易升降类停车设备是简易升降类停车设备中常见的一种形式，该类设备一层载车板直接设置于地面层，其他 2 层载车板均设在地下，3 层载车板能够同升同降运动，由钢结构、载车板、升降驱动机构等构成，如图 2-6 所示。

2）主体结构

沉箱式简易升降类停车设备的主体钢结构设置在地坑内，如图 2-7 所示，主要由立柱、纵梁等构成，另装设其上有起升链条、平衡链条。因为简易升降类停车设备设置的车位层数一般不超过 3 层，所以主体结构简单。

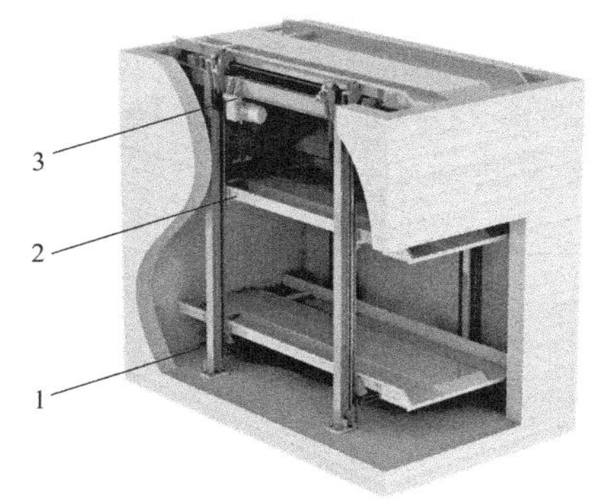

图 2-6 简易升降类停车设备构成
1-钢结构；2-载车板；3-升降驱动机构

图 2-7 沉箱式简易升降类停车设备钢结构构成
1-立柱；2-纵梁；3-起升链条；4-平衡链条

3）驱动机构

简易升降类停车设备升降驱动机构由驱动减速电机、链轮链条、传动轴等组成，如图 2-8 所示。起升链条从下方起升载车板，使 3 层载车板做整体同升同降运动。为防止载车板倾覆或晃动，载车板两侧设置有平衡链将其约束牵制，同时，3 个载车板的连接支撑柱作为导轨，与此对应设置导向装置，从而保证 3 层载车板不会在升降过程中出现水平方向晃动幅度过大。

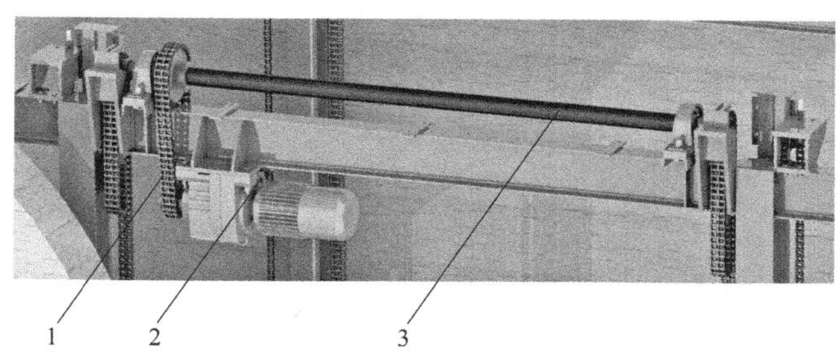

图 2-8 简易升降类停车设备升降驱动机构
1-链轮链条；2-驱动减速电机；3-传动轴

4）安全防护装置

停车设备安全防护装置的具体要求应符合现行《机械式停车设备设计规范》（GB/T 39980）相应规定，总述详见附录 2。简易升降类停车设备安全防护装置的设置应符合表 2-2 的要求。

简易升降类停车设备安全防护装置的设置 表 2-2

安全防护装置	安装标准	安全防护装置	安装标准
紧急停止开关	应装	警示装置	宜装
防止超限运行	应装	轨道端部止挡装置	应装
汽车长、宽、高限制装置	限高	缓冲器	按 GB/T 39980 的规定
阻车装置	应装	松绳(链)检测装置	—
人车误入检出装置	宜装	安全钳限速器	—
汽车位置检测装置	—	紧急联络装置	—
出入口门(栅栏门)联锁保护装置	应装	运转限制装置	—
自动门及防夹装置	—	控制联锁功能(GB/T 39980)	应装
防重叠自动检测装置	按 GB/T 39980 的规定	超载限制器(TSG 51)	—
防坠落装置	应装	载车板锁定装置(GB/T 39980)	—
平层装置	—		

2.3 平面移动类停车设备构成

平面移动类停车设备是一种自动化程度较高、车位数多、容车密度较大、存取便捷的设备,是目前全自动立体停车设备领域中应用较广的一种停车设备,广泛应用于医院、城市综合交通枢纽 P + R(停车 + 换乘)、住宅区、商业办公区及繁华的城市中心的公共停车设备,可设计为独立式停车设备建筑或地下室内配建停车设备。该类停车设备可设置多台升降机、搬运台车、搬运小车、多出入口系统,各系统协同工作,出入库效率较高。

1)设备构成

平面移动类停车设备设置形式多样,尺寸配置等有所差异,但其工作原理、主要组成等大体相同。该停车设备可直接安装在建筑物内,主体结构采用钢筋混凝土结构或钢结构,如图 2-9 所示。钢筋混凝土结构通常由建设方承建,停车设备厂家提供升降机、搬运台车、搬运小车及电气控制系统等。升降机可设置在巷道泊位侧(侧置)或巷道上(中置)。出入口可以设置为上部出入式、中部出入式、下部出入式。对于停车设备设置在地下的,其出入口多设置为上部出入式,下文以此为例对设备构成做进一步说明。

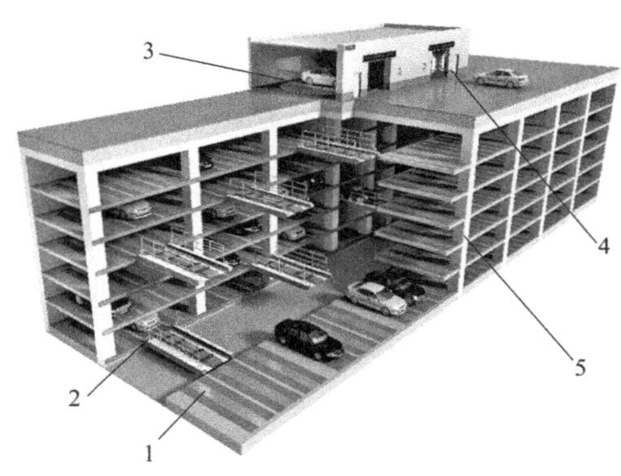

图 2-9 平面移动类停车设备

1-泊位;2-搬运台车;3-升降机(含出入口回转盘);4-出入口;5-主体混凝土结构

2)升降机

升降机用于在停车设备内搬运车辆,进行垂直升降运动,将车辆运送至每一层。升降机一般由金属结构件、升降平台、起升机构、配重等组成。图 2-10 为整体回转升降机,其可以一边升降一边回转,升降机平台上设置有车辆位置姿态调整检测装置、回转机构、对中装置及阻车装置等。

3)搬运台车

搬运台车用于停车设备内同一水平面

内所存车辆的转运，在巷道轨道做水平运动，到达该层的相应车位前。台车上设置搬运小车或存取交接机构可实现存取车辆。如图 2-11 所示，搬运台车一般由缓冲器、护栏、滚轮、行走机构、控制柜、安全防护检测装置等组成。图 2-12 为搬运台车利用抱夹搬运车辆实现存取车辆的过程。

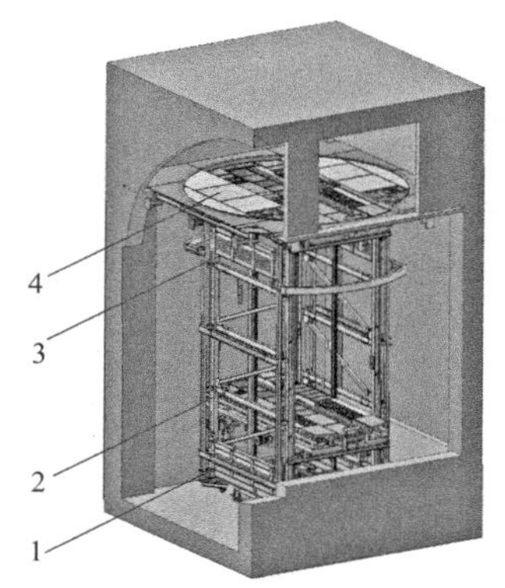

图 2-10 整体回转升降机(含出入口回转盘)
1-升降机钢结构;2-升降平台(轿厢);3-配重;4-回转盘

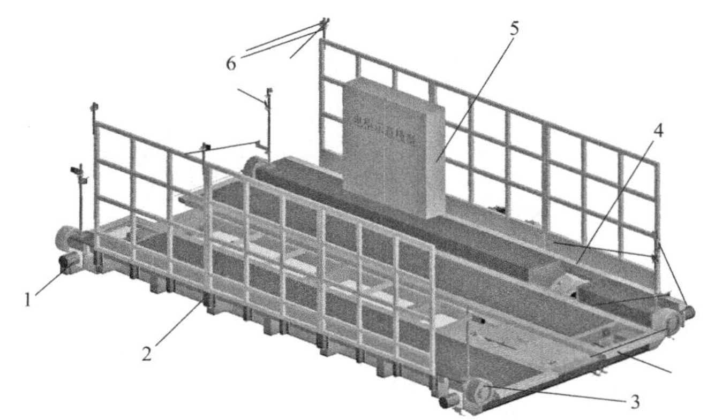

图 2-11 搬运台车(轴测图)
1-缓冲器;2-护栏;3-滚轮;4-行走机构;5-控制柜;6-安全防护检测装置

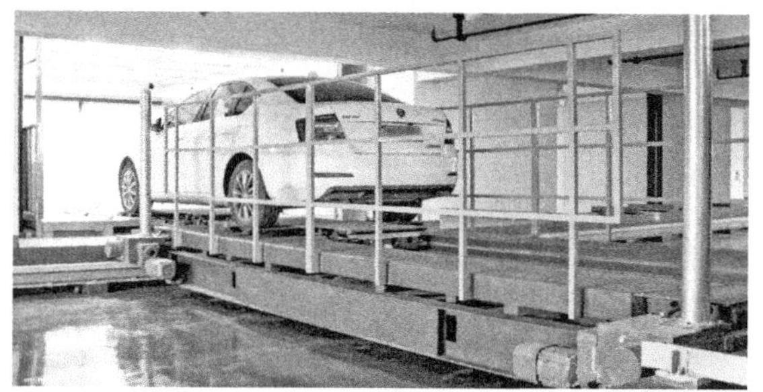

图 2-12 搬运台车(实景图)

4)出入口

出入口系统设置自动门、汽车防夹装置、对中装置、底盘检测系统，如图 2-13 所示；驻车室内设置有汽车车长、车宽、车高、有无车等检测装置，以及汽车引导镜、语音播报或图文信息导引系统，如图 2-14 所示。

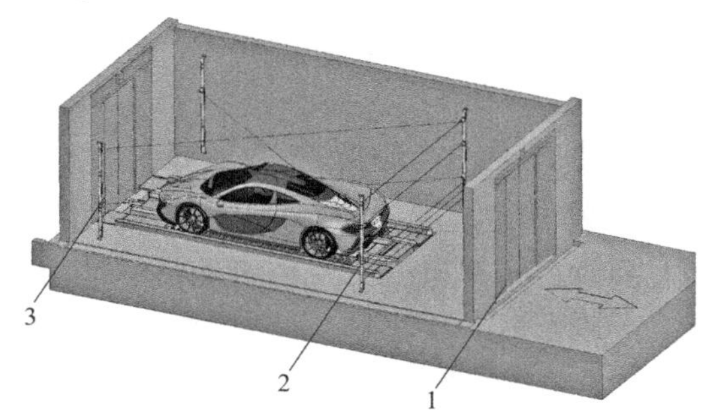

图 2-13 出入口系统(轴测图)
1-停车设备外门;2-底盘检测系统;3-停车设备内门(含引导镜)

图 2-14　出入口系统

1-对中装置;2-底盘检测系统

5)搬运小车

在平面移动类停车设备中,应用的搬运小车有多种形式,如固定梳齿式、伸缩梳齿式、存取抱夹式和输送带式等。以存取抱夹式搬运小车为例,其由机械夹臂、行走机构、抱夹机构、覆盖板件及电控系统等组成,如图 2-15 所示。

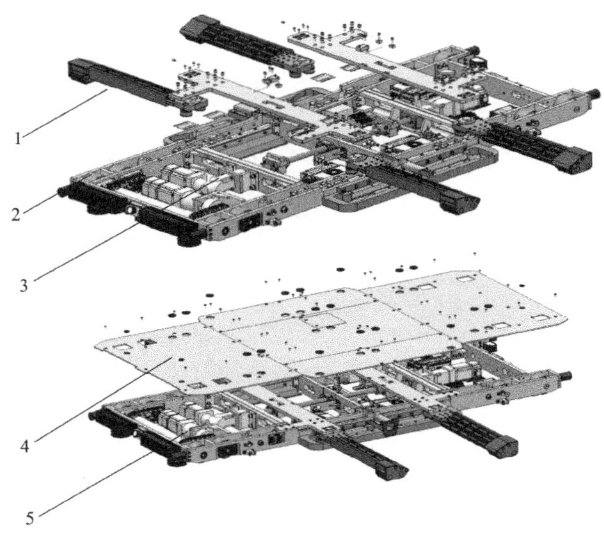

图 2-15　存取抱夹式搬运小车组成图

1-机械夹臂;2-行走机构;3-抱夹机构;4-覆盖板件;5-电控系统

6)电气控制系统

平面移动类停车设备的电气控制系统包括电气供电回路和电气控制回路。由于搬运台车的运行巷道较长,其一般采用安装在巷道轨道处的安全滑触线供电方式,外部动力线接入地面控制柜。地面控制柜主要包含升降机升降或回转电机的动力回路,安装于搬运台车的车载控制柜主要包含搬运台车或搬运小车的动力回路,驱动电机均采用变频调速控制。

电气控制回路由保护、运行、升降、回转装置等控制回路构成,包括控制升降机或其他机构的运转速度及停止电机运行的控制回路在内,均由设于地面主控柜的 PLC 控制实现自动运行。设备的运行速度均通过变频器实现矢量模式进行控制,速度可调节的范围大,电机变速平稳，使各运动机构运行平稳。设在巷道轨道上的搬运台车及其搬运小车，其上的控制柜与地面主控系统进行信息交互，根据主控系统传送的指令在车载 PLC 控制下，实现搬运台车、搬运小车的运行及存取车辆作业动作。

7）视频监控系统

为了保证机械式立体停车设备的安全使用，在全自动的机械式立体停车设备中一般设置视频监控系统（图 2-16）。视频监控系统主要由摄像机、视频矩阵、监视器、模拟录像机等组成。视频监控以其直观、方便、信息内容丰富而广泛应用于平面移动类等高端停车设备中，其主要监视出入口汽车出入，升降机、搬运台车、搬运小车等设备运行状况及存取车辆过程状态等。视频监控系统能够在 24h 内对停车设备实现实时监控、实时监测、异常警报，能够进行画面保存、检索回放录像，有利于设备故障查证、分析及排除等。通过监控存车人或管理人员规范停车或操作行为，能够及时发现并纠正不规范不安全行为，利于保证停车设备的安全运维。

图 2-16　视频监控系统

8）安全防护装置

停车设备安全防护装置的具体要求应符合现行《机械式停车设备设计规范》（GB/T 39980）相应规定，总述详见附录 2。平面移动类停车设备安全防护装置的设置应符合表 2-3 的要求。

平面移动类停车设备安全防护装置的设置　　表 2-3

安全防护装置	安装标准	安全防护装置	安装标准
紧急停止开关	应装	平层装置	按 GB/T 39980 的规定
防止超限运行	应装	警示装置	应装
汽车长、宽、高限制装置	应装	轨道端部止挡装置	应装
阻车装置	应装	缓冲器	应装
人车误入检出装置	—	松绳（链）检测装置	—
汽车位置检测装置	应装	安全钳限速器	—
出入口门（栅栏门）联锁保护装置	应装	紧急联络装置	—
自动门及防夹装置	应装	运转限制装置	按 GB/T 39980 的规定
防重叠自动检测装置	应装	控制联锁功能（GB/T 39980）	应装
防坠落装置	在转换区有地坑且超过 0.5m 时	超载限制器（TSG 51）	应装
		载车板锁定装置（GB/T 39980）	应装

2.4 巷道堆垛类停车设备构成

巷道堆垛类停车设备类似于自动化立体仓库，也是一种自动化程度较高的停车设备，可设置的车位数多、容车密度较大。根据所能利用的平面和立体空间，确定停车设备的层数与每层的车位数。从清库能力、存取车效率、堆垛机运行时的稳定性等多方面考量，该停车设备层数通常设置4层及以下居多，一般不超过6层。图2-17为下部出入的巷道堆垛类停车设备，其中堆垛机为侧悬结构，主体结构为混凝土框架。

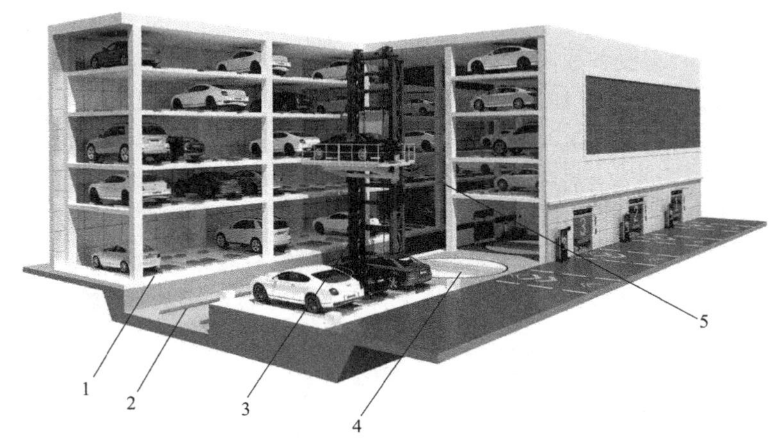

图2-17　下部出入的巷道堆垛类停车设备

1-泊位；2-堆垛机轨道；3-堆垛机；4-出入口（回转盘）；5-主体结构

1）设备构成

目前，国内外投入使用的巷道堆垛类停车设备有不同的设置形式，但基本上是由主体结构、有轨巷道堆垛机（简称"堆垛机"）、升降机、搬运小车、控制系统、出入口系统、视频监控系统和安全防护装置等部分组成。

2）主体结构

图2-18为常见的典型巷道堆垛类停车设备的钢结构主体结构，钢结构主要用于承载运动构件、车辆和载车板等构件，是由H型钢、方管、矩形管和圆管等型钢构成的立柱、梁、支撑组成的空间框架结构。然而，此类停车设备在实际应用中大多安装在建筑物内，因此常见的主体结构是由钢筋混凝土结构来代替钢结构作为承载主体。

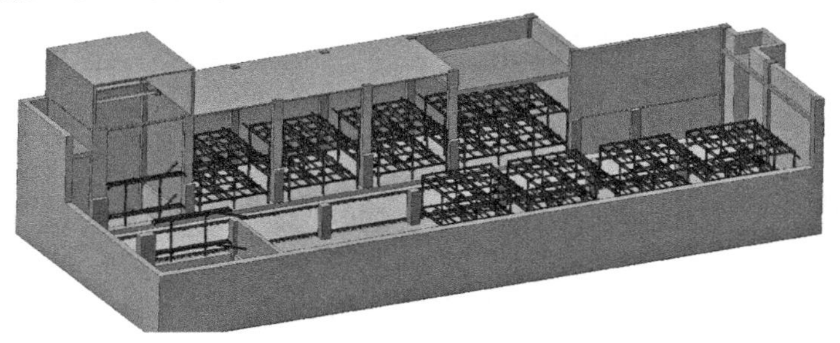

图2-18　巷道堆垛类停车设备钢结构

3)堆垛机

堆垛机是巷道堆垛类停车设备的核心部件之一,堆垛机主体金属结构上设置有起升机构、巷道运行机构、升降平台(或其上设置存取机构)等,如图2-19所示。

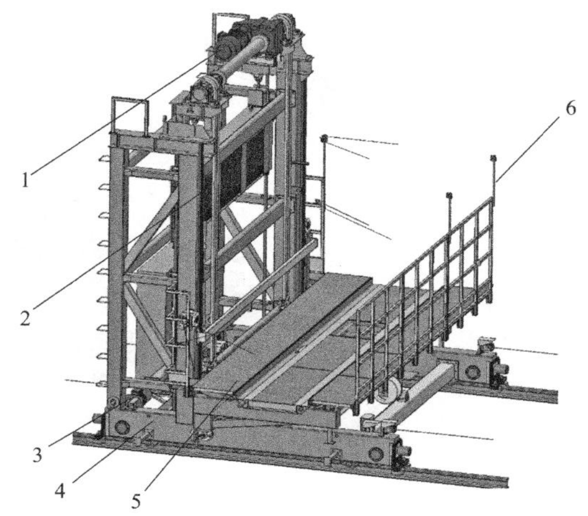

图2-19 堆垛机

1-起升机构;2-配重;3-巷道运行机构;4-框架;5-升降平台;6-检测系统

(1)主体结构框架。

堆垛机的主体框架上设有运行机构与起升机构,是堆垛机所受荷载的主要承载体,由方管、矩形管、H型钢、冷拉扁钢、角钢等组成。堆垛机主体金属结构形式较多,国内停车设备行业多数采用侧悬结构形式。

(2)运行机构。

运行机构的功能是使堆垛机沿巷道方向前后运行,搬运车辆到达对应车位,其运行速度通常在0.5~1m/s之间。采用变频减速电机驱动运行机构,一般采用双轨道形式。

(3)起升机构。

起升机构主要是将待存入的车辆从出入口位置升降到指定层,然后通过搬运小车或堆垛机上的存取机构将车辆存入停车位。升降速度一般在0.3~0.5m/s之间,升降部分的起升方式通常采用曳引式、链轮链条式等。

上部出入式的巷道堆垛类停车设备,当堆垛机升降平台不能直接到出入口位置时,出入口处需要设置一台辅助升降机,通过升降机与堆垛机的相互配合完成车辆的存取行为。

升降机结构形式与平面移动类停车设备的升降机基本相似,不同之处在于平面移动类停车设备的升降机需要升降到所有层,而巷道堆垛类停车设备的升降机只需升降到堆垛机可与其进行存取交接车辆的高度即可。

4)车辆存取方式

巷道堆垛类停车设备的车辆存取常采用无载车板的方式,利用梳齿式、抱夹式等无板式搬运小车实现车辆位置的交换。图2-20为常用的伸缩梳齿式搬运小车的结构示意图。

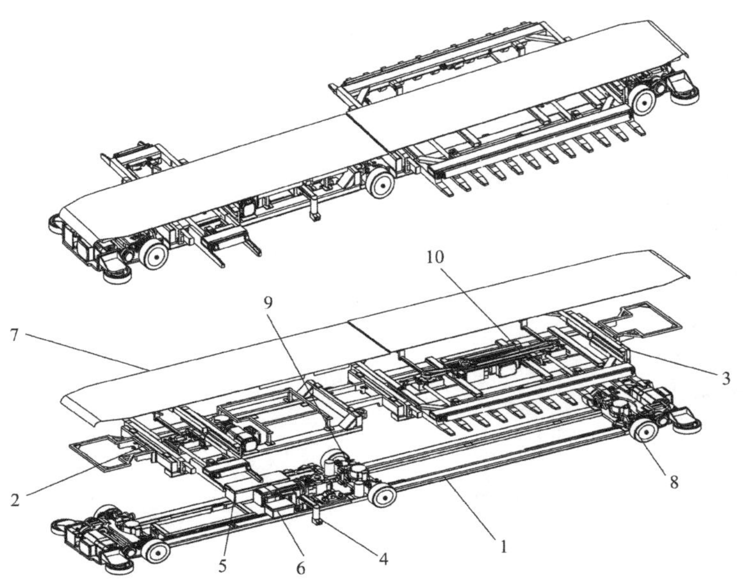

图2-20　常用的伸缩梳齿式搬运小车的结构示意图

1-底架;2-前上架;3-后上架;4-穿线管;5-集线盒一;6-集线盒二;7-顶盖板;8-运行机构;9-起升机构;10-伸缩机构

5)出入口系统

如图2-21所示,出入口转换区是驾驶员驾驶车辆进出停车设备的区域,在停车设备中,此区域是除操作室外唯一允许驾驶员进出的区域。出入口通常设置有安全自动门,汽车引导屏和语音引导系统,检测车长、车高、车宽的车辆检测装置,移动活体检测装置等,出入口还应设置车轮对中装置或带有回转功能的回转盘。出入口可单独设置,也可与升降机配合设置。

图2-21　出入口系统

6)控制系统

巷道堆垛类停车设备的控制系统主要包括堆垛机(或含搬运小车)、升降机、回转盘和出入口系统等自动控制系统。自动控制系统由控制器、通信系统、操作器、传感检测系统、速度和位置检测与控制系统、控制软件等组成。其中,速度和位置检测与控制系统是设备自动控制系统中的关键部分,采用先进的变频控制技术;传感检测系统采用先进的高精度检测设备,如旋转编码器和激光测距仪等。各机构均采用闭环控制系统,实现对堆垛机、搬运小车、升降机、回转盘的高速高精度定位控制。停车设备机构应同时满足快速、平稳、准确的要求。为了保证人员、车辆及停车设备的安全,停车设备应配备完善的硬件及软件安全保护装置,并在电气控制上采取一系列联锁和保护措施。

目前,巷道堆垛类智能立体停车设备的自动控制系统主要的控制方式为PLC集中控制系统。如图2-22所示,PLC集中控制系统是当前停车设备行业应用最为广泛的一种自动控制模式。它以 PLC 为中心,停车设备在接收存取车辆指令或上位机的任务信息后,采集设备传感系统的各种信息,通过 PLC 控制输出,控制停车设备的各向运动,对设备进行存取车辆作业,实现车辆的入库与出库;并可同时通过通信接口,向上位机发送停车设备的实时状态信息,以实现对停车设备的运行性能与状态的实时监控。

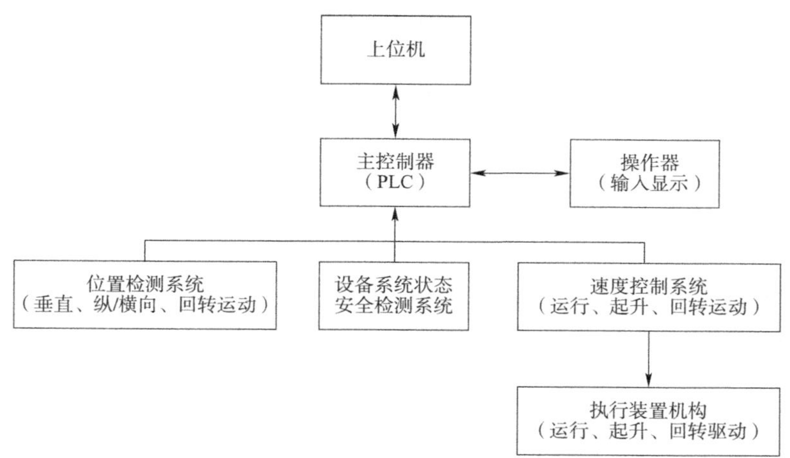

图 2-22　PLC 集中控制系统结构图

7)视频监控系统

在巷道堆垛类停车设备中设置的视频监控系统,与其他类型停车设备相同。为了实时监视巷道堆垛类停车设备在存取车辆时的运行状态,在出入口内外部、升降机、堆垛机等处安装监控摄像头,实时监控停车设备存取车辆状况等。

8)安全防护装置

停车设备安全防护装置的具体要求应符合现行《机械式停车设备设计规范》(GB/T 39980)相应规定,总述详见附录 2。巷道堆垛类停车设备安全防护装置的设置应符合表 2-4 的要求。

巷道堆垛类停车设备安全防护装置的设置　　表 2-4

安全防护装置	安装标准	安全防护装置	安装标准
紧急停止开关	应装	平层装置	按 GB/T 39980 的规定
防止超限运行	应装	警示装置	应装
汽车长、宽、高限制装置	应装	轨道端部止挡装置	应装
阻车装置	应装	缓冲器	应装
人车误入检出装置	—	松绳(链)检测装置	—
汽车位置检测装置	应装	安全钳限速器	—
出入口门(栅栏门)联锁保护装置	应装	紧急联络装置	—
自动门及防夹装置	应装	运转限制装置	按 GB/T 39980 的规定
防重叠自动检测装置	应装	控制联锁功能(GB/T 39980)	应装
防坠落装置	在转换区有地坑且超过 0.5m 时	超载限制器(TSG 51)	应装
		载车板锁定装置(GB/T 39980)	应装

2.5 垂直升降类停车设备构成

采用垂直升降类停车设备的机械式立体停车设备在行业中简称“塔库”，该类停车设备具有占地面积少、容车密度高、空间利用率高、性能高、噪声低、前进出入库、操作使用方便等诸多优点，其可在室外独立设置，根据周围环境对停车设备进行外部装饰，使其与城市景观协调一致，亦可安装在建筑大楼内部或作为建筑物附建式结构设置，与建筑物合为一体，实现全封闭管理。

1）设备构成

垂直升降类停车设备机型较多，有梳齿式、载车板式等，该停车设备的起升机构有链轮链条、曳引机构等。现以载车板停车、曳引起升机构为例介绍室外独立垂直升降类停车设备的构成。该停车设备主要包括主体钢结构、升降平台、起升机构、对重、载车板、出入口检测系统、电气控制系统和安全防护装置等，如图 2-23 所示。

2）主体结构

钢结构主要由立柱、纵梁、横梁、支撑等组成，这类垂直升降类停车设备高度都较高，立柱通常采用多节柱拼装，如图 2-24 所示。钢结构为停车设备、停放车辆等提供支撑和保持其稳定，承受较大内外载荷，保证了停车设备的强度、刚度、稳定性等要求。

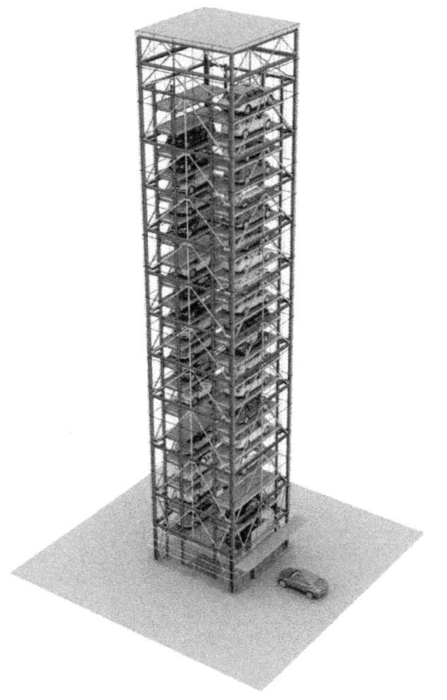

图 2-23 垂直升降类停车设备总图

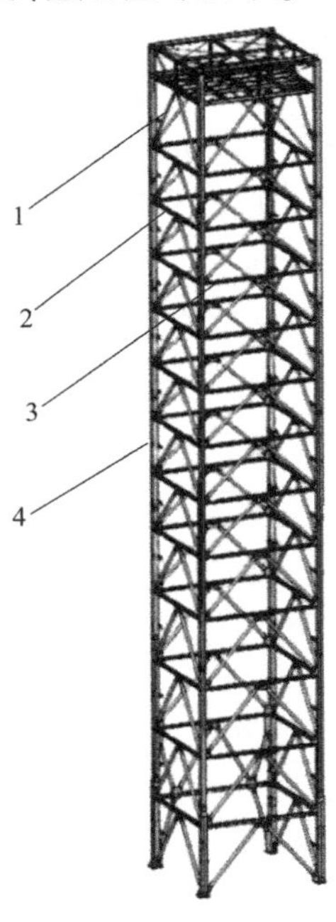

图 2-24 垂直升降类停车设备钢结构框架
1-支撑；2-纵梁；3-横梁；4-立柱

3）起升机构

起升机构一般设置在钢结构顶部平台（或机房）上，由减速电机、曳引轮、导向轮和滑轮等组成，如图 2-25 所示，是设备升降机实现升降运动的重要零部件。

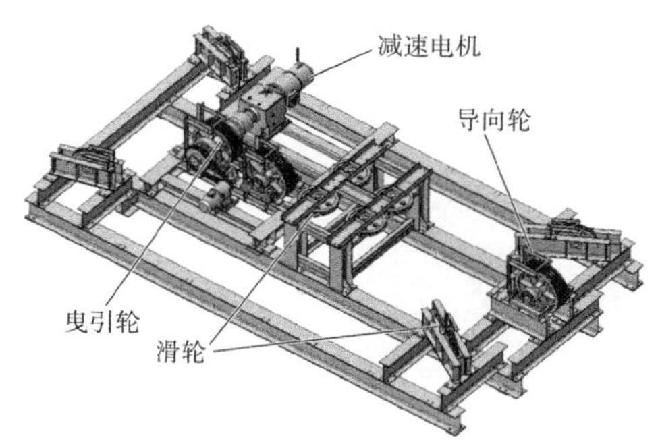

图 2-25　垂直升降类停车设备起升机构

4）升降平台

升降平台（又称“轿厢”）设有存取交接机构，通过存取交接机构可实现载车板在泊位与升降平台之间的水平运行，即为车辆存取交接置换。为达到车辆前进出入库，升降平台往往还增设微升微降机构、回转机构等，实现升降、存取交接、回转一体化功能。同时，升降平台还设有超宽、有无车及载车板、防重叠等检测装置。图 2-26 为采用回转勾拉存取车辆方式的升降平台结构简图。

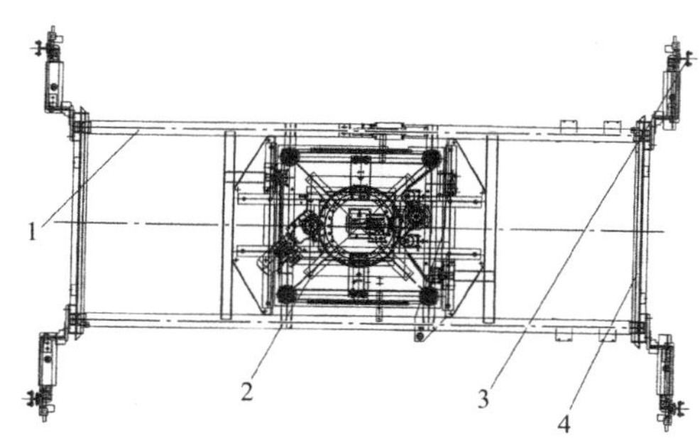

图 2-26　垂直升降类停车设备升降平台简图

1-升降平台框架；2-回转举升；3-升降导向；4-载车板轨道

5）对重

对重（泛称“配重”）由对重框、导向装置等构成，如图 2-27 所示。

6）载车板

垂直升降类停车设备的载车板常采用花纹钢板折弯制作，将花纹钢板折弯成凹凸形状，与方管或角钢等型钢焊接而成，构成停放车辆的钢制托盘，在载车板上装设有阻车装置，如图 2-28 所示。

7）出入口检测系统

出入口检测系统包括一系列检测引导的安全防护装置，设备出入口设置自动门及自动门防夹装置，汽车长、宽、高检测装置，车重检测、运转限制、警示装置等安全防护装置，以及出入口交通指示灯、安全标志及设备操作规程等辅助设施。转换区内设置汽车引导镜、语音文字引导系统等。当驾驶员将汽车驶入转换区后，设备检测系统对入库汽车外形轮廓、车重停放位置、设备转换区有无人员等进行安全检测，经检测确认安全后，设备在自动门关闭后方可运行,如图 2-29 所示。

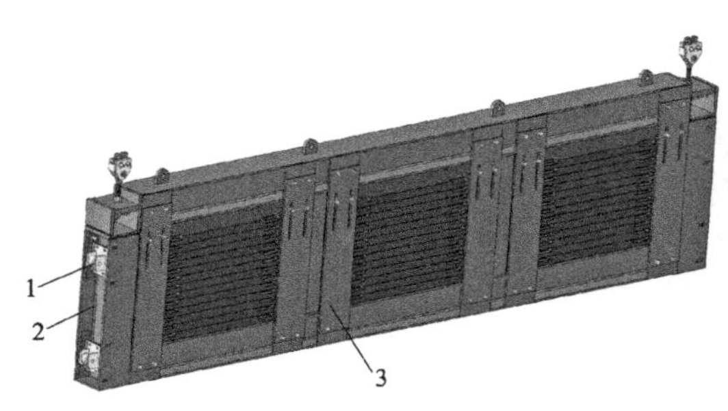

图 2-27　垂直升降类机械停车设备配重图
1-导向装置;2-对重框;3-配重封板

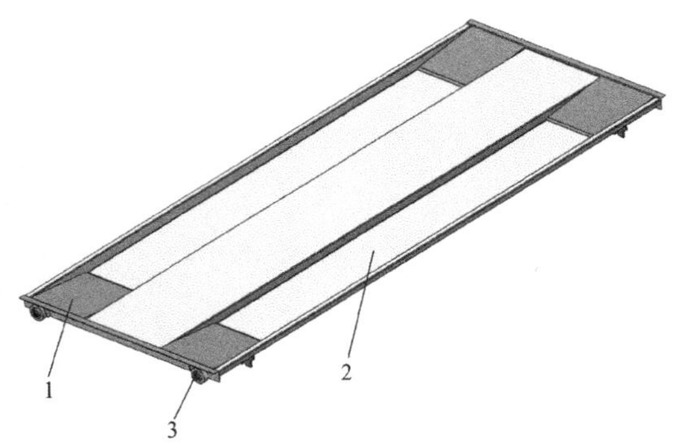

图 2-28　垂直升降类停车设备载车板
1-阻车装置;2-车板;3-车板滚轮

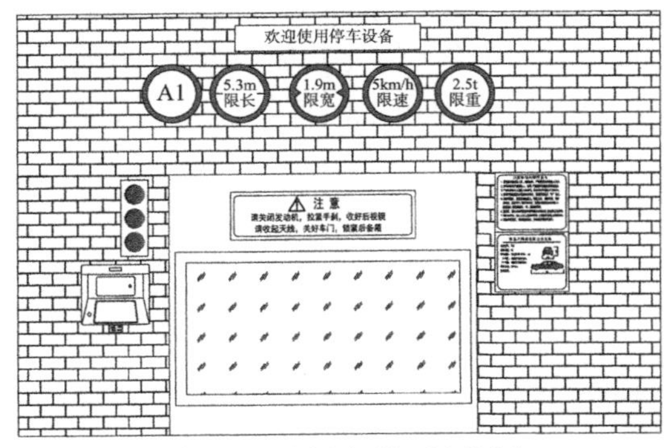

a) 出入口正面图（自动门开启状态）

b) 出入口正面图（自动门关闭状态）

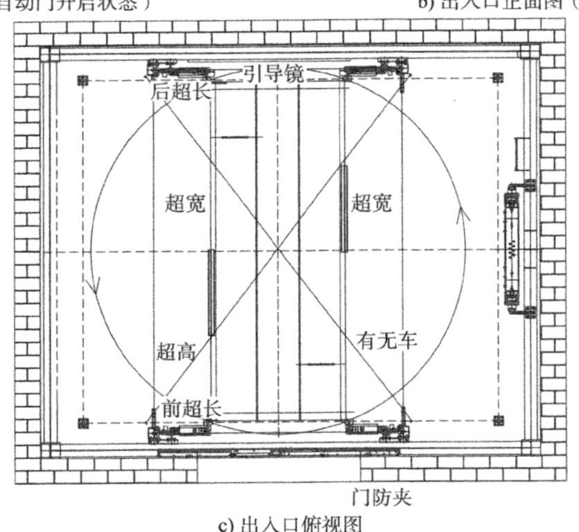

c) 出入口俯视图

图 2-29　垂直升降类停车设备出入口检测装置

8) 设备控制系统

垂直升降类停车设备控制系统可分为电气动力系统和电气控制系统两个主要部分。电气动力系统主要包括垂直方向主供电电路和存取交接运行、回转和微升微降机构等供电电路。目前垂直升降类停车设备多采用三相异步电机作为主驱动动力,主驱动多采用变频技术以达到无级调速的目的。电气控制系统则由众多存取指令信号、传感器、控制用继电器、指示灯、LED 显示部分和控制部分的核心器件进行 PLC 控制。

停车设备控制系统中的 PLC 控制系统，一般由存取指令到设备执行存取动作响应进行一次工作循环，这个工作循环过程又可分为系统自检、正常工作、强制工作 3 种工作状态。设备在 3 种工作状态之间自动转换控制，构成了一次完整的设备存车或取车工作过程。

9）安全防护装置

停车设备安全防护装置的具体要求应符合现行《机械式停车设备设计规范》（GB/T 39980）相应规定，总述详见附录 2。垂直升降类停车设备安全防护装置的设置应符合表 2-5 的要求。

垂直升降类停车设备安全防护装置的设置 表 2-5

安全防护装置	安装标准	安全防护装置	安装标准
紧急停止开关	应装	平层装置	按 GB/T 39980 的规定
防止超限运行	应装	警示装置	应装
汽车长、宽、高限制装置	应装	轨道端部止挡装置	应装
阻车装置	应装	缓冲器	应装
人车误入检出装置	—	松绳（链）检测装置	—
汽车位置检测装置	应装	安全钳限速器	—
出入口门（栅栏门）联锁保护装置	应装	紧急联络装置	—
自动门及防夹装置	应装	运转限制装置	按 GB/T 39980 的规定
防重叠自动检测装置	应装	控制联锁功能（GB/T 39980）	应装
防坠落装置	在转换区有地坑且超过 0.5m 时	超载限制器（TSG 51）	应装
		载车板锁定装置（GB/T 39980）	应装

2.6 垂直循环类停车设备构成

垂直循环类停车设备占地面积小、布置灵活，控制简单，可独立设置或整体组装，既可安装在室外也可附属在建筑物内，如图 2-30 所示，通常适用于政府机关、医院、老旧小区改造、工厂、企事业单位等。

图 2-30 垂直循环类停车设备实景

1）设备构成

垂直循环类停车设备主要由金属主体结构、传动系统、载车板、控制系统、安全防护装置等部分构成，如图2-31所示。

2）主体结构

金属主体结构由前框架总成（含立柱）、后框架总成（含立柱）、中心梁、拉杆等构成，承受设备及汽车等载荷，如图2-32所示。

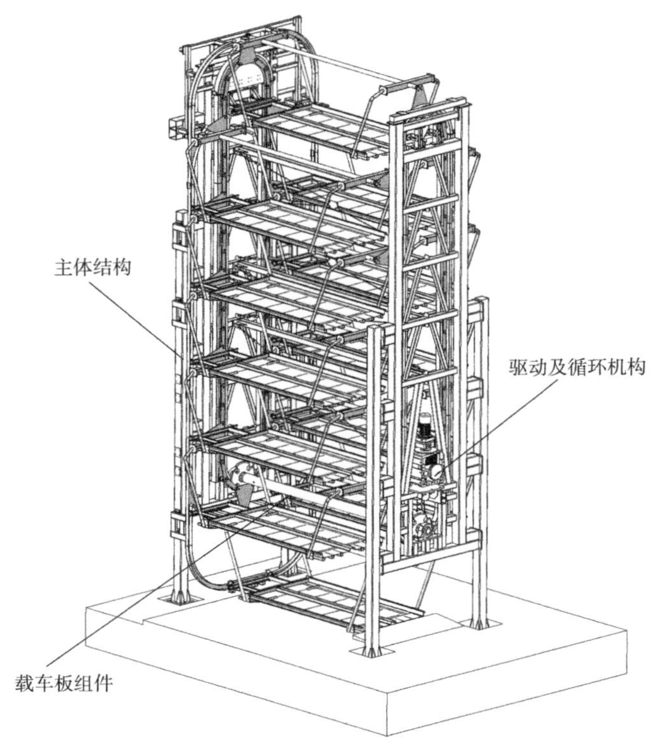

图2-31　垂直循环类停车设备构成

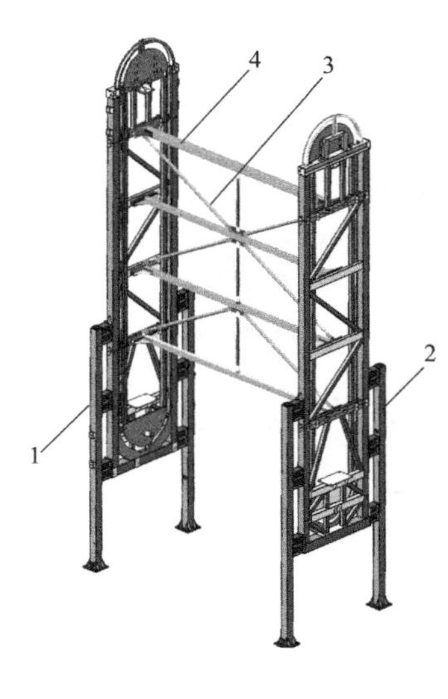

图2-32　垂直循环类停车设备钢结构构成
1-前框架总成；2-后框架总成；3-拉杆；4-中心梁

通常主体结构由前后两组主框架及连接前后两组主框架的中心梁组成，采用方管、槽钢、圆管等型钢制作。每组主框架一般由左右立柱及中间框架组成，中间框架一般为整体焊接的钢架结构，中间框架装有主循环链条导轨。一般后排主框架还装有防止载车板在运行过程中左右晃动的防摆装置，通常一块载车板在防摆装置内有两个限制点，防摆装置的设计直接影响载车板运行的平稳安全。

3）传动系统

传动系统主要由主驱动系统与循环传动系统组成，如图2-33所示。主驱动系统主要由减速电机、前后同步传动轴、链轮链条或大小齿轮等组成，循环传动系统一般由循环链条、大拨叉链轮及销轴等组成。循环链条一般选用长节距输送链，其中一节外链板为三角挂板。整个传动系统通过减速电机经一级或多级减速后驱动前后同步传动轴，使前后循环链条同步循环，实现载车板在垂直方向循环运行。

4）载车板

载车板用于存放汽车，此类停车设备的载车板外形如同一个吊篮，吊篮上部的中央位置设置一根前后通长的吊篮轴，轴两端装有轴承与循环链条的三角挂板相连接。如图2-34所示，在吊篮轴两端附近加装有两个用圆管弯成的门字形拱形吊篮臂，吊篮臂下部与载车板用螺栓相连接。

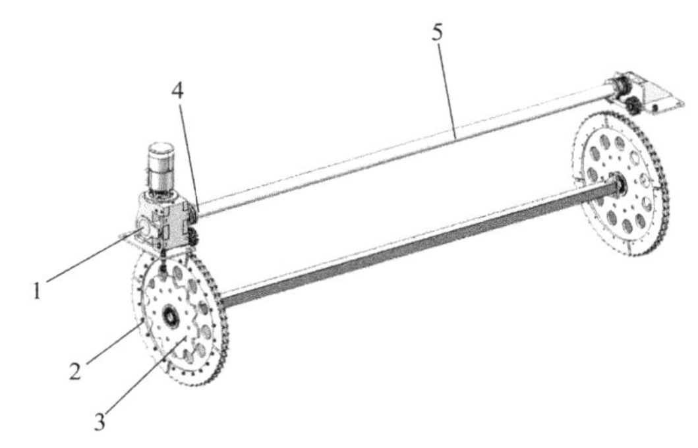

图2-33　驱动系统

1-减速电机；2-大链轮；3-拨叉链轮；4-小链轮；5-同步传动轴

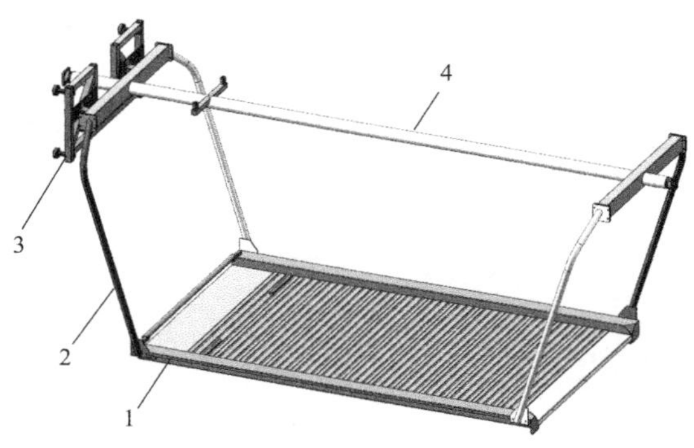

图2-34　载车板组件

1-载车板；2-吊篮臂；3-防摆装置；4-吊篮轴

5）控制系统

垂直循环类停车设备的控制系统相对简单，主要由主回路和控制回路组成。

6）安全防护装置

停车设备安全防护装置的具体要求应符合现行《机械式停车设备设计规范》（GB/T 39980）相应规定，总述详见附录2。垂直循环类停车设备安全防护装置的设置应符合表2-6的要求。

垂直循环类停车设备安全防护装置的设置　　表2-6

安全防护装置	安装标准	安全防护装置	安装标准
紧急停止开关	应装	警示装置	应装
防止超限运行	—	轨道端部止挡装置	—
汽车长、宽、高限制装置	限长限高	缓冲器	—
阻车装置	应装	松绳（链）检测装置	—
人车误入检出装置	—	安全钳限速器	—
汽车位置检测装置	—	紧急联络装置	—
出入口门（栅栏门）联锁保护装置	应装	运转限制装置	按GB/T 39980的规定
自动门及防夹装置	应装	控制联锁功能（GB/T 39980）	应装
防重叠自动检测装置	—	超载限制器（TSG 51）	—
防坠落装置	—	载车板锁定装置（GB/T 39980）	—
平层装置	—		

2.7 水平循环类停车设备构成

水平循环类停车设备在水平面内载车板进行纵向或横向运动，实现载车板循环挪动，对于多层设备，汽车通过升降机到达各层，实现停车立体化。图2-35所示为常用的双排水平循环类停车设备，载车板在设备两端列与设备两排形成外围矩形路径进行大循环。水平循环类停车设备载车板可以进行纵向和/或横向运行，泊位上设置有两个或以上的运动机构，循环机构较复杂，成本较高。

图2-35　水平循环类停车设备

水平循环类停车设备一般由钢结构、升降机、泊位纵/横向运行机构、载车板、出入口系统、电气控制系统、安全防护装置等构成。早期传统技术的水平循环轨迹往往在平面布置成矩形或两端布置成圆弧形，升降机垂直运动可以使汽车到达各层。由于存车或取车需在平面内间断式分次挪动循环交换位置，存取车时间较长，设备停车位数量通常不超过40个车位。

目前，市场上出现一种多排多列多层新型水平循环类停车设备，如图2-36所示。在原有水平循环类停车设备的基础上，经过技术创新升级，采用将动力单元布局于所有车位下的方法，实现在空间利用率和存取车效率方面的有效提升。其技术基于“华容道”式的运行原理和成熟的调度软件系统，这种技术在相同空间和用户体验条件下，相较于传统水平循环类立体停车设备，设置更加灵活，能够实现出入口、升降机及各层动力单元全并行作业，进而实现了连续存取车状态下运行效率的提升，下面以多排多列水平循环类停车设备为例进行介绍。

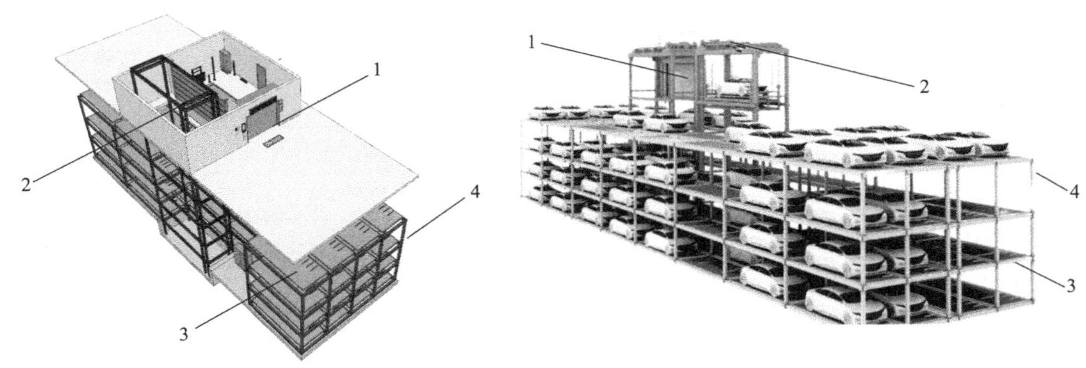

图2-36　多排多列水平循环类停车设备示意图

1-出入口;2-升降机;3-载车板;4-钢结构

1）设备构成

多排多列水平循环类停车设备由钢结构、升降机、载车板、泊位驱动机构或单元（水平循环机构)、出入口系统、电气控制系统、安全防护装置等组成,如图2-36所示。其中,升降机由起升机构(减速电机、驱动轴、链条、链轮)、升降平台、升降平台存取机构、配重、导轨、导向装置等组成。泊位驱动单元(水平循环机构)由驱动减速电机、驱动轮或支承轮、导向轮等组成,用于驱动支承载车板在此上运动。

这种多排多列水平循环类停车设备与平面移动类等停车设备在钢结构、升降机、出入口系统、安全防护装置等方面大同小异,在此不再详述。

2)载车板

载车板由边框、导轨、阻车装置、汽车车轮踏面钢板等构成,如图2-37所示。

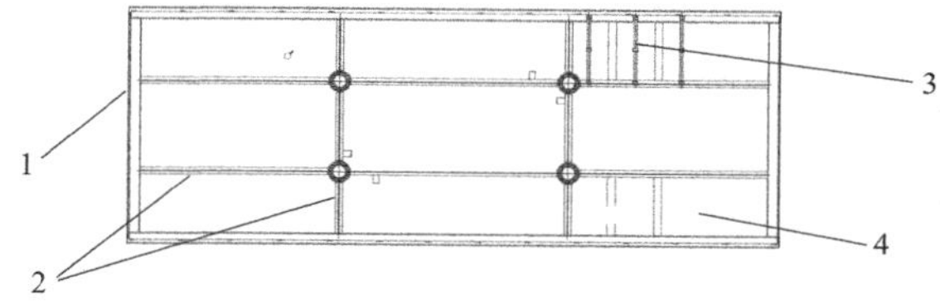

图2-37 载车板构成

1-边框;2-导轨;3-阻车装置;4-汽车车轮踏面钢板

传统载车板两侧有边梁,或折弯成凹凸形状,两侧高出汽车行驶踏面,起到在宽度方向限制汽车停放位置的作用。此板与传统载车板不同,为了使停车和驾驶员上下车或行走更加人性化,提升停车体验感,载车板设置为平面,如图2-38所示。

图2-38 载车板实景图

3)控制系统

多层多排多列水平循环类停车设备控制技术是基于PC(个人计算机)+PLC的两层或多层控制系统,是以软件为核心的停车控制系统。PC通过计算能力寻找最优化路径并向PLC发出工作指令,PLC负责将PC的工作指令转变成各部件的运动指令。双层控制结构的软件核心算法,能够对系统内数以百计的载车板纵/横向运行、升降机垂直运动、入口汽车有序登记检测等同时进行控制,使其并行运行、协同作业以提高运行效率。核心软件能够通过不同的运行模式改变停车设备的存取速度、容车数量、系统能耗等核心参数,以适应停车设备需求的不断变化,因地制宜,适应不同应用场景。

4)安全防护装置

停车设备安全防护装置的具体要求应符合现行《机械式停车设备设计规范》(GB/T 39980)相应规定,总述详见附录2。水平循环类停车设备安全防护装置的设置应符合表2-7的要求。

水平循环类停车设备安全防护装置的设置　　表 2-7

安全防护装置	安装标准	安全防护装置	安装标准
紧急停止开关	应装	平层装置	按 GB/T 39980 的规定
防止超限运行	应装	警示装置	应装
汽车长、宽、高限制装置	应装	轨道端部止挡装置	—
阻车装置	应装	缓冲器	应装
人车误入检出装置	—	松绳(链)检测装置	—
汽车位置检测装置	应装	安全钳限速器	—
出入口门(栅栏门)联锁保护装置	应装	紧急联络装置	—
自动门及防夹装置	应装	运转限制装置	按 GB/T 39980 的规定
防重叠自动检测装置	—	控制联锁功能(GB/T 39980)	应装
防坠落装置	在转换区有地坑且超过 0.5m 时	超载限制器(TSG 51)	—
		载车板锁定装置(GB/T 39980)	—

2.8 多层循环类停车设备构成

多层循环类停车设备有圆形和矩形(也称为箱型)两种类型,多层循环类停车设备在我国使用较少,其中箱型循环类停车设备是使用上下层循环机构和升降机或升降机循环机构将汽车在不同层车位之间进行循环换位来实现车辆存取的机械式停车设备,如图 2-39 所示。多层循环类停车设备一般用于特定使用场景,因其取车效率低、循环机构较复杂,车位数一般设置在 40 个车位以下,在我国市场上使用量较低。

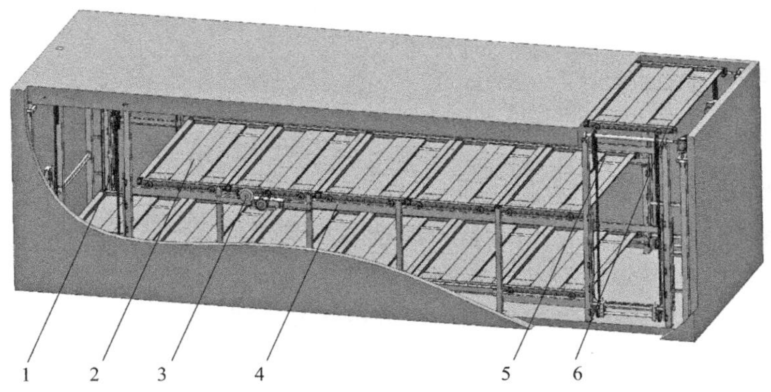

图 2-39　多层循环类停车设备构成

1-升降机 1;2-载车板;3-横移驱动;4-钢结构;5-升降机 2(至出车层);6-出入口

1)设备构成

多层循环类停车设备由钢结构、升降循环机构(升降机)、横移驱动(循环)机构、载车板、控制系统、安全防护装置等组成。

2)升降机

一般在箱型多层循环类停车设备的两端设置有升降机,升降机由主柱、导轨、循环链条、升降驱动轴、减速机、电机、活动轨道等构成，如图2-40所示。其中，升降循环链条设置有供载车板水平运行轨道，呈对称布置，升降机升降载车板是通过电机、减速机、传动轴、链轮链条同步驱动两侧实现的。

3)载车板

载车板由边梁、端梁、滚轮、承载板、齿销等构成，如图2-41所示，端梁上有滚轮及等间距齿销。

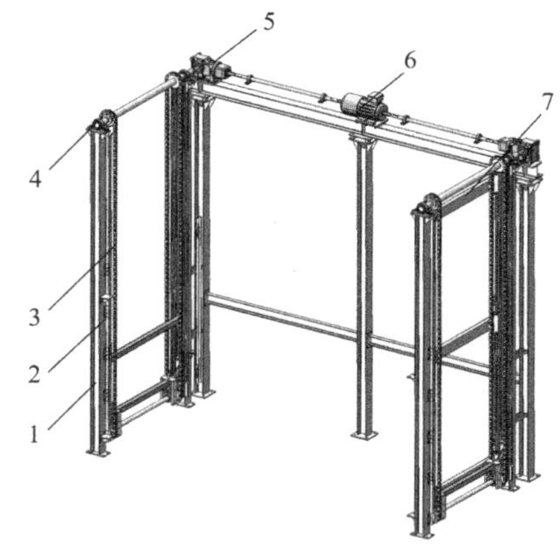

图2-40　多层循环类停车设备升降机构成
1-立柱；2-导轨；3-循环链条；4-升降驱动轴；5-减速机；6-电机；7-活动轨道

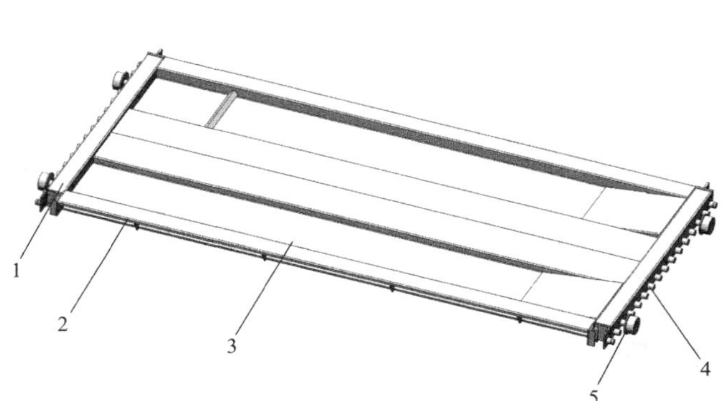

图2-41　多层循环载车板构成
1-端梁；2-边梁；3-承载板；4-齿销；5-滚轮

4)主体结构

钢结构包括立柱、横梁、纵梁，如图2-42所示。在每层设置有横移驱动机构，由减速电机驱动链轮链条，然后驱动传动轴及其上面的销齿轮运转，从而实现不同层载车板循环运动。

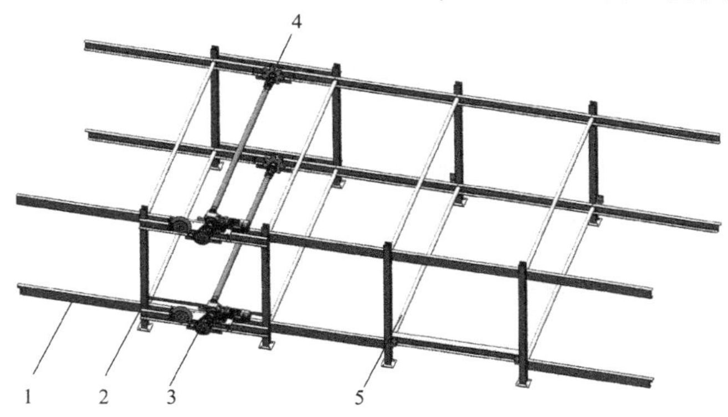

图2-42　多层循环钢结构和横移传动
1-横梁；2-立柱；3-横移驱动机构；4-传动轴；5-纵梁

5)安全防护装置

停车设备安全防护装置的具体要求应符合现行《机械式停车设备设计规范》(GB/T 39980)相应规定，总述详见附录2。多层循环类停车设备安全防护装置的设置应符合表2-8的要求。

多层循环类停车设备安全防护装置的设置　　表 2-8

安全防护装置	安装标准	安全防护装置	安装标准
紧急停止开关	应装	平层装置	按 GB/T 39980 的规定
防止超限运行	应装	警示装置	应装
汽车长、宽、高限制装置	限长限高	轨道端部止挡装置	—
阻车装置	应装	缓冲器	应装
人车误入检出装置	—	松绳(链)检测装置	—
汽车位置检测装置	应装	安全钳限速器	—
出入口门(栅栏门)联锁保护装置	应装	紧急联络装置	—
自动门及防夹装置	应装	运转限制装置	按 GB/T 39980 的规定
防重叠自动检测装置	—	控制联锁功能(GB/T 39980)	应装
防坠落装置	在转换区有地坑且超过 0.5m 时	超载限制器(TSG 51)	应装
		载车板锁定装置(GB/T 39980)	—

2.9 汽车专用升降机构成

汽车专用升降机是用于停车设备入口至不同停车楼层间升降搬运汽车的机械设备。该设备专门用于竖直方向汽车搬运输送使用，而不适用停车，相当于在自走式停车设备中代替车道(斜坡道)使用，可节省土地和空间资源，提高停车设备资源利用率，如图 2-43 所示。汽车专用升降机一般建设在建筑物的井道内，主要由传动系统、升降平台(轿厢)、控制系统、安全防护装置等部分组成。

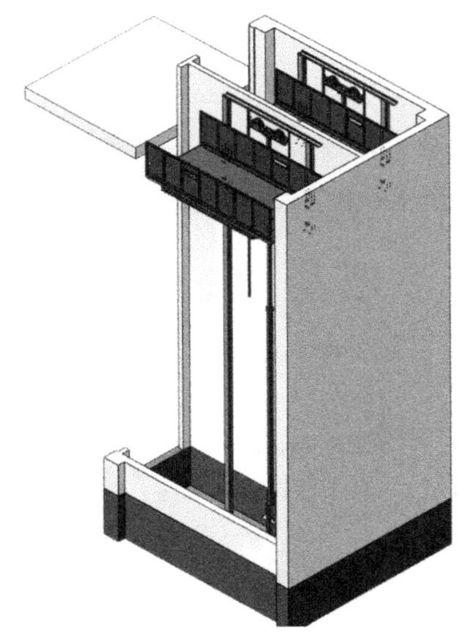

图 2-43　汽车专用升降机

我国汽车专用升降机采用液压驱动较多，其结构可以分为机械部分、液压部分和电气部分，现将组成升降机的主要部件按其安装部位的不同分别列举并说明如下：

1)机房部分

(1)液压泵组。

液压泵组是升降机的动力机构，安装在机房地平面上，主要由油箱、液压泵、潜油电机及组合液压控制部件组成。由于泵及电机浸没在油箱底部，运行噪声较小。

(2)控制柜。

控制柜在操纵装置的配合下，能使升降机正确地实现起动或停止、上行或下行、快速或慢速，使其达到预定的自动性能和安全性能。

(3)液压管路。

用于连接泵站与油缸来传递动力。

2)井道部分

(1)导轨。

导轨用压板固定在导轨架上,当升降机正常工作时,轿厢沿着导轨运动,以保持轿厢与井壁之间的位置要求。而当安全钳起作用时,导轨则起支持轿厢及负载的作用。

(2)油缸。

液压油缸设置在升降机井道内,用专用液压管路相连。升降机上行时,液压泵工作,液压油经过组合阀的控制压入油缸,通过油缸柱塞带动轿厢上升;升降机下行时,由轿厢的自重及载荷使油缸内的液压油返回油箱,带动轿厢下降。按照轿厢与油缸的组合方式可分为直接式和间接式两种。在直接式中,柱塞直接将轿厢往上顶升,柱塞与轿厢的移动比为1:1;间接式在油缸顶部装有绳轮,与钢丝绳组合在一起来顶升轿厢,柱塞和轿厢的移动比,根据轿厢载荷及提升高度的不同分为1:2、1:4及2:4。

(3)缓冲器。

缓冲器安装在背包架或轿厢架下面的井道底坑内,当轿厢在超载10%并以限速器允许的最大速度下降时,缓冲器应能承受相应的冲击,它是升降机的重要安全部件之一。

(4)限速器。

人车共乘式汽车升降机,对于非直顶式轿厢,需要装设安全钳限速器。设备通过安全绳索与轿厢连接,把轿厢的运动传给限速器,使限速器轮转动。当轿厢运动速度超过允许的安全速度时,限速器即起作用,切断控制电路,使安全钳工作。

(5)井道终端开关。

井道终端开关装在井道的上下端站处,由装在轿厢上的撞弓带动。当升降机到达行程终端,超越正常的停站控制位置时,能自动地强制切断控制电路,使轿厢停止运动。

3)层站部分

每一层站处都设有进入轿厢的层门,层门上设有门锁,只有当轿厢在该层站位置时才允许层门开启。层门还装有联锁触点,只有当全部层门闭合上锁及所有层门联锁触点全部接通后,升降机才能起动运行。

4)轿厢部分

(1)轿厢。

轿厢是升降机的容载装置,它由钢丝绳通过绳轮用钢丝绳锥套加以悬挂或直接与油缸柱塞相连接,轿厢通过安装在轿厢架上下两旁的导靴沿着轿厢导轨进行滑动运行。轿厢设有自动轿厢门,门上装有联锁触头,只有当轿厢门可靠关闭时才能允许升降机起动,轿厢自动门应安装防夹安全保护装置。

(2)安全钳。

安全钳装置在背包架下端的两旁,当升降机轿厢超速下降时,限速器将安全绳索卡住,拉动拉杆臂通过杆系使两旁的安全钳工作,安全钳起作用后夹住在导轨上,同时限速器开关也超前起作用,断开控制电路,使升降机停止运行。

(3)管路切断阀。

当升降机由于液压管路破裂造成下行超速30%时,位于油缸进油口处的管路切断阀立即动作,切断回油管路,使轿厢立即停止。

(4)操纵箱。

操纵箱装在轿厢内侧面操纵轿壁上的按钮箱里,安装位置应便于驾驶员操作,主要是通过按钮来控制升降机的起动、停止(或急停)、上升、下降等。

5)安全防护装置

停车设备安全防护装置的具体要求应符合现行《机械式停车设备设计规范》(GB/T 39980)相应规定,总述详见附录2。汽车专用升降机安全防护装置的设置应符合表2-9的要求。

汽车专用升降机安全防护装置的设置 表2-9

安全防护装置	安装标准	安全防护装置	安装标准
紧急停止开关	应装	警示装置	应装
防止超限运行	应装	轨道端部止挡装置	—
汽车长、宽、高限制装置	限长	缓冲器	应装
阻车装置	宜装	松绳(链)检测装置	—
人车误入检出装置	—	安全钳限速器	应装
汽车位置检测装置	应装长度方向检测	紧急联络装置	应装
出入口门(栅栏门)联锁保护装置	应装	运转限制装置	按GB/T 39980的规定
自动门及防夹装置	应装	控制联锁功能(GB/T 39980)	应装
防重叠自动检测装置	—	超载限制器(TSG 51)	应装
防坠落装置	应装	载车板锁定装置(GB/T 39980)	—
平层装置	按GB/T 39980的规定		

第3章 机械式立体停车设备安装施工流程与要求

3.1 停车设备安装基本要求

机械式立体停车设备是起重机械的一种，属于特种设备，其安装和修理应符合现行《起重机械安全技术规程》(TSG 51)要求。

1)基本要求

(1)安装和修理单位应当取得相应的特种设备生产许可证，方可在许可范围内从事停车设备的安装、修理活动。

(2)安装和修理单位应当对安装和修理作业的停车设备质量和安全性能负责。

(3)安装和修理作业过程中涉及的起重机指挥、起重机司机、焊接人员等特种设备作业人员，应当持证上岗。

(4)安装和修理单位在安装和修理前应当检查安装和修理条件及环境，确保其符合安装和修理要求，并且配备充分的防护措施。

2)一般要求

(1)安装单位在停车设备安装前应当向设备安装所在地的特种设备安全监督管理部门办理安装告知手续(当设备安装所在地与设备产权所在地不一致时，安装单位还应当将安装告知的信息报送产权所在地的特种设备安全监督管理部门)。

(2)安装单位在安装前应当制订安装方案，内容至少包括工程概况、责任部门和职责权限、人员配备和分工、安装程序、控制环节和控制点、具体措施和要求、危险源辨识、风险评估等。

(3)安装单位应当编制安装检验作业指导书，检验项目和要求不得少于现行《起重机械安全技术规程》(TSG 51)规定的监督检验的项目和要求。

(4)使用单位在安装前应当向安装单位提供使用单位对安装基础(包括轨道等)的验收合格证明。

3)现场安装要求

(1)安装单位在安装前应当向安装作业人员进行安装图纸等技术交底和安装方案交底。

(2)安装作业人员应当按照安装图纸和安装方案进行安装作业。

(3)在安装过程中，根据实际情况，可在使用现场实施结构件分段组装或者对其结构件进行对接焊接，使用现场结构件分段组装或者对其结构件进行对接焊接活动应纳入安装活动范畴。

4)自行检查

安装和重大修理单位应当按照相应的检验作业指导书进行自行检验,并且记录。

5)安装与修理档案

安装与修理档案至少应当包括以下资料:

(1)特种设备生产许可证(盖章的复印件)。

(2)安装及使用维护说明。

(3)安装方案或者重大修理方案。

(4)安装和修理的自行检验记录。

(5)安装和重大修理监督检验证明或者首次检验报告。

(6)使用单位交付的与停车设备安装基础有关的证明材料。

6)技术资料移交

安装和修理单位应当在设备检验完成后30日内并且在设备办理使用登记前,将有关安装和重大修理档案移交给使用单位。

3.2 停车设备安装施工一般流程

停车设备安装施工的一般流程如图3-1所示。

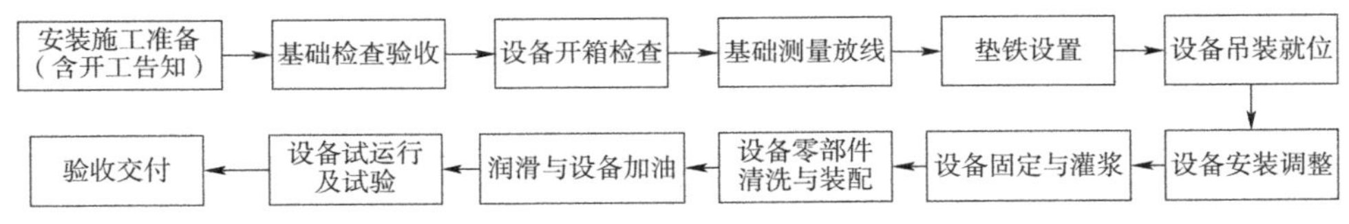

图3-1 停车设备安装的一般流程图

3.2.1 安装施工准备(含开工告知)

(1)对停车设备安装有关的设计文件、安装施工图纸进行自审和会审,编制施工方案并进行技术交底,编制施工方案及进行技术交底详见本章3.6节。大型、复杂的停车设备安装工程,必要时应编制施工组织设计或专项施工方案。

(2)编制设备进场计划及安装人员、材料、机具等资源使用计划,有序组织进场。

①安装的停车设备、主要的或用于重要部位的材料,必须符合设计和产品标准的规定,并应有合格证明。

②对于运输、吊装等原因导致零部件精度达不到图纸或使用要求的,应采取纠正或返工等措施保证精度合格。

③有的零部件虽有出厂合格证,但在进场检查时,若发现存在问题或缺陷,应视为不合格产品,不得进行安装。

④对设备中用量大的主要零部件,或用于重要部位的材料,不允许有质量问题或错用。例如,主要受力构件、高强度螺栓、起升机构及其重要零部件存在质量缺陷时,可能引发设备使用质量事故,将会给整体设备造成重大损失。

⑤设备安装中采用的各种计量和检测器具、仪器、仪表和设备,应符合现行《中华人民共

和国计量法》的规定，必须经过检定、校准合格，在检定有效期内，其精度等级不应低于被检测对象，且应满足检测项目标精度要求。

⑥参加停车设备安装施工的作业人员须经培训合格，特种设备作业人员应符合国家现行有关法律法规的规定，并持证上岗。

(3)施工现场应具备开工条件。

①现场设施及环境应满足停车设备安装工程的需要。如土建基础、排水设施、作业场所、运输道路、设备转场通道、电源、水源、照明、通信、消防等应满足要求。

②停车设备安装区域的墙面应已经完成粉刷工作。否则，不建议进场施工。

(4)安装单位在停车设备安装前应当向设备安装所在地的特种设备安全监督管理部门办理安装告知手续(当设备安装所在地与设备产权所在地不一致时，安装单位还应当将安装告知的信息报送产权所在地的特种设备安全监督管理部门)。

3.2.2 基础检查验收

1)设备基础混凝土强度检查验收

(1)由基础施工单位或建设单位(或监理单位)提供设备基础质量合格证明文件，包括基础养护时间及混凝土强度是否符合设计要求。

(2)若对设备基础的强度有怀疑时，可请有检测资质的工程检测单位，对基础的强度进行复测。

2)设备基础检查验收

基础的位置、标高、几何尺寸应符合设计图纸和现行国家标准的规定，并有验收资料或记录。

(1)设备安装前，按照设计图纸和现行国家标准的规定对设备基础位置、标高和几何尺寸进行复检。

(2)基础的位置、标高、几何尺寸测量检查主要包括基础的坐标位置，不同平面的标高，平面外形尺寸，凸台上平面外形尺寸和凹穴尺寸，平面的水平度，基础立面的铅垂度，预留孔洞的中心位置、深度和孔壁铅垂度，预埋板或其他预埋件的位置、标高等。

(3)检查基础坐标、中心线位置时，应沿纵、横两个方向测量，并取其中的最大值。

(4)按设计图纸的要求，检查所有预埋件(包括地脚螺栓)的正确性，其偏差不得超过允许偏差要求。

(5)设备基础经检查验收，如发现有不符合要求的部分应进行处理。针对基础不同的偏差缺陷，如基础标高、基础中心线、井道垂直度、巷道直线度和平面度、地脚螺栓孔中心线或预埋件(地脚螺栓)发生较大偏差时，通常由甲方或基础施工单位予以纠正。满足要求后再进行后续施工工序。

3)设备基础外观质量检查验收

(1)基础外表面应无裂纹、空洞、掉角、露筋。

(2)基础表面和预留孔应干净。

(3)预留孔洞内无露筋、凹凸等缺陷。

(4)放置垫铁的基础表面应平整，中心标板和基准点埋设牢固、标记清晰、编号准确。所有基础表面的模板、地脚螺栓固定架及露出基础外的钢筋等应拆除，杂物、脏物和水应全部清除干净；对基础进行外观检查，不得有蜂窝、空洞及露筋等缺陷；用5kg手锤敲击基础，检查密实度，不得有空洞声音。

3.2.3 设备开箱检查

停车设备开箱时，应由建设单位（或监理单位）、安装单位等共同参加，按下列项目进行检查和记录：

(1)箱号、箱数及包装情况。

(2)设备名称、规格和型号，重要零部件需按标准进行检查验收。

(3)随机技术文件（包括使用说明书、合格证明书和装箱清单等）及专用工具。

(4)有无缺损件，表面有无损坏和锈蚀。

(5)其他需要记录的事项。

3.2.4 基础测量放线

1)设定基准线和基准点的原则

(1)设定基准线。基础测量放线是满足停车设备平面乃至空间位置定位要求的重要环节，设备安装的定位依据通常称为基准线（或平面）和基准点（高程）。

(2)甲方或承担土建的施工单位，在移交设备场地和基础条件的同时，应一并移交测量网点及重要的主轴线。

(3)设定基准线和基准点，通常应遵循下列原则：

①安装、检测、使用方便。

②有利于保持而不被毁损。

③刻画清晰，容易辨识。

2)基准线和基准点的设置要求

(1)停车设备就位前，按安装放样图并依据测量控制网或相关建筑物轴线、边缘线、标高线，划定安装的基准线和基准点。

(2)基准线和基准点用测量仪器按测量规程设定。当因辅助安装、设备检修检测需要时，可由安装人员根据已有的基准线和基准点临时引出辅助基准线和基准点使用。

(3)对于无关联的停车设备，可以在对应停车区域内单独设置基础线与基准点；但对于整排布置的停车设备，如升降横移类、简易升降类、垂直循环类等停车设备，放样时要考虑整体美观效果，建议在设备安装完成后目视检查，设备应基本在一条直线上。

(4)对于与其他部件有联动的停车设备部件（如横移台车、搬运小车、升降机），其定位基面、线或点与安装基准线的允许偏差为±2mm，与安装基准点的允许偏差为±1mm。

3)永久基准线和基准点的设置要求

(1)需要长期保留的基准线和基准点，应设置永久中心标板和永久基准点，最好采用铜材或不锈钢材制作，用普通钢材制作时需采取防腐措施，例如涂漆或镀锌。

(2)永久中心标板和基准点的设置通常是在主轴线和重要的中心线部位，应埋设在设备基础或现浇楼板框架梁的混凝土内。

3.2.5 垫铁设置

可以通过调整垫铁高度来找正设备的标高和水平。通过垫铁组把设备的重量、工作载荷和固定设备的地脚螺栓预紧力,均匀传递给基础。

1)垫铁的设置要求

(1)每组垫铁的面积应符合设计要求。

(2)垫铁与设备基础之间应接触良好,每组垫铁应放置整齐平稳、接触良好。

(3)垫铁应设置在靠近地脚螺栓和底座主要受力部位下方。

(4)设备底座有接缝处的两侧,应各设置一组垫铁,每组垫铁的块数不宜超过5块。

(5)放置平垫铁时,厚的宜放在下面,薄的宜放在中间,垫铁的厚度不宜小于2mm,设备调平后,每组垫铁均应压紧。

(6)垫铁端面应露出设备底面外缘,平垫铁宜露出10~30mm,斜垫铁宜露出10~50mm,垫铁组深入设备底座底面的长度应超过设备地脚螺栓的中心。

(7)除铸铁垫铁外,设备调整完毕后各垫铁相互间用定位焊焊牢。

2)无垫铁设备安装施工要求

(1)根据设备重量、底座结构,确定临时支撑件或调整螺母的位置和数量。设备底座上设有安装用调整螺钉时,其调整螺钉支承板上表面水平度应在允许偏差内。

(2)采用无收缩混凝土或自密实灌浆料,应捣实灌浆层,达到设计强度75%以上时撤出调整工具,再次紧固地脚螺栓,复查设备精度,将临时支撑件的空隙用灌浆料填实。

3.2.6 设备吊装就位

1)运输吊装

(1)设备运输吊装属于一般的起重运输作业,应按照有关的起重运输安全操作规程吊装。

(2)特殊运输吊装作业场所、大部件,如公交车停车设备升降平台、搬运台车整体运输吊装,必要时应编制专项吊装方案。

(3)在停车设备的安装中,一般都会采用起重机械或非常规起重设备、方法进行吊装作业,吊装作业属于危险性比较大的工程,应编制专项吊装方案。吊装方案的编制与施工管理相关内容详见本章3.6.5节内容。

2)设备就位

设备就位前,应经检查确认下列工作:

(1)设备运至安装现场经开箱检查验收合格。

(2)设备基础经检验合格,混凝土基础达到设计要求的强度。

(3)清除混凝土基础表面浮浆、地脚螺栓预留孔内泥土杂物和积灰。

(4)垫铁和地脚螺栓按技术要求准备并放置。

3.2.7 设备安装调整

1)设备安装

根据安装图、安装作业指导书、技术规范和相关标准要求,将停车设备各部件安装到正确的位置,设备相应部位应处于水平或铅直状态,设备中心、轴线、位置高度初步对准坐标和标高。

2)设备调整

设备的水平度调整(找平)、坐标位置调整(找正)、高度调整(找标高)是一个调整的过程,一般借助于专用工机具,在纵、横、垂直三维方向移动设备各部件来进行。

(1)设备找平。

①通常在设备精加工面上选择测量点,用水平仪进行测量,通过调整垫铁或调整调节螺母将其调整到设计或规范规定的水平状态。

②有水平度或垂直度要求的停车设备部件,部件的水平度要求是以满足垂直度来保证的。

(2)设备找正。

找正和调平是停车设备安装过程中的关键工序,其中主要是找正设备中心、标高位置和设备水平。设备初调平与设备的吊装就位同时进行,即设备吊装就位时要安放垫铁、安装地脚螺栓,按定位基准线和安装基准线调整设备,通过增减垫铁的厚度(或数量)调整设备的标高及水平度,从而对设备进行初找正调整。

标高和水平度的调整要相互兼顾,同时进行。设备的找正找平测量位置,当设备技术文件无规定时,应在下列部位中选择:设备立柱底板面、主要工作面,设备轨道上水平面或设备导轨垂直的主要廓面。

①中心线调整。安装中通过移动设备部件的方法,使设备以其指定的基线对准设定的基准线,包含对基准线平行度、垂直度和同轴度的要求,使设备的平面坐标位置沿水平纵横两个方向符合设计或规范要求。

②常用设备找正检测方法:钢丝挂线法,检测精度为1mm;高精度经纬仪、精密全站仪测量法可达到更精确的检测精度及更高的测量效率。

(3)设备找标高。

①标高调整。通过调整垫铁或地脚螺母高度,使设备的位置沿垂直方向符合设计或规范要求。

②设备找标高的基本方法是利用精密水准仪,通过基准点来测量控制。

(4)设备找平、找正、找标高的测点。

①测点选择的部位:一般选择在设计或设备技术文件指定的部位,包括设备的主要工作面,部件上加工精度较高的表面,零部件间的主要接合面,支承滑动部件的导向面(轴承座剖分面、轴颈表面、滚动轴承外圈),设备上应为水平或铅垂的主要轮廓面。

②选择如激光水准仪、激光水平仪、激光经纬仪等先进的测量仪器进行检测。

3.2.8 设备固定与灌浆

1)设备固定

(1)除少数可移动停车设备外,绝大部分停车设备需通过地脚螺栓或与预埋板焊接固定在设备基础上。

(2)对于绝大部分散件到现场的停车设备,应先将立柱或钢结构就位固定后,再进行上部部件或内部部件的组装,上部部件安装需在下部安装形成稳固刚性单元后进行。

2)设备灌浆

(1)设备灌浆分为一次灌浆和二次灌浆。一次灌浆是设备粗找正后,对地脚螺栓预留孔进行灌浆。二次灌浆是设备精找正、地脚螺栓紧固、检测项目合格后,对设备底座(板)和基础间及轨道底板与基础间进行灌浆。

(2)设备灌浆可使用的灌浆料有很多,例如细石混凝土、无收缩混凝土、微膨胀混凝土等,其配制、性能和养护应符合相关标准的规定。

3.2.9 设备零部件清洗与装配

装配前应对零部件清理清洗,去除毛刺、灰尘和油污等,设备零部件的装配应在满足设备安装作业文件要求的基础上进行,通常可按以下程序:

(1)应按照设备的安装作业文件要求进行装配。

(2)由小到大、从简单到复杂进行组合件装配。

(3)按照先零部件、再组件、后部件的顺序进行装配。

(4)先主机后辅机,由部件进行总装配。

(5)常见的零部件装配要求,详见本章3.3节。

3.2.10 润滑与设备加油

润滑与设备加油是保证停车设备正常运转的必要条件,通过润滑剂减少摩擦副的摩擦、表面破坏和降低温度,可使设备具有良好工作性能,延长使用寿命。

1)停车设备的润滑方式

按润滑剂加注方式,一般划分为分散润滑和集中润滑。停车设备多为分散润滑,通常由人工方式加注润滑剂,设备试运行前对各润滑点进行仔细检查清洗,保证润滑部位洁净。

2)停车设备的润滑依据

应按照设备使用说明书润滑和加油。使用说明书没有规定的,要符合相应标准要求。

3)停车设备的润滑特点

停车设备的润滑涉及起升机构、运行机构和回转机构等。其中,起升机构有钢丝绳卷筒、链轮链条、钢丝绳曳引、齿轮齿条机构等;运行机构有堆垛机、搬运台车、搬运小车等;回转机构有回转盘等,它们具有以下不同的润滑特点。

(1)由于停车设备使用的气候环境及工况条件可能会差异比较大,有常温、高温甚至寒冷的气候环境,也有室内或露天的使用工况等。因此,润滑剂的选择、润滑方法、更换补充周期等方面会有所不同,要根据实际使用条件来选用润滑剂。

(2)停车设备使用的润滑材料,通常需要耐水、耐高温、耐低温以及有防锈蚀和抗极压的特性。

(3)润滑剂的选用应遵照说明书及有关技术规范,并结合实际使用工况条件进行综合考虑。

(4)停车设备不同部位对润滑剂的要求差异较大。因此,不同型号、牌号的润滑脂、润滑油不能混用。否则,可能引起零部件损坏,甚至导致设备出现事故。

4)停车设备润滑点的分布

停车设备的润滑点比较多且分布较广,一般所有活动部件及起升部件都有润滑点。停车设备常见的润滑点有：

(1)链轮链条。

(2)卷筒、滑轮。

(3)钢丝绳。

(4)齿轮和/或齿条。

(5)曳引轮。

(6)减速器。

(7)联轴器,如各齿式联轴器、万向联轴器。

(8)车轮、滚轮、导向轮等各轴承或轴承箱。

(9)电动机轴承。

(10)丝杠螺母。

(11)回转支承。

(12)电缆卷筒。

(13)导靴或导向面。

(14)强平层的导柱导套等。

5)停车设备典型零部件的润滑

(1)钢丝绳的润滑:钢丝绳的润滑油选择主要是根据环境温度及绳的直径来考虑,环境温度越高和绳的直径越大,应选择黏度越大的润滑油,因为直径大时,钢经绳的负荷也大。另外钢丝绳的运动速度越高,润滑油被甩出现象越严重,所以润滑油需要更黏稠些。

(2)用润滑油的减速器的润滑:使用初期为每季度一次,之后可根据润滑油的清洁程度半年到一年更换一次,随着使用季节和环境的不同,选用润滑油品种型号也有所不同,可参考表 3-1 选用。

减速器润滑剂选用 表 3-1

工作条件	选用润滑油	工作条件	选用润滑油
夏季或高温环境下	CKB46 工业齿轮油	冬季低于 -20℃	DRA22 冷冻机油
冬季不低于 -20℃	CKB46 工业齿轮油		

(3)开式齿轮和/或齿条的润滑:一般要求每月加油一次,每季度或每半年清洗一次并添加新油脂,所选用润滑材料是 1 号齿轮润滑脂。

(4)齿轮联轴器、卷筒齿式联轴器、滚动轴承以及滑动轴承的润滑剂选用参考表 3-2。

齿式联轴器、轴承润滑剂选用 表 3-2

零部件名称	添加周期	选用润滑剂
齿轮联轴器	每月一次	冬季用 1 ~2 号锂基润滑脂; 夏季用 3 号锂基润滑脂; 二者不能混合使用
卷筒齿式联轴器	每 3 ~6 个月添加一次(添满)	
滚动轴承	每 3 ~6 个月一次	
滑动轴承	每 1 ~2 年添加一次	

(5)液压推杆的润滑,一般每半年更换一次。使用润滑条件在 -10℃以上时可用 25 号

变压器油；使用润滑条件低于 -10℃时，可用 10 号航空液压油。

6）润滑操作的注意事项

（1）润滑剂必须保持清洁，更换润滑油时应严格进行过滤。

（2）经常检查润滑系统的密封情况，定期添加润滑剂。

（3）保证润滑管路或通道孔不被挤压碰伤。

（4）各机构没有注脂点的转动部位，应定期用稀油壶点注在各转动缝隙中，以减轻机件的磨损和防止锈蚀。

（5）润滑油加入量以探油针或油标（如有）的上下限刻度为准。若加油过量则会出现漏油现象。

（6）操作时应严格按使用说明书进行。对于新安装的润滑系统必须进行试验，先把各润滑点连接的分油路接头拆开，直到各接头处都流出润滑油，并检查润滑油中没有管内残存的污垢后再与润滑点接好。

（7）应客户特殊需求的场景（如寒带使用的停车设备），应选择使用低温减速电机（有别于常规环境温度的减速电机）。按照使用说明书要求正确使用低温减速电机，防止或减少因选择、安装或使用不当造成的减速电机故障问题。

3.2.11 设备试运行及试验

设备试运行应按安装后的调试、单体试运行、空载联动试运行和负荷联动试运行 4 个步骤进行。

1）安装后的调试

包括润滑、液压、电气及操作控制等系统单独模拟调试合格；按存取车流程、操作规程、随机技术文件要求分别对各动作单元、单机直至整机进行调试。

2）单体试运行

按规定时间对单体停车设备进行全面考核，包括单体空载运行和单体负荷试运行。其中单体负荷试运行只对无须联动的停车设备和负荷联动试运行规定需要做单体负荷试验的停车设备进行。停车设备单体试运行的顺序是：先手动，后自动；先点动，后连续；先低速，后中、高速。

3）空载联动试运行

主要是检查整机各部件相互配合及存取车流程的动作程序是否正确，同时也检查联锁装置是否灵敏可靠，信号装置是否准确无误。空载联动试运行应按设计规定的联动程序操作或模拟。

4）负载联动试运行

在实际存取车情况下的联动运行，进行额定载荷联动试运行与超载试验，全面考核停车设备安装的质量，考核设备的整机性能，检验设备是否符合和满足合同、设计、技术规范及相关标准等要求。负载联动试运行应按存取车工艺流程进行。

3.2.12 验收交付

1）停车设备的验收

（1）建设单位（合同甲方）对停车设备工程验收通常按照合同中约定的工作范围和责任

界定,并需特种设备检验机构对安装质量进行检验验收。

(2)升降横移类、简易升降类、垂直循环类、汽车专用升降机停车设备在单体试运行合格后即可办理工程验收手续;平面移动类、巷道堆垛类、垂直升降类、多层循环类、水平循环类停车设备须进行联动试运行,或按标准、合同要求联动试运行合格后办理验收手续。

(3)停车设备的安装监督检验应按规范和标准要求进行,设备进场安装前,应向设备安装所在地特种设备检验机构申请安装监督检验。

2)停车设备的交付

(1)停车设备经特种设备检验机构安装监督检验合格,并取得"起重机械安装改造重大维修监督检验证书"和《起重机械安装改造重大维修监督检验报告》。

(2)完成合同约定的各项工作并经建设单位验收合格,应及时办理工程移交。

3.3 停车设备钢结构安装流程及要点

3.3.1 钢结构安装的流程

停车设备主体结构有钢结构、混凝土结构,大多停车设备主体结构是钢结构,不同类别停车设备的钢结构有所不同,如常见每层两车位垂直升降停车设备的高度大多都在24m以上,有的设备总高甚至超出50m。对于建在室外的独立设备,停车设备的主体钢结构不仅承受设备自身和停放汽车载荷,还应考虑设备钢结构室外风载荷以及其他特殊载荷作用,钢结构构件及其连接件强度、刚度、整体稳定性或局部稳定性应满足设计要求。钢结构安装质量控制十分重要,本节集中介绍立体停车设备钢结构安装流程及安装技术要求。

钢结构安装的一般程序为:基础验收与处理→测量与放线→下段钢结构安装及调整→中、上段钢结构安装及调整→顶部钢结构安装及调整→其他金属结构件(泊位轨道或滚道等,有的在对应钢结构段安装)等。

钢结构安装的程序应根据设备类别、机型、结构特点等的具体情况确定,但钢结构安装要求基本相同,其他类型停车设备钢结构安装内容不再赘述。

3.3.2 钢结构安装要求

1)高强度螺栓连接要求

钢结构制作和安装单位应按规定分别进行高强度螺栓连接摩擦面的抗滑移系数试验和复验,现场处理的构件摩擦面应单独进行抗滑移系数试验,合格后方可安装。

高强度螺栓连接处的摩擦面可根据设计抗滑移系数的要求选择处理工艺,抗滑移系数应符合设计要求,采用手工砂轮打磨时,打磨方向应与受力方向垂直。

高强度大六角头螺栓连接副施拧可采用力矩法或转角法。施工用的扭力扳手使用前应进行校正,其力矩相对误差不得大于±5%。

高强度螺栓安装时,穿入方向应一致。高强度螺栓现场安装应能自由穿入螺栓孔,不得强行穿入。螺栓不能自由穿入时可采用铰刀或锉刀修整螺栓孔,不得采用气割扩孔。扩孔数量应征得设计人员同意。

2)力矩控制

高强度螺栓连接副施拧分为初拧和终拧。大型节点在初拧和终拧间增加复拧。初拧力矩值可取终拧力矩的50%,复拧力矩应等于初拧力矩。初拧或复拧后应对螺母涂刷颜色标记。高强度螺栓的拧紧宜在24h内完成。

高强度螺栓应按照一定顺序施拧,宜由螺栓群中央顺序向外拧紧,如图3-2所示。

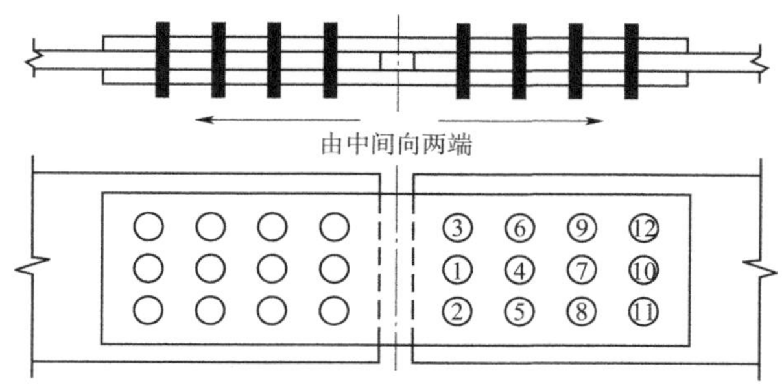

图3-2 螺栓紧固顺序

扭剪型高强度螺栓连接副应采用专业电动扳手施拧。初拧(或复拧)后应对螺母涂刷颜色标记。终拧以拧断螺栓尾部梅花头为合格。

高强度大六角头螺栓连接副终拧后,应使用0.3kg重的小锤敲击螺母对高强度螺栓进行逐个检查,不得有漏拧。

3.3.3 高层钢结构安装要点

(1)安装前,应对建筑物的定位轴线、底层柱的安装位置线、基础标高和基础混凝土强度进行检查,必须取得基础验收的合格资料。应对构件的质量进行检查,构件的永久变形和缺陷超出允许偏差时,及时处理,合格后才能进行安装。

(2)安装顺序应根据事先编制的安装顺序图表和安装图进行。

凡在地面组拼的构件,需设置拼装架组拼(立拼),易变形的构件应先进行加固。组拼后的尺寸经校验无误后,方可安装。

(3)各类构件的吊点宜按规定设置。

(4)钢构件的零部件及附件应随构件一并起吊;尺寸较大、重量较重的节点板,应连接固定在构件上。调整柱子垂直度的缆风绳或支撑夹板,应在地面上与柱子绑扎好,同时起吊。

(5)当天安装的构件,应形成空间稳定体系,确保安装质量和结构安全。

(6)一节柱的各层梁安装校正后,应立即安装本节支撑、隅撑等。

(7)多节柱安装时,每节柱的定位轴线应从地面控制轴线直接引上,不得从下层柱的轴线引上,避免造成过大的累积误差。

(8)每个流水段一节柱的全部钢构件安装完毕,形成稳固空间刚性单元并验收合格后,方能进行下一个流水段钢结构的安装。

(9)高层钢结构安装时,需注意日照、焊接等温度产生热影响导致构件产生的伸长缩短、弯曲所引起的偏差。施工中应有调整偏差的措施。

(10)安装时柱脚处理。构件安装前,钢柱脚采用螺母调平,坐浆支承时,应在结构形成稳固空间刚度单元，经检测和校核几何尺寸，确认无误后，及时用较基础高一等级的微膨胀细石混凝土浇筑填实柱底板与基础间的空隙；柱脚在地面以下的部分应采用强度等级较低的混凝土包裹（保护层厚度不应小于50mm），包裹的混凝土高出室外地面不应小于150mm，高出室内地面不宜小于50mm，并宜采取措施防止水分残留；当柱脚底面在地面以上时，柱脚底面高出室外地面不应小于100mm，高出室内地面不宜小于50mm。

3.3.4 钢结构安装误差消除措施

（1）误差来源及危害分析。

在正常情况下，钢结构安装误差来源于构件在吊装过程中因自重产生的变形、因日照温差造成的缩胀变形、因焊接产生的收缩变形。结构件局部至整体形成的安装过程中，若不采取相应措施，对累积误差加以减小、消除，将会给结构带来严重的质量隐患。

（2）安装过程中，构件应采取合理保护措施。

在安装过程中，细长、超重构件较多，而构件因抵抗变形的刚度较弱，会在自身重力的影响下，发生不同程度的变形。为此，构件在运输倒运、吊装和安装过程中，应采取合理的保护措施，如布设合理吊点，局部采取强抵抗变形措施等，来减小自重变形，以防给安装带来不便。

（3）钢结构安装误差消除。

在构件测控时，节点定位实施反变形。钢构件在安装过程中，因日照温差、焊接会使细长杆件在长度方向有显著伸缩变形，从而影响结构的安装精度。因此，在上一安装单元安装结束后，通过观测其变形规律，结合构件变形条件，总结其变形量和变形方向，在下一构件定位测控时，对其定位轴线实施反向预偏，实施反变形，以消除安装误差的累积。

3.3.5 钢结构安装检查

（1）安装过程中严格执行“三检”（自检、互检、专检）和交接检查制度。

（2）对于重点部位、关键节点，由安装负责人负责相关部位的复验校核。

（3）针对多节柱垂直度和多联塔纵横梁水平度测量，需进行重点监控，确保施工质量。

3.3.6 高强度螺栓连接检验

（1）高强度大六角头螺栓连接副终拧力矩检查：宜在螺栓终拧1h后、24h内完成检查。检查方法采用力矩法或转角法，但原则上应与施工方法相同。

（2）检查数量为节点数的10%，但不应少于10个节点，每个被抽查节点按螺栓数抽查10%，且不应少于2个。

（3）扭剪型高强度螺栓终拧后，除因构造原因无法使用专用扳手终拧掉梅花卡头者外，未在终拧中扭断梅花卡头的螺纹数不应大于该节点螺栓数的5%。对所有梅花卡头未拧掉的扭剪型高强度螺栓连接副用力矩法或转角法进行终拧并做标记。检查数量为节点数的10%，但不应少于10个节点。

（4）高强度螺栓连接副终拧后，螺栓丝扣外露应为2～3扣，其中允许有10%的螺栓丝扣外露1扣或4扣。

3.3.7 其他要求

(1)涂料、涂装遍数、涂层厚度均应符合设计要求。当设计对涂层厚度无要求时一般按涂层干漆膜总厚度:室外应为150μm,室内应为125μm,其允许偏差为±25μm。每遍涂层干漆膜厚度的允许偏差为±5μm。

(2)薄涂型防火涂料的涂层厚度应符合有关耐火极限的设计要求。厚涂型防火涂料涂层的厚度,80%及以上面积应符合有关耐火极限的设计要求,且最薄处厚度不应低于设计要求的85%。

3.4 停车设备常见零部件装配技术要点

安装人员在零部件装配前应熟悉相关的装配图、设计文件、装配工艺文件及相关技术标准等要求,了解零部件的结构特点和作用、相互连接关系及连接方式,根据其结构特点和技术要求,确定合适的装配工艺、方法和程序,选择合适的工具、量具及夹具。

3.4.1 装配的一般规定

(1)对需要装配的零部件配合尺寸、相关精度、配合面、滑动面应进行复查和清洗处理,并应按照标记及顺序进行装配。

(2)装配前,零部件必须清理和清洗干净,不得有毛刺、飞边、氧化皮、锈蚀、切屑、砂粒、灰尘和油污等,并应符合相应清洁度要求。配合表面加润滑剂,选择合适的装配工具,不得直接击打装配件,以免造成零部件变形损坏。

(3)按装配工艺规程进行装配,所有零部件(包括外构、外协件)必须具有检验合格证方能进行装配。为防止错装、漏装,每一零部件装配完毕后,要及时检查装配精度并做记录。

(4)先组装组合件,然后组装部件,最后进行总装配。

(5)有平衡要求的旋转零部件,应按要求进行平衡试验;对有装配间隙、灵活度等装配技术要求的零部件,应边安装边检查调整,避免返工。

(6)对于过渡配合和过盈配合零部件的装配,必须采用专门工具和工艺措施进行装配,过盈配合件装配时,应先涂润滑油脂。

(7)对油封件必须使用芯棒压入,对配合表面要经过仔细检查和擦净,若有毛刺应经修整后方可装配。

(8)设备上较精密的螺纹连接装配时,应在其配合表面涂上防咬合剂;各运动零部件的接触面,必须保证有足够的润滑作用。

(9)装配过程中零部件不得磕碰、划伤和锈蚀,油漆未干的零部件不得进行装配。

(10)相对运动的零部件,装配时接触面间应加润滑油(脂),各零部件装配后相对位置应准确。

(11)装配时原则上不允许踩机操作,特殊部位必须上机操作时应采取特殊措施,应用防护材料盖住被踩部位,操作人员须穿平底鞋以防止破坏漆膜,薄板覆盖件、非金属等强度较低部位严禁踩踏。

3.4.2 设备装配安全规程

(1)设备安装时要密切注意周围环境,避免因设备基础凹凸面、预留洞、预埋件等造成的伤害。

(2)设备开箱使用撬棍、手锤、大锤等,要均匀用力,不允许戴手套,锤柄、锤头不得有油污,使用大锤时,甩转方向不得有人。

(3)在使用活动扳手时,应使扳手的活动钳口承受推力而固定钳口、承受拉力,即拉动扳手时,活动钳口朝向内侧。用力一定要均匀,以免损坏扳手或使螺栓、螺母的棱角变形,从而造成打滑发生事故。

(4)登高作业需用扳手时,应使用固定扳手,用绳索传递,不得抛上扔下。

(5)设备安装时测量工具、仪器应是合格产品,并在校验周期范围内,工具、仪器的使用、存放应符合规定。

(6)取放垫铁时,手指应放在垫铁的两侧。

(7)检查设备内部,要用安全行灯或手电筒,禁用明火。对头重脚轻、容易倾倒的设备,一定要垫实、撑牢。

(8)拆卸设备部件,应放置稳固。装配时,严禁用手插入连接面或探摸螺孔。

(9)在手拉葫芦吊起的部件下检修、组装时,应将手拉链绑在起重链上,以防自锁装置失灵。

(10)设备清洗、脱脂的场地,要通风良好,严禁烟火。清洗零部件最好用煤油,用过的棉纱、布头、手套、油纸等应收集在金属桶里,按规定要求处理,严禁使用天那水、松香水或汽油清洗零部件。

3.4.3 停车设备常见的零部件装配

停车设备常见零部件的装配方式有:螺纹连接装配,键、销连接装配,轴承装配,链轮链条装配、齿轮齿条装配、联轴器装配、轴类装配、减速器装配、对重或平衡重装配、液压系统装配等。

现场安装中的装配工作范围很广,一个完整的停车设备装配过程往往要经过拆卸→清洗→检测→修复→装配→调整→质量验收等多道工艺环节。

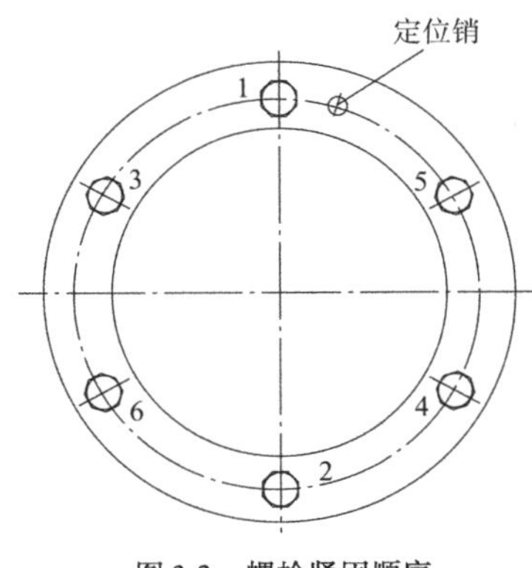

图 3-3 螺栓紧固顺序

1)螺纹连接的装配

(1)应确保螺钉或螺母端面与零部件表面接触良好。

(2)被连接件应互相贴合,受力均匀,连接牢固。

(3)同一零部件用多个螺栓或螺钉紧固时,各螺栓(螺钉)需按一定顺序、交错、对称逐步拧紧,如有定位销,应从靠近定位销的螺栓或螺钉开始紧固。同一部位的紧固件规格必须一致,螺栓不得弯曲。如图 3-3 所示,应当按照图中序号逐次拧紧。

(4)螺栓、螺钉和螺母紧固时严禁打击或使用不合适的旋具与扳手,紧固后螺钉槽、螺母、螺栓或螺钉头部不得损伤。

(5)双头螺柱的装配必须确保与机体螺孔的配合有足够的紧固性(在拆装螺母过程中,双头螺柱不能松动)。通常是利用双头螺柱最后几圈较浅的螺纹,使配合后中径有一定的过盈量来达到配合紧固的要求,双头螺柱装配应保证螺柱轴心线与机体表面垂直,配合面应当加注润滑油。

(6)有规定预紧力的螺纹连接,在紧固时应按预紧力要求并做测量,未规定预紧力的螺纹连接,其预紧力可参考设计的规定;有预紧力要求的螺纹连接常用紧固方法有:定力矩法、测量伸长法、液压拉伸法、加热伸长法。

(7)螺纹连接件和锁紧件必须齐全,牢固可靠。用双螺母时,应先装薄螺母后装厚螺母。螺栓或螺钉和螺母拧紧后,螺牙一般应露出螺母2~3个螺距。螺栓或螺钉和螺母拧紧后,其支承面应与被紧固零部件贴合。

2)销连接的装配

(1)圆柱销的装配。

圆柱销靠过盈固定在孔中,不宜多次拆装。用于定位时,为确保配合精度,通常是将被连接件的两销孔同时钻、铰加工,然后在销上涂上机油压入孔中。

(2)圆锥销的装配。

圆锥销具有1:50的锥度,定位准确,可多次拆装而不影响定位精度,在轴向力的作用下能够保证自锁。圆锥销以小端直径和长度代表其规格。在装配时,以小端直径选择钻头,被连接件的两孔应同时钻、铰加工,孔径大小以锥销长度的80%左右能自由插入为宜,用铜棒压入后,锥销的大端可稍露出或平于被连接件。

重要的圆锥销装配时应与孔进行涂色检查,其接触长度不应小于工作长度的60%,并应分布在接合面的两侧。

(3)定位销的端面一般应略高出零部件表面,带螺尾的锥销装入相关零部件后,其大端应沉入孔内。

(4)开口销装入相关零部件后,其尾部应分开60°~90°。

3)键连接的装配

键用于连接轴和轴上的零部件,进行周向固定以传递转矩。如齿轮、链轮、联轴器与轴的连接,键连接可以分为松键连接、紧键连接和花键连接三大类。

(1)松键连接的装配。

松键连接所用的键有普通平键、半圆键、导向平键及滑键等,靠键的侧面传递转矩,只对轴上零部件做周向固定,不能承受轴向力,如果要轴向固定,则需要附加紧定螺钉或定位环等定位零部件。松键连接是停车设备中应用最广泛的一种键连接方式。

松键连接的装配要点为:

①清理键及键槽上的毛刺,保证键与键槽能精密贴合。

②对重要的键连接,装配前要检查键的直线度和键槽对轴线的对称度及平行度等。

③对普通平键、导向平键,用键的头部与轴槽试配,应能使键较紧地与轴槽配合。

④修配键长时,在键长方向键与轴槽留0.1mm的间隙。

⑤在配合面上加润滑油,用铜棒或加软钳口的台虎钳将键压入轴槽中,使之与槽底良好接触。

⑥试配并安装回转套件时，键与键槽的非配合面应留有间隙，保证轴与回转套件的同轴度，套件在轴上不得有轴向摆动，以免在设备工作时引起冲击和振动。链轮与键的装配如图 3-4 所示。

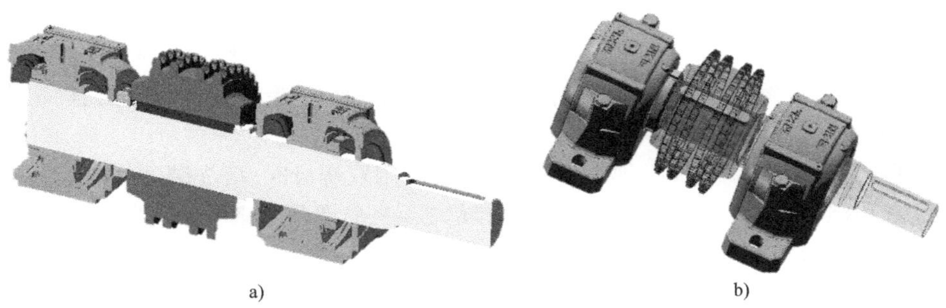

a)　　b)

图 3-4　链轮与键的装配

(2)紧键连接。

紧键连接主要指楔键连接，键的上、下表面都是工作面，其上表面及与其相接触的轮毂槽底面均有 1∶100 的斜度。键侧与键槽有一定的间隙，装配时将键打入构成紧键连接，通过键与键槽之间的挤压和摩擦力来传递转矩，并能传递单向的轴向力，还可轴向固定零部件。

紧键连接装配时，首先同样要清理键及键槽上的毛刺，装配时要用涂色法检查楔键上、下表面与轴槽、轮毂槽的接触状况，一般要求接触率大于 65%，若接触不良，可用锉刀或刮刀修整键槽，接触合格后，用软锤将楔键轻敲入键槽，直至套件的周向、轴向都可靠紧固。

(3)花键连接。

花键连接是由轴和轮毂孔上的多个键齿和键槽组成。键齿侧面是工作面，靠键齿侧面的挤压来传递转矩。花键连接具有较高的承载能力，定心精度高，导向性能好，可实现静连接或动连接。

花键连接已标准化，按齿形不同分为矩形花键、渐开线花键两种。按花键工作方式分为过盈连接和间隙连接两种。

过盈连接花键副上的套件应在花键轴上轴向固定，故应保证配合后有少量的过盈量。装配时可用软锤轻轻打入，但不能过紧，以防止拉伤配合表面。如果过盈量较大，可将套件加热至 80～120℃后，再进行装配。

间隙连接花键副的套件可以在花键轴上自由滑动，应保证精确的间隙配合。试装时周向调换键齿的配合位置，各位置沿轴向移动时应无阻滞现象，但也不能过松，用手摆动套件时，不应感觉到有明显的周向间隙。允许选择最佳的配合位置装配，可以用油石或细锉修整花键的两侧或尖角处，以保证花键每齿的接触面积不小于 70%。必须注意花键的定心面不得修整。

装配后的花键副应检查花键轴与被连接零部件的同轴度和垂直度。

4)轴承的装配

除正确的选型设计计算及合理维护外，若轴承没有达到预期使用寿命，早期损坏失效，80% 以上是因安装不当造成的，正确安装轴承对保持其应有性能至关重要。各类轴承装配要求如下：

(1)滑动轴承的装配。

滑动轴承是一种滑动摩擦性质的轴承(图3-5),特点是工作平稳、可靠,噪声小,能承受重载荷和较大的冲击载荷,根据结构形式不同可分为整体式、剖分式和瓦块式等。

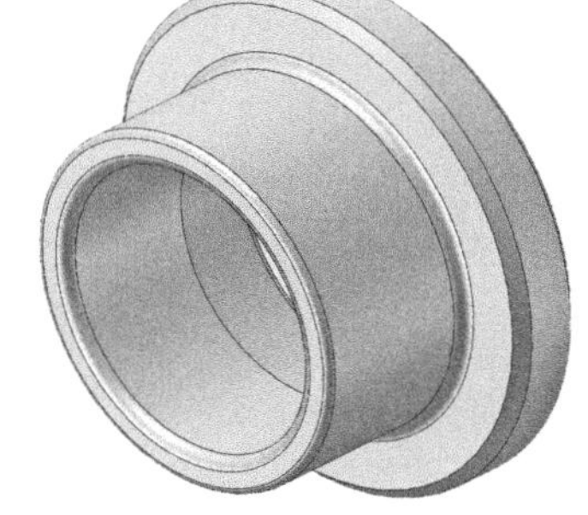
图3-5 滑动轴承

①整体式滑动轴承的装配。

整体式滑动轴承俗称"轴套",也是滑动轴承中最简单的一种形式,主要采用压入和轻击的方法来装配,特殊场合时采用热装法。大多数轴套是用铜或铸铁制成,装配时应细心,可用木锤或锤子垫木块击打的方法装配,过盈尺寸公差较大时用压力机压入。敲入或压入时要防止倾斜,装配后,油槽和油孔应处在设计图纸规定的位置。装配后变形的轴承,应进行内孔修整,尺寸较小的可用铰刀削,尺寸较大的则用刮削。同时注意控制与轴的配合间隙在公差范围内,为防止轴套工作时转动,轴套和箱体的接触面上装有定位销或骑缝螺钉。由于箱体和轴套材料硬度不一样,钻孔时很容易使钻头偏向软材料一边。解决方法:一是钻孔前用样冲靠硬材料一边冲孔;二是用短钻头,以增加钻孔时钻头的刚性。

②剖分式轴承的装配。

剖分式轴承又称"对开轴承",具有结构简单、调整和拆卸方便的特点,在轴承座镶上两块对应上下轴瓦,在接合处用垫片来调整出合理的间隙。

瓦背与轴承座孔的接触面要求、上下轴瓦中分面的接合情况、轴瓦内孔与轴颈的接触点数,均应符合设计图纸的规定。对于厚壁轴瓦,在未拧紧螺栓时,用0.05mm塞尺从外侧检查上下轴瓦接合面,任何部位塞入深度不大于接合面宽度的1/3;对于薄壁轴瓦,在装配后,在中分面处用0.02mm塞尺检查,不应塞入。薄壁轴瓦的接触面不宜研刮。

轴颈与轴瓦的侧间隙可用塞尺检查,单侧间隙应为顶间隙的1/2~1/3。轴颈与轴瓦的顶间隙可用压铅法检查,铅丝直径不宜大于顶间隙的3倍。顶间隙计算值应符合现行《机械设备安装工程施工及验收通用规范》(GB 50231)的规定。

图3-6 滚动轴承

(2)滚动轴承的装配。

滚动轴承具有摩擦小、轴向尺寸小、更换方便、维护简单等优点,如图3-6所示。

①滚动轴承的装配方法。

A. 压入法。

当轴承内孔与轴颈配合较紧,外圈与壳体配合较松时,应先将轴承装在轴上;反之,应先将轴承装在壳体上。如轴承内孔与轴颈配合较紧,同时外圈与壳体配合较紧,则应将轴承内孔与外圈同时装在轴上与壳体上,如图3-7所示。

B. 均匀敲击法。

在配合过盈量较小又无专用套筒时,可通过圆棒分别对称地在轴承的内环或外环上均匀敲击,如图3-8所示。也可通过装配套筒,用锤子敲入,如图3-9所示。但不能用铜棒等软金属,因为容易将软金属屑落入轴承内。不可用锤子直接敲击轴承,敲击时应在四周对称且交替均匀地轻敲,避免因用力过大或集中一点敲击,使轴承发生倾斜。

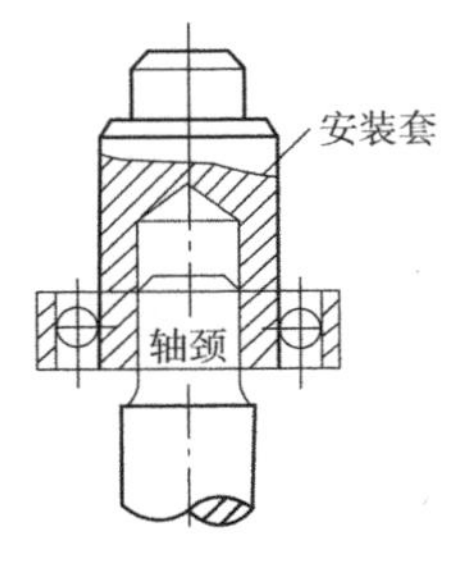

a) 先将轴承装在轴上

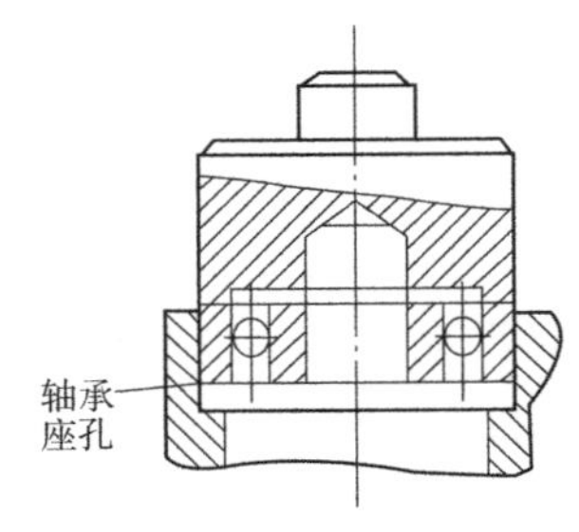

b) 先将轴承装在壳体上

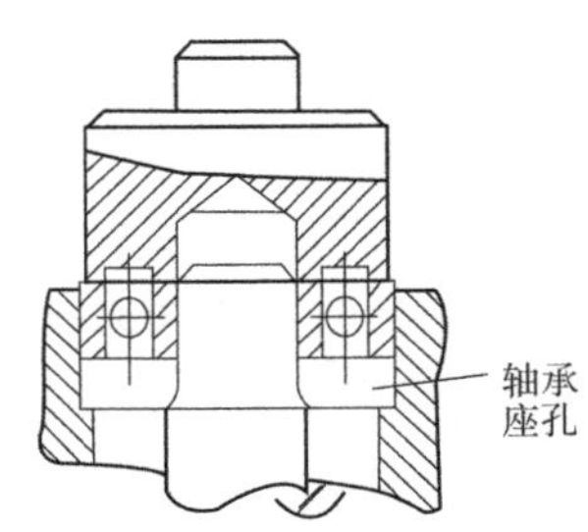

c) 轴承同时装在轴上与壳体上

图 3-7　压入法装配滚动轴承

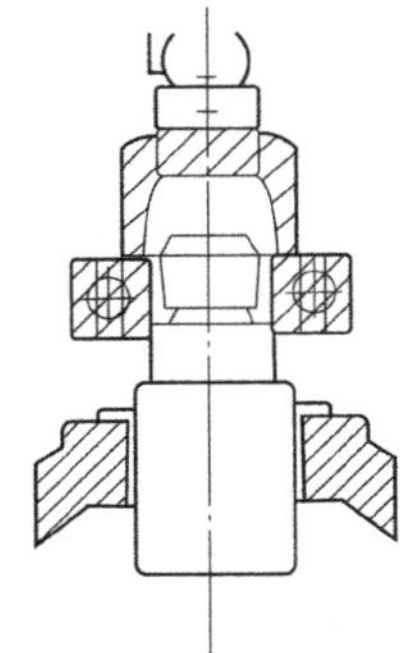

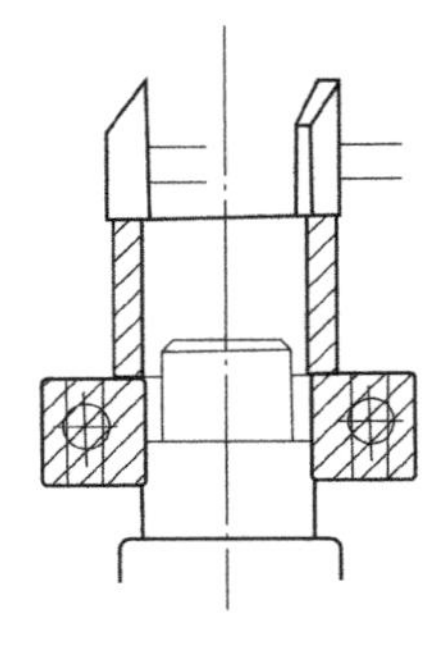

图 3-8　均匀敲击法装配滚动轴承

图 3-9　用锤子和装配套筒装配滚动轴承

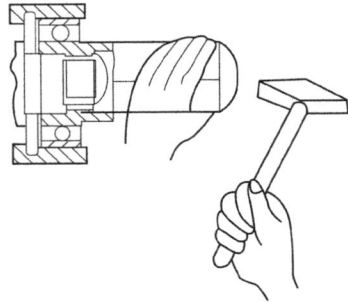

C. 机压法。

用液压机、杠杆齿条式或螺旋式压力机压入。在压前要将轴和轴承放平,并涂上少许润滑油,压入速度不宜过快,轴承到位后要迅速撤去压力,防止损坏轴或轴承。此类装配方式在施工现场一般不常使用。

D. 加热法。

有过盈配合的轴承常采用加热法装配。在施工现场一般采用加热法装配。可把轴承放在 80 ~ 100℃ 的油池中加热,加热时应把轴承放在距油池底部一定高度的网格上,对轴径较小的轴承可用挂钩悬于油池中加热,加热时要时刻注意温度变化,防止过热,如图 3-10 所示。

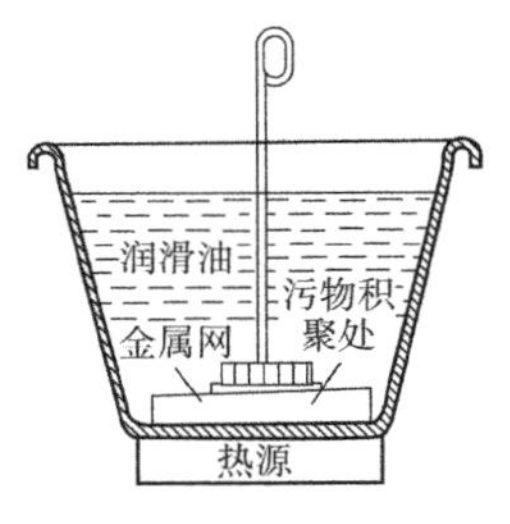

a) 放在距油池底部一定高度的网格上加热

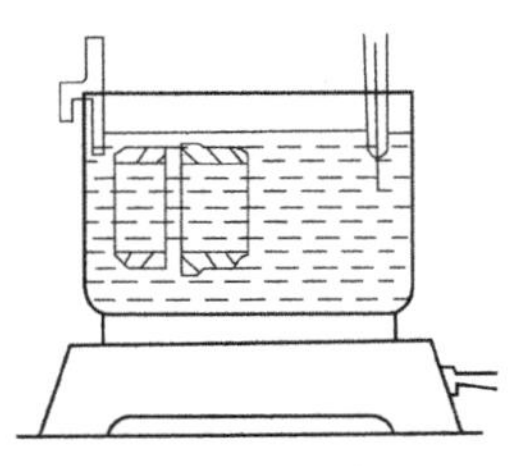
b) 用挂钩悬于油池中加热

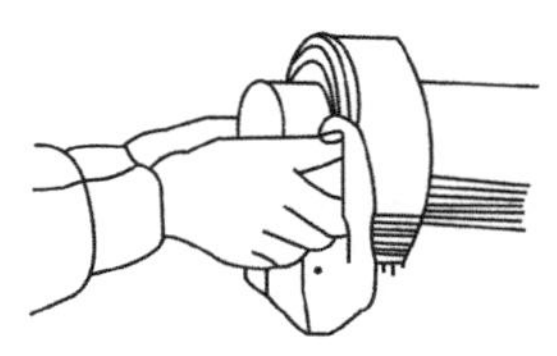
c) 冷却过程中用手推紧

图 3-10　油池加热法

取出轴承后，用比轴颈尺寸大0.05mm左右的测量棒测量轴承孔径，如尺寸合适应立即用干净布揩清油迹和附着物，接着用布垫着轴承并端平，迅速将轴承推入轴颈，趁热与轴径装配，在冷却过程中要始终用手推紧轴承，并稍微转动轴承外圈，防止倾斜或卡滞，冷却后将产生牢固的配合。如果要把轴承取下来，还得放在油中加温，也可放在工业冰箱内将轴承或零部件冷却，或放在有盖密封箱内，倒入干冰或液氮，保温一段时间后，取出装配。

②滚动轴承装配的技术要求。

A. 用加热法装配时，应将轴承均匀地加热到80～100℃后进行装配，轴承的加热温度不应高于120℃。但有防尘盖或密封圈的轴承不能用温差法装配。

B. 用机压法装配时，应用压力机压入，不允许通过滚动体传递压力。如必须用手锤敲击，则中间垫以铜棒或其他不损坏装配件表面的物体，打击力应均匀分布在带过盈的座圈上。

C. 安装轴承时，应将带标记端朝外，以便日后维修更换。

D. 轴承外圈与轴承座及轴承盖的半圆孔均应贴合良好。可用着色法检查或用塞尺测缝隙检查。着色法检查时，与轴承座对称于中心线的120°范围内应均匀接触，与轴承盖在对称于中心线的90°范围内应均匀接触；在上述范围内用0.03mm的塞尺检查时，不准塞入轴承外圈宽度的1/3。

E. 采用润滑脂的轴承，装配后在轴承空腔内注入相当于空腔容积65%～80%的清洁润滑脂。

F. 凡稀油润滑的轴承，不准加润滑脂。

G. 轴承内圈装配后，必须紧贴在轴肩或定距环上，用0.05mm塞尺检查时不得有插入现象。

H. 可拆卸的轴承在清洗后必须按原组装位置组装，不准混淆或颠倒。

I. 轴承装配后，应能均匀灵活地回转。在正常工作情况下，轴承温升不得大于50℃，最高温度不得大于80℃。

③圆锥滚子轴承间隙是装配后调整的，主要方法有用垫片调整、用螺钉调整、用螺母调整等。

④装配推力球轴承时，应首先区分出紧环和松环，紧环的内径直径略小点，装配后的紧环与轴在工作时是保持相对静止的，它总是靠在轴的台阶或孔端面处，否则轴承将失去滚动作用而加速磨损。

⑤圆锥轴承装配。

带圆锥孔的轴承内圈大部分是以过盈配合的方式来安装的。过盈量是由内圈在圆锥形轴径、紧定套或退卸套上的轴向推进距离决定的。在圆锥形配合面上的推进距离越大，轴承的径向内部游隙就越小，可通过测量游隙减小量或轴向推进距离来确定过盈量。

中小型轴承可以利用轴承安装工具或用锁紧螺母把内圈推进到圆锥形轴径上的适当位置。在使用紧定套的情况下，可以用钩形扳手或冲击扳手锁紧套筒螺母。对退卸套可用轴承安装工具或端板将其推入轴承内孔。

(3)轴承安装的常见错误示范。

①轴与轴承内孔配合过松(俗称“走内圈”)。

由于轴与内孔选择的配合太松，使轴与内孔表面之间产生滑动，如图 3-11 所示。滑动摩擦将会引起发热，使轴承因发热而损坏。

当“走内圈”时，内圈与轴之间的滑动摩擦将产生高温，由于内圈端面与轴肩接触面很小，其温度会更高，使内圈端面产生热裂纹，热裂纹的不断延伸，将使轴承内圈在使用中断裂，如图 3-12 所示。

图 3-11　轴与内孔表面之间产生滑动的痕迹

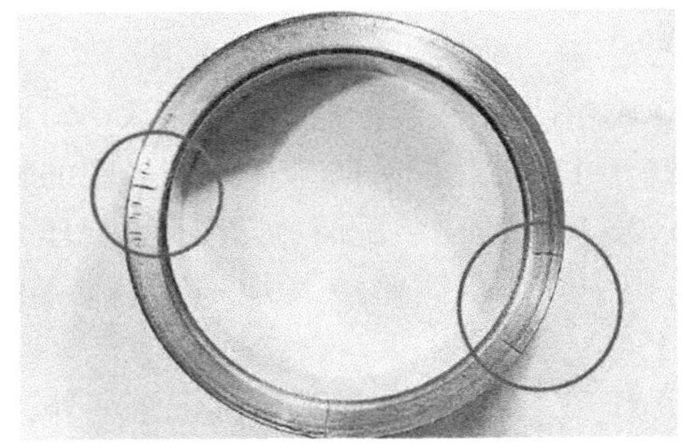

图 3-12　内圈端面与轴肩摩擦发热产生裂纹

②轴与内孔表面之间发热后产生粘连。

由于“走内圈”使内孔与轴表面之间产生滑动摩擦，引起的高温会使表面金属熔化并产生粘连，如图 3-13 所示。

③壳体孔径与轴承外径配合过松（俗称“走外圈”）。

由于壳体孔径与轴承外径选择的配合太松，使它们表面之间产生滑动。滑动摩擦将会引起发热，使轴承发热而损坏，如图 3-14 所示。

图 3-13　内孔与轴表面之间摩擦发热产生粘连

图 3-14　壳体孔径与轴承外径表面之间产生滑动的痕迹

④铁锤直接敲击轴承。

安装内圈（或外圈）过盈配合的轴承，错误地采用铁锤直接敲击轴承内圈（或外圈）端面，很容易把挡边敲坏，如图 3-15 与图 3-16 所示。正确的方式应该是采用套筒放在内圈（或外圈）端面上，用铁锤敲击套筒来安装。

⑤通过滚动体来传递安装力。

安装内圈过盈配合的轴承时，不能通过外圈和滚动体把力传递给内圈。这会敲坏轴承滚道和滚动体表面，使轴承在运转时产生噪声并提前损坏，如图 3-17 与图 3-18 所示。正确的方法应该是用套筒直接把力作用在内圈端面上。

图 3-15 错误安装方式

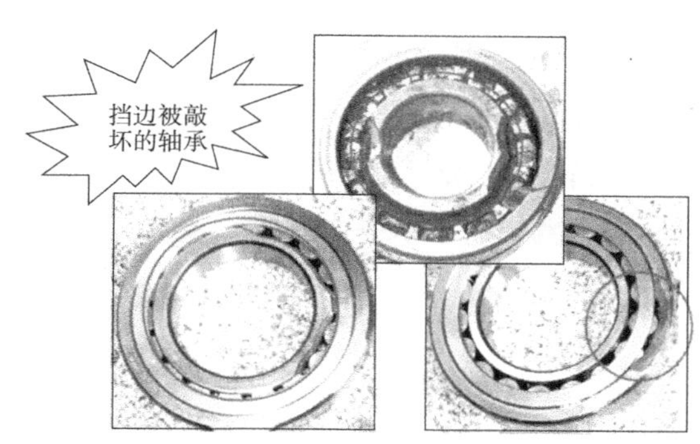

图 3-16 敲击后轴承损坏

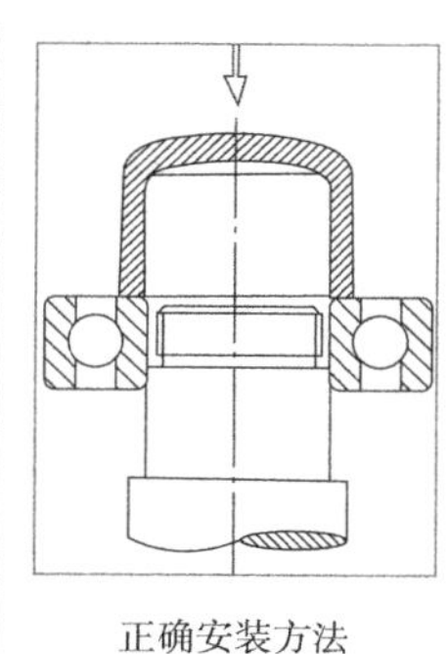

图 3-17 通过滚动体来传递安装力

图 3-18 内圈和外圈滚道表面被敲坏的痕迹

⑥加热温度过高。

有些安装人员用乙炔喷枪对轴承内孔进行加热，当加热温度超过 727℃（轴承钢的相变温度）时，轴承钢内部的金相组织将发生变化。当轴承冷却后，轴承内孔不能再恢复到原来的尺寸，通常比加热前的尺寸要大。

5）链轮链条的装配

链条按不同的用途和功能分为传动链、输送链、曳引链和专用特种链 4 种。传动链中的滚子链在停车设备中应用最广。滚子链是一种用于传送机械动力的链条，是链传动的一种类型。滚子链通常指传动用短节距精密滚子链，其应用最多，有单排与多排之分。滚子链的基本参数是链节距 p，它等于滚子链链号乘以 25.4/16（mm）。链号中的后缀有 A、B 两种，表示两个系列，这两种系列相互补充。

滚子链传动效率较高，链条不需要大的张紧力。因此，轴与轴承所受载荷较小；不会打滑，传动可靠，过载能力强，使用寿命长，能在低速重载下较好工作；瞬时链速和瞬时传动比都是变化的，传动平稳性较差，工作中有冲击和噪声，不太适合高速场合。

在停车设备中滚子链是传动机构、起升机构及平衡机构中很重要的挠性件之一，特别在升降横移类、简易升降类、梳齿式垂直升降类、平面移动类等停车设备中使用十分广泛。作为停车设备的关键零部件，停车行业针对牵引、拉曳机械式立体停车设备载车板和升降机上所使用的链条制定有现行行业标准《停车设备链条》（JB/T 11079）。

(1)在停车设备中链条分类。

按用途不同,可分为传动链、起升链、平衡链。

(2)与链条装配的链轮要求。

①各链轮间轴线需平行,否则将加剧链条和链轮的磨损,降低传动平稳性并增大噪声。

②主动链轮与从动链轮的轮齿几何中心平面应重合,其偏移量不得超过设计要求。若设计未规定,一般应小于或等于两轮中心距的2/1000。

③链轮在轴上固定之后,跳动量必须符合下列技术要求,链轮径向、端面圆跳动量小于规定值。

A. 链轮直径小于100mm时,允许跳动量为0.3mm。

B. 链轮直径为100~200mm时,允许跳动量为0.5mm。

C. 链轮直径为200~300mm时,允许跳动量为0.8mm。

④在传动链中理想的水平设置,要求链条的下垂度适当。下垂度为f/L,其中f为下垂量(单位为mm)、L为中心距(单位为mm)。链条与链轮啮合时,工作边必须拉紧,并保证啮合平稳。链条非工作边的下垂度应符合设计要求。若设计未规定,应按两链轮中心距的1%~2%调整,目的是减轻链传动的振动和减小脱链故障率。

⑤链轮孔和轴的配合必须符合设计要求,通常采用过渡配合。

(3)连接链节、连接件的装配。

用于连接链条与连接件的连接链节如图3-19所示,不应选用过渡链节。链条和链条固定装置间的连接(末端连接)在传输过程中应至少能够承受所需破断载荷的80%(GB/T 39980—2021)。

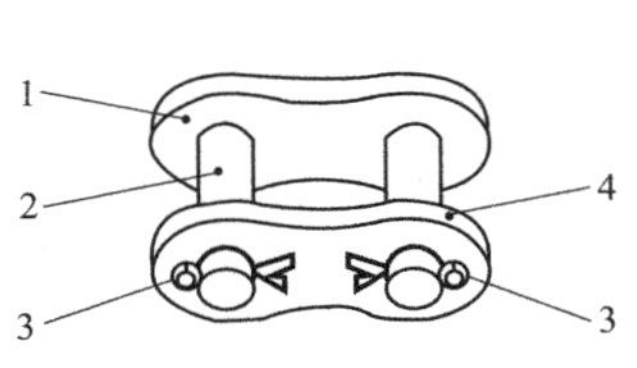

a) 带开口销的连接链节

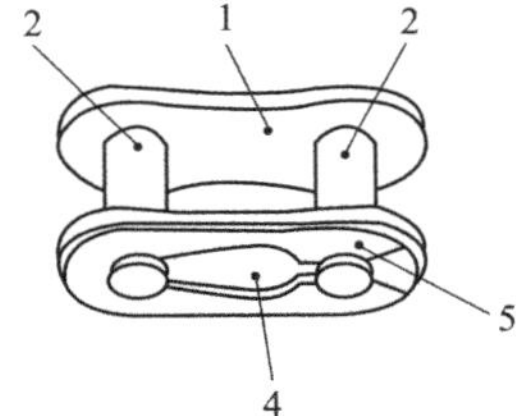

b) 带弹性锁片的连接链节

图3-19 连接链节结构形式

1-外链板;2-销轴;3-开口销;4-连接链板;5-弹性锁片

连接件是用于连接链条与载车板、升降平台及平衡重之间的重要连接零部件,如图3-20所示。在起升机构中,连接件与其链条连接的销轴强度应不小于选用链条的最小抗拉强度(JB/T 11079—2011)。特别注意在停车设备安装链条时,无论传动链条还是起升链条,连接链节应使用开口销形式,避免连接头松脱或断裂造成坠落事故。

(4)安装连接链节要求。

①采用的开口销不应有折断、开裂、锈蚀等现象。

②开口销的公称规格与开口式销孔的直径相等。

③开口销应安装在便于维护检查的一侧,应由根部劈紧,使开口销不致窜动。

④开口销开口必须对称,两脚劈开后都须卷起到圆销或轴上,使分叉部分的弧面与销轴或轴圆弧面平行,并尽可能接近圆销或轴,以使两开口角度呈180°。

⑤禁止使用金属丝或其他材料代替开口销。

⑥连接件与其链条连接的轴孔应涂润滑油,以减轻使用中相对运动破损。

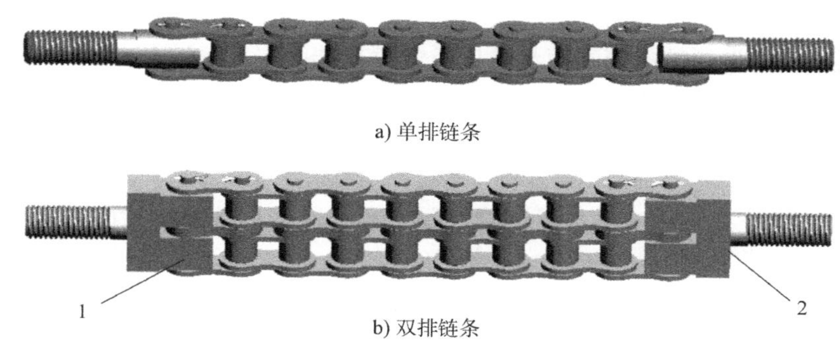

图3-20 链条及连接杆

1-链条;2-连接件

6)齿轮齿条的装配

齿轮传动是在两根轴之间通过齿轮传递动力的一种机构,以圆柱齿轮传动机构最为常见。装配时的主要技术要求是确保两齿轮的运动精度不降低,齿轮之间的侧隙和接触精度符合规定,两啮合齿轮的轴向错位差小于规定值。为了确保齿轮的运动精度,先将齿轮正确地安装到轴上,然后检查齿圈的径向和轴向圆跳动是否在公差范围以内。如果超出公差范围,在齿轮本身精度合格的条件下,如内孔为花键连接时可将齿轮取下,相对于轴转过一定角度,再重新装在轴上,如齿轮和轴用单键连接,则可以通过选配齿轮来减小跳动误差的积累。

确保啮合齿轮具有规定的侧隙要求,主要靠零部件的制造精度或通过调整啮合齿轮的中心距来达到,在装配时应测量检查齿侧间隙,可用塞尺直接测量。

相互啮合齿轮的接触精度,则应用涂色法通过空运转进行检查。在运转时,被动齿轮应进行轻微的制动,以得到必要的接触压力。装配时各种常见的接触斑点情况如图3-21所示。当接触斑点的位置正确,而接触面积偏小时,可以在齿面上加研磨剂进行短时间的空运转跑合研磨,来扩大其接触面积。跑合研磨后,必须对齿轮箱进行一次彻底的清洗工作。

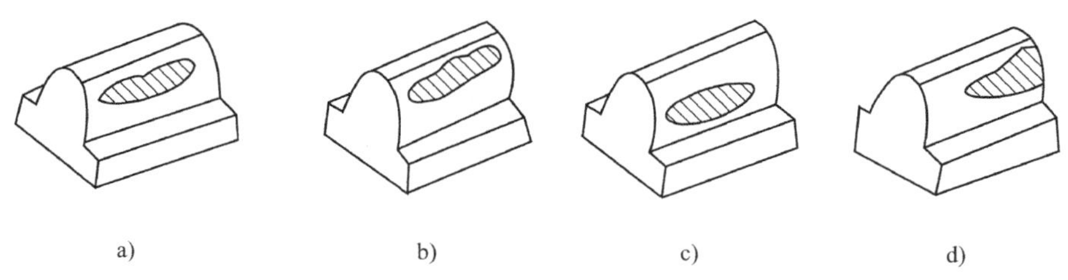

图3-21 用涂色法检验齿轮啮合情况

(1)齿轮传动装配技术要求。

①齿轮与轴的配合要满足使用要求。

②确保齿轮有准确的安装中心距和适当的齿侧间隙。

③确保齿面有一定的接触面积和正确的接触位置。

④在变速机构中应保证齿轮准确的定位,其错位量不得超过规定值。

(2)圆柱齿轮传动装配要点。

①装配前应对箱体或支座各部位的尺寸、形状、相互位置、表面粗糙度及外观质量进行检查。

②齿轮装配时,齿轮基准面端面与轴肩或定位套端面应靠近贴合,用0.05mm塞尺检查不应塞入;齿轮基准端面与轴线垂直度应符合传动要求,如图3-22所示。

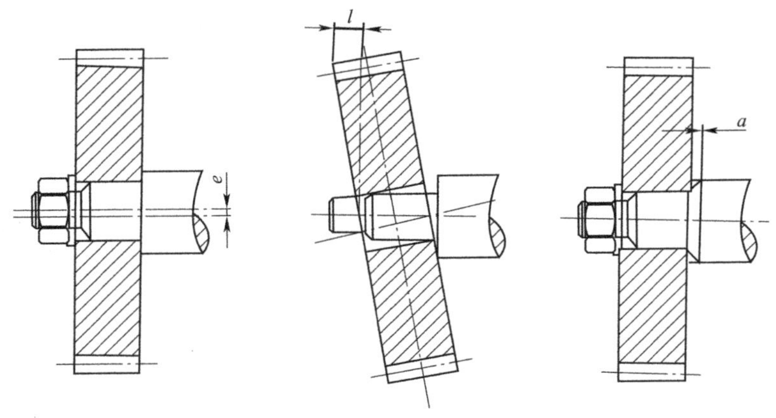

图3-22　齿轮基准端面与轴线垂直度误差

③相互啮合的圆柱齿轮副的轴向错位,应符合下列规定:

A. 齿宽 $B \leqslant 100$mm 时,轴向错位应 $\leqslant 5\% B$。

B. 齿宽 $B > 100$mm 时,轴向错位应 $\leqslant 5$mm。

④用压铅法检查齿轮啮合间隙时,如图3-23所示,铅丝直径不宜超过间隙的3倍,铅丝的长度不应小于5个齿距,沿齿宽方向应均匀放置至少2根铅丝。

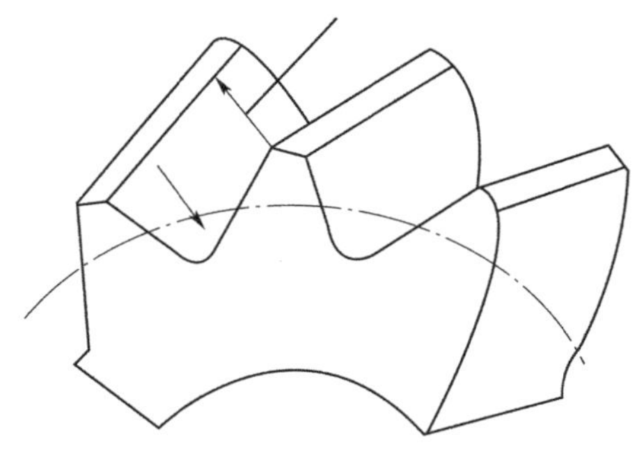

图3-23　用压铅法检查齿轮啮合质量

⑤用着色法检查传动齿轮轴啮合的接触斑点,应符合下列要求:

A. 应将颜色涂在小齿轮轴上,在轻微转动下,用小齿轮驱动大齿轮,使大齿轮转动3~4转。

B. 圆柱齿轮和蜗轮的接触斑点,应趋于齿侧面中部;圆锥齿轮的接触斑点,应趋于齿侧面的中部并接近小端;齿顶和齿端棱边不应有接触。

C. 传动齿轮啮合接触斑点的百分率计算值应符合现行《机械设备安装工程施工及验收通用规范》(GB 50231)的规定。

D. 可逆转的齿轮副,齿的两面均应检查。

⑥齿轮齿条装配参考上述要求进行。

7)联轴器的装配

联轴器是连接两轴或轴与回转件,在传递运动和动力的过程中一同回转,在正常情况下不能脱开的一种装置。有的联轴器具备补偿两轴之间相对位移、缓冲、减振和过载保护等作用。

(1)联轴器装配要求。

①机械式联轴器按现行《联轴器 分类》(GB/T 12458)分为刚性和挠性两类,其中刚性联轴器包括凸缘、夹壳两种,挠性联轴器包括滑块、齿式、滚子链、十字轴万向、轮胎式、梅花形、弹性柱销、膜片、弹性套柱销、蛇形弹簧等常用类型。停车设备起升机构使用无弹性元件挠性联轴器较多,这类联轴器不仅能够传递运动和转矩,而且具有不同程度的轴向、径向、角向的补偿功能,在安装、使用时应正确润滑。

②联轴器装配时,两轴心径向位移、两轴线倾斜和端面间隙的测量方法,应符合下列要求:

A. 将两个半联轴器暂时互相连接,应在圆周上画出对准线或装设专用工具,其测量工具可采用塞尺直接测量、塞尺和专用工具测量或百分表和专用工具测量。

B. 将两个半联轴器一起转动,应每转 90°测量一次,并记录 5 个位置的径向位移测量值和位于同一直径两端测点的轴向测量值。

C. 两轴心径向位移、两轴线倾斜计算值应符合现行《机械设备安装工程施工及验收通用规范》(GB 50231)的规定。

D. 测量联轴器端面间隙时,应在两轴的轴向相对施加适当的推力,消除轴向窜动的间隙后,再测量其端面间隙值。

(2)万向联轴器安装注意事项。

①万向联轴器两端原则上均可以作为主动和从动,安装时应符合传动系统的设计规定,尽量使花键副远离振动源或冲击源。

②对于可伸缩带花键副的万向联轴器,安装时应检查花键轴与花键套箭头标记是否对正,以保证两端叉头轴承孔轴线的相位差不超过规定要求。

(3)清洗及检查。

①安装前应清洗油渍,并干燥凸缘盘表面。对凸缘连接螺栓必须用扭力扳手按规定的预紧力矩拧紧,其螺栓与螺母的机械性能等级不低于 10.9 级。

②紧固螺栓前,须将螺孔清洁干净,螺纹处涂少许胶,按交错方式进行紧固(不允许用低硬度垫圈)。

③安装好的万向联轴器带负荷运转一个班(8h)后,应检查凸缘连接螺栓是否松动,并按预紧力矩再次拧紧,如此重复几个班,直到螺栓不再松动。

④应避免万向联轴器长期超载使用和违章操作,否则将降低使用寿命。

8)带与带轮的装配

(1)停车设备采用带轮传动较少,起升机构不能使用这种传动方式。有的回转盘因转动惯量大,回转机构驱动加(减)速动载荷系数较大,传动系统有明显的间隙,加速力呈突然的非连贯性变化,或存在明显的反向冲击,为了避免机构传动件冲击损坏,在停车设备回转盘采用带轮传动具有较好的保护作用。

(2)同一回路的带轮轮槽对称中心面的位置度为:中心距小于 1.2m 时,不大于带轮中心距的 0.3%;中心距大于或等于 1.2m 时,不大于带轮中心距的 0.5%。

(3)各传动带的张紧度应达到设计要求。

9)轴类的装配

(1)装配前应检查轴及装配件的尺寸与精度是否符合要求,同时对零部件进行清洁、擦拭及去除毛刺等。

(2)轴类零部件通常都要经过调质或高频淬火、淬火等热处理,轴的尺寸、形状和外观在搬运、存放和运输过程中可能会产生变形、毛刺或磕碰划伤,所以先要进行检查修整,可用条形磨石或整形锉将轮和轴的棱边倒角,然后进行预装。

(3)在装配的过程中,如果阻力突然增大,应当立即停止装配,并进行检查修正。因为轴的装配精度直接影响整个设备的质量,所以在装配过程中对各因素都要考虑周密,并且格外仔细,不得使轴磕碰划伤。

(4)过盈配合件装配。

过盈配合是靠包容件(孔)和被包容件(轴)配合后的过盈值来达到紧固连接目的的一种连接方法,如图 3-24 所示。过盈连接能传递转矩、轴向力和一定的冲击载荷,具有结构简单、同轴度高、承载能力强等优点,但对配合面加工精度要求也较高。

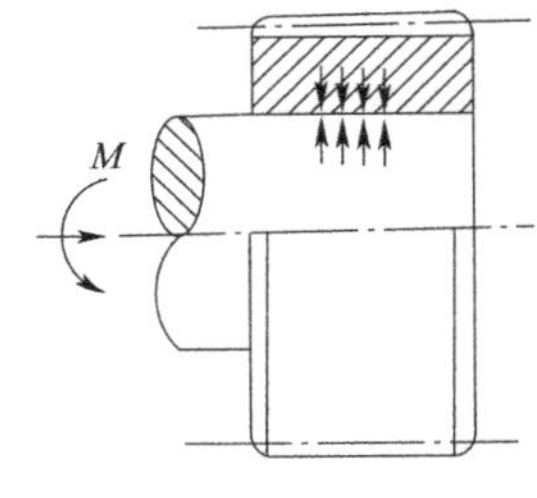

图 3-24　轴的过盈连接

过盈配合件的装配方法,一般采用压入装配、温差装配法,而在安装现场,主要采用温差装配法中的加热装配法。具体安装方法可参考本书轴承装配方法内容。

10)滑轮、卷筒、曳引轮安装

(1)滑轮和卷筒的安装。

按钢丝绳中心计算的滑轮和卷筒的卷绕直径,与钢丝绳直径之比不应小于 20,对于人车共乘方式的停车设备不应小于 40。升降横移类机械式立体停车设备采用尼龙滑轮,机构工作级别不大于 M4 时,滑轮卷绕直径与钢丝绳直径之比不应小于 18。采用平衡滑轮时,滑轮卷绕直径与钢丝绳直径之比不应小于 16。

①安装前需要确认卷筒的型号是否符合要求,配件是否齐全,卷筒的外观及配件无明显的缺陷或损坏。

②安装卷筒时,需要注意卷筒的安装位置应该位于水平面上,且必须安装牢固可靠。

③钢丝绳绕进或绕出滑轮槽时的最大偏斜角(即钢丝绳中心线与滑轮轴垂直的平面之间的夹角)不应大于 5°。钢丝绳绕进或绕出卷筒时,钢丝绳中心线偏离螺旋槽中心线两侧的角度不应大于 3.5°;对大起升高度及直径较大的卷筒,其钢丝绳偏离螺旋槽中心线的允许偏斜角应由计算确定。

(2)钢丝绳的绳端固定。

钢丝绳在卷筒上的安全圈数(除固定钢丝绳绳尾的圈数外)应不少于 2 圈。钢丝绳在卷筒上的固定,应采用带楔块的压紧装置,或至少用两个绳夹或两个固定压板或具有同等安全的其他装置,将其固定在卷筒上。

(3)曳引机安装[以标准垂直升降类(PCS)停车设备为例]。

一般曳引轮在工厂与减速电机、固定支架预先组装好发到项目现场,检查合格后,曳引机机座直接安装在承重梁上。如果带有减振装置,一般采用 4 套厚 20mm 的钢板两块,中间夹有减振橡胶组成各种减振器。减振器上面的钢板用螺栓与曳引机连接,减振器下面的钢板用螺栓与承重梁连接或焊接。

①将曳引机放置就位,曳引机底座垫上方垫块,两侧平面度为 0.1mm,用塞尺检查。

②曳引机就位后的位置调整，要使曳引机节径中心位置和导向轮中心位置调整相一致。安装时应用曳引轮与导向轮中心挂线来确保曳引轮与导向轮的平行度。

③曳引轮的位置偏差在前后方向不应超过2mm，左右方向不应超过1mm，并在曳引机轴方向和减速器方向的水平度均不应超过1/1000。曳引轮和导向轮的端面垂直度在空载、满载工况下均不大于2mm。调整时，可用垫片调整曳引机底座与梁板之间的间隙。

④调整好后曳引机用螺栓连接牢固，并对螺母标志做相应检查。

11）对重或平衡重安装

以标准PCS停车设备为例。

（1）一般安装对重或平衡重的方法是，先将升降平台置于存取车位的最下端，对重或平衡重置于井道最上端。

（2）在对重导轨上侧机房的承载梁（或钢梁）上安装固定一个环链葫芦，把起重链条放到井道内。

（3）对重导轨安装并调整好后，将对重架搬到井道底部对重导轨旁并拆掉一侧的上下导靴，然后吊起放在对重导轨中，用方木将对重垫起，使对重架离缓冲器距离符合要求，再装好对重导靴。之后，放入一定数量的对重块，用压板固定好，挂好吊钩，用环链葫芦慢慢提升对重架，把对重架提升到设备在正常运行时对重架所处井道最上端位置后，用临时鞍座或钢梁支撑对重架底部，同时把环链葫芦的环链绑到起重链上，确保安全。

（4）安装对重用的支撑和吊具，应待曳引绳或链条一端与其升降平台相连，绕过曳引轮、导向轮或链轮后，将另一端与对重或平衡重相连，待曳引绳悬挂在曳引轮或链条悬挂在链轮上调整好，最后才能拆除环链葫芦和临时鞍座或支撑钢梁。

（5）在对重架上安装对重块的数量是由停车设备的平衡系数（40% ~50%）来确定的，最基本的方法是在升降平台（或载车板）内放置额定载重量的50%，此时升降平台（或载车板）侧的重量应与对重侧的重量接近。升降平台（或载车板）处于静态平衡状态；否则，就要调整对重块的数量，使升降平台（或载车板）达到设计的载重要求。

12）悬挂曳引钢丝绳

（1）悬挂钢丝绳前，应清理机房并保持清洁。

（2）将钢丝绳筒放在架子上，在正确方向释放出钢丝绳，不扭曲、不打结。

（3）不同曳引比时穿绕钢丝绳不同，钢丝绳悬挂于曳引机曳引轮及导向轮上，让两端钢丝绳分别通过升降机顶部机房的对应升降平台孔、对重孔到达升降平台绳头板和对重并与之连接。

（4）悬挂作业方法。

①钢丝绳长度预估。可根据设计图纸长度或参考升降平台与对重安装后要求的高度差来预估，钢丝绳如需在现场进行切割截取，其长度预估很重要，不要盲目切割，一旦切割后长度不足就会导致钢丝绳报废。若在工厂预先切割好，要求在理论计算长度基础上稍加一定长度。

②钢丝绳截取。不论何种绕法，每个起吊角上位置的钢丝绳截取长度应是一致的，不同起吊位置的钢丝绳应根据图纸要求，先连接一根钢丝绳试装无误，再进行其他钢丝绳安装，注意通过悬垂消除钢丝绳制作时产生的旋绕应力，使其自然放松，伸长一致，然后根据预估长度标出切割标记，完成切割操作。

13）升降机随行电缆安装

以标准PCS停车设备为例。

(1)井道随行电缆应并排安装,不能2根或3根叠加在一起安装。

(2)随行电缆架应固定在钢结构梁上或井道混凝土墙上,随行电缆中间固定架应安装在提升高度的1/2再加(向上)2m附近适宜位置。

(3)随行电缆有文字的一侧朝墙。

14)电气线路敷设

(1)电源线与信号线、控制线应分别穿在管内或线槽内,电源线与信号线、控制线应分别穿管敷设,当低电压供电时,电源线与信号线、控制线可以同管敷设。管内导线不准有接头,导线如有接头应在接线盒内。

(2)每路导线两端所留出线头应有适当的长度,在导线两端做好标记,管内先打入钢丝做引线,再把量好长度的导线带入管内。

(3)在管口外的导线应用蜡线或带扎牢,编排应整齐美观、横平竖直,动力线线头须压接(或焊接)铜质端子,单根导线接在插入式接线桩头时,导线头应压接管型接线端子后再插入固定,非插入头导线应压接"O"形或"Y"形接线端子后接入,不应该将两根导线同时压接在一个接线端子上。

(4)电缆线必须横平竖直。接线插头连接时,应按图纸所标示的代码连接,不能接错。

(5)当电线通过墙、楼板或室外敷设时,应穿导管保护,导管的内径不应小于电线直径的1.5倍。

(6)同一交流回路的绝缘导线不应敷设于不同的金属线槽内或穿于不同金属导管内。

15)电磁铁、电磁式防坠器安装

升降横移类及简易升降类机械式立体停车设备的载车板防坠落装置大多采用电磁铁或电磁式防坠器。其防坠装置工作原理是电磁铁通电吸合,防坠挂钩处于不能承载状态,同时推动发讯开关由常开到闭合,控制器收到确认信号后,通过程序驱动电机运转,从而实现载车板升降运行。断电后,电磁铁释放,发讯开关由闭合到常开,同时防坠挂钩处于承载状态。

(1)防坠装置及电磁铁内有细小零部件,安装时应轻拿轻放。

(2)防坠装置安装角度应在竖直方向±2°以内。

(3)安装防坠装置或电磁铁时,电源引线方向应向下。如果引出线在侧方,应在引出线上做一个"U"形滴水湾,用以防止水沿引线进入电磁铁内。

(4)当用一只电磁铁同时控制两只防坠挂钩时,不能因机械原因造成电磁铁无法有效吸合。

(5)发讯开关是防坠装置中的重要部件,安装调试时严禁用手触摸、扳动开关杠杆,以防损坏或失效。

(6)防坠装置为短时工作制。从冷态开始,防坠装置允许100s通电、100s断电连续运行3次,或一次性通电不得超过180s。待电磁铁恢复冷态后方可再次通电,否则易引起线圈温升过高甚至损坏。

(7)当防坠装置或电磁铁承受静负载或动负载后不能再使用,应立即更换。

(8)应定期对防坠装置或电磁铁进行清洁与检查。

16)减速器

减速器在原动机和执行机构之间起匹配转速和传递转矩的作用,是一种减速传动装置,在停车设备起升、运行、回转机构中得以广泛应用。

(1)减速器安装位置的选择。

①应保证减速器具有良好的散热条件,不得受到其他机械设备热源的干扰。

②减速器安装位置应符合传动装置的布局要求,使传动装置的各部分协调配合,彼此之间不会干扰。

③减速器安装位置应稳固可靠,不得位于振动较大或容易受到外力干扰的位置。

(2)减速器安装前的准备工作。

①检查减速器的各部件是否完好无损,是否有缺陷或损坏。

②建立准确的基准面,以便正确放置减速器和准确调整传动装置的角度。

(3)减速器安装的注意事项。

①正确安装减速器的支承座或梁,保证支承座或梁的垂直度和平行度符合要求。

②安装时保证减速器输出轴线与传动机构输入轴线同心,错位量不能超过规定的误差范围。

③减速器各部件的连接应牢固可靠,连接面应调整平整,保证其紧密接合。

④根据减速器使用和传动要求,进行合理的调整,使减速器达到合适的啮合间隙。

(4)减速器安装后的检查工作。

①检查减速器的各部件连接是否牢固可靠。

②检查减速器的啮合间隙是否符合要求。

③检查减速器的润滑系统是否正常运行。

17)回转支承

回转支承主要用于停车设备的回转机构,是回转机构的核心零部件。很多情况下,回转支承要承受大的载荷,如带回转功能的升降机或横移台车,其升降平台或横移台车上部的全部质量都设置在回转支承上,同时还要求定位精准。

(1)安装前准备。

①清理各接合面,清除接合面的毛刺、铁屑、油污等异物。

②安装支架必须有足够的刚性,安装孔尺寸一致,以防安装变形影响其性能。

③为防止在安装配合中变形,保证回转支承安装后能发挥最佳功能,滚道直径不大于1000mm,单排四点擦触式支承支架及安装平面度不大于0.15,双排球式支承为0.20,支架平面最大挠度不大于0.6。

(2)安装螺栓及螺母。

①要选用符合相关国家标准的产品,其强度等级不低于现行《紧固件机械性能 螺栓、螺钉和螺柱》(GB/T 3098.1)规定的8.8级,同时根据实际受力情况选择合适的强度等级,并保证一定的预紧力,一般为螺栓屈服强度的0.7倍。

②安装螺栓的垫圈应选用调质平垫圈,严禁使用弹簧垫圈。

(3)安装要求。

①将回转支承淬火软带(标志为“S”)置于非负荷区或非经常负荷区。

②回转支承的安装孔和安装平面上的螺孔对准。

③用高强度螺栓连接,均匀地拧紧,并达到规定的预紧力。

④为保证圆周上的螺栓有相同的预紧力，应180°方向对称地连续拧紧安装螺栓，并最后复拧一遍，如图3-25所示。

⑤禁止在回转支承上进行焊接作业，以免发生变形，影响其正常功能。

⑥齿圈的齿表面3个相邻齿如涂有绿色油漆标记，则该处为齿侧隙，如图3-26所示。

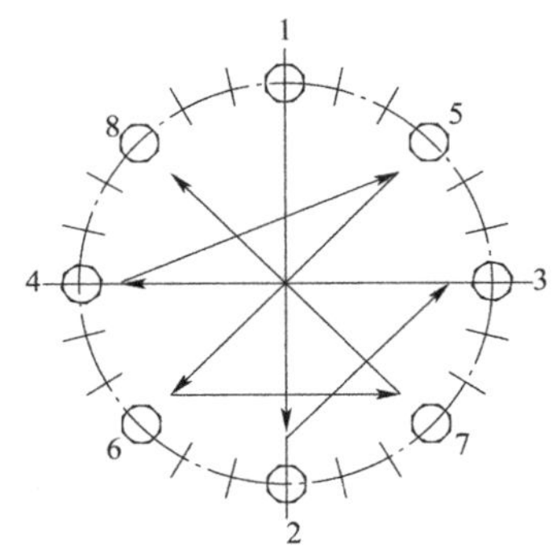

图3-25　回转支承螺栓紧固顺序示意图

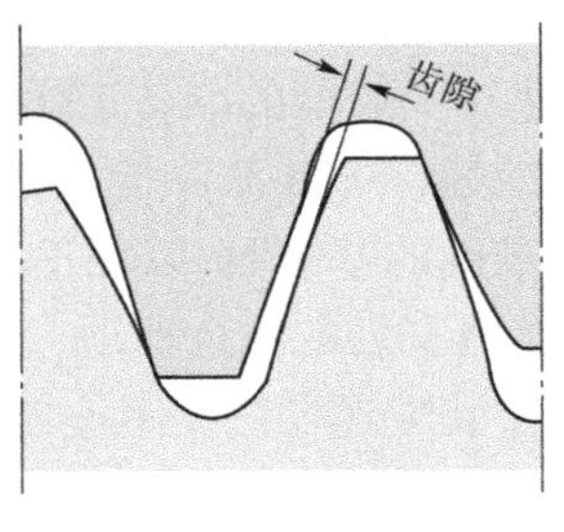

图3-26　齿隙检查

⑦侧隙调整应在圆跳动最大点处调整。在组装过程中应保证适当的齿侧隙。在工作过程中，确保大齿圈齿节圆跳动的最高点（3个涂有绿色标记齿）处的啮合侧隙符合设计精度的要求。

⑧安装结束后将回转支承清理干净，裸露部分涂上防锈漆，滚道和齿轮轴部位涂上润滑脂。

（4）安装后检查。

①确认安装没有对回转支承产生不良影响。

②检查回转支承旋转是否正常，有无异常响声。

③检查密封圈是否完好无损等。

18）液压系统的装配

（1）液压系统的管路在装配前必须除锈、清洗，在装配和存放时应注意防尘、防锈。各种管子不得有凹痕、皱褶、压扁、破裂等现象，管路弯曲处应圆滑，不得有扭转现象。

（2）管路的排列要整齐，并便于液压系统的调整和维修。

（3）注入液压系统的液压油应符合设计和工艺要求。

（4）装配后液压管路及元件不得有渗漏油现象。为防止渗漏，装配时允许使用密封填料和密封胶，但应防止其进入系统中。

（5）各部密封件齐全，密封性能良好，O形密封圈无过松、过紧现象，装在槽内不得扭曲、切边，保持性能良好。

（6）液压操纵系统和液压阀等应灵活、无卡滞现象。

（7）液压系统装好后，应按设计要求或有关标准进行运转试验。有关液压系统和液压元件的其他要求应符合现行《液压传动　系统及其元件的通用规则和安全要求》（GB/T 3766）的规定。

19）装配后检查及收尾工作

每完成一个部件的装配，都要进行检查及收尾工作，如发现装配问题应及时分析处理。

(1)装配完整性检查及装配质量检验:核对装配图纸,检查有无漏装的零部件,并按装配图纸或技术规范要求进行装配质量检验。

(2)各连接部分的可靠性检查:检查各紧固件是否达到装配要求的紧固力,特殊的紧固件是否达到防松防脱要求。

(3)活动部件的灵活性检查:对活动部件如齿轮、链轮、滚轮、导轨导靴、滑块、导向轮等应进行灵活性检查,手动旋转或移动活动部件时,不应有卡滞或别劲现象,也不能有偏心或弯曲等现象。

(4)装配后的调试:对维修时更换的零部件,在装配完成后,应按停车设备设计要求、安装作业指导书、技术规范和相关标准等要求进行调试,确保更换后零部件性能达到要求。

(5)装配后的清理:清理装配时产生的铁屑、杂物、油污、灰尘等,确保没有遗留多余物件在装配区域。

(6)装配件的润滑:对于有润滑要求的零部件,装配过程结束时,按设计、供方使用说明书或本书设备润滑章节内容要求进行润滑。

(7)装配后的涂装:在装配过程中磕碰划伤,油漆表面损坏的部位均应重新按要求进行涂装。涂漆前,应清除毛刺、氧化层、油污、铁锈等,对不应涂装的部位如钢丝绳、链条、轴承、油嘴、注油孔、活塞及活塞杆、非金属件、按钮、安全标志等的外表面应做好防护。护栏、挡轮杆等有安全警示色要求的零部件应涂装黄色或相应的警示颜色,其他零部件的涂漆颜色应与原零部件颜色一致。

3.5 电气设备的一般安装程序和要求

3.5.1 电气安装工程与电气系统的施工程序

1)电气安装工程的一般施工程序

埋管、埋件→设备安装→电线、电缆敷设→回路接通→检查、试验、调试→通电试运行→交付使用。

2)电气设备的施工程序

开箱检查→二次搬运→安装固定→动力线安装→二次回路连接→试验调整→送电运行验收。

3.5.2 电气设备的安装要求

(1)电气设备安装前应对相关的工程现场及基础进行检查和验收。

(2)电气设备和器材安装前的存放、保管期限应符合厂家要求。

(3)电气元件在装配前应进行测试、检查,不合格的不能进行装配。

(4)仪表、指示器显示的数码、信号应清晰准确,开关工作可靠。

(5)应严格按照电气装配图样要求进行布线和连接。

(6)所有导线的绝缘层必须完好无损,导线剥头处的细铜丝必须拧紧,需要时进行搪锡。

(7)焊点必须牢固,不得有脱焊或虚焊现象。焊点应光滑、均匀。

(8)设备和器材安置稳妥,不得损坏。

(9)电气设备和器材的保管环境条件应采取防火、防潮、防尘等措施。

(10)电气设备在起吊和搬运中,受力点位置应符合产品技术文件的规定。

(11)吊装和搬运时,应保护好电气设备零部件不受损伤。

(12)电气设备安装用的紧固件应采用镀锌制品或不锈钢制品。

(13)接线端子的接触表面应平整、清洁、无氧化膜。

(14)电气设备的保护接地和工作接地应可靠。

3.5.3 电气设备通电检查及调整试验

1)电气设备通电条件

电气设备系统通电条件是确认配电设备和用电设备安装完成,其型号、规格、安装位置符合图纸要求并验收合格,电气交接试验合格,所有设备安装完成并清扫干净,电气设备通电环境整洁。

2)通电检查及调整试验

(1)检查有关一、二次回路安装接线应全部完成,所有的标志应明显、正确和齐全,应先进行二次回路通电检查,然后再进行一次回路通电检查。

(2)一次回路经过绝缘电阻测定和耐压试验,绝缘电阻值均应符合规定。二次回路中弱电回路的绝缘电阻测定和耐压试验按制造厂的规定进行。

(3)已具备可靠的操作(断路器等)、信号和合闸等二次系统用的交、直流电源。

(4)检查回路中的继电器和仪表等均经校验合格。

(5)检验回路的断路器及隔离开关都已调整好,断路器经过手动、电动跳合闸试验。

3)二次回路通电检查注意事项

(1)接通二次回路电源之前,应再次测定二次回路的绝缘电阻和接地电阻,确保无接地或短路存在,核对操作和合闸回路的熔断器和熔断丝是否符合设计规定。

(2)应将需检验回路与已运行回路以及暂不检验的回路之间的连线断开,以免引起误动作。暂不检验的二次回路熔断器应全部取下。

(3)进行二次回路动作检查时,不应使其相应的一次回路(如动力线、断路器、隔离开关等)带有运行电压。

(4)远程监控操作设备时,设备附近必须设有专人监视动作,并保持联系。

(5)通电检查发现异常时,应立即断开电源,及时检查处理。

(6)带有微机保护装置的开关柜,应按照产品技术说明书执行。

4)受电步骤

(1)受电系统的二次回路试验合格,其保护整定值已按实际要求设定完毕。受电系统的设备和电缆绝缘合格。在停车设备的出入口、操作室、电气柜、滑触线等明显可见处设置相应的安全警示标志。

(2)按已批准的受电作业指导书,组织电气系统受电通过。

(3)配电柜、控制柜按先高后低、先干后支的原则逐级试通电。

(4)试通电后,系统工作正常,方可进行试运行。

5)安全防范要求

(1)采取防止电气开关误动作的可靠措施。

(2)试运行开始前再次检查一次、二次回路是否正确,带电部分挂好安全标示牌。

按设备整体试运行的要求做好与其他专业配合的试运行工作。及时准确地做好各回路供电和停电,保证供电系统试运行的安全进行。

(3)电气操作人员应熟悉电气设备及其系统,必须经过专业培训,具备电工特种作业操作资格,严格执行国家的安全作业规定,熟悉有关消防知识,能正确使用消防用具和设备,熟知人身触电紧急救护方法等。

3.5.4 停车设备接地装置安装要求

(1)所有电气设备的金属外壳均应接地良好,其接地电阻值应不大于4Ω。

(2)接地电线应为黄绿色铜芯线,其截面积依据相线截面和电气设备电流值而定,但接地线截面积不应小于2.5mm²,动力开关和驱动电机接地线截面积如表3-3所示。

动力开关和驱动电机接地线截面积参考(单位:mm²)　　表3-3

相线截面积 S	PE 接地线截面积	相线截面积 S	PE 接地线截面积
$S \leqslant 16$	$S \geqslant 2.5$	$S > 35$	$\geqslant S/2$
$16 < S \leqslant 35$	10		

(3)所有接地导线的绝缘层应保持完好无损,不能出现破损情况,不得有损伤折断现象,接头处应采用焊接、压接等可靠方法连接,接地线应采用多芯的导线。接地线用螺栓与电气设备连接时必须用垫圈,螺母应紧固可靠。

(4)控制柜的接地线,确保电气控制柜中的所有设备接地良好,应使用粗和短的接地线连接到公共接地点或接地母排上。连接到变频器的任何控制设备应与其共地,同样也应使用粗和短的导线接地。

(5)停车设备井道内接地线,从控制柜至井道金属结构件以及各设备间应连通。升降平台接地线则可用软电缆,一端电缆接在升降平台接线箱的接地端上,另一端电缆接在控制柜的接地端上。

(6)轨道上行驶设备的接地。

①对于在轨道上行驶的设备,其行驶的所有轨道均应与地线可靠连接。

②对于轨道上的接头,应采用截面积足够大的跨接线进行跨接或用镀锌接地扁铁与两个接头进行可靠焊接,使两接头可靠连通。然后再用镀锌接地扁铁将轨道与承载机械的金属架焊接连通,以构成完整的电气回路。

③对于架空轨道,可以在设备的附近另外设置一条辅助接地线,然后将轨道与辅助接地线连通。

(7)设备中零部件或金属构件的接地。

对于停车设备中需要与地线相连接的零部件或金属构件,均应采用跨接线和设备的金属构架相连接。在进行这类连接时,跨接线的一端固定在金属构架上,另一端和电气设备的接地螺栓进行可靠的连接。

(8)停车设备供电与控制电器的接地。

①对于给设备供电的电缆,其中应有一根作为接地(或接零)用的芯线,该芯线的截面积应与相线相同。

②采用地面控制方式的设备,它们控制器的外壳如果采用金属材料制成,则必须要有接地或接零线和控制器的外壳进行连接。对于支撑滑触线的金属支撑架,也要一并可靠地接地。

(9)所有外部电气接地线均应单独拉线到控制柜的接地端子(或接地排)内进行连接,不可在外部进行拼接处理。

3.6 施工方案的编制

机械式立体停车设备的施工方案是依据施工组织设计,以机械式立体停车设备工程为对象编制的具体过程文件,是施工组织设计的细化和完善,是以组织停车设备工程实施为目的,用于指导停车设备施工全过程,满足各项施工活动需要而编制的工程技术方案。

3.6.1 施工方案编制依据

施工方案编制依据停车设备及建筑机电施工有关的法律法规、标准规范、施工合同、施工组织设计、设计技术文件(如安装图、安装作业指导书、设备使用维护说明书等)、施工环境条件、同类工程经验、管理及作业人员的技术素质及创造能力等。

3.6.2 施工方案编制内容及要点

1)施工方案编制内容

施工方案编制内容:工程概况、编制依据、施工安排、施工进度计划、施工准备与资源配置计划、施工方法及工艺要求、质量安全环境保证措施等。

2)施工方案编制要点

(1)工程概况:介绍工程主要情况,停车设备的布置位置、规划设计情况、用途等。

(2)施工安排的内容:应确定进度、质量、安全、环境、成本和绿色施工等目标,确定施工顺序及施工流水段,确定工程管理的组织机构及岗位职责,针对工程重点和难点简述主要的管理和技术措施。

(3)施工进度计划:应根据合同及施工安排要求进行编制。施工进度计划表示的方法有横道图、网络图、流水作业图等。停车设备施工进度计划一般采用横道图形式表示,并附必要说明。横道图施工进度计划编制方法直观清晰,容易让人看懂施工进度计划编制的意图,便于停车设备工程施工的实际进度与计划进度的比较,以及劳动力、物资和资金需要量的计算与安排。

(4)施工准备与资源配置计划:施工准备包括技术准备、现场准备和资金准备,资源配置计划包括劳动力配置计划和物资配置计划。两者尽量做到均衡施工。

(5)施工方法及工艺要求:应明确停车设备各部分的施工方法和主要工序的施工工艺要

求；对易发生质量通病、易出现安全问题、施工难度大、技术含量高的施工工序等做出重要说明，对季节性施工提出具体要求。

（6）质量安全环境保证措施：质量保证措施包括制定工序控制点，明确工序质量控制方法等；安全环境保证措施包括危险源和环境因素的辨别，确定重大危险源和重要环境因素，并制定相应的预防与控制措施。

3）施工现场危险源的辨别

《职业健康安全管理体系 要求及使用指南》（GB/T 45001—2020）中，危险源分为物理危险源、化学危险源、生物危险源、社会心态危险源四大类。危险源辨识是停车设备现场施工安全管理的首要工作，只有在前期潜在的危险源被成功识别，评价工作才有效果。

对停车设备施工现场进行观察并收集资料，通过直观经验、对照、类比等分析确定评价对象，识别尽可能多的显性和潜在的危险源。一般从设施的不安全状态，人的不安全行为，可能造成职业病、中毒的施工环境和条件，管理缺陷4个方面进行危险源辨识，施工现场危险源辨识常采用“安全检查表”方法。

存在于停车设备施工场所的重大危险源主要有：

（1）高度大于2m的作业面（包括高空、洞口、临边作业）及深度大于0.5m的基坑、井道，因安全防护设施不符合或无防护设施、人员未配系防护绳（带）等造成人员踏空、滑倒、失稳等意外。

（2）起重吊装作业因失稳、捆绑不牢或指挥失误造成的高处坠落、倒塌、挤压等意外。

（3）动火作业（包括焊接、气割等）及易燃易爆化学品使用或临时存放不符合要求、防护不到位，造成的火灾、爆炸、人员中毒或窒息意外。

（4）临时用电及调试时用电管理缺失，造成触电、火灾意外。

（5）工程材料、构件及设备的堆放与搬（吊）运等，发生高处坠落、堆放散落、撞击人员等意外。

（6）停车设备调试或试运行时违规操作或配合协调不畅，造成机械损伤或坠落意外。

（7）叉车作业因视线盲区、所叉货物堆放不稳或叉超长物件等，造成车辆撞人、货物坠落砸人等意外。

施工方案中编制危险源清单有助于辨识危险源，及时采取措施，减少事故的发生。清单在项目初始阶段进行编制，其内容一般包含：危险源名称、性质、风险评价和可能的影响后果，需采取的对策和措施。

4）施工应急预案

（1）停车设备施工现场突发事件分类。

①施工生产事件：坍塌事件、触电事件、起重吊装事件、物体打击事件、高处坠落事件、火灾爆炸事件、职业中毒窒息事件、放射性事件、环境事件等。

②自然灾难事件：破坏性地震、气象灾害等。

③公共卫生事件：突发重大食物中毒、重大公共卫生事件等。

④社会安全事件：群体性事件、公共聚集事件、恐怖袭击事件、境外事件、计算机信息系统损害事件等。

（2）生产经营单位应急预案分为综合应急预案、专项应急预案和现场处置方案。在停车设备安装施工现场，一般应编制现场处置方案。

(3)现场处置方案应规定应急指挥机构与职责、应急处置措施和注意事项等内容。

(4)施工现场应急预案的实施。

①应急预案培训：生产经营单位应当组织开展使用单位应急预案、应急知识、自救互救和避险逃生技能的培训活动，使有关人员了解应急预案内容，熟悉应急职责、应急处置程序和措施。应急培训的时间、地点、内容、师资、参加人员和考核结果等情况应当如实记入使用单位的安全教育和培训档案。

②应急预案演练：生产经营单位应当制订使用单位的应急预案演练计划，根据使用单位的事故风险特点，每年至少组织一次综合应急预案演练或者专项应急预案演练，每半年至少组织一次现场处置方案演练。

③应急救援实施：发生生产安全事故后，生产经营单位应当立即启动生产安全事故应急救援预案，采取下列一项或多项应急救援措施。

A. 迅速控制危险源，组织抢救遇险人员。

B. 根据事故危害程度，组织现场人员撤离或者采取可能的应急措施后撤离。

C. 及时通知可能受到事故影响的单位和人员。

D. 采取必要措施，防止事故危害扩大和次生、衍生灾害发生。

E. 根据需要请求总包单位或邻近的应急救援队伍参加救援，并向参加救援的应急救援队伍提供相关技术资料、信息。

F. 维护事故现场秩序，保护事故现场和相关证据。

G. 法律法规规定的其他应急救援措施。

(5)应急救援评估。

①应急预案演练结束后，应急预案演练组织单位应当对应急预案演练效果进行评估，撰写应急预案演练评估报告，分析存在的问题，并对应急预案提出修订意见。

②应急处置和应急救援结束后，事故发生单位应对应急预案实施情况进行总结评估。

3.6.3 施工方案的审批与修改

停车设备的施工方案一般由安装项目负责人编制，公司技术负责人或技术负责人授权的技术人员审批，有总承包单位时，应由总承包单位项目技术负责人核准备案。

施工方案的修改或补充一般由原施工方案编制人员或经授权的安装技术工程师负责，经重大修改或补充的施工方案应重新审批后实施。

3.6.4 施工方案的实施

(1)工程施工前，施工方案的编制人员应向停车设备安装人员进行施工方案的技术交底，交底内容一般包括停车设备施工的程序和顺序、施工工艺、操作方法、要领、质量控制、安全措施、环境保护措施等。施工方案的技术交底应形成记录。

(2)涉及“四新”技术(新设备、新材料、新技术、新工艺)以及特殊环境、特种作业等也必须向停车设备安装人员交底。

(3)施工方案在实施前应进行交底，实施中应进行现场监督，一般由项目专职安全生产管理人员进行现场监督，对未按施工方案实施的，应当要求立即整改，并及时报告安装项目负责人，安装项目负责人应及时组织限期整改。

3.6.5 吊装方案的编制与施工管理

停车设备一般需要在项目现场安装施工才能实现完整的设备产品，对于总高度较高、深底坑、沉井式等大型停车设备或成组停车设备群，安装施工难度相对较大，危险性比较高。特别是平面移动类、巷道堆垛类、垂直升降类等停车设备及商用车停车设备的钢结构安装，以及升降平台、搬运台车、搬运小车等大部件吊装就位，一般都需要进行非常规起吊作业或流动式起重机起吊作业。起重施工作业是一项技术性强、危险性比较大且需精心组织、统一指挥、互相协调、多工种配合的特种作业，为了科学的组织施工，安全高效完成吊装作业，应编制起重吊装方案，防止吊装伤害及安全事故事件的发生。

1）吊装方法的选择

吊装作业中，吊装方法的确定是最主要的，正确选择吊装方法是制订吊装方案的前提，它决定了吊装方案的科学性、先进性和适用性。停车设备的吊装方法一般优先选用汽车式起重机，对高度较高的塔库群智能立体停车设备安装需使用塔式起重机，但在一些空间受限的地方及高度比较低、重量比较轻的停车设备吊装作业中，也会用到非常规吊装方法（如环链葫芦、起重葫芦、滑车、千斤顶等）。停车设备的吊装工艺方法一般分为以下几种。

（1）按被吊装物件就位形态分类，有分散吊装、整体吊装和综合吊装等。

停车设备大多采用分散吊装中的正装法，如室外独立结构的垂直升降类、平面移动类、巷道堆垛类停车设备，这些停车设备垂直高空作业多、施工周期长、施工管理要求高，一次起重量小，使用吊具索具的规格尺寸小。综合吊装是力求把能在地面上做完的工作全部做完，以减少高空作业，这种吊装方法操作难度大，但安装周期可明显缩短，同时减少高空作业的费用，可以降低吊装机具费用，如图3-27所示为汽车式起重机高空吊装作业。

图3-27 汽车式起重机高空吊装作业

（2）按被吊装物件的整体分类，有滑移法和旋转法。

起重吊装方法的选择，应在确保安全施工、安装质量的前提下，根据安装内容、工期要求、安装工艺、安装队伍的素质、现场条件、机具种类和经济性等因素，综合考虑被吊零部件卸车、外形尺寸、重量、结构、强度、刚性、类型、转运和数量等，拟定几个可行的方案，通过论证比较最终确定。

2）吊装方案的编制

（1）编制说明。

包括被吊装物件的工艺要求和作用，被吊物体的质量、重心、几何尺寸、安装要求、安装部位、吊装方案等。

（2）编制依据。

①相关法律法规、技术标准、规范。

②设计文件（如安装图、施工平面图及有关技术文件等）。

③施工合同、施工组织设计。

④施工场地的有关地质、地下管线资料及周边环境情况。

（3）工程概况。

主要说明工程特点、停车设备参数表、施工平面布置图、吊装前状态（如到货时间、形式、设备基础及安装就位周边环境等）。施工平面布置图可从以下方面考虑：

①按平面图画出已有构筑物的情况，包括建筑物及设备的基础、地沟、电线电缆和吊装位置等。

②被吊物件搬运路线、被吊物体拼装位置和被吊物件吊装位置等。

③卷扬机等机具的规格型号、位置及缆风绳的位置等。

④吊装指挥人员位置及吊装警戒区域。

⑤吊装过程中几个关键状态的立面图，并标明尺寸。

（4）吊装工艺设计。

①施工工艺。

设备吊装工艺方法概述（如吊车滑移法、旋转法）与吊装工艺要求。

②吊装参数表。

主要包括设备规格尺寸、设备总质量、吊装总质量、重心标高、吊点方位及标高等。若采用分段吊装，应注明设备分段尺寸、分段质量。

③机具。

起重吊装机具选用、机具安装拆除工艺要求，吊装机具、材料汇总表。

④吊点及加固。

设备支、吊点位置及结构设计图，设备局部或整体加固图。

⑤工艺图。

A. 吊装平、立面布置图。包括：设备运输路线及摆放位置，设备组装、吊装位置，吊装过程中吊装机械、设备、吊索、吊具及障碍物之间的相对距离，起重机械吊装站立位置及移动路线，需要做特殊处理的吊装场地范围，吊装警戒区。

B. 地锚施工图。

C. 吊装作业区域地基处理措施。一般施工场地的土质地面可采用开挖回填夯实的方法进行处理。处理后的地面应进行耐压力测试，地面耐压力应满足吊装时吊车对地基的要求。

(5)施工安全保证措施。

根据停车设备安装的具体情况,编制有针对性的组织保障措施、技术措施和检测监控措施等。安全技术措施应针对工程的具体情况,充分考虑整个施工过程中可能出现的问题,同时还应考虑周边可能产生的影响。

(6)劳动力组织与进度安排。

应配备安装管理人员、专职安全生产管理人员、特种设备作业人员(如起重司机、起重指挥、焊工等)、特种作业人员(登高作业人员、电工等)、其他作业人员等,同时根据停车设备施工方案及吊装作业工程进度计划,编制劳动力计划和吊装作业进度计划表。

(7)验收要求。

包括验收标准、验收程序、验收人员、验收内容等。此处的"验收"不是指工程质量验收,而是对吊装作业设施条件及安全设施的确认验收。

(8)应急处置措施。

针对可能出现紧急情况时如何救治伤员和防止事态扩大措施,制订有针对性的应急处置救援预案。

(9)计算书及相关图纸。

包括方案中的计算书及必要的计算简图和施工安全设施、装置的设计图纸等。

计算书主要内容包括:主起重机和辅助起重机受力分配计算,吊装安全距离核算,吊耳强度核算,吊索、吊具安全系数核算。

3)吊装方案的编制、审核、实施

(1)吊装方案的编制。

①吊装方案由施工单位组织专人或小组根据确定的施工方案、施工现场实际情况和施工工艺进行编制。编制人员应为具有工程师及以上职称的机械或者机电类相关专业人员,并具有停车设备安装与吊装作业相关的技术工作经历。

②编制人员应收集与起重作业有关的资料,确定吊装方法和工艺,必要时还可召开专题会议对吊装方法和工艺进行讨论。

③吊装方案选择。

由于停车设备形式的多样性,施工现场条件千差万别,没有一种固定吊装方案适用于所有停车设备和施工环境条件,应根据每个停车设备施工项目的安装内容、工期要求、安装工艺、安装队伍素质、现场条件、机具种类和经济性等因素,综合考虑被吊装零部件卸车、外形尺寸、质量、结构、强度、刚性、类型、转运和数量等,拟定几个可行的吊装方法和工艺,通过论证最终确定本项目的吊装方案。吊装方案的选择可依据以下原则确定。

A. 技术可行性认证:对多个吊装方法进行比较,从先进可行、安全可靠、经济适用、因地制宜等方面进行技术可行性论证。

B. 安全性分析:吊装工作应安全第一,必须结合具体情况,对每一种技术可行的方法从技术上进行安全分析,找出不安全因素和解决的办法并分析其可靠性。

C. 进度分析:吊装工作往往制约着整个停车设备工程进度,所以必须对不同的吊装方法进行工期分析,确保所采用的方法不能影响整个工程的进度。

D. 成本分析:对安全和进度均符合要求的方法进行最低成本核算,以较低的成本获取合理的利润。

E. 综合选择：根据具体工程的特点和各方面情况做综合选择。

(2)吊装方案的审核。

①吊装方案由施工单位的吊装质量控制系统责任人审核，单位技术负责人批准。

②如停车设备安装条件或现场情况发生变化已经影响到吊装作业时，应及时对吊装方案进行修改或补充，并重新履行审批手续。

(3)吊装方案的实施。

①吊装方案实施前，编制人员或安装项目技术负责人应当向施工现场有关管理人员进行方案交底。

②施工现场管理人员应当向作业人员进行安全技术交底，并由双方和项目专职安全生产管理人员共同签字确认。

③施工单位应当对施工作业人员进行登记，安装项目技术负责人应当在施工现场履职。

④项目专职安全生产管理人员应当对吊装方案实施情况进行现场监督。

(4)停车设备安装常用吊装设备的使用要求及吊装作业的安全注意事项。

①汽车式起重机使用要求。

停车设备安装优先选用汽车式起重机进行吊装。吊装时，起重机的回转范围内禁止人员停留。

A. 汽车式起重机必须在水平坚硬的地面上进行吊装作业，起重机工作位置(包括吊装占位和行走路线)的地基应以给定的地质情况或测定的地面耐压力为依据，采用合适的方法进行处理(一般施工场地的土质地面可采用开挖回填夯实的方法)。处理后的地面应进行耐压力测试，地面耐压力应满足吊装时起重机对地基的要求。

B. 汽车式起重机支腿应完全伸出并用道木和钢板垫实和加固，确保支腿稳定。

C. 严禁超载作业。不准斜拉斜吊物品，不准抽吊交错挤压的物品，不准起吊埋土地或冻粘在地上的物品。

D. 起重机作业时，回转盘上禁止站人。汽车起重机行驶时，上车操纵室禁止坐人。

E. 起重作业时，起重臂下严禁站人，在重物上有人时不准起吊重物。

F. 吊臂与设备外部附件的安全距离不应小于500mm。

G. 起重机、设备与周围设施的安全距离不应小于500mm。

H. 起重机提升的最小高度应使设备底部与基础或地脚螺栓顶部至少保留200mm的安全距离。

I. 吊装过程中，应重点监测以下部位的变化情况：吊点及吊索具受力，起升卷扬机及变幅卷扬机，超起系统工作区域，起重机械吊装主要参数表显示变化情况(吊臂长度、工作半径、仰角、载荷及负载率等)，吊装安全距离，起重机水平度及地基变化情况等。

②环链葫芦使用要求。

A. 首先将环链葫芦的吊钩挂在需要提升或移动的物品上，然后固定好环链葫芦的下部，将链条摆顺。注意确保两吊钩在一条直线上，避免偏斜。

B. 环链葫芦放松时，起重链条不得放尽，且不得少于3个扣环。

C. 环链葫芦吊挂点的承载力不得低于1.05倍的环链葫芦额定载荷。

D. 采用多台葫芦起重时，单台葫芦的最大载荷不应超过其额定载荷的 70%。

E. 一般情况下起重量 3t 以下的环链葫芦应由 1 人施力拉动葫芦，起重量超过 3t 时由 2 人施力；如遇拉不动时，应查找原因，切不可增加拉链人数。

F. 如承受负荷的环链葫芦需停留较长时间，必须将手拉链绑在起重链上，以防自锁装置失灵。

G. 已经使用 3 个月以上或长期闲置未用的环链葫芦，应进行拆卸、清洗、检查并加注润滑油。

③利用构筑物吊装。

即利用建筑结构作为吊装点，通过卷扬机、滑轮组等吊具实现设备的提升或移动。利用构筑物吊装作业时应做到：

A. 编制专门吊装方案，应对承载的结构在受力条件下的强度和稳定性进行校核。

B. 选择受力点和方案应征求设计人员的同意。

C. 对于通过锚固点或直接捆绑的承载部位，还应对局部采取补强措施；如采用大块钢板、枕木等进行局部补强，采用角钢或方木对梁或柱角进行保护。

D. 施工时，应设专人对受力点的结构进行监视。

④吊装作业安全注意事项。

起重吊装作业在实现设备(或构件)垂直提升、下降和水平移动功能的同时，其核心就是保证起重吊装的安全，即吊装安全是第一位的。

A. 吊装作业时周边应设置警戒区域，设置醒目的警示标志，防止无关人员进入，并设专门监护人员。

B. 起重臂杆仰角最大不超过 78°，最小不低于 45°。

C. 作业人员应根据现场作业条件选择安全的位置作业，在卷扬机与地滑轮穿越钢丝绳的区域，禁止人员站立和通行。

D. 吊装过程应设有专人指挥，其他人员应服从指挥，起重指挥不能兼做其他工种，并应确保起重司机清晰准确地听到指挥信号。

E. 作业过程应遵守起重机“十不吊”原则。

F. 被吊物的捆绑应符合起重机被吊物捆绑作业要求；采用兜捆方式吊装时，应对索具与设备的边缘棱角接触部位进行保护，并对设备进行保护。

G. 对细长、大面积设备或构件采用多吊点吊装；对薄壁设备进行加固加强；对型钢结构、载车板等薄弱部位或杆件进行加固或加大截面积，提高刚度；卧式设备吊装时，吊点间距宜大于设备长度的 1/3，宜使用吊梁吊装。

H. 对停车设备大跨度构件(如商用车辆用升降平台、搬运小车、载车板等)整体吊装时，应矫正所有吊索铅直线垂直度，进行载重调试和试提升。

I. 吊装就位后，应及时固定。经吊装指挥确认同意后，方可拆除吊装索具。

J. 构件存放场地应平整坚实。构件叠放用方木垫平且稳固，不准超高(一般不宜超过 1.6m)。构件存放除设置垫木外，必要时要设置相应的支撑，提高其稳定性。禁止无关人员在堆放的构件中穿行，防止发生构件倒塌压人事故。

K. 在露天遇六级以上大风或大雨、大雪、大雾等天气时，应停止起重吊装作业。

3.6.6 施工临时用电管理

(1)施工现场临时用电设备在5台及以上或设备总容量在50kW及以上的,应编制临时用电组织设计,否则应编制安全用电技术措施和电气防火措施。

(2)临时用电施工方案或施工组织设计由电气工程技术人员编制,相关部门审核,具有法人资格企业的技术负责人批准,经现场监理签认后实施。

(3)临时用电施工组织设计主要内容包括:工程概况、编制依据、用电施工管理组织机构、配电装置安装、防雷接地安装、线路敷设等施工内容的技术要求、安全用电及防火措施。

(4)配电线路、配电箱与开关箱的设置。

①电缆线路敷设基本要求:五芯电缆必须包含淡蓝、绿/黄两种颜色绝缘芯线。淡蓝色芯线必须用作N线(零线),绿/黄双色芯线必须用作PE线(地线),严禁混用。

②室外220V灯具距地面不得低于3m,室内不得低于2.5m。

③配电系统应采用总配电箱(或配电柜)、分配电箱、开关箱三级配电方式。配电系统除在末级开关箱内加装漏电保护器外,还应在上一级分配电箱或总配电箱中再加装一级漏电保护器,总体上形成两级保护。

④总配电箱应设在靠近进场电源的区域,分配电箱应设在用电设备或负荷相对集中的区域,分配电箱与开关箱的距离不得超过30m,开关箱与其控制的固定式用电设备的水平距离不宜超过3m。

⑤每台用电设备必须有各自专用的开关箱,严禁用同一个开关箱直接控制2台及2台以上用电设备(含插座)。

⑥固定式配电箱、开关箱的中心点与地面的垂直距离应为1.4~1.6m。移动式配电箱、开关箱应装设在坚固、稳定的支架上,其中心点与地面的垂直距离宜为0.8~1.6m。

(5)施工现场的临时用电设施应每月定期检查一次,检查情况应做好记录,并经相关人员签字确认。对发现的不安全因素,必须及时处理,并应履行复查验收手续。

(6)临时用电安全档案应由主管现场的电气技术人员建立与管理,其中的电工维修记录可指定电工代管,并于临时用电设施拆除后统一归档。

第4章

典型的机械式立体停车设备安装施工流程

4.1 升降横移类停车设备安装流程和要求

4.1.1 设备安装流程

升降横移类停车设备安装流程如图 4-1 所示，可根据现场实际情况进行调整。

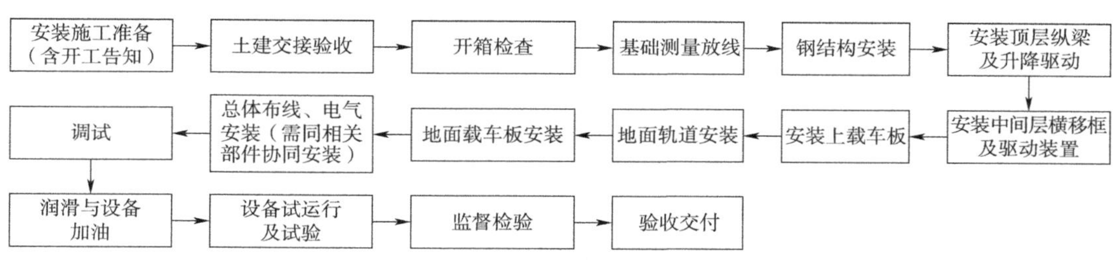

图 4-1　升降横移类停车设备安装流程图

4.1.2 整机安装要求

(1)金属结构应连接牢固，不应有影响强度的缺陷存在。

(2)金属结构的安装精度应符合表 4-1 的规定。

金属结构的安装精度(单位：mm)　　表 4-1

类别	安装精度
立柱垂直度	H≤12000 时，垂直度≤H/1000，且≤8；H>12000 时，垂直度≤10
相对两梁间平行度	≤10
平移框架对角线差	≤5
同一运行单元立柱对角线差	≤7

注：H 为立柱高度。

(3)同层两导轨同一截面的相对高度差不应大于 3mm，轨距偏差单侧导向为 ±4mm，双侧导向为 ±2.5mm，直线度应不大于 L/1000(L 为轨道长度)。

(4)液压回路安装后应无漏油现象。

(5)运动部件安装后应运转灵活，无异响和卡滞现象。

(6)电气设备的安装应符合现行《电气装置安装工程　电缆线路施工及验收标准》(GB 50168)、《电气装置安装工程　接地装置施工及验收规范》(GB 50169)、《电气装置安装工程　低压电器施工及验收规范》(GB 50254)和《电气装置安装工程　起重机电气装置施工及验收规范》(GB 50256)的规定。

4.2 简易升降类停车设备安装流程和要求

4.2.1 设备安装流程

在各类停车设备中,简易升降类停车设备结构最为简单,安装也相对容易,以沉箱式三层简易升降类停车设备(同升同降)为例,设备安装流程如图 4-2 所示。

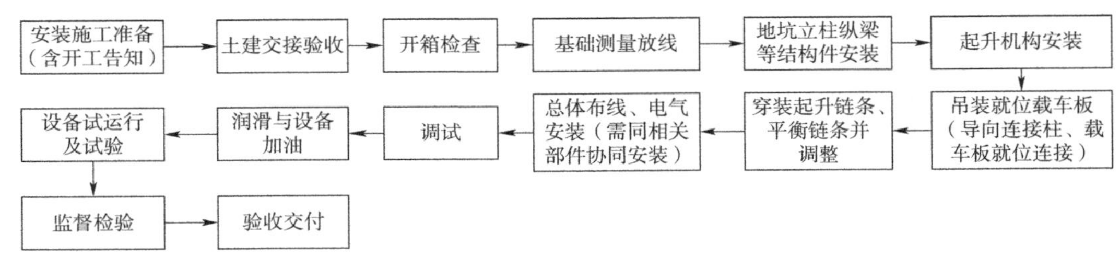

图 4-2　简易升降类停车设备安装流程图

4.2.2 整机安装要求

(1)金属结构的连接件应连接牢固,不应有影响强度的缺陷存在。

(2)金属结构的安装精度应符合表 4-2 的规定。

(3)液压回路安装后应当无漏油现象。

(4)运动部件安装后应运转灵活,无异响和卡滞现象。

(5)电气设备的安装应符合现行 GB 50168、GB 50169、GB 50254 和 GB 50256 的规定。

金属结构的安装精度(单位:mm)　　表 4-2

类别	安装精度	类别	安装精度
立柱垂直度	垂直度≤H/1000	升降框架对角线差	≤5
相对两梁间平行度	≤10	同一运行单元立柱对角线差	≤7

注:H 为立柱高度。

4.3 平面移动类停车设备安装流程和要求

4.3.1 设备安装流程

以上部出入式、抱持式搬运小车设备为例,设备整机安装流程如图 4-3 所示。此安装流程可根据现场实际情况进行调整。

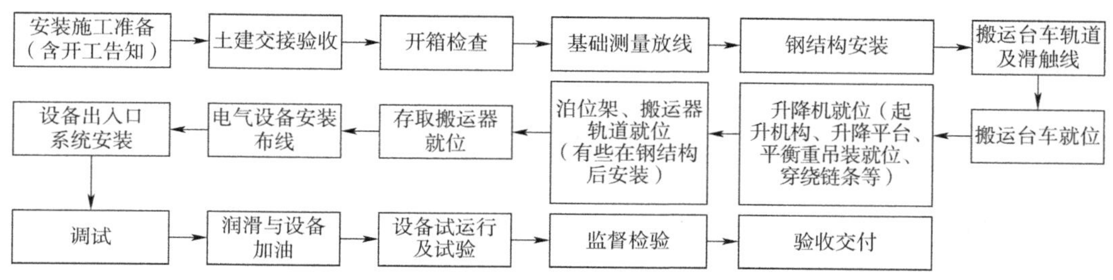

图4-3　平面移动类停车设备安装流程图

4.3.2　整机安装要求

(1)金属结构件的安装精度应符合表4-3的规定。

金属结构件的安装精度表(单位:mm)　　表4-3

位置		项目			
		垂直度	宽度极限偏差	进深极限偏差	对角线极限偏差
平面		—	±5	±5	±10
立柱	*Y*方向	≤*H*/1000,且≤10	—	—	—
	*X*方向	≤*H*/1000,且≤10	—	—	—

注:*H*为金属结构架总体高度。

(2)搬运台车运行轨道同一垂直截面上轨道顶部的高度差不应大于3mm。

(3)搬运台车运行轨道接头处,轨道高低差不应大于0.5mm。

(4)搬运台车运行轨道接头处,轨道侧面错位不应大于1mm。

(5)搬运台车运行轨道的轨距安装偏差不应大于±5mm。

(6)搬运台车运行轨道垂直方向的安装误差不应大于10mm。

(7)运动部件安装后应运转灵活、无卡滞现象。

(8)导轨及其附件在井道或金属结构上的安装应牢固。

(9)导轨及其附件和井道的固定,应采用必要的调节方法来补偿建筑物下沉、金属结构变形或混凝土收缩所造成的影响,应有防止导轨附件松动或旋转而使导轨松脱的措施。

(10)每根导轨至少应有两个支架。

(11)对重块或平衡重块的固定应牢固。

(12)带有滑轮或链轮的对重或平衡重装置,应有防护措施以避免:

①悬挂绳或链条松弛时脱离绳槽或链轮。

②绳与绳槽或链条与链轮之间进入异物。

(13)滑轮或链轮防护措施的设置不应妨碍对滑轮或链轮的检查与维护。

(14)对重或平衡重与升降平台的间隙不应小于50mm。

(15)缓冲器设置位置应在升降平台和对重的下端。当为强制驱动升降速度大于20m/min时,还应在升降平台和平衡重升降的上端装设缓冲器。当搬运台车运行速度大于20m/min

时，应在搬运台车水平运行的两端装设缓冲器。缓冲行程应确保缓冲过程中升降平台、对重或平衡重、搬运台车不与设备构造相撞。

(16)缓冲器随升降平台或对重运行时，应在行程下端设置与其相撞的缓冲支座，此支座应安装牢固，且高度不应小于500mm。当人员不会进入升降平台或对重下方时，可不设缓冲支座。

(17)回转盘应保持水平，倾斜度不应大于0.3%。

(18)电气设备的安装应符合现行GB 50168、GB 50169、GB 50254及GB 50256的规定。

4.4 巷道堆垛类停车设备安装流程和要求

4.4.1 设备安装流程

以上部出入式，伸缩梳齿搬运小车技术设备为例，设备整机安装流程如图4-4所示。此安装流程可根据现场实际情况进行调整。

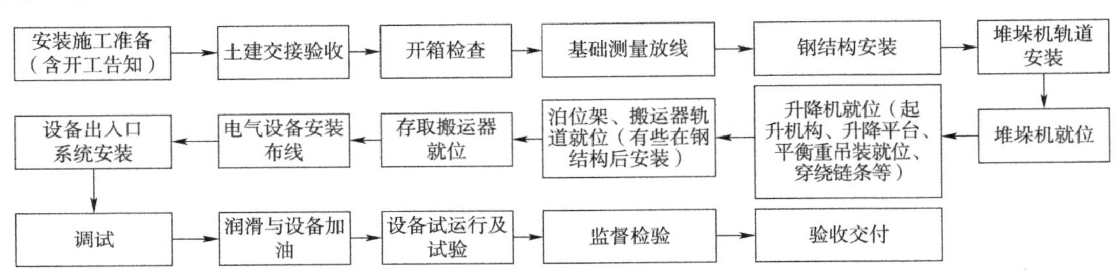

图4-4 巷道堆垛类停车设备安装流程图

4.4.2 整机安装要求

(1)金属结构件安装后的垂直度、平行度及对角线长度公差应符合以下要求。

①垂直度：不应大于全长的1/1500，且不大于5mm。

②平行度：不应大于全长的1/1500，且不大于6mm。

③对角线：不应大于全长的1/1000，且不大于8mm。

(2)停车位同层不同列的上表面高度极限偏差为±5mm。

(3)堆垛机两运行轨道同一垂直截面上轨道顶部相对应测点的高度差不应大于轨距的1/1000，且不应大于2mm。

(4)堆垛机运行轨道接头部位两边各100mm的测量长度范围内，其轨道高低差不应大于0.5mm。

(5)堆垛机运行轨道接头部位两边各50mm的测量长度范围内，其轨道侧面错位不应大于0.1mm。

(6)堆垛机上导轨在轨道接头处两边各100mm的测量长度范围内，其轨道侧面错位不应大于0.5m。

(7)堆垛机垂直导轨接头部位两边各50mm的测量长度范围内，其导轨高低差及侧面错位均不应大于0.5mm。

(8)堆垛机运行轨道接头处应保持平滑过渡，当运行速度大于或等于30m/min时，轨道接头应焊接并将焊缝打磨光滑。

(9)堆垛机运行轨道水平方向的安装偏差应符合表4-4的规定。

(10)堆垛机运行轨道垂直方向的安装偏差应符合表4-5的规定。

堆垛机运行轨道水平方向的安装偏差规定

表4-4

测量长度	极限偏差(mm)
≤100m	±2.5
>100m	±5

堆垛机运行轨道垂直方向的安装偏差规定

表4-5

测量长度	极限偏差(mm)
全长	±3
堆垛机轮距长度范围内	±1.5

(11)堆垛机上导向轨道水平方向的安装偏差应符合表4-6的规定。

(12)堆垛机上垂直导轨的安装偏差应符合表4-7的规定。

堆垛机上导向轨道水平方向的安装偏差规定

表4-6

测量长度	极限偏差(mm)
≤100m	±2.5
>100m	±4
上导向轨道任何距离为2m范围内	±2

堆垛机上垂直导轨的安装偏差规定

表4-7

测量长度	极限偏差(mm)
全长	±3
堆垛机高度方向任何距离1.5m范围内	±1.5

(13)运动部件安装后应运转灵活、无卡滞现象。

(14)对重或平衡重块固定应牢固。

(15)带有滑轮或链轮的对重或平衡重装置，应有防护措施以避免：

①悬挂绳或链条松弛时脱离槽或链轮。

②绳与绳槽之间或链条与链轮之间进入异物。

(16)滑轮或链轮对重或平衡重装置防护措施的设置不应妨碍对滑轮或链轮的检查与维护。

(17)对重或平衡重与升降平台的间隙不应小于50mm。

(18)缓冲器设置位置应在升降平台和对重的下端。当为强制驱动升降速度大于20m/min时，还应在升降平台和平衡重升降的上端装设缓冲器。当巷道堆垛机运行速度大于20m/min时，应在堆垛机水平运行的两端装设缓冲器。

(19)在堆垛机门架的下横梁处应设置缓冲器，且缓冲行程应确保缓冲过程中升降平台不与设备下部构造相撞。

(20)在堆垛机机架项部应装有缓冲器，且在对重或平衡重缓冲器被完全压缩之前，此缓冲器不应起作用。当此缓冲器起作用时，升降平台上的车辆不应受到损伤。

(21)回转盘应保持水平，倾斜度不应大于0.3%。

(22)电气设备的安装应符合现行GB 50168、GB 50169、GB 50254及GB 50256的规定。

4.5 垂直升降类停车设备安装流程和要求

4.5.1 设备安装流程

以标准2车位/每层、载车板曳引起升的停车设备为例，设备整机安装流程如图4-5所示。安装工艺顺序根据现场条件或设备存取技术（如梳齿式垂直升降停车设备）等可做相应调整。

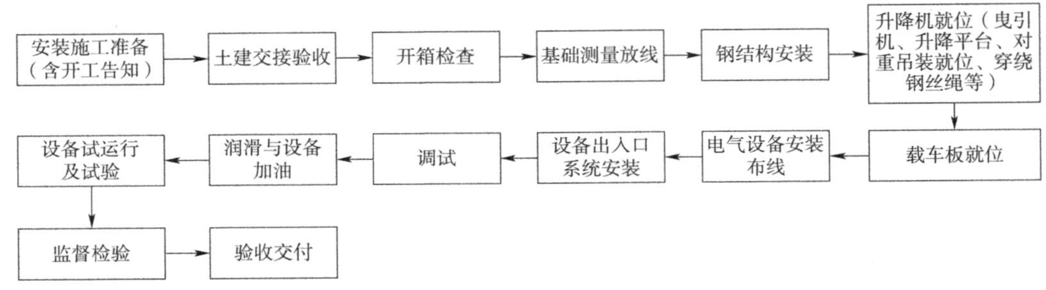

图4-5 垂直升降类停车设备安装流程图

4.5.2 整机安装要求

（1）金属结构件的安装精度应符合表4-8要求。

金属结构安装精度表（单位：mm） 表4-8

位置		项目			
		垂直度公差	宽度极限偏差	进深极限偏差	对角线极限偏差
侧面		≤H/1000	—	—	—
平面		—	±5	±5	±10
立柱	Y方向	≤L/1000	—	—	—
	X方向	≤L/1000	—	—	—

注：H为金属结构架总体高度，L为单节立柱长度。

（2）运动部件安装后应运转灵活、无卡滞现象。

（3）导轨及其附件在井道或金属结构上的安装应牢固。

（4）导轨及其附件与井道或金属结构之间的固定，应采用必要的调节方法来补偿建筑物下沉、金属结构变形或混凝土收缩所造成的影响，应有防止导轨附件松动或旋转而使导轨松脱的措施。

（5）每根导轨至少应有两个支架。

（6）各平行导轨接头不宜在同一水平面上，其错开距离不应小于500mm，且不应等于升降平台、对重或平衡重的上下滚轮或导靴的间距。

（7）对重块固定应牢固。

（8）带有滑轮或链轮的对重或平衡重装置，应有防护措施以避免：

①悬挂绳或链条松弛时脱离绳槽或链轮。

②绳与绳槽之间或链条与链轮之间进入异物。

(9)滑轮或链轮对重或平衡重装置防护措施的设置不应妨碍对滑轮或链轮的检查与维护。

(10)对重或平衡重与升降平台(轿厢)的间隙不应小于50mm。

(11)缓冲器应设置在升降平台和对重或平衡重的升降行程的底部,缓冲行程应确保缓冲过程升降平台、对重或平衡重不与设备构造相撞。

(12)缓冲器随升降平台或对重运行时,应在行程下端设置与其相撞的缓冲支座,此支座应安装牢固且高度不应小于500mm。针对人员不会进入对重下面的情况,对重缓冲器行程下端可不设缓冲座。

(13)采用强制驱动时,当为强制驱动升降速度大于20m/min时,除满足现行JB/T 10475的规定外,还应在升降平台上端设置缓冲器,且在平衡重缓冲器被完全压缩之前,此缓冲器不应起作用。当此缓冲器起作用时,升降平台上的车辆不应受到损伤。

(14)回转盘应保持水平,倾斜度不应大于0.3%。

(15)电气设备的安装应符合现行GB 50168、GB 50169、GB 50254及GB 50256的规定。

4.6 垂直循环类停车设备安装流程和要求

4.6.1 设备安装流程

以常规下部出入式设备为例,设备整机安装流程如图4-6所示。此安装流程可根据现场实际情况进行调整。

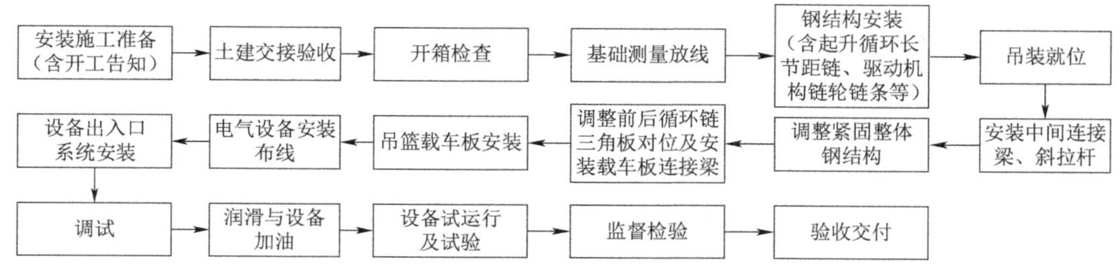

图4-6 垂直循环类停车设备安装流程图

4.6.2 整机安装要求

(1)框架立柱与水平面的垂直度不应超过其高度的1/1000,且最大值不应超过20mm。

(2)运动部件的安装应符合以下要求:

①采用拨叉式槽轮传动装置时,拨叉表面对轴的垂直度不应大于拨叉最大直径的1/500。

②采用啮合式链轮传动装置时,链条与链轮的啮合应无卡滞和冲击现象。

③采用销齿式传动装置时,销齿轴与齿形链板的啮合应无卡滞和冲击现象。

(3)载车板防摆装置的安装应保证载车板运行灵活,不应有卡滞现象。

(4)回转盘的倾斜度不应大于3/1000。

(5)电气设备的安装应符合现行GB 50168、GB 50169、GB 50254及GB 50256的规定。

4.7 水平循环类停车设备安装流程和要求

4.7.1 设备安装流程

以上部出入式、多排多列多层设备为例,设备整机安装流程如图4-7所示。此安装流程可根据现场实际情况进行调整。

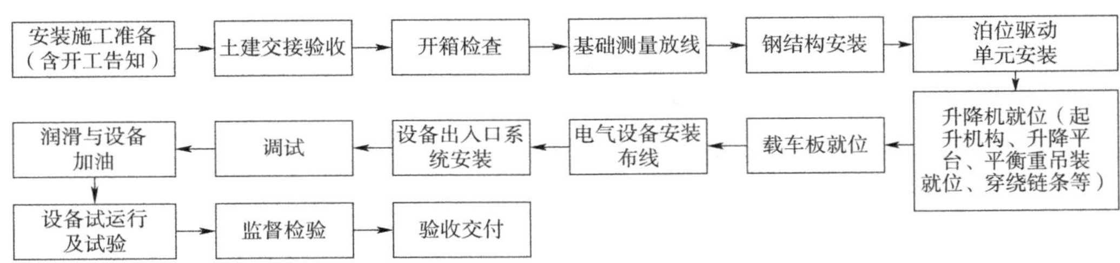

图4-7　水平循环类停车设备安装流程图

4.7.2 整机安装要求

(1)金属结构的连接件应连接牢固,不应有影响强度的缺陷存在。

(2)金属结构的安装精度应符合表4-9的规定。

金属结构的安装精度规定(单位:mm)　　表4-9

位置		安装精度			
		垂直度	宽度	进深	对角线相对差
平面		—	±5	±5	10
立柱	*X*	≤(*H*/1000),且≤10	—	—	—
	Y	≤(*H*/1000),且≤10	—	—	—

注:*H*为金属结构总体高度。

(3)所有运动部件安装后应运转灵活、无卡滞现象。

(4)两条运行轨道同一截面的相对高度差不应大于3mm,轨距偏差为±2mm,轨道接头处50mm范围内顶面和侧面的错位量不应大于1mm,运行轨道直线度误差应符合表4-10的规定。

运行轨道直线度误差规定　　表4-10

轨道长度(m)	轨道直线度(mm)	
	每米长度内	全长内
≤50	≤1	≤8
>50	≤1	≤10

(5)垂直导轨的安装误差应符合以下要求：

①导轨接头允许打磨,且导轨接头处错位量不应大于0.5mm,间隙不应大于2mm。

②各导轨接头不宜处在同一水平面上,其错开距离不应小于500mm,且不应等于升降平台与对重或平衡重上下滚轮或导靴的间距。

③两导轨侧面轨距偏差允许在±4mm内。

(6)水平循环机构采用摩擦轮时,在运行方向上任意相邻两个支撑轮之间的高度差不应大于2mm。

(7)升降机构的平层精度不应大于5mm。

(8)载车板平移的定位精度不应妨碍设备的正常运行。

(9)安装对重或平衡重装置时,对重或平衡重块应牢固,防止移位,对重或平衡重和升降平台及固定物的间隙不应小于50mm。

(10)同一装置各个缓冲器作用面的相对误差不应大于5mm。采用液压缓冲器的垂直度不应大于其高度的0.5%。

(11)自动门的开闭应灵活,无异响。

(12)电气设备的安装应符合现行GB 50168、GB 50169、GB 50254及GB 50256的规定。

4.8 多层循环类停车设备安装流程和要求

4.8.1 设备安装流程

多层循环类停车设备一般多用于建筑物内的地下室,设置车位数宜不超过40个车位,常选用矩形循环式,以上部出入式居多。以此为例,设备安装流程如图4-8所示。

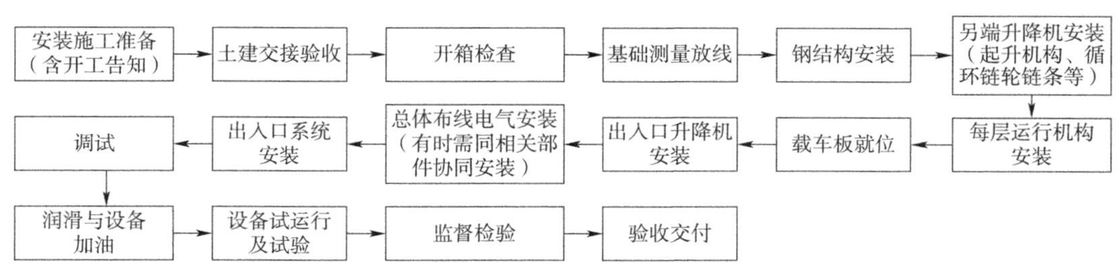

图4-8 多层循环类停车设备安装流程图

4.8.2 整机安装要求

(1)设备安装前应对现场安装条件进行确认,符合安装要求后才能进行安装。

(2)金属结构的安装精度应符合表4-11的规定。

(3)各运动部件安装后应运转灵活、无卡滞现象。

(4)两条运行轨道同一截面的相对高度差不应大于3mm,轨距允许偏差为±2mm,轨道接头处50mm范围内顶面和侧面的错位不应大于1mm。运行轨道直线度的安装误差应符合表4-12的规定。

金属结构的安装精度规定(单位:mm)　　表4-11

位置		安装精度			
		垂直度	宽度	进深	对角线相对差
平面		—	±5	±5	10
立柱	X	≤(H/1000),且≤10	—	—	—
	Y	≤(H/1000),且≤10	—	—	—

注:H为停车设备总高度。

运行轨道直线度的安装误差规定　　表4-12

测量长度(m)		安装误差(mm)	
		每米长度内	全长内
平面轨道直线度	≤50	1/1000	≤8
	>50	1/1000	≤10

(5)垂直运行导轨的安装误差应符合以下要求:

①导轨接头允许打磨,且导轨接头处顶面、侧面错位不应大于0.5mm,间隙不应大于2mm。

②各导轨接头处不宜在同一水平面上,其错开距离不应小于500mm,且不应等于升降平台与平衡重上下滚轮或导靴的间距。

③两导轨侧面轨距允许偏差为±4mm。

(6)升降机构的平层精度不应大于5mm。

(7)载车板平移的停准精度不应妨碍设备正常运行。

(8)安装带有平衡重装置时,平衡重块应牢固,防止移位,平衡重和升降台的间隙不应小于50mm。

(9)同一装置各个缓冲器作用面的相对误差不应大于5mm,采用液压缓冲器的垂直度不应大于其高度的0.5%。

(10)自动门的开关应灵活,无异响。

(11)电气设备的安装应符合现行GB 50168、GB 50169、GB 50254及GB 50256的规定。

4.9 汽车专用升降机安装流程和要求

4.9.1 设备安装流程

汽车专用升降机多为人车共乘方式的设备,在井道竖直方向输送汽车到不同停车层,其主起升机构多为曳引式或其他强制驱动方式。对于起升行程不大的汽车专用升降机,也可采用液压升降驱动方式,安装流程可根据现场实际情况进行调整。液压驱动的汽车专用升降机安装流程和电力驱动的曳引式或强制式汽车专用升降机安装流程分别如图4-9与图4-10所示。

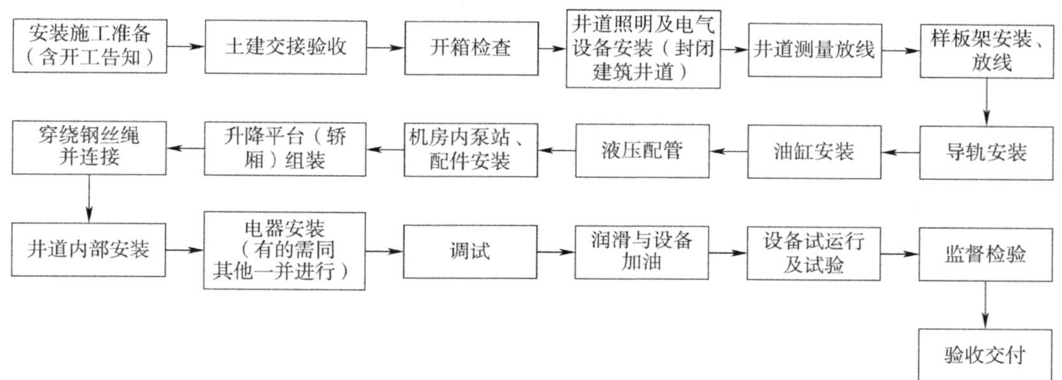

图4-9 液压汽车专用升降机安装流程图

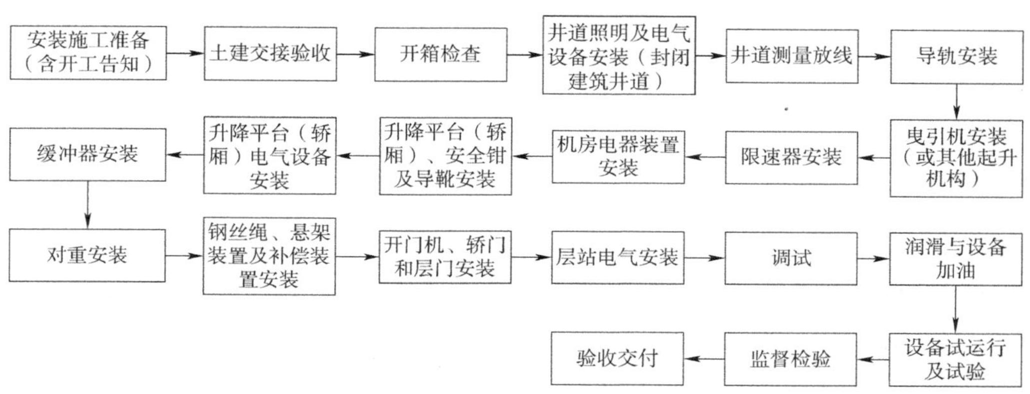

图4-10 电力驱动的曳引式或强制式汽车专用升降机安装流程图

4.9.2 整机安装要求

(1)导轨安装应符合以下要求：

①升降平台(轿厢)、平衡重应至少由两根刚性的钢质导轨导向。对于未装设安全钳的平衡重导轨,可以使用板材成型的空心导轨。所使用的导轨宜符合现行《电梯 T 型导轨》(GB/T 22562)或《电梯对重用空心导轨》(JG/T 5072.3)的要求。

②每根导轨宜至少设置两个导轨支架,支架间距不宜大于2500mm。当不能满足此要求时,应有措施保证导轨安装满足现行 GB/T 7588.1 中 5.7.5 与 5.7.6 规定的许用应力和变形要求。对于安装于井道上、下端部的非标准长度导轨,其导轨支架数量应满足设计要求。

③固定导轨支架的预埋件,直接埋入墙的深度不宜小于120mm。采用建筑锚栓安装的导轨支架只能用于具有足够强度的混凝土井道构件上,建筑锚栓的安装应垂直于墙面;采用焊接方式连接的导轨支架,其焊接应牢固,焊缝无明显缺陷。

④当升降平台压在完全压缩的缓冲器上时,平衡重导轨长度应能提供不小于$(0.1+0.035v^2)$m 的进一步制导行程;当平衡重压在完全压缩的缓冲器上时,升降平台导轨长度应

能提供不小于$(0.1+0.035v^2)$m 的进一步的制导行程。其中 v 为升降平台额定速度，单位为 m/s。

⑤每列导轨工作面（包括侧面与顶面）相对安装基准线每 5m 长度内的偏差均不应大于下列数值：升降平台导轨和装设有安全钳的平衡重导轨为 0.6mm，不设安全钳的 T 形平衡重导轨为 1.0mm。对于铅垂导轨的升降平台，升降平台安装完成后检验导轨时，可对每 5m 长度相对铅垂线分段连续检测（至少测 3 次），取测量值中的相对最大偏差，其值不应大于上述规定值的 2 倍。

⑥升降平台导轨和设有安全钳的平衡重导轨，工作面接头处不应有连续缝隙，局部缝隙不应大于 0.5mm；工作面接头处台阶用直线度为 0.01/300 的平直尺或其他工具测量，不应大于 0.05mm。

⑦不设安全钳的平衡重导轨工作面接头处缝隙不应大于 1.0mm，工作面接头处台阶不应大于 0.15mm。

⑧升降平台两导轨顶面间的距离偏差为 0～2mm，平衡重两导轨顶面间的距离偏差为 0～3mm。

⑨导轨应用压板固定在导轨支架上，不应采用焊接或螺栓方式与支架连接。

⑩设有安全钳的平衡重导轨和升降平台导轨，除悬挂安装者外，其下端的导轨座应支撑在坚固的地面上。

（2）导向装置的安装应牢固、可靠，运行时无卡滞现象。

（3）缓冲器及其支承构件应安装牢固，定位正确。

（4）当升降平台停在最高层的位置时，平衡重与其缓冲器的距离（如果缓冲器是安装在平衡重上的，则是指从缓冲器到冲击承受平台之间的距离），或升降平台在最底层位置时，升降平台与缓冲器的距离，应按照表 4-13 所列的值来确定。

升降平台和平衡重与缓冲器之间的安全距离（液压缓冲器不做规定）　　表 4-13

额定速度 v（m/min）	最小距离（mm）	最大距离（mm）	
		升降平台	平衡重
≤7.5	75	600	900
>7.5～15	150		
>15～30	225		
>30	300		

（5）当升降平台完全压在缓冲器上时，应同时满足下面 3 个条件：

①底坑中应有足够的空间，该空间的大小以能容纳一个不小于 0.5m×0.6m×1m 的长方体为准，任一平面朝下放置即可。

②底坑底部和升降平台最低部件之间的自由垂直距离不小于 0.5m，下述之间的水平距离在 0.15m 之内时，这个距离可最小减少到 0.1m。

A. 垂直滑动门的部件、护脚板和相邻的井道壁。

B. 升降平台最低部件和导轨。

③底坑中固定的最高部件，如补偿绳张紧装置位于最上位置时，其与升降平台的最低部件之间的自由垂直距离不应小于0.3m，上述②中的A和B距离除外。

(6)液压系统安装应符合设计要求。过电压、高低温开关等安全保护装置应调校正确、可靠。系统应无泄漏、无卡滞等现象。

(7)层门的安装位置应正确。层门的开、关应灵活、到位，且无异响。

(8)电气设备的安装应符合现行GB 50168、GB 50169及《电气装置安装工程　盘、柜及二次回路接线施工及验收规范》(GB 50171)的规定。电缆线管应固定牢固，不应与设备运动部分碰撞、摩擦或挤压。

4.10 设备自行检验

安装单位应当按照相关的技术标准、规范及检验作业指导书进行自行检验(包括安装过程检验、整机试验)，并形成记录。

4.10.1 基本要求

(1)检验与试验仪器和量具。

①检验与试验仪器和量具应经过检定(校准)合格并在有效期内方可使用。仪器和量具精度的选择，应与被检产品的技术要求相适应。

②检验与试验仪器和量具通常包括绝缘电阻测试仪、声级计、秒表、钢卷尺、钢直尺、直角尺、温度计、角度尺等。

(2)检验与试验条件。

检验与试验条件应符合但不限于以下要求：

①试验环境满足设备的工作环境条件。

②风速不应大于8.3m/s。

③基础和轨道应符合标准和设计要求。对于机械式立体停车设备整体结构采用混凝土形式的，使用单位还应当提供建设工程质量监督部门出具的验收证明，或者使用单位与施工单位以及第三方监督检验机构共同盖章确认的验收合格证明。

(3)试验载荷。

①试验载荷应标定准确，其标定值误差为±1%。

②试验时可用重物代替车辆载荷，重物应放置在车辆前后轮所停的位置，通常按前后轮轮压比为6:4放置；对于轴荷有特殊要求的设备，按设计要求放置。

(4)检验与试验记录。

检验与试验记录应包括但不限于下列内容：

①检验与试验记录编号。

②设备名称、型号规格和设备编号。

③检验与试验日期。

④检验与试验项目、内容与要求。

⑤检验与试验结果。

⑥检验与试验人员签字。

4.10.2 检验与试验要求

(1)空载试验。

在空载条件下,每个车位完成模拟存取车动作。试验过程中,检查停车设备有无异响和卡滞现象,检查各行程限位装置是否正常,控制系统和安全防护装置是否符合要求及灵敏准确。

(2)额定载荷试验。

在载车板或搬运器上模拟汽车车轮位置,按照4.10.1的需求放置额定载荷,对所选车位(车位的选择如表4-14所示)完成出入库动作至少1个循环。检查机构是否运行正常、制动可靠,各机构或结构的构件有无损坏,各连接处有无松动或损坏。

额定载荷试验车位选择表 表4-14

设备类型	升降横移类	简易升降类	垂直升降类 巷道堆垛类	平面移动类	垂直循环类	多层循环类 水平循环类	汽车专用升降机
车位选择	任选3个车位	任选1个升降单元的每个车位	任选5个车位	每层任选3个车位	所有车位	每层任选1组驱动单元	所有层位

(3)静载试验。

整体结构静载试验:在每个车位上模拟汽车车轮位置同时放置1.1倍额定载荷,时间不少于30min。试验后目测检查主要受力结构件有无裂纹和永久变形,有无涂层剥落,各连接处有无松动现象。

除垂直循环类机械式立体停车设备外的其他机械式立体停车设备,还应当对起升机构进行额定起重量1.25倍静载试验,每次试验时间不少于10min,试验重复3次,当起升机构的配置相同时,可选取一个进行试验;如果起升机构的配置不同,应当分别进行试验。

当载荷无法利用搬运器直接放置于载车板上,可用近似重量的汽车作为载荷进行试验;对于停车位数量比较多的机械式立体停车设备,当整体结构由多个相同形式的结构组成时,可根据设计文件,选取最不利的局部受力结构处的停车位数量进行静载试验。

对于机械式立体停车设备整体结构采用混凝土形式的,使用单位还应当提供建设工程质量监督部门出具的验收证明,或者使用单位与施工单位以及第三方监督检验机构共同盖章确认的验收合格证明。

(4)动载试验。

在载车板或搬运小车上模拟汽车车轮位置,按照4.10.1中(3)试验载荷的要求施加1.1倍的额定载荷,对所选车位(车位的选择如表4-15所示)完成出入库动作各1个循环。试验中,检查各机构是否运转正常、工作平稳、无异常声响,制动器在制动过程中是否有效、可靠,空中起动时无反向动作与下滑现象。试验后,检查各机构及部件是否损坏,连接处是否松动或者损坏,电动机、减速器等有无异常温升,液压系统有无渗油、滴油、泄漏。记录试验数据和运行情况。

动载试验车位选择表 表4-15

停车设备类型	升降横移类	简易升降类	垂直升降类 巷道堆垛类	平面移动类	垂直循环类	多层循环类 水平循环类	汽车专用升降机
车位选择	任选3个车位	任选1个升降单元,其中1个车位1.1倍额定载荷,其他车位1.0倍额定载荷	任选1个车位	每层任选1个车位	任选3个车位	任选1组驱动单元	所有层位

(5)起升和下降速度。

①起升速度:停车设备起升过程中选取某一固定距离(避开刚起动和停止前的加减速过程),测量所需的时间,通过计算求得匀速起升速度,测量3次,取平均值。

②下降速度:停车设备下降过程中选取某一固定距离(避开刚起动和停止前的加减速过程),测量所需的时间,通过计算求得匀速下降速度,测量3次,取平均值。

(6)运行速度和回转速度。

①运行速度:停车设备运行过程中选取某一固定距离(避开刚起动和停止前的加减速过程),测量所需的时间,通过计算求得匀速运行速度,测量3次,取平均值。

②回转速度:停车设备回转机构回转过程中,取某一固定角度(避开刚起动和停止前的加减速过程),测量所需的时间,通过计算求得匀速回转速度,测量3次,取平均值。

(7)单车最大进(出)车时间。

存车时,测量从给出一个进车指令开始,将车从出入口停放到停车设备的最不利位置,直至该停车设备能进行下一个进车指令为止所需的时间,用秒表测量3次,取其平均值即为单车最大进车时间;取车时,测量从给出一个出车指令开始,将车从最不利的位置取出至出入口,直至该停车设备能进行下一个出车指令为止所需的时间,用秒表测量3次,取其平均值即为单车最大出车时间。

上述进(出)车时间不包括机械动作以外的辅助时间,如驾驶员将汽车驶进转换区并准确停车,然后离开所需的时间,或驾驶员进入转换区将汽车驶出所需的时间。

(8)平层精度。

升降平台以额定速度起升,到达任选的一个层位后,选择同一位置。测量实际停止位置与理论停止位置在垂直方向上的差值,用直角尺等仪器测量,试验3次,取最大值。结果与设计偏差应符合要求。

(9)停准精度。

垂直循环类机械式停车设备停准精度:用钢直尺直接测量,在最大偏载的条件下,正转和反转各3个循环周期后,将预先指定的载车板运行到出口位置的停车位处,测量实际停车位置与理论停车位置差值,测量3次,取最大值。

平面移动类、巷道堆垛类机械式立体停车设备停准精度:在额定载荷条件下,将水平运行的台车/堆垛机/搬运小车移动到位后,测量实际停止位置与理论停止位置在水平方向上的差值,测量3次,取最大值。

结果与设计偏差均应符合要求。

（10）噪声。

设备在额定载荷、额定速度和自动门关闭（如有时）状态下，做起升、水平运行，在距设备出入口外1m，距地面1.2m处用声级计按A挡读数测量噪声，测试时脉冲峰值除外，总噪声与背景噪声之差应大于3dB(A)，总噪声值减去背景噪声修正值（表4-16），即为设备的实际噪声值，测量3次，取平均值。结果与设计偏差应符合要求。

背景噪声修正值[单位:dB(A)]　　表4-16

总噪声减去背景噪声的差值	3	4	5	6	7	8	9	10	>10
背景噪声修正值	3	2	2	1	1	1	0.5	0.5	0

（11）悬臂端挠度。

选取测量基准面，空载时测量悬臂最远端到基准面垂直尺寸a，测量3次，取平均值；施加额定载荷时测量悬臂最远端到基准面垂直尺寸b，测量3次，取平均值。计算出$(a-b)$的值，即为悬臂端挠度。结果与设计偏差应符合要求。

（12）搬运小车挠度。

选取测量基准面，空载时测量搬运小车长边中心点到测量基准面的垂直尺寸a，测量3次，取平均值；施加额定载荷后测量搬运小车长边中心点到测量基准面的垂直尺寸b，测量3次，取平均值。计算出$(a-b)$的值，即为搬运小车挠度。结果与设计偏差应符合要求。

（13）回转盘/载车板倾斜度。

在空载条件下，用角度尺测量回转盘、载车板倾斜度，测量停车位置、中心线左侧、中心线右侧3个位置，取最大值。结果与设计偏差应符合要求。

（14）超载限制器试验。

对有加装超载限制器的停车设备应进行超载限制器试验。

①当停车设备实际载荷超过额定载荷的95%时，检查超载限制器是否发出报警信号。

②当停车设备实际载荷在额定载荷的100%～110%之间时，检查停车设备相应机构是否停止运行，并发出语音报警信号。

（15）连续运行试验。

在载车板或搬运器上模拟汽车车轮位置，按照现行《机械式停车设备　检验与试验规范》中规定的实验载荷对所选车位（车位的选择如表4-17所示）完成出入库动作各100个循环。

连续运行试验车位选择和试验载荷表　　表4-17

设备类型	垂直循环类	汽车专用升降机	其他类型
车位选择	所有车位	所有层位	任选3个车位（不超过3个车位时，按实际车位数选取）
试验载荷	0.8倍额定载荷	额定载荷	额定载荷

设备应工作正常，未出现因设备故障造成的停机；主要受力结构件应无损坏和松动现象，各主要机构部件应无异常温升、损坏等现象；液压系统液温应在设计文件允许的范围内。

（16）最大偏载试验。

垂直循环类机械式立体停车设备中心垂直剖面一侧的全部载车板上施加0.9倍的额定载荷，另一侧载车板空载，使停车设备运行，试验次数不应少于正、反转各3个循环。试验过程中，检查停车设备运转、起动、制动是否平稳，有无异常噪声，停车位置是否准确。

4.10.3 安全防护装置检验与试验

根据设计要求及 GB/T 39980—2021 相关要求，对安全防护装置进行检验与试验：

(1)紧急停止开关。

操作紧急停止开关，检查停车设备是否立即停止运行，检查紧急停止开关的复位是否为非自动复位，复位是否引发或重新启动任何危险状况。

(2)防止超限运行装置。

模拟升降限位开关出现故障，检查装置是否有效。

(3)汽车长、宽、高限制装置。

模拟外形尺寸超出规定的车辆进入停车设备，给出运行指令，检查装置是否有效。

(4)阻车装置。

测量停车表面到阻车装置上表面的垂直距离。

(5)人车误入检出装置。

模拟人车误入状态，观察人车误入检出装置工作是否正常。

(6)汽车位置检测装置。

模拟汽车未停在搬运小车或载车板上的正确位置，给出运行指令，检查停车设备是否运行。

(7)出入口门(栅栏门)联锁保护装置。

在停车设备空载自动运行过程中，将出入口的门打开，检查停车设备是否继续运行。使门处于开启状态时，给出运行指令，检查停车设备是否运行。

(8)自动门防夹装置。

在自动门关闭过程中，在其运行前方设置障碍物，模拟触发防夹装置，检测自动门是否停止关闭或由关闭状态转为开启状态。

(9)防重叠自动检测装置。

模拟已经停放汽车的车位再存进汽车，检查存取机构是否能够运行。

(10)防坠落装置。

目测检查防坠落装置是否符合要求。

(11)警示装置。

目测检查设备运行全过程，警示装置是否符合要求。

(12)轨道端部止挡装置。

目测检查止挡装置是否符合要求。

(13)缓冲器。

目测检查缓冲器的选用与安装是否符合要求。检查聚氨酯材质的缓冲器安装使用期限是否超过 5 年。

(14)松绳(链)检测装置。

模拟松绳(链)状态，检查松绳(链)检测装置是否符合要求。

(15)安全钳和限速器。

检查人车共乘方式的安全钳和限速器选用和安装是否符合现行《电梯制造与安装安全

规范 第1部分:乘客电梯和载货电梯》(GB/T 7588.1)的规定,进行限速器—安全钳联动测试,查看限速器是否触发安全钳动作,并且是否能切断驱动系统的电源。

(16)紧急联络装置(人车共乘方式)。

试验该装置功能是否有效。

(17)运转限制装置。

模拟人员未出停车设备,检查装置是否有效。

(18)控制联锁功能。

当在一个控制点操作设备存取车时,在另一个控制点也发出存取车指令,观察设备联锁情况。

(19)载车板锁定装置。

模拟载车板从停车位中滑出,检查锁定装置是否能够阻止载车板从停车位中滑出。

4.11 设备检验及验收

为了切实保证机械式立体停车设备能够合法合规、安全稳定的工作,其安装流程应经过告知、申请监督检查、监督检验、使用登记等一系列全面的监督检查环节,同时,还应完成使用单位的设备验收交付。

4.11.1 安装监督检验

1)申请监督检查

安装单位应当持以下资料向检验机构申请监督检验:

(1)监督检验申请单。

(2)特种设备生产许可证。

(3)整机(或者样机型式试验申请单)和安全保护装置的型式试验证书。

(4)产品合格证。

(5)特种设备安装改造修理告知书。

(6)制造及安装合同。

提供的资料为复印件时,应当加盖安装、改造、重大修理单位印章。对于机械式立体停车设备整体结构采用混凝土形式的,还应当提供建设工程质量监督部门出具的验收证明,或者使用单位与施工单位以及第三方监督检验机构共同盖章确认的验收合格证明。

对于申报材料不符合要求需要补正申请材料的,应当按检验机构的一次性告知补正补齐相关资料。

2)配合检验机构进行监督检验

按照《起重机械安全技术规程》(TSG 51—2023)的相关规定,配合检验机构进行监督检验,包括:

(1)安装单位应当提供2套(份)技术资料和工作见证材料(如检验报告、试验报告、检验记录/表、合格证据证明等,下同),对机械式立体停车设备自行检验和试验,并且合格。

(2)监督检验时负责设备的安全管理、现场检验条件准备、设备的操作等。

3)现场监督检验

(1)经双方签字确认的技术资料和工作见证材料由安装单位和监检机构各留存1份,(原始记录由监督检验机构留存)。

(2)检验意见书。

监检结束或者中止(终止)检验后,监检人员在离开检验现场前应当向安装、改造、重大修理单位出具检验意见书,给出监督检查的结论(合格、不合格或者整改),对不合格或者需要整改的,提出具体意见(包括不合格的项目、整改要求等),商定整改期限。检验意见书应当由安装单位代表和监检人员签字确认。检验意见书一式两份,安装、改造、重大修理单位1份,检验单位1份。

安装单位应当对不合格的项目及时进行整改,在商定的期限内向监检机构反馈整改结果(含见证材料),监检人员应当对整改情况及相应见证材料进行确认。

4)监检报告

现场监督检查完成或者整改确认后,检验机构应当在15个工作日内,依据签字确认的技术资料、工作见证材料和原始记录出具《起重机械安装改造重大修理监督检验报告》,经检验、审核、批准人员签字,并且加盖检验机构检验专用章或者公章。

监检报告一式3份。检验结论综合判定为“合格”的,安装、改造、重大修理单位1份,检验机构1份,安装单位在设备完成监督检查移交使用单位时交使用单位1份,安装单位和使用单位应对监检报告原件妥善保管。检验结论综合判定为“不合格”的,安装、改造、重大修理单位1份,检验机构1份,检验机构报送设备使用所在地特种设备安全监督管理部门1份。

5)使用登记证办理

对于在产权单位所在区域使用的机械式立体停车设备监督检查结果,由检验机构将监督检查结果及时报当地使用登记机关,结果纳入使用信息系统。

使用单位应当在设备投入使用前或使用后30日内办理《特种设备使用登记证》。使用登记证办理时,应向登记机关申请,并提交下列资料:

(1)《特种设备使用管理规则》(TSG 08—2017)附件B《特种设备使用登记表(式样一)》一式两份。

(2)含有使用单位统一社会信用代码的证明。

(3)监督检验合格证明。

准予登记的机械式停车设备,登记机关应当按照《特种设备使用管理规则》(TSG 08—2017)中附录a《特种设备使用登记证编号编制方法》编制使用登记证编号,并且在使用登记表最后一栏签署意见、盖章。

4.11.2 设备验收交付

安装单位还应当根据双方合同办理设备验收交付,包括甲方组织的验收,验收合格后,生产单位将相应的验收资料、设备随机文件、使用登记证、监督检验报告一并交付甲方。双方应办理移交手续,完成设备验收交付。

第5章

机械式立体停车设备使用与操作

5.1 起重机械安全技术规程使用管理要求

5.1.1 基本要求

(1)机械式立体停车设备使用单位(以下简称“使用单位”)的使用管理应当符合《特种设备使用管理规则》的规定。

(2)使用单位应当根据用途、使用频率、载荷状态和工作环境,选择满足使用条件要求的停车设备,并且对停车设备的选型负责。

(3)使用单位应当进行危险源辨识和风险评估,制定危险源分级管控表和隐患排查项目清单,建立隐患排查制度,做好日常隐患排查记录,建立隐患排查治理档案。

(4)使用单位应当对安装停车设备基础(含轨道)的质量和安全负责。

(5)使用单位应当加强作业区域的管理,配备安全防护装备,设置安全警示标志。

(6)当停车设备作业可能与其他作业活动发生干涉,存在交叉作业、盲区等情况的,使用单位应当采取有效措施,确保作业安全。

(7)使用单位应当对停车设备拆卸活动的安全负责。

(8)停车设备严禁以任何方式吊载人员,人车共乘的机械式立体停车设备除外。

(9)使用单位应当结合停车设备的类别(品种)和使用情况(多机、交叉情况),根据相关安全技术规范、标准等要求,制定具体的操作规程,并且严格执行,做好相应记录。

5.1.2 自行检查与维护

(1)使用单位应当按照产品安装与使用维护说明及停车设备检查与维护规程相关标准的要求,定期对停车设备进行自行检查和维护,并且对检查和维护中发现的异常情况及时处理,作出记录,保证在用的停车设备始终处于正常使用状态。

(2)停车设备出现故障时,使用单位应当及时采取有效措施,查明原因,排除故障,方可继续使用。

5.1.3 安全评估和报废

(1)使用单位根据停车设备的使用情况,决定是否对其进行安全评估,并且对评估过程和结果负责。

(2)使用单位对于经安全评估决定报废的停车设备,应当消除其使用功能。

5.1.4 安全技术档案

使用单位应当按照《特种设备使用管理规则》规定,逐台建立并保存停车设备安全技术档案。

5.2 机械式立体停车设备使用单位主要义务

为了督促机械式立体停车设备使用单位落实安全主体责任,强化使用单位主要负责人特种设备使用的安全责任,规范安全管理人员行为,根据《中华人民共和国特种设备安全法》《特种设备安全监察条例》等法律法规,机械式立体停车设备使用单位主要负责人、安全总监、安全员依法落实特种设备使用安全责任的行为及其监督管理。其中,机械式立体停车设备使用单位主要负责人是指使用单位的法定代表人、法定代表委托人或者实际控制人;机械式立体停车设备安全总监是指使用单位管理层中负责机械式立体停车设备使用安全的管理人员;机械式立体停车设备安全员是指使用单位具体负责机械式立体停车设备使用安全的检查人员。

5.2.1 使用单位

机械式立体停车设备使用单位应当建立健全使用安全管理制度,落实使用安全责任制,保证停车设备安全运行。使用单位应当建立基于起重机械安全风险防控的动态管理机制,结合使用单位实际,落实自查要求,制定安全风险管控清单,建立健全日管控、周排查、月调度工作制度和机制。

使用单位应当建立安全日管控制度。机械式立体停车设备安全员要每日根据安全风险管控清单,按照相关安全技术规范和使用单位安全管理制度的要求,对投入使用的机械式立体停车设备进行巡检,形成每日安全检查记录,对发现的安全风险隐患,应当立即采取防范措施,及时上报安全总监或者单位主要负责人。未发现问题的,也应当予以记录,实行零风险报告。

使用单位应当建立安全周排查制度,安全总监要每周至少组织一次风险隐患排查,分析研判机械式立体停车设备使用安全管理情况,研究解决日管控中发现的问题,形成每周机械式立体停车设备安全排查治理报告。

使用单位应当建立安全月调度制度。机械式立体停车设备使用单位主要负责人要每月至少听取一次安全总监管理工作情况汇报,对当月机械式立体停车设备安全日常管理、风险隐患排查治理等情况进行总结,对下个月重点工作作出调度安排,形成每月机械式立体停车设备安全调度会议纪要。

使用单位应当将主要负责人、安全总监和安全员的设立、调整情况,《机械式立体停车设备安全风险管控清单》《机械式立体停车设备安全总监职责》《机械式立体停车设备安全员守则》以及机械式立体停车设备安全总监、安全员提出的意见建议、报告和问题整改落实等履职情况予以记录并存档备查;对安全总监、安全员进行法律法规、标准和专业知识培训、考核,同时对培训、考核情况予以记录并存档备查。

使用单位应当为机械式立体停车设备安全总监和安全员提供必要的工作条件、教育培训和岗位待遇,充分保障其依法履行职责。鼓励使用单位建立对安全总监和安全员的激励约束机制。

机械式立体停车设备的使用管理应符合《特种设备使用管理规则》规定,并严格执行《特种设备使用单位落实使用安全主体责任监督管理规定》。应当按照特种设备相关法律、法规、规章和安全技术规范的要求,建立健全并有效实施停车设备安全管理制度和操作规程。

(1)停车设备安全管理制度。

①停车设备安全管理机构(需要设置时)和相关人员岗位职责。

②停车设备经常性维护、定期自行检查和有关记录制度。

③停车设备使用登记、定期检验申请实施管理制度。

④停车设备隐患排查治理制度。

⑤停车设备安全管理人员与操作人员管理和培训制度。

⑥停车设备采购、安装、改造、修理、报废等管理制度。

⑦停车设备应急救援管理制度。

⑧停车设备事故报告和处理制度。

(2)停车设备操作规程。

使用单位应当根据所使用设备运行特点等,制定操作规程。操作规程一般包括设备运行参数、操作程序和方法、维护要求、安全注意事项、巡回检查和异常情况处置规定,以及相应记录等。

(3)采购、使用取得许可生产(含设计、制造、安装、改造、修理),并且经检验合格的停车设备,不得采购超过设计使用年限的停车设备,禁止使用国家明令淘汰和已经报废的停车设备。

(4)停车设备使用环境应满足通风、照明、排水、消防和安全标识、警示等方面的安全要求。

(5)设置停车设备安全管理机构,配备相应的安全管理人员和操作人员,建立人员管理台账,开展安全培训教育,保存人员培训记录。

(6)办理停车设备使用登记,领取《特种设备使用登记证》,设备注销时交回使用登记证。

(7)应当逐台建立停车设备台账及安全技术档案,安全技术档案至少包括以下内容:

①《特种设备使用登记证》。

②《特种设备使用登记表》。

③特种设备设计、制造技术资料和文件,包括设计文件、产品质量合格证明(含合格证及其数据表、质量证明书)、安装及使用维护说明、监督检验证书、型式试验证书等。

④特种设备安装、改造和修理的方案、图样、材料质量证明书和施工质量证明文件、安装改造修理监督检验报告、验收报告等技术资料。

⑤特种设备定期自行检查记录(报告)和定期检验报告。

⑥特种设备日常使用状况记录。

⑦特种设备及其附属仪器仪表维护记录。

⑧特种设备安全附件和安全保护装置校验、检修、更换记录和有关报告。

⑨特种设备运行故障和事故记录及事故处理报告。

使用单位应当在设备使用地保存本条中①～⑨规定的资料原件或者复印件，以便备查。

(8)对停车设备操作人员作业情况进行检查，及时纠正违章作业行为。

(9)对在用的停车设备进行经常性维护和定期自行检查，及时排查和消除事故隐患，对在用的停车设备的安全附件、安全保护装置及其附属仪器仪表进行定期校验(检定、校准)、检修，并做好记录。日常检查和定期检查项目、方法、内容及要求见附录3中附表3-1。

(10)应按照现行《起重机械安全技术规程》(TSG 51)的要求，向特种设备检验机构提出停车设备定期检验申请，并做好检验相关的配合工作。

(11)应制订停车设备事故应急专项预案，定期进行应急演练。

(12)应在停车设备使用现场公示应急救援电话。

发现一般事故隐患，应当立即进行处理；发现严重事故隐患，应当立即责令停止使用并向安全总监报告，安全总监应当立即组织分析研判，采取处置措施，消除严重事故隐患。

(13)发生事故时，应立即采取应急措施，组织抢救，防止事故扩大，减少人员伤亡和财产损失，并且按照《特种设备使用管理规则》的要求，向安全监管部门和有关部门报告，配合事故调查处理工作。

(14)停车设备拟停用1年以上时，使用单位应采取有效的保护措施，并且设置停用标志，在停用后30日内向登记机关办理报停手续；重新启用时，使用单位应对设备进行自检或委托维护单位进行自检，到使用登记机关办理启用手续；超过定期检验有效期的，应按照定期检验的有关要求进行检验。

(15)宜对停车设备的运行状况进行监视，监视可采用现场监视和远程监视，监视内容主要包括：

①运行模式和运行状况。

②异常报警信号、故障信号等。

(16)宜选择具有相应资质的专业化、社会化维护单位对停车设备进行维护。使用单位对机械式立体停车设备自行修理维护的，应取得相应资质。

(17)保证停车设备安全必要的投入。

(18)法律、法规规定的其他义务。使用单位应当接受特种设备安全监管部门依法实施的监督检查。

5.2.2 单位主要负责人

机械式立体停车设备使用单位主要负责人对该设备的使用安全全面负责，建立并落实使用安全主体责任的长效机制，并应支持和保障安全总监和安全员依法开展机械式立体停车设备的使用安全管理工作，在作出涉及机械式立体停车设备相关安全的重大决策前，应当充分听取安全总监和安全员的意见和建议。

5.2.3 安全总监

熟悉机械式立体停车设备使用相关法律法规、安全技术规范、标准和使用单位机械式立体停车设备起安全使用要求；具备识别和防控机械式立体停车设备使用安全风险的专业知识；具备按照相关要求履行岗位职责的能力并符合特种设备法律法规和安全技术规范的其他要求。

组织宣传、贯彻机械式立体停车设备有关的法律法规、安全技术规范及相关标准，组织制定使用单位机械式立体停车设备使用安全管理制度，督促落实机械式立体停车设备使用安全责任制，组织开展机械式立体停车设备安全合规管理；组织制定机械式立体停车设备事故应急专项预案并开展应急演练；落实机械式立体停车设备安全事故报告义务，采取措施防止事故扩大。

对机械式立体停车设备安全员进行安全教育和技术培训，监督、指导安全员做好相关工作；按照规定组织开展使用安全风险评价工作，拟定并督促落实机械式立体停车设备安全风险防控措施；对使用单位机械式立体停车设备使用安全管理工作进行检查，及时向主要负责人报告有关情况，提出改进措施。

接受和配合有关部门开展机械式立体停车设备安全监督检查、监督检验、定期检验和事故调查等工作，如实提供有关材料；履行市场监督管理部门规定和使用单位要求的其他安全管理职责。

5.2.4 安全员

机械式立体停车设备安全员按照职责要求，对安全总监或使用单位主要负责人负责，承担下列职责：

(1)建立健全机械式立体停车设备安全技术档案并办理使用单位机械式立体停车设备使用登记。

(2)组织制定机械式立体停车设备安全操作规程。

(3)组织对机械式立体停车设备操作人员进行教育和培训，指导和监督操作人员正确使用机械式立体停车设备。

(4)对机械式立体停车设备进行日常巡检，纠正和制止违章作业行为。

(5)编制机械式立体停车设备定期检验计划，督促落实机械式立体停车设备定期检验和后续整改等工作。

(6)按照规定报告机械式立体停车设备事故，参加机械式立体停车设备事故救援，协助进行事故调查和善后处理。

(7)履行市场监督管理部门规定和使用单位要求的其他机械式立体停车设备使用安全管理职责。

5.3 操作与使用安全要求

5.3.1 操作人员要求

(1)使用单位应当根据使用单位停车设备数量、特性等配备相应的停车设备操作人员。

(2)操作人员应具备以下条件：

①年满18周岁。

②通过专业技术培训,掌握停车设备安全技术知识和实际操作技能。

③身体健康,无妨碍从事本岗位工作的疾病和生理缺陷。

④熟知停车设备的灭火设备并经过使用培训。

(3)操作人员应当经过培训,考核合格后方能上岗。其主要职责如下:

①严格执行停车设备有关安全管理制度,并且按照操作规程进行操作。

②按照规定填写作业、交接班等记录。

③参加安全教育和技能培训。

④进行经常性维护,对发现的异常情况及时处理,并且作出记录。

⑤操作过程中发现事故隐患或者其他不安全因素,应当立即采取紧急措施,并且按照规定的程序向安全员和有关负责人报告。

⑥参加应急演练,掌握相应的应急处置技能。

5.3.2 安全操作注意事项

(1)人在设备内部时绝对不可操作设备,会有受惊吓、坠落、受伤的危险;车板上有人时,绝不可运行设备,容易被设备夹伤;设备正在运行时,切勿进入设备内部,有坠落、被设备夹伤的危险(图5-1)。

a) 人在设备内部时绝对不可操作设备

b) 车板上有人时绝不可运行设备

c) 设备运行时切勿进入设备内部

图5-1 安全操作注意事项一

(2)车内有人、动物时不能停放,车内有人(特别是小孩或老人)或者动物等情况时,机动车切勿停放在设备中,容易造成颠落、被夹、气体中毒等重大事故;禁止触摸活动部件,设备的活动部件禁止触摸,特别是有间隙的地方,禁止手、脚伸入,防止夹伤或压伤;非专业人员不能打开操作板、控制板固定的操作面板、控制柜或配电箱,特别是控制柜、配电箱有触电的危险,绝对不可触摸(图5-2)。

a) 车内有人、动物时不能停放

b) 禁止触摸设备的活动部件

c) 非专业人员不能打开操作板

图5-2 安全操作注意事项二

(3)禁止向设备内张望,设备在运行时切勿越过设备栅栏张望,有被夹伤的危险;除驾驶员外,禁止人员靠近正在运行的设备,其他人员需离设备1m以外,且不得靠近或越过黄色警戒线,特别是对设备不了解的小孩和老年人,接近后具有危险性;绝对不可进入地坑内,有坠落、被设备夹伤的危险(图5-3)。

a)设备运行时切勿越过设备栅栏张望

b)禁止靠近正在操作的设备

c)绝对不可进入地坑内

图5-3 安全操作注意事项三

(4)除受过正规指导培训的操作人员和维护服务公司专业人员以外,其他人员切勿私自操作设备,否则有可能会出现遇到紧急情况不知如何处理而发生事故的危险;为了确保安全,设备在运行时切勿离开操作面板,以防发生紧急状况或灾害时不能立即按下紧急停止按钮,使设备即刻停止运行,应根据安全要求实施;驾驶员在设备内行走时,一定要注意头顶与脚下,因为设备内车板上可能有油渍、间隙会打滑、踩空等危险,设备上方有喷淋、车板结构等金属物件会碰伤、磕头等危险(图5-4)。

a)非专业人士切勿私自操作设备

b)设备在运行时切勿离开操作面板

c)驾驶员在设备内行走时注意安全

图5-4 安全操作注意事项四

(5)切勿用机动车的钥匙或者笔之类的硬物体按操作面板上的任何按钮,一定要用手指操作,如用硬物体操作,按钮会有破损从而造成漏电的危险;切勿触摸操作盘以外的任何设备部件,会有意外受伤的危险;务必按照使用说明书要求的方法进行操作,随意违规操作也是导致意外事故发生的主要原因(图5-5)。

a)切勿用硬物体操作面板上的任何按钮

b)切勿触摸操作盘以外的任何设备部件

c)切勿随意违规操作

图5-5 安全操作注意事项五

5.3.3 车辆停放注意事项

(1)应在停车设备出入口附近的明显位置标识出适停汽车的组别、尺寸、质量及其他注意事项,禁止在停车设备允许范围(车重及外形尺寸)以外的区域停放汽车。除判断停车设备驶入车辆的尺寸、重量满足机械式立体停车设备适停车辆尺寸和重量要求外,还应重点关注汽车的附属物是否超限。多数情况下,即使车辆原始尺寸满足驶入停车设备条件,但因为改装、突起物等超过可驶入停车设备尺寸,判断不能驶入时,需要拆卸突起物或禁止入库。常见的汽车附属物如下。

①天线:天线与机械停车设备接触,可能引起停车设备、相关传感器、汽车自身的破损及故障,驶入前请确认天线已被拆卸或者处于收折状态,如图 5-6a)所示。

②车门后视镜:即使总宽、轮胎外宽在可进入停车设备尺寸内,车门后视镜未折叠也可能导致超宽,驶入停车设备时需折叠车门后视镜,折叠车门后视镜后依然超宽的车辆,禁止驶入,如图 5-6b)所示。

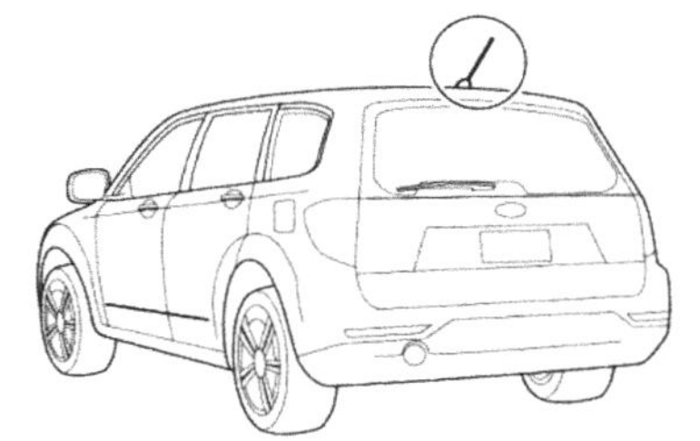

a)入库前请确认天线已被拆卸或者处于收折状态

b)入库前需折叠车门后视镜

图 5-6 车辆停放注意事项一

③其他需注意的突起物:管理人员需判断有行李架、空气动力学部件、后下后视镜、备胎、防盗灯、牌照板等突起物的汽车能否驶入停车设备。此外,下列汽车禁止驶入停车设备(任何改装车辆),如图 5-7 所示:

A. 带有车顶厢的汽车。

B. 全长在可容纳的规格内的,但前后有加装突出东西的长车型。

C. 带有备用轮胎、零部件、突出装饰物等的汽车。

D. 加装车辆装甲底盘,改装车辆轮胎(车身底盘下降或轮宽超出)的汽车。

E. 豪华或超级跑车。

(2)重点关注支持远程遥控的汽车、配备防盗装置的汽车。如果在出入口停车设备门关闭的状态下错误操作汽车的遥控,汽车可能在停车设备运行中起动起来,或者行李舱盖打开伸出,引起停车设备、传感设备、汽车等的破损及故障。如果存放配备了防盗装置的汽车,有时会在停车设备运行中检出摇晃,发出警报,需要设备管理人员或操作人员及时处理,如图 5-8 所示。

(3)请务必关好机动车的门(前门、后门、行李舱盖等)并锁好车,如图 5-9 所示,如果汽车的门异常开启,会引起机械设备与汽车的剐蹭、碰撞事故;停车后务必拉紧驻车制动器操纵杆,因为设备运行会使车偏离停车位置,使机械设备与汽车剐蹭;对于部分有天线和超宽后视镜车型,要注意不要让后视镜与设备的立柱剐蹭,确认安全后方可进出停车设备。

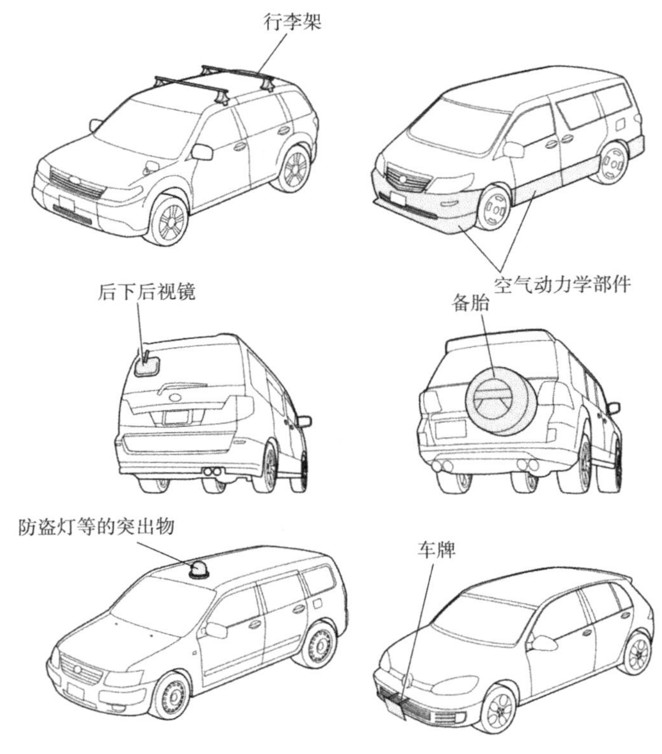

图 5-7　车辆停放注意事项二

图 5-8　车辆停放注意事项三

a) 务必关好车门

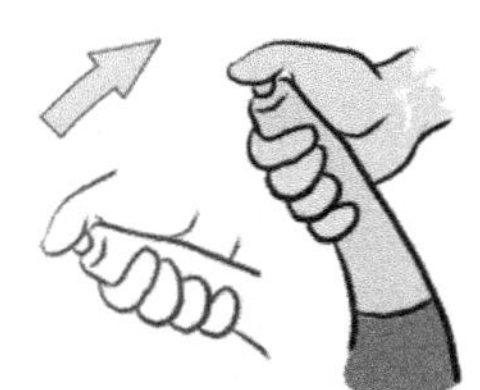

b) 停车后务必拉紧驻车制动器操纵杆

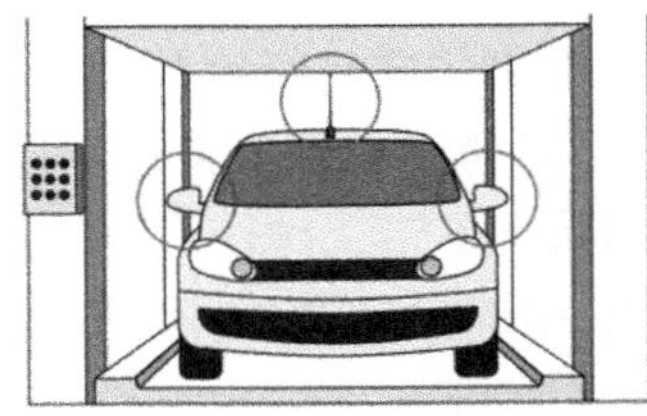

c) 停车后收回天线和后视镜

图 5-9　车辆停放注意事项四

(4)请确认汽车是否正确地停在设备内,操作其他设备时是否不相互干扰,如图 5-10 所示。如果汽车没有正确地停在设备内,会造成汽车以及设备的损伤;应确认行李舱盖是否完全关好,如果行李舱盖没有关好,设备运行时行李舱盖可能会异常开启,引起机动车以及设备的损坏;车主在停放好车辆后,不要因接听电话、收发信息等滞留在已经停放在设备载车板的车辆内。

a) 确认车辆已完成停稳入位　　b) 确认行李舱盖完全关好　　c) 不要停好车后滞留在车中

图 5-10　车辆停放注意事项五

(5)汽车进出停车设备时需谨慎驾驶;打开驾驶室侧的窗户,可以听到操作人员的指挥声音,应严格服从管理;在多人同时存取车辆时,应按先后顺序依次进行,前一辆车未存、取完成前,不得进行下一辆车的存、取操作,即警灯闪烁或声响时不得进入停车设备,如图 5-11 所示。

a) 进出车库需谨慎驾驶　　b) 严格服从操作人员管理　　c) 多车存放排队等待

图 5-11　车辆停放注意事项六

5.3.4　停车设备管理注意事项

(1)当出现使用说明书认定的极端天气条件(如地震、暴风雨等)时,应暂时停止使用停车设备,以防人员滑倒、触电等危险出现;全自动停车设备所配置的操作系统(电脑)属于设备专用电脑,严禁操作人员在操作系统(电脑)上下载任何无关应用,不得擅自更改系统(电脑)内的数据;在设备实施维修过程中,必须设警示标志,非专业人员严禁进入,如图 5-12 所示。

a) 险情时暂时停用设备　　b) 操作系统（电脑）不得下载无关应用　　c) 维修过程中非专业人员严禁进入

图 5-12　停车设备管理注意事项

(2)对于无人方式、准无人方式停车设备,除停车设备管理人员与驾驶员外,其他人员不得进入转换区或工作区。

(3)对于人车共乘式停车设备,除驾驶员以外的人员请勿进入设备内,同行人员上下车以及装卸行李等应在设备外进行。

(4)不应擅自改动、短接或拆除停车设备的安全防护装置,禁止私自改造、维修设备,有坠落、被设备夹伤的危险性,如图5-13所示。机械式立体停车设备属于特种设备,设备改造、维修应由具备相应资质的公司承担。

图5-13　禁止擅自改造及维修设备

(5)停车设备具有下列情况情形之一时,应当及时予以报废:

①存在严重事故隐患,无改造、维修价值的。

②达到规定的设计使用年限或者报废条件的。

5.3.5　使用环境安全要求

(1)停车设备所处的环境温度、湿度、电源条件等应满足其正常使用要求。

(2)装有停车设备的室内环境,有可能出现因汽车尾气等有害气体滞留而造成人员危险的,应采取良好的通风措施。

(3)停车设备车道、停车设备等待区域、出入口附近及人员出入的地方,其照明装置应达到充分的照度以确保安全。

(4)停车设备设有操作室时,操作室内的照明照度不应低于75lx。

(5)停车设备设有机房时,机房内的照明照度不应低于75lx。

(6)停车设备维护所需的照明装置应完好。

(7)应确保停车设备区域内的积水量不会影响停车设备的正常使用。

(8)停车设备的消防要求应符合现行《汽车库、修车库、停车场设计防火规范》(GB 50067)中的相关规定。

5.4　常见操作方式

5.4.1　按钮按键操作方式

按钮按键操作盒(图5-14)是一种常用的控制元件,常用来接通或断开“控制电路”,从而达到控制电动机或其他电气设备运行的目的。按钮按键操作稳定可靠,成本较低,具有良好的性能。通过操作按钮按键,可实现停车设备存取车,常见的升降横移类、简易升降类机械式立体停车设备多采用按钮按键式的操作方式。

图 5-14 按钮按键操作盒

5.4.2 刷卡操作方式

刷卡操作方式有 IC 卡(集成电路卡)和 ID 卡(身体识别卡)两种。IC 卡内置有存储芯片,可读可写,对管理电脑的依赖较小,可脱机运行,如遇到管理电脑出现故障,IC 卡识别系统仍可正常运行,保证稳定性。另外,IC 卡存储芯片有 16 个扇区,可以分别存储不同的系统数据,例如车辆信息等系统的数据,并可根据需要设置写入限制,保证了安全性,实现一卡通。ID 卡为只读卡,只有唯一编号。IC 卡或 ID 卡均可与车辆信息、停车位信息绑定,通过刷卡实现存取车。目前,采用刷卡操作方式的设备多选用 IC 卡,如图 5-15 所示。

图 5-15 停车设备 IC 卡

5.4.3 触摸屏操作方式

触摸屏具有方便直观、图像清晰、可靠耐用等优点。驾驶员轻按触摸屏上的符号或文字即可实现停车设备存取车，从而大大提高停车设备管理系统的可操作性和安全性，使人机交互更加直接。在停车设备管理系统中，触摸屏画面中的每个停车位一般对应两部分信息显示区；包括车位号和车牌号显示区；触摸屏画面中设置了存取车按钮、暂停按钮和复位按钮。待入库车辆通过车牌识别系统自动识别车牌号，进行存车入库，相应信息通过 PLC 和触摸屏管理。对升降横移类、简易升降类机械式立体停车设备采用触摸屏操作时，一般只显示车位号，不显示车牌号，其操作功能与按键式相似。取车时，可以在触摸屏上通过直接触摸待取车辆车牌号或车位号和取车按钮完成取车操作，如图 5-16 所示。

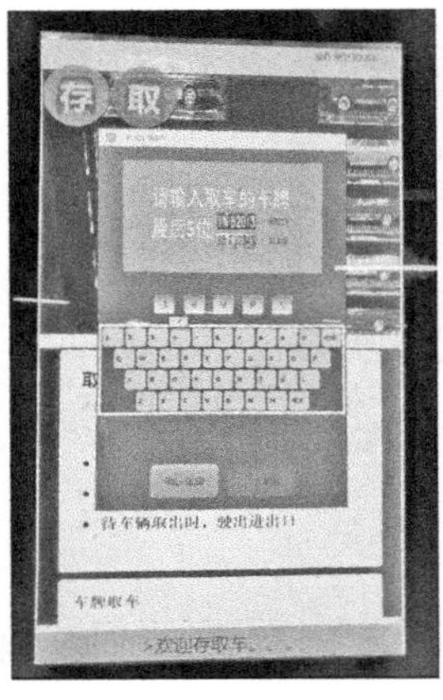

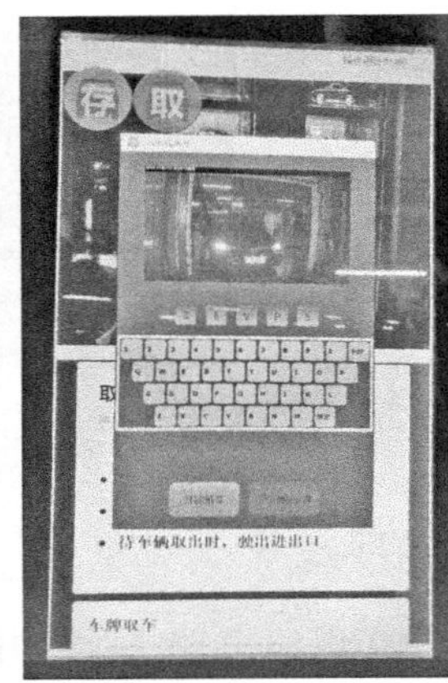

图 5-16　触摸屏操作方式

5.4.4　指纹识别操作方式

图 5-17　指纹识别操作方式

指纹是人体独一无二的特征，它们的复杂度可以提供用于鉴别的足够特征，并且扫描指纹的速度很快，使用非常方便。读取指纹时，用户需将手指与指纹采集头互相接触，与指纹采集头直接接触是读取人体生物特征最可靠的方法。指纹识别技术开始应用于各个领域，目前，已将指纹识别技术运用于机械式立体停车设备，停车设备的停车管理系统将驾驶员指纹与车位号、车辆信息绑定，驾驶员在触摸屏发出存取车指令即可实现存取车。指纹识别结合智能停车设备管理系统，可使整个停车设备实现无专人操作的工作状态，存取车安全、可靠，并且后期还有诸多扩展功能，如图 5-17 所示。

5.4.5　面部识别操作方式

面部识别即人脸识别，是基于人的脸部特征信息进行身份识别的一种生物识别技术，是用摄像机或摄像头采集含有人脸的图像或视频流，并自动在图像中检测和跟踪人脸，进而对检测到的人脸进行脸部识别的一系列相关技术。面部识别技术在机械式立体停车设备的系统控制与管理中已得到了实际应用,通过记录驾驶员的面部信息,并将驾驶员信息与车辆信息、车位号信息绑定,停车设备管理系统可识别驾驶员的面部信息后进行车辆存取。无须用户过多的操作,能够极大地提升驾驶员的停车体验,降低存取车时间。以全自动停车设备为例,图5-18展示了面部识别存取车全过程。

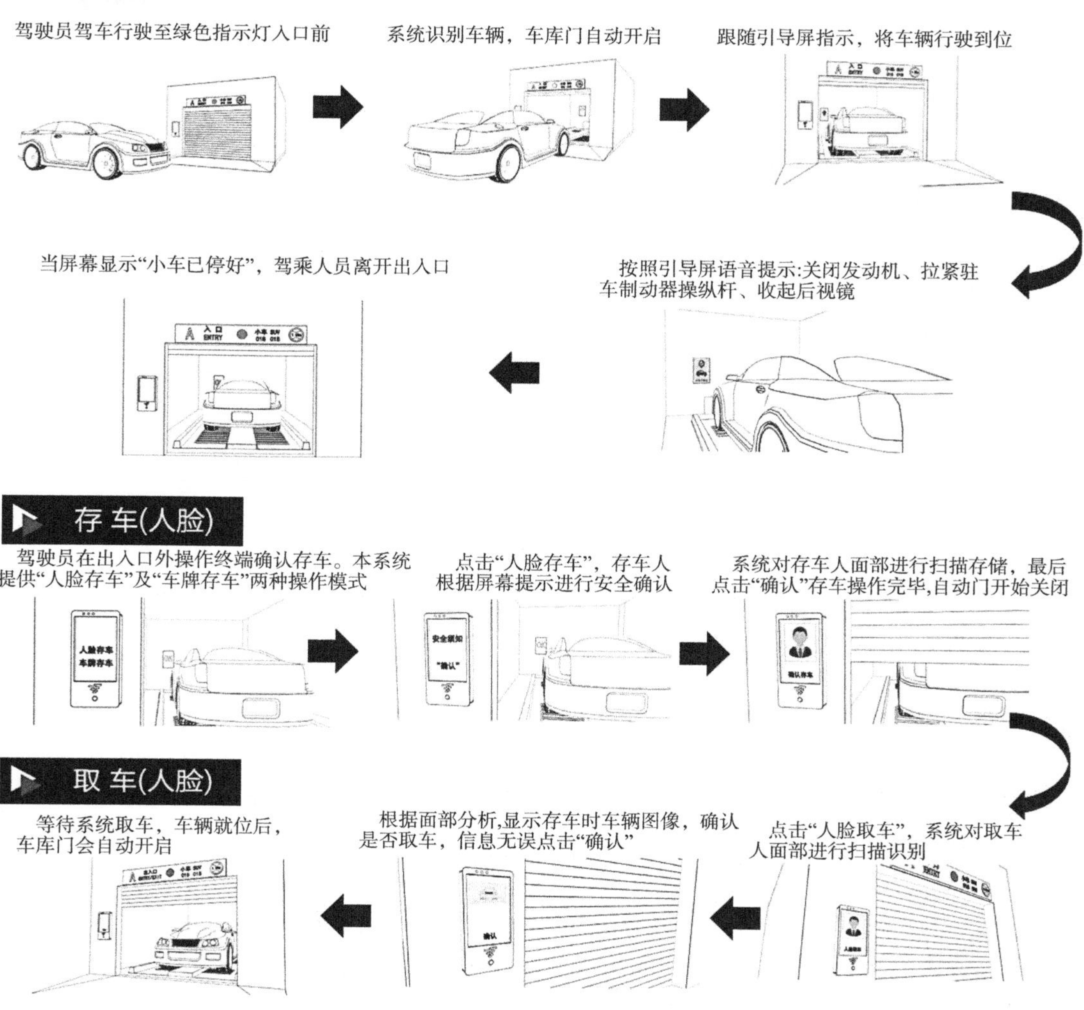

图5-18 全自动停车设备面部识别存取车操作方法

5.4.6 二维码识别操作方式

二维码识别技术作为一种全新的信息存储、传递和识别技术,具有高效、便捷、安全等优点。该技术通过对二维码图像的解析,停车管理系统将车辆信息、停车位信息绑定,从而可实现存取车。该技术常用于升降横移类、简易升降类、垂直循环类机械式立体停车设备。

车辆进入停车场时,驾驶员在入口处的自助终端上扫描二维码(该二维码作为停车凭证,与车辆信息和停车位信息进行绑定),按提示将车辆存入停车设备。取车时,驾驶员扫描二维码,停车管理系统自动识别车辆信息后对停车设备发出取车指令,驾驶员按提示即可取车,如图 5-19 所示。

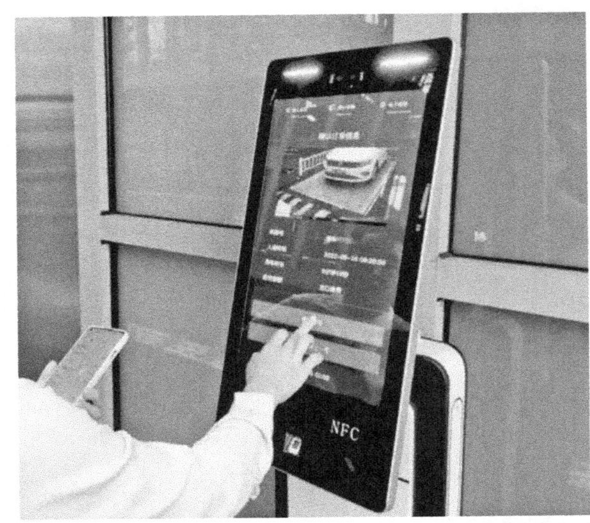

图 5-19　二维码识别操作方式

5.4.7　车牌识别操作方式

目前,车牌识别技术已广泛应用于机械式立体停车设备,可实现快速存取车。存车时,停车管理系统对车牌进行识别,并将车辆信息、停车位信息进行绑定,发出存车指令,驾驶员按提示操作即可实现存车,驾驶员可以在手机上实时查看车辆牌号、停车时长、停入库位、与停车位距离等信息;取车时,驾驶员输入待取车牌号,系统显示付费金额,付费后停车设备自动取车,同时防止驾驶员远程取车未及时到达取出车辆,可以通过设置远程取车距离(取车距离由管理人员利用权限进行设置)。该方式能极大节省驾驶员等待取车的时间,提高停车设备工作效率。车牌识别操作方式如图5-20 所示。

停车管理系统与收费系统结合,可实现停车费快速支付和取车。取车时,系统根据车辆停放时间自动计算出停车费用,驾驶员可以通过手机 App 或微信、支付宝等第三方支付平台,扫描二维码,实现快速支付。

通常情况下,指纹识别、面部识别、二维码识别技术需要与触摸屏或手机操作结合使用,车辆信息、停车位信息绑定及取车时需要使用触摸屏或手机操作。随着人工智能的发展,机械式立体停车设备的操作方式逐渐趋向于高端化、智能化、便捷化。相对于传统的按钮、刷卡、指纹识别、面部识别操作方式,更多无须过多操作与接触,更加方便快捷的操作方式将应运而生,操作方式也将更智能化。

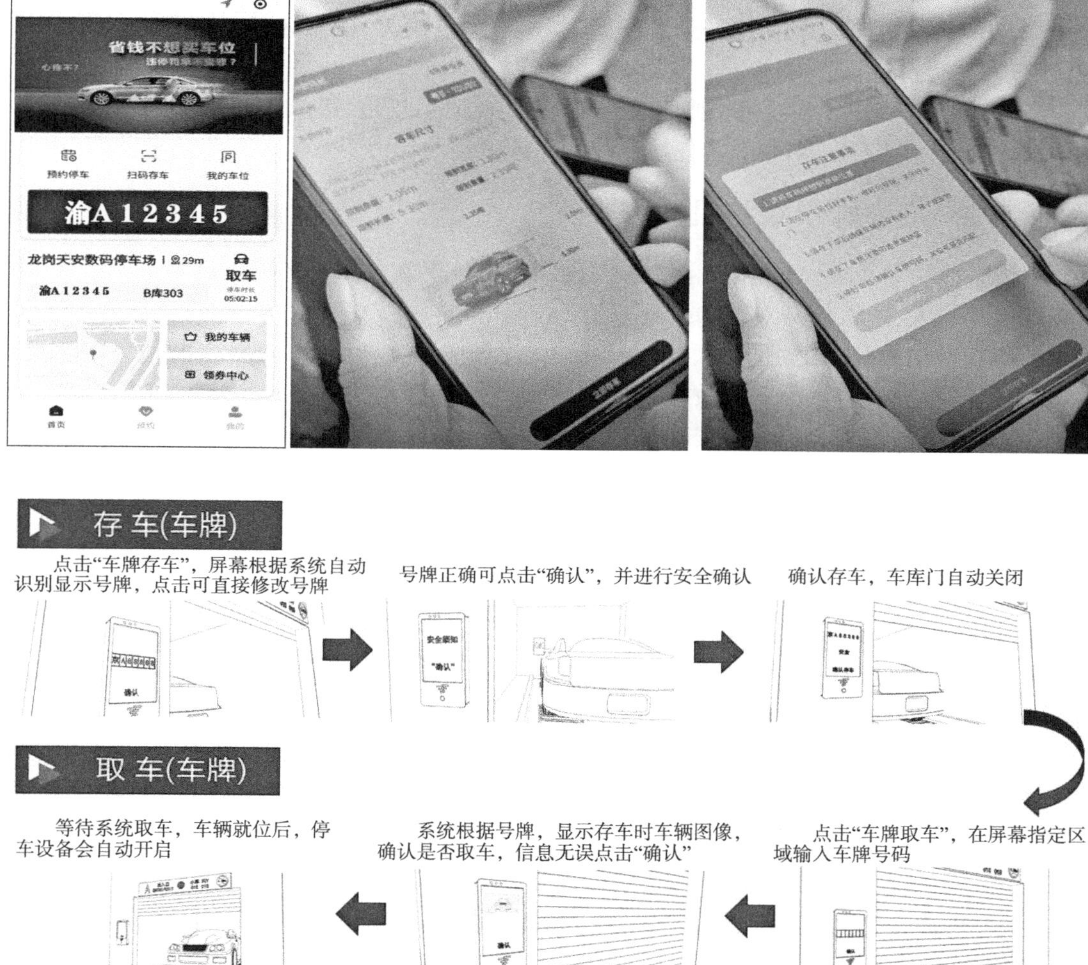

省钱不想买车位
预约停车
扫码存车
我的车位
渝A 12345
龙岗天安数码停车场
取车
渝A 12345
B库303
我的车辆
领券中心
存 车(车牌)
点击“车牌存车”，屏幕根据系统自动识别显示号牌，点击可直接修改号牌
号牌正确可点击“确认”，并进行安全确认
确认存车，车库门自动关闭
取 车(车牌)
等待系统取车，车辆就位后，停车设备会自动开启
系统根据号牌，显示存车时车辆图像，确认是否取车，信息无误点击“确认”
点击“车牌取车”，在屏幕指定区域输入车牌号码

图 5-20　车牌识别操作方式

5.5 应急预案

机械式立体停车设备在使用过程中如发生意外情况，为确保用户停车安全、舒适，应制订应急预案，规范应急管理工作，做到发生突发事件后能及时、有效、有序、迅速应对处置，最大限度地减少事故造成的人员伤害、财产损失与社会影响。

停车设备使用单位应成立应急小组。应急小组在收到事故报告后立刻响应，启动应急预案，应急指挥领导小组成员应在最短时间内赶至现场，了解事故情况，制订有效的现场抢险救援方案，避免不规范、无组织的救援行动引发二次事故，同时，应指挥果断，尽量减少事故损失。

5.5.1 事故应急小组工作原则

(1)以人为本、加强管理;安全第一、预防为主;反应快捷、措施果断、决策周全;生命第一、财产第二、设备第三。

(2)事故处理“四不放过”原则:事故原因没有查清不放过;事故没有解决彻底不放过;防范措施没有落实不放过;事故责任没有分清不放过。

5.5.2 应急情况组织机构和职责

由设备使用单位成立应急小组,由设备使用单位负责人和相关维护人员为主体组成,小组应设组长一人、副组长一人、成员若干人。

1)组长及副组长的工作职责

(1)负责停车设备事故现场救援的指挥、组织工作。

(2)负责事故现场用户情绪安抚及协调工作。

(3)负责采取有效措施,防止事故蔓延或影响扩大化。

(4)负责组织事故鉴定和事故原因分析工作。

(5)负责事故责任认定、处理结果并以文字形式上报公司。

2)小组成员的工作职责

(1)保护事故现场,听从组长、副组长指挥。

(2)提供最便捷的交通路线信息和最近的医院信息,确保受伤害人员在第一时间得以救助。

(3)负责对停车设备进行抢修,尽快恢复设备运行。

(4)负责对停车设备抢修完成后的二次检查、现场清理等工作。

3)应急准备及处置程序

事故应急小组在接到事故报告后,应做好以下工作:

(1)立即向公司主管领导汇报,请求并迅速传达指令,迅速通知小组成员并联系与事故相关的单位。

(2)做好应急的相关准备工作(维修工具、交通工具、应急照明等)。

(3)确定现场有无人员伤害,如有第一时间送最近医院救治。

(4)拍照保留现场证据,并初步分析原因,确定有无车辆受损,立即联系车主,告之车损情况。

(5)通过一切方法,了解事故发生的真实经过(监控录像、现场车管等),车主到场后,告之事故原因并分清责任归属。

(6)在最短时间内,将事故车辆撤离现场送维修点维修。

(7)技术人员和质量控制人员进行事故分析,技术部门出具整改方案。

(8)停车设备维修人员根据整改方案进行设备维修,恢复停车设备运行。

(9)质量控制部门根据事故分析报告进行事故责任认定,并以文字形式上报公司相关部门落实。

(10)售后服务部将设备事故相关信息通告各维护点,做好检查工作,避免类似事故发生。

4)车辆损毁应急处理

事故应急小组在接到车辆受损事故报告后,应做好以下工作:

(1)立即向公司主管领导汇报,请求并迅速传达指令。

(2)迅速通知小组成员并联系与事故相关的单位。

(3)做好应急的相关准备工作(维修工具、交通工具、应急照明等)。

(4)确定现场有无人员伤害,如有第一时间送最近医院救治。

(5)拍照保留现场证据,并初步分析原因。

(6)立即联系驾驶员,告之车损情况。

(7)通过一切方法,了解事故发生的真实经过(监控录像、现场车管等)。

(8)车主到场后,告之事故原因并分清责任归属。

(9)在最短时间内,将事故车辆撤离现场送维修点维修。

(10)技术人员和质量控制人员进行事故分析,技术部门出具整改方案。

(11)停车设备维修人员根据整改方案进行设备维修,恢复停车设备运行。

(12)质量控制部门根据事故分析报告进行事故责任认定,并以文字形式上报公司相关部门落实。

(13)售后服务部将设备事故相关信息通告各维护点,做好检查工作,避免类似事故发生。

5)人员伤害应急处理

事故应急小组在接到人员伤亡报告后,应做好以下工作:

(1)立即向公司主管领导汇报,请求并迅速传达指令。

(2)迅速通知小组成员并联系与事故相关的单位。

(3)作业现场的人员要迅速向有关领导、部门报告,能通知医疗救援部门(电话"120")的要迅速通知医疗急救部门寻求帮助。

(4)现场的队伍领导应采取以下措施:撤离人员,组织抢救、保护现场等。在组织现场人员抢救时,要在保证抢救人员自身安全的前提下,对处在危险中的人员进行抢救。

(5)迅速将伤员撤离危险区域,有条件的情况下要迅速将伤员送往就近医院。在外部救援机构未到达前,对受害者进行必要的抢救(如人工呼吸、包扎止血、防止受伤部位受污染等)。医疗急救车到达后,要协助医务人员将伤员送往医院,并向医疗部门介绍事故经过及人员受伤害的主要部位。

(6)配合有关部门进行事故调查处理工作。

(7)停车设备维修人员根据整改方案进行设备维修,恢复运行。

(8)善后处理组负责伤亡亲属的接待,处理善后安抚事宜。

第6章

机械式立体停车设备常用零部件及电气系统检查与维护

机械式立体停车设备的建设是为了解决人们日常生活中的停车难问题，因此其正常运行与使用是人们关注的焦点，而对其设备进行日常检查与维护是机械式立体停车设备正常运行的基础和保障。机械式立体停车设备从建设到运营使用全生命周期中的一个重要环节就是对其设备进行检查与维护，其开发、制造与安装是一次性的，而检查与维护在使用中是要经常性进行的工作。

停车设备在长期使用中，周围使用环境的变化和使用频率增加都会使设备的零部件磨损、间隙加大、配合改变，从而影响到设备的稳定性、可靠性、安全性，甚至造成设备无法正常运行，给使用者带来危险。因此，当机械式立体停车设备投入使用后，使用单位必须建立科学有效、合理的管理系统和设备日常检查与维护制度，定期对设备进行检查、维护与测试工作，以保证机械式立体停车设备各机构的正常运转及运行安全，提供优质服务的同时有效延长设备的使用寿命。

6.1 停车设备检查与维护基本要求

使用单位应当根据设备特点和使用状况对机械式立体停车设备进行经常性检测与维护，维护应当符合有关安全技术规范和产品维护的要求。对发现的异常情况及时处理，并且作出记录，保证在用的特种设备始终处于正常使用状态。

规范对修理单位有专门资质要求的，使用单位应当选择具有相应资质的单位实施维护。鼓励停车设备使用单位选择具有相应能力的专业化、社会化维护单位进行维护。对机械式立体停车设备的检查可分为日常检查、定期检查和特殊检查。维护可分为计划性维护和非计划性维护，而维护工作包含了对设备的维护与修理两部分内容。由于机械式立体停车设备均属于特种设备，因此对其检查与维护工作的要求也应符合现行《起重机械安全技术规程》(TSG 51)以及现行《起重机械　检查与维护规程　第 1 部分：总则》(GB/T 31052.1)、《起重机械　检查与维护规程　第 11 部分：机械式停车设备》(GB/T 31052.11)的相关规定。

6.1.1 基本要求

(1)安装和修理单位应取得相应的特种设备生产许可证，方可在许可范围内从事停车设备的安装、修理活动。

(2)安装和修理单位应对安装和修理作业的停车设备质量和安全性能负责。

(3)安装和修理作业过程中涉及的起重机指挥人员、起重机司机、焊接人员等特种设备作业人员,应持证上岗。

(4)安装和修理单位在安装和修理前应检查安装和修理条件及环境,确保其符合安装和修理要求,并配备充分的防护措施。

6.1.2 一般要求

(1)需对现有机械式立体停车设备进行重大修理时,修理单位在重大修理前应向设备所在地的特种设备安全监督管理部门办理修理告知。

(2)修理单位在进行重大修理活动时,应当制订重大修理方案。

(3)修理单位应根据《起重机械安全技术规程》中的要求编制重大修理检验作业指导书。

(4)修理人员应按照重大修理方案进行修理作业。

(5)停车设备使用期间,使用单位应根据设备的使用与维护说明及机械式立体停车设备检查与维护规程的相关规定,对设备进行自行检查和维护(或委托有相关资质的专业维护单位负责),以保证设备始终处于正常状态,同时做好相关记录并归档保存。

(6)对设备的检查应按照日常检查、定期检查和特殊检查分类执行,定期检查又分为周检、月检、季检和年检,检查项目应包括但不限于机械式立体停车设备检查与维护规程的相关规定。

(7)应根据停车设备自身的特性和使用环境,确定出计划性维护的内容和周期,供维护人员实施。

(8)当停车设备发生故障后或在检查中发现设备存在问题需要维修时,应制订相应的非计划性维护计划并实施,确保应急维护或修理后的停车设备能正常使用。

(9)在对设备检查与维护时,应观察开展检查或维护的地点和邻近区域,并应设置警示标志和安全工作区域。当需要断电时,应确保断开电源开关,并设置“正在检查,请勿合闸”的警示标志,或派人员看守,以防发生危险。

(10)工作中检查与维护人员应配备个人随身保护装置(如:防护鞋、安全帽、安全带、防护眼镜等),如果存在高处坠落危险的情况,则应进行合理防护。

(11)维护时应具备足够的照明和必要的消防设施。

(12)维护工作完成后,应及时拆除维护中采取的临时设施,并清理现场。

(13)检查与维护完成后,应对设备进行试运行,检验停车设备是否正常,验证合格后设备方可正常使用。

6.2 停车设备常用零部件检查与维护

6.2.1 减速器(减速电机)

减速器是停车设备常用的变速传动部件,齿轮箱及齿轮工作状态的好坏直接影响整个停车系统的工作状态。减速电机具有结构紧凑、安装方便、维护成本较低等特点。而停车设备上大量使用的减速电机则是加装了制动器的减速电机，即集减速器、电动机(马达)和制动器功能于一体的减速电机。通常由专业的减速电机生产厂集成组装好后成套供货，如图 6-1 与图 6-2 所示。

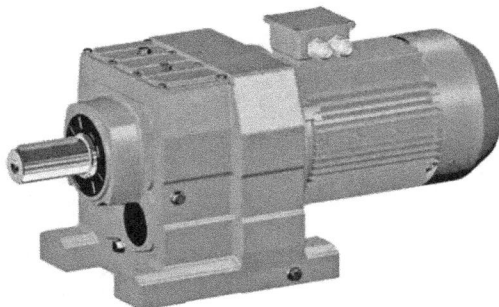

图 6-1　减速器　　　　图 6-2　减速电机

减速器(减速电机)是设备传动机构的核心部件，该部件出现问题将导致整个传动系统瘫痪，对机械式立体停车设备的运行造成严重影响。故在使用机械式立体停车设备过程中需定期对减速器(减速电机)进行检查与维护，及时发现故障并开展相应的维修措施。

1)减速器(减速电机)的定期检查与维护

(1)检查减速器工作状态是否正常，输出轴转动有无抖动、晃动等现象，运转声音有无异响。

减速器在装配过程中，如果安装轴及轴承时各轴平行度和同轴度调整不当，长时间运转就会出现偏心力(径向或轴向)或者箱体发生异常的振动，致使轴和轴承受力异常，从而对内部的轴承室产生一定的磨损，使传动轴发生不正常的抖动和异响。

(2)检查减速器的箱体、底座有无裂纹，输出轴有无变形、裂纹或断裂现象。

减速器在设计时选型不当，或使用中频繁过载使输出轴径向受力过大，以及部分零部件的材质或热处理、装配不合理等问题，可能会造成减速器箱体和输出轴的损伤。

(3)检查减速器传动轴轴承有无磨损或损坏。

不正确的装配，不仅会加速轴承的磨损，还会使轴承发生破碎和高温“咬死”等故障。特别是对于不能自动调心类型的轴承，当轴颈或轴承座孔加工精度不良或安装不当，及轴的挠度太大时都会造成轴承内、外圈相互倾斜，使轴承工作负荷分布不均，压力集中处将过早破坏。

(4)检查减速器各接合面有无渗油、漏油的现象。

一般情况下减速机的使用环境都不是很清洁，容易导致各接合面上污物的集结，或者在装配过程中密封工艺出现纰漏、输出轴同轴度出现偏差，都会加剧减速器密封结构的损坏，使减速器各接合面、轴承端盖等处出现漏油、渗油的现象。为了保证减速器的安全运行，延长其使用寿命，应定期对减速器进行检查与维护。

减速器的维护分为两类：一类为免维护减速器，其一般都是与小功率电动机配套使用的，使用方便，不需要定期换油；另一类为非免维护减速器，此类减速器应根据使用说明书定期对减速器进行维护换油。

常规减速器在运转200～300h后，应进行初次换油，在以后的使用中应定期检查油的品质，对于混入杂质或变质的油须及时更换。一般情况下，对于长期连续工作的减速器，按运行5000h或每年一次更换新油，间歇工作的减速器可3年更换一次润滑油；长期停用的减速器，在重新运转之前亦应更换新油。减速器应加入与原来牌号相同的油，不得与不同牌号的油箱混用，牌号相同而黏度不同的油允许混合使用。

（5）减速器失效处理。

在定期检查中如发现减速器箱体出现裂纹、运转时箱内发生异响或输出轴转速异常时，应马上停止运行，开箱检查。对于出现箱体开裂、齿轮损坏、胶合、变形的减速器应立即更换，以保证机械式立体停车设备的运行安全。更换后的传动机构应运转灵活，正式使用前必须对其开展空载试验，在转动正常情况下，再逐步加载运转。

2）减速器（减速电机）的常见故障及解决方法

减速器（减速电机）的常见故障及解决方法如表6-1所示。

减速器常见故障及解决方法 表6-1

故障现象	可能原因	解决方法
异常且规律稳定的运转噪声	转动/研磨噪声：轴承损坏； 敲击噪声：啮合不规则，齿轮损坏	检查润滑油是否符合要求； 联系供货商进行维修或更换； 更换损坏轴承、齿轮等
异常的不稳定的噪声	油已污染或油量不足	检查润滑油是否污染，污染则更换；检查油量是否符合要求，不符合则进行添加
漏油： 在电机凸缘处 在电机油封处 在输出凸缘处 在其他密封处 箱体其他部位	密封损坏，箱体开裂	联系供货商进行维修或更换
通气塞漏油	油量太多； 通气塞安装不正确； 频繁冷起动（油产生泡沫）或油位太高	拆去油位螺塞，排出多余油；正确安装充气塞（充气塞装在减速电机最高位），将排气塞加大或适当减少润滑油
电动机转动时输出轴不转	减速电机机键连接、输入轴破坏	联系供货商进行维修或更换

注：如发生无法排除的故障，需要认真详细地查阅减速器说明书、铭牌的数据，故障发生的原因和现状，与停车设备厂家或减速器厂家技术服务部门联系解决。

6.2.2 联轴器

联轴器是用来将不同机构中的主动轴和从动轴牢固地连接起来使之共同旋转，并传递运动和转矩的机械部件，常由两个半联轴器合成。半联轴器分别用键或紧配合等连接方式，紧固在两轴端，再通过某种方式将两半联轴器连接起来。联轴器可分为刚性联轴器、挠性联轴器和安全联轴器三大类。联轴器失效将会使主动轴和从动轴失联，不能一同转动，失去运动与动力的传递功能，对起升机构而言是极其危险的，保持联轴器始终安全可靠工作尤为重要。在巡检和日常维护过程中应对联轴器进行正确的检查。

1)联轴器正常使用的基本要求

联轴器的连接要牢固,连接螺栓及连接键不能松动,转动中的联轴器径向跳动和端面跳动在视觉观察时不应有明显的感觉,用仪表测量时不能超出极限。

2)联轴器的定期检查与维护

联轴器的种类繁多,在停车设备中常用的有齿式联轴器、弹性联轴器、万向联轴器等,分别如图6-3～图6-5所示;联轴器的检查与维护应根据不同种类,进行不同内容的检查。

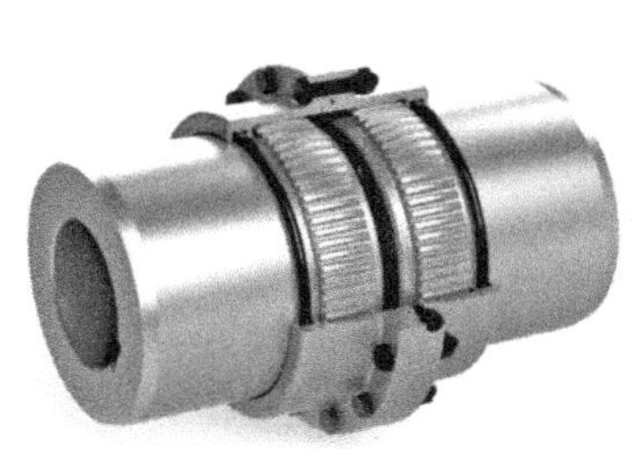

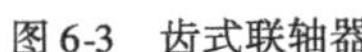
图6-3　齿式联轴器

图6-4　弹性联轴器

图6-5　万向联轴器

(1)齿式联轴器。

使用时应时刻观察齿式轴联轴器的运转状态,当运转中发生传动噪声增大或进行设备大修时应拆开检查,重点检查下列各项:

①联轴器连接螺栓孔有无明显磨损变大,螺栓有无断裂。如磨损严重又无法修复时应报废更换。

②检查形齿的齿厚磨损情况,当磨损量超过原齿厚的15%～20%时应报废。停车设备起升机构为15%,其他机构为20%。

③联轴器任一部分有裂纹时均应报废,有断齿时应报废。

(2)带有弹性元件的挠性联轴器。

弹性联轴器最容易出现问题的就是弹性元件,此类联轴器的弹性元件起着传动转矩和减缓冲击的作用,随着使用时间的推移,元件会发生变形、变质、老化等现象,尤其是非金属弹性元件中的橡胶类元件更容易老化变质,导致联轴器的失效。因此当弹性元件发生损坏时,应及时更换。

(3)万向联轴器。

万向联轴器的作用是使两轴不在同一轴线,存在轴线夹角的情况下能实现所连接的两轴连续回转,并可靠地传递转矩和运动。为了保证联轴器的正常工作,在使用期间应进行定期检查与维护。

①应观察万向联轴器是否能够正常运作,是否有异常响声,其中螺纹紧固件有无松动、有无断裂的情况等。

②定期观察万向联轴器是否发生异常的径向摆动和轴承发热等现象,当发现这些现象时必须及时维修。

③长时间工作的万向联轴器应定期进行检修。十字轴式万向联轴器检修时应关注十字轴轴颈、轴承外圈及短圆柱滚子间接触表面的磨损情况,测量其径向间隙,并观察接触面是否有压痕、点蚀、剥落、裂纹等现象,法兰叉头和焊接叉头部位着色探伤检测是否有裂纹隐

患。若存在上述现象则维修或更换。

④应定期对万向联轴器的轴承、花键轴等部位进行润滑和补油，保证联轴器的使用。

6.2.3 齿轮或齿条

齿轮传动是目前各类机械变速传动的常见形式之一，如图6-6所示。齿轮传动具有结构紧凑、效率高、寿命长、工作可靠等特点，在运动和动力传递以及调速等各个方面得到普遍应用。但是齿轮传动也有明显缺点，其特有的啮合传力方式容易产生两个突出的问题：一是振动、噪声较其他传动方式大；二是当其制造工艺、材质、热处理、装配等因素未能达到理想状态时，常成为诱发机器故障的重要因素，且故障诊断较为复杂。

图6-6　齿轮和齿条

齿轮传动或齿轮齿条传动均可分为闭式传动和开式传动。在停车设备上除了采用的减速器外，常用的是开式齿轮传动，这种传动方式对于润滑和日常维护要求较高。正确的润滑和维护可以延长齿轮或齿条的使用寿命，提高传动系统及起升机构的可靠性和稳定性。下面介绍以下齿轮或齿条的润滑和维护技巧，以及预防和处理常见齿轮或齿条传动故障的方法。

1）齿轮或齿条传动的定期检查与维护

对传动机构中齿轮、齿条的定期检查与维护是防止齿轮磨损、脱落、变形和断裂等故障发生的有效方法。正确的维护可以延长齿轮的使用寿命，提高传动系统的可靠性和稳定性。

（1）定期检查齿轮状态。

定期检查齿轮的状态，观察齿轮表面的磨损情况，齿形是否完整，齿距是否一致，齿轮的轴向和径向偏差是否在允许范围内。

（2）清洁齿轮或齿条表面。

定期清洁齿轮表面积存的灰尘、杂物以及被污染失效的润滑脂等。清洁时可以使用洗涤剂和清水，但要注意不要使齿轮表面刮伤或损坏涂层。

（3）调整齿轮间隙。

当齿轮间的间隙发生变化时，应使用专用工具或手工进行调整，以保证齿轮的传动效率和稳定性。

（4）更换磨损严重的齿轮或齿条。

已出现严重磨损损坏的齿轮、齿条应及时更换，以避免影响其他传动齿轮或齿条，使故障扩大。更换齿轮时应该注意齿轮的型号、尺寸和材质等，以确保新齿轮的匹配性和可靠性。

（5）定期清理、更换传动齿轮的润滑油。

良好的润滑可以降低齿轮的磨损和噪声，提高传动效率和寿命。因此在设备的使用期间应随时检查传动齿轮表面的润滑状况，并根据齿轮的使用条件、负荷、转速和环境温度等因素定期清理被污染、失效的润滑油，并严格按照要求加注新的润滑油（脂）。

润滑油应该根据齿轮的使用条件和要求来选择。通常,润滑油应该具有较高的黏度指数和氧化稳定性,以确保润滑油在不同温度下都能保持较好的润滑性能。停车设备中常见的开式齿轮尺寸较小,常采用脂润滑。加注润滑油时应注意安全,应该在机器停止运转后进行,以避免因润滑油喷溅或设备的运转而导致人员伤害和安全事故。

2)齿轮或齿条的常见失效形式与维修方法

齿轮常见的失效形式有4种:齿面磨损、齿面疲劳、轮齿断裂、齿面塑性变形。

(1)齿面磨损。

齿轮传动中润滑不良、润滑油不洁等均可造成磨损或划痕。磨损可分为磨粒磨损、划痕、腐蚀磨损和胶合等。

(2)齿面疲劳。

所谓的齿面疲劳主要包括齿面点蚀与剥落,一般是由于材料的疲劳引起的。当工作表面承受交变应力的作用或承受过载载荷,使齿面的接触应力过大,形成点蚀,随着时间的增加,点蚀逐渐扩大,最终造成大面积或大块金属脱落,产生剥落现象。

实验表明,在闭式齿轮传动中,点蚀是最普遍的破坏形式,而在开式齿轮传动中,由于润滑不够充分以及进入污物的可能性增大,磨粒磨损总是先于点蚀磨损发生。

(3)轮齿的塑性变形与断裂。

齿轮副在啮合传动时,主动轮的作用力和从动轮的反作用力都是通过接触点分别作用在齿轮的轮齿上,当轮齿经常承受过大的外力,或短时受到过大的冲击载荷时,都会导致轮齿发生塑性变形,最终发生断裂。也就是说经常性的过载受力,会使轮齿的齿根受到一个很大的弯曲应力,从而造成轮齿的塑性变形及齿根处发生疲劳断裂。而过大的冲击载荷将会导致轮齿的随机折损。

齿轮、齿条一旦失效,必须及时对其进行维修或更换,常见的维修方法如表6-2所示。

齿轮的常见维修方法　　表6-2

失效形式	损伤特征	产生原因	解决方法
齿轮折断	整体折断一般发生在齿根,局部折断一般发生在轮齿的一端	齿根处弯曲应力最大且集中,载荷过分集中,多次重复作用	堆焊、局部更换、栽齿、镶齿或整体更换
疲劳点蚀	在节线附近的下齿面上出现疲劳点蚀并扩展,呈贝壳状,可遍及整个齿面,噪声、磨损、动载加大,在闭式齿轮中经常发生	长期受交变接触应力作用,齿面接触强度和硬度不高,表面粗糙度值大,润滑不良	堆焊、更换齿轮、变位切削
齿面剥落	脆性材料、硬齿面齿轮在表层或次表层内产生裂纹,然后扩展,材料呈片状剥离齿面,形成剥落坑	齿面受高的交变接触应力,局部过载,材料缺陷,热处理不当,黏度过低,轮齿表面质量差	堆焊、变更齿轮、变位切削
齿面胶合	齿面金属在一定的压力下直接接触发生黏着,并随相对运动从齿面上脱落,按形成的条件分为热胶合和冷胶合	热胶合产生高速重载,并引起局部瞬时高温,导致油膜破裂,使齿面局部热胶合;冷胶合引发了低速重载,使局部压力过高,油膜压溃,产生胶合	堆焊、变更齿轮、变位切削

续上表

失效形式	损伤特征	产生原因	解决方法
齿面磨损	齿轮接触表面沿滑动方向有均匀重叠条痕,多见于开式齿轮,导致失去齿形,齿厚减薄而断齿	铁屑、尘粒等进入齿轮的啮合部位,引起磨粒磨损	堆焊、调整换位、变换齿轮、换向、塑性变形、变位切削、加强润滑
塑性变形	齿面产生塑性流动,破坏了正确的齿形曲线	齿轮材料较软,承受的载荷较大,齿面间摩擦力较大	堆焊、变更齿轮、变位切削

6.2.4 曳引轮与导向轮

曳引轮是停车设备起升机构的重要零部件,即曳引机上的绳轮,也称曳引绳轮或驱绳轮,如图6-7所示。曳引轮利用自身的绳槽与曳引钢丝绳的摩擦力传递动力。导向轮用于改变钢丝绳运动方向,也可作为滑轮使用,如图6-8所示。

图6-7 曳引轮

图6-8 导向轮

因曳引轮要承受升降平台的自重、汽车和对重等的全部重量,且起升电机的驱动力也是通过曳引轮传递的,因此曳引轮的工作状态是机械式立体停车设备升降系统安全运行的保障,故对曳引轮的检查与维护是使用曳引提升方式的机械式立体停车设备维护工作中的重要环节。

(1)检查曳引轮轮缘与转动套筒或其轮套与轴的接合处有无松动或相对位移,检查时可在接合处局部涂油后运转即会显示出有无松动或相对位移。

(2)检查曳引轮的绳槽磨损是否一致,当绳槽间的磨损深度差距超过曳引轮直径1/100或1/200以上时,需要对绳槽重新加工修复或更换新的曳引轮。对于带切口的半圆槽,当绳槽磨损至切口深度少于1mm时,应重新车修绳槽,但车修后切口下面的轮缘厚度应不小于曳引钢丝绳的绳径。

(3)采用锤击试验的方法检查曳引轮和导向轮的轮缘是否存在裂纹,如发现有裂纹应及时更换。

(4)检查曳引轮的绳槽是否清洁,如有异物或油污应及时清理、擦干。

(5)定期检查曳引轮和导向轮所有的连接件是否紧固,有无位移,发现问题及时处理。

(6)检查曳引轮的支承轴承、导向轮轴承运转是否正常,有无异常声响,如有损坏应及时更换。同时应定期对轴承补充润滑剂。

6.2.5 回转支承

回转支承是一种能够承受综合载荷的大型轴承，可以同时承受较大的轴向、径向负荷和倾覆力矩。回转支承一般带有安装孔、内齿轮或外齿轮、润滑油孔和密封装置，因而能使主机设计结构紧凑，如图6-9所示。

图6-9 回转支承

回转支承在现实工业中应用广泛，在机械式立体停车设备中，回转支承一般常用在全自动停车设备上，目的是实现存取车辆的转向，常见的有3种应用：停车设备出入口内的回转盘、升降机的整体回转、升降平台的停车平台或搬运台车的停车平台回转。

(1)回转支承出厂时滚道内只涂有少量的2号极压锂基润滑脂。启用时，用户应根据自己的工作条件，重新充满合适的润滑脂。

(2)正常条件下，一般球式支承每运转100h、滚柱式支承每运转50h润滑一次。但由于综合因素较多，用户根据实际需要在特殊工作环境，如热带、湿度大、灰尘多、温度变化大以及连续工作时，应缩短润滑周期，随时检查支承的工作情况，选择适当的时间，填充合适的润滑脂。

(3)使用过程中，如发现异响、功率突增等异常情况，应立即停机检查，排除故障后再开机工作。

(4)应经常清理齿面，并涂上润滑脂，严防较硬异物接近或进入齿啮合区。因综合工作因素较多，用户可根据具体要求自行选择最佳润滑脂，推荐的润滑脂如表6-3所示。

(5)应经常检查密封圈，发现破损要及时更换。

(6)要注意对支承进行防锈、防腐处理，闲置的回转支承每6个月进行一次防锈处理，每12个月对滚道润滑一次。除油时，禁止使用含氯溶剂。

(7)回转支承首次运转100h后，应检查螺栓的预紧力，以后每运转500h检查一次，必须保持足够的预紧力。

推荐润滑脂 表6-3

环境条件	润滑部位	润滑脂	
		牌号	标准号
低温 -20~60℃	滚道	1号或2号极压锂基脂	现行 GB/T 7323
	齿轮	ZG-S 石墨基润滑	现行 SH/T 0369
高温 40~120℃	滚道	1号或2号极压锂基脂 3号 MoS_2复合钙基脂	现行 GB/T 7323
	齿轮	4号高温润滑脂	现行 SH/T 0376
常温~50℃、耐海水腐蚀	滚道	2号铝基脂	现行 SH/T 0378
	齿轮	2号铝基脂	现行 SH/T 0378

6.2.6 卷筒

卷扬提升方式与曳引提升方式一样都是常用于起重提升的一种驱动方式。卷扬驱动属于强制驱动方式，在机械式立体停车设备中常用于多层升降横移类停车设备的起升机构，垂直升降类停车设备也偶有采用。卷筒是卷扬提升机构的重要构件之一，卷扬提升机构由电动机、减速器、制动器和卷筒等组成。电动机为卷筒提供旋转原动力，通过钢丝绳在卷筒上的缠绕，实现所吊重物的升降，如图6-10所示。

图6-10 卷筒

1）卷筒的定期检查与维护

作为停车设备起升机构的重要部件，必须要定期对卷筒及其关联零部件进行检查和维护。卷筒的检查和维护方法如下：

（1）定期检查卷筒和轴承的状态，如有损坏或磨损要及时更换。

（2）定期加润滑油，保持卷筒和轴承的润滑状态。

（3）定期维护制动器，确保制动器可靠工作。

（4）定期检查卷筒传动装置的状态和工作效率。

（5）定期检查组焊式卷筒各焊缝有无开焊、断裂的现象。尤其应关注多层升降横移类停车设备的起升卷筒，该卷筒一般都是采用卷筒体与圆管焊接，两端再组焊上轴头的结构模式，当所用材料选材不合适或焊接工艺有缺陷时，会导致焊接应力过大，或有虚焊、焊缝裂纹等缺陷出现，在反复起升运转过程中存在疲劳断裂可能。

（6）卷筒上钢丝绳尾端的固定装置，应有防松或自紧性能。

2）卷筒的报废条件

停车设备上的卷筒用于搬运汽车，故其安全性是至关重要的。如果卷筒存在结构性损坏、失效或负荷能力下降等问题，可能会导致搬运过程中的坠落事故风险，因此可根据下述因素及可能存在的风险判断卷筒是否应报废。

（1）绳槽磨损程度。

停车设备卷筒在长期使用中会发生磨损。如果卷筒表面磨损量达到原壁厚的20%，或内部零部件出现严重磨损、断裂、裂纹等情况，可能会影响其正常运行和安全性，应判定为报废。

（2）使用寿命。

停车设备卷筒通常会有一个使用年限或使用寿命，超过这个寿命后，卷筒可能会因为材料或疲劳损伤而失去原有的机械性能。如果卷筒接近或已经超过了设计预期的使用年限，可能需要考虑报废。

（3）维修成本。

如果停车设备卷筒需要经常进行大规模维修或更换关键零部件，维修成本可能会超过购买新零部件的成本，这时候可以考虑更经济和可行的选择——更换新的卷筒。

6.2.7 滑轮

在机械传动中，滑轮既起到承受载荷的作用，又可通过滑轮转动改变绳索的方向，从而实现力各方向的传递。当停车设备采用钢丝绳提升方式时，在提升系统中常常通过使用滑轮、滑轮组来改变绳索的牵引方向和运行速度，从而改变载车板或升降平台的运动方向和速度；因此滑轮也是不可或缺的重要构件之一，其完好情况直接影响停车设备的安全和使用寿命。为此，设备使用期间应保证轮滑的正确使用与维护，使滑轮能够充分发挥其作用，如图6-11所示。

图6-11 滑轮

(1)定期检查滑轮表面是否存在裂纹、磨损、变形等现象。

(2)定期为滑轮轴承加注润滑剂。

(3)防止过载，不得超过其承受的负载。

(4)定期清洗滑轮表面，除去存在的灰尘和杂质，避免对滑轮表面产生磨损。

(5)滑轮槽应光洁平滑，不应有损伤钢丝绳的缺陷。

(6)滑轮应有防止钢丝绳跳出轮槽的装置。

(7)滑轮出现下述情况之一时应报废：

①裂纹。

②绳槽径向磨损量达钢丝绳直径的50%。

③绳槽壁厚磨损量达原壁厚的20%。

④绳槽不均匀磨损量达3mm。

⑤其他损害钢丝绳的缺陷。

6.2.8 聚氨酯包胶轮

聚氨酯包胶轮的轮体通常是由钢质材料制成，如图6-12所示，其表面覆盖着聚氨酯，具有耐磨性能好、降低运行噪声、减少冲击、维护成本低等优点，在停车设备中较广泛用于搬运台车行走轮、导向轮和运转输送车辆的摩擦驱动轮、导向轮等。使用此类轮体时应做到正确储存与使用保护，以保证其应有的使用寿命，在保存和运行时应注意以下要求：

(1)聚氨酯由于是化学品，受紫外线、潮湿等因素会加速老化，长时间存放时，应确保包胶轮平放，胶面不受压，不可接触任何易腐蚀的物质。

图6-12 聚氨酯包胶轮

(2)使用时应避免接触醋酸、醋酸丁酯、丙酮、丁酮等溶剂及强碱，建议环境pH不大于8。

(3)定期检查(投入使用后首次检查周期为3个月，后期为6个月)轮子的磨损状况，当发现轮子胶体磨损严重、磨损面不均匀或有开裂、剥离等，应立即查找原因，更换轮子。

(4)胶面磨损至单面包胶厚度的2/3,或不能满足功能性使用要求时就应进行更换。

(5)定期清理粘在轮子上的油污或缠绕在轮子上的异物,如有污染,可用工业酒精擦洗以延长聚氨酯轮的寿命。

(6)轮子胶面异常磨损,多为过载运行、轨道或车轮踏面不平、轮子偏心造成的,需要减轻运行负载,调整轨道、安装同轴度或铺设平整车轮踏面。

6.2.9 制动器

制动器是停车设备机构的重要装置,无论在运行、回转、起升机构中都不可或缺。其主要作用是在停车设备起升、运行、回转过程中,通过制动器的制动作用来控制停车设备载车板、升降平台或搬运台车、堆垛机、搬运小车、回转盘等的速度和位置,确保停车设备的安全可靠运行,如图6-13所示。

图6-13 减速电机专用制动器

目前常见的制动器可分为两大类:一类是鼓式制动器,另一类是盘式制动器。停车设备常用的三合一减速电机配置的制动器均为盘式制动器,其通常由制动器本体、制动片、弹簧等部分组成。当停车设备需要停止或减速时,制动片和摩擦片之间产生压力,从而实现制动作用。

制动器是停车设备中的关键零部件,其作用十分重要,所以在日常使用过程中需要更加注意制动器的维护工作:要定期检查制动器是否处于良好的工作状态,观察负重情况下制动器是否灵活可靠,制动情况下重物有无下滑的现象;及时发现存在的安全隐患或故障;通过声音识别制动设备是否有异常;定期检查制动器内部,检查磨损情况是否超过允许范围,弹簧是否失效,内部零部件是否有太多杂质和污垢等;清洁或更换内部组件等。

(1)定期检查制动器的制动盘片间隙,适时根据制动器说明书的要求进行调整,以保证制动器的动作可靠。

(2)制动器对制动衬垫的磨损补偿机构应动作灵活。

(3)鼓式制动器制动轮的制动摩擦面不应有妨碍制动性能的缺陷或沾染油污。

(4)制动器的零部件出现下述情况之一时应报废:

①裂纹。

②制动衬垫厚度磨损达原厚度的50%。

③弹簧出现塑性变形。

④小轴或轴孔直径磨损达原直径的5%。

(5)制动轮出现下述情况之一时应报废:

①裂纹。

②轮缘厚度磨损达原厚度的20%(包括均匀磨损和不均匀磨损)。

③进行修圆后轮缘的减薄量达20%。

6.2.10 链轮与链条

链条在停车设备中被广泛应用,主要分为两大类:一类是用于传动系统的传动链,另一类是作为提升车辆的起升链。链条在停车设备的运行中有着重要作用,如果没有定期做正确维护,使其磨损严重、润滑效果下降甚至断裂,将会出现严重后果。因此,对于停车设备做好链轮与链条的维护十分重要。

1)链轮的定期检查与维护

链轮是链传动中的动力驱动部件,如果链轮因磨损受到损坏将直接影响链传动系统的安全。对于链轮的日常维护应该做到以下几点:

(1)观察链轮的受力与运转情况,查看链齿有无裂纹、缺失损坏等现象。长期的过载运行会导致链轮的轮齿因疲劳磨损,发生点蚀、剥落,甚至断裂。

(2)检查链轮齿面的润滑情况,适时调整润滑剂的配比与黏度。对于负荷压力过重,运转速度过低的链轮,润滑油的质量不好,黏度不合适、缺油等都会造成链轮不同程度的黏着磨损。

(3)定期清理链轮与链条上被污染的润滑剂。在长期使用中,链轮和链条上的润滑剂会混入很多灰尘、沙石等物质,这些微粒物质以及传动内部的磨屑、胶质等杂质都会加速链轮的磨损。

(4)定期为链轮的转动轴承加注润滑剂。

2)链条的定期检查与维护

(1)定期外观检查。

链条的磨损是在日积月累中形成的,因此在日常的使用过程中,要注意定期对链条的外观进行检查,包括链片有没有产生变形、有没有裂缝或被腐蚀、接头处有没有松脱、运转过程中有没有异响、润滑状况是否良好、有没有不正常的振动等。如果发现有裂缝、链片受损、锈蚀、过度磨损等情况,要及时更换新的链条或加注润滑油。

(2)定期对链条进行清洁。

由于链条作为一个运动部件,在使用时都会伴有大量的润滑剂,随着长时间的使用,链条上会沾染上大量的灰尘、沙土等杂物,长此以往会加速链条的磨损与损坏,因此应定期使用工具对链条进行清理,保证链条的清洁。

(3)保证链条的润滑。

对链条进行定期的润滑可以降低链条的磨损,延长链条的使用寿命,所以链条的润滑是维护中非常重要的一步。链条的磨损最常见于关节区域,因此必须确保销轴和套筒周围始终有足够的润滑剂。

停车设备链条润滑的方式主要为人工定期润滑。加注润滑油之前要先清洗链条,为确保润滑剂能渗入链条关节,应将润滑油直接施用在内外板之间以及滚子和套筒之间的缝隙内。尽量不采用黏度较大的重油或润滑脂,因为它们使用一段时间后易与尘土一起堵塞通往铰链摩擦表面的通路(间隙)。润滑好之后要及时用干毛巾将链条上多余的油擦拭干净,避免空气中的灰尘附着。

(4)定期检查传动链条的松紧度。

一般传动链条在使用一段时间后,由于链条的拉伸作用,中心距产生变化,会出现松弛的现象,从而会导致咬链、脱链或运行冲击过大等现象。此时应调整链条,使其松边垂度保持适当。对可调中心距的水平和倾斜传动,链条垂度应保持为中心距的1% ~2% ,对垂直传动或受振动载荷、反向传动及动力制动时,应使链条垂度更小些。经常检查和调整链条松边垂度是链传动维护工作中的重要项目。

(5)经常检查起升链条的连接链节,防止链条断裂。

作为起升用的链条,在链条端头都会通过连接链节与起升平台的吊件连接,由于此处连接方式为人工操作,也就成为起升链条承载的薄弱环节,因此应定期检查连接链节的安装是否可靠,防松开口销有无脱开。

(6)经常检查链轮工作表面,如发现磨损过快,应及时调整或更换链轮。

(7)链条出现下述情况之一应报废:

①可见裂纹。

②过盈配合处松动。

③链条相对磨损伸长率达到3% 。

3)链轮与链条的常见故障及解决方法

链轮与链条的常见故障及解决方法如表6-4所示。

起升、传动装置链轮与链条故障解决方法 表6-4

故障现象	可能原因	解决方法
零部件丢失	装配时没有安装	更换链条
	损坏后丢失	找出并消除损坏的原因,更换链条
链条生锈	受潮	更换链条,防止链条受潮
	润滑油中含水	更换润滑剂,使润滑系统防水,更换链条
	润滑不充分	提供或重新建立适当的润滑系统,如有必要,更换链条
噪声太大	链条碰到障碍	更换链条,消除干扰
	链箱或支承松动	紧固链箱或支承
	链条太松	张紧好链条
	链条磨损严重	更换或张紧链条
	链轮磨损严重	更换链条或链轮
	轮轮不共面	重新找正链轮,必要时更换链轮和链条
	润滑不充分	改善润滑条件
	链条节距太大	重新设计,采用小节距的链条传动
	链轮齿数太少	增加链轮齿数,如不能则重新设计
滚子链板的内侧磨损及链轮单侧磨损	链轮不共面	如有必要,更换链条和链轮重新找正并张紧传动链

续上表

故障现象	可能原因	解决方法
链条爬上链轮轮齿	链条太松	张紧链条
	链轮磨损严重	更换链条和链轮
	链条未压链装置或非工作端过轻	加装压链装置或配重
止锁件丢失或损坏	止锁件安装不正确	按制造厂商的要求安装止锁件
	碰到障碍	更换链条，消除干扰因素
	振动	更换链条，减少振动使用较大的链轮
	速度过高	更换链条，降低速度，重新设计，用较小节距的链条传动
外露链条表面锈蚀	暴露在腐蚀性环境中	更换链条，保护链条免受有害环境的侵害
链板有裂纹(应力腐蚀)	暴露在腐蚀性环境中	更换链条，保护链条免受有害环境的侵害
死节	铰链中有异物	清理并重新润滑链条
	润滑不充分	更换链条，重新采取合适的润滑方式
	不共面	更换链轮和链条，有必要时重新找正链轮
	内部腐蚀	更换链条，消除锈蚀原因，保护链条
	载荷过大，使销轴弯曲、链板变形	更换链条，消除由于过载导致链板的外扩变形原因
销轴旋转	润滑不充分	更换链条，重新建立适当的润滑系统
	过载	更换链条，消除过载原因
链板孔过长	过载	更换链条，消除过载原因
链板断裂(疲劳)	载荷大于链条的动态载荷承受能力	更换链条，消除过载原因
销轴断裂 链板断裂	严重超载，链板断裂	更换链条，如发现链条有出现问题的征兆，必须更换链条，消除过载原因；或重新设计，用大节距的链条传动
链板边缘磨损	链条碰到障碍	更换链条，消除干涉

6.2.11 钢丝绳

在停车设备中钢丝绳的用途基本上与起升链条相同，均为完成起升工作，它具有承载物体、传递力量和控制方向的作用。一般均采用多股钢丝绞合而成的钢丝绳，同时要求钢丝绳具有高强度、耐磨、柔韧等特点，可以承受较大的载荷和高频率的循环使用。根据停车设备设计规范，卷筒起升用钢丝绳的性能应不低于现行《钢丝绳通用技术条件》(GB/T 20118)或《重要用途钢丝绳》(GB/T 8918)的要求，曳引用钢丝绳应使用电梯钢丝绳，性能应满足现行《电梯用钢丝绳》(GB/T 8903)的规定。钢丝绳的使用安全对机械式立体停车设备的安全使用至关重要。钢丝绳在使用时需要对其进行规定的检测和维护，以保证其承载能力、安全性和使用寿命。

1)钢丝绳的通用安全要求

为了保证钢丝绳使用的安全性，钢丝绳在实际使用时应满足下列要求：

(1)不应采用接长的钢丝绳。

(2)应有防止钢丝绳跳出滑轮绳槽的装置。

(3)卷筒上钢丝绳尾端的固定装置应有防松或自紧的功能。

(4)当升降平台或载车板处于最低工作位置时，钢丝绳在卷筒上的缠绕圈数(除固定绳尾的圈数外)不应少于两圈。当升降平台或载车板处于最高工作位置时，卷筒上至少还留有一整圈的绕绳余量，在卷筒上通常只允许卷绕一层钢丝绳，除非设有排绳装置保证钢丝绳在卷筒上卷绕正确。

(5)钢丝绳端部的固定和连接应符合如下要求：

①压板固定时，卷筒上钢丝绳固定端至少有2块压板。

②用绳卡连接时，应保证连接强度不小于钢丝绳破断拉力的85%，绳卡数量至少为3个，钢丝绳夹夹座应在钢丝绳长头一边；钢丝绳夹的间距应为钢丝绳直径的6~7倍。

③用编结连接时，编结长度不应小于钢丝绳直径的15倍，并且不小于0.3m。连接强度不应小于钢丝绳破断拉力的80%。

④用楔块、楔套连接时，楔套应用钢材制造。连接强度不应小于钢丝绳破断拉力的80%。

⑤用锥形套浇铸法或用铝合金套压缩法连接时，连接强度应达到钢丝绳的破断拉力。

(6)钢丝绳展开时，应防止打结或扭曲。

(7)钢丝绳切断时，应有防止绳股散开的措施。

(8)安装钢丝绳时，不应在不洁净的地方拖绳，也不应缠绕在其他物体上，应防止划、磨、碾、压和过度弯曲。

(9)钢丝绳应保持良好的润滑状态。所用润滑剂应符合该绳的要求，并且不影响外观检查。润滑时应特别注意不易看到和润滑剂不易渗透到的部位。

(10)使用钢丝绳时，必须检查该钢丝绳的合格证，以保证机械性能、规格符合设计要求。

(11)对日常使用的钢丝绳每天都应进行检查，包括绳端及绳端固定装置、载车板或升降平台上与导向装置相对固定位置处的钢丝绳，并作出安全性的判断。

(12)钢丝绳的使用应有良好润滑。

对钢丝绳应定期进行系统润滑，使其保持良好的润滑状态，可保证钢丝绳的性能，延长其使用寿命。所用润滑剂应符合该绳的要求，并且不影响外观检查。润滑之前应将钢丝绳表面上积存的污垢和铁锈清除干净，钢丝绳表面越干净，润滑油脂就越容易渗透到钢丝绳内部去，润滑效果就越好。钢丝绳润滑的方法有刷涂法和浸涂法。刷涂法是指人工使用专用的刷子，把加热的润滑脂涂刷在钢丝绳的表面上；浸涂法是将润滑脂加热到60℃，然后使钢丝绳通过一组导辊装置被张紧，同时使之缓慢地在容器里的熔融润滑脂中通过。

2）钢丝绳的定期检查与维护

（1）定期检查钢丝绳的润滑状态，根据其驱动方式采用不同的润滑方式。

各类机械式立体停车设备使用的钢丝绳类型、驱动方式、使用频率及环境条件均有所区别，所以对钢丝绳的润滑也应根据实际情况而定。在钢丝绳寿命周期内，在出现干燥或腐蚀迹象前，应按照钢丝绳使用说明书或规范的要求，定期为钢丝绳润滑，尤其是经过滑轮和进出卷筒的区段。有时为了提高润滑效果需在润滑前将钢丝绳清理干净。

钢丝绳的润滑油（脂）应与钢丝绳制造商使用的原始润滑油（脂）一致，且具有渗透力强的特性。如果钢丝绳润滑不能确定，则用户应使用钢丝绳专用油或征询钢丝绳制造商的建议。

（2）定期检查钢丝绳的外部和内部，以防因钢丝绳受损发生安全事故。

①钢丝绳外部检查。

A. 直径检查：直径是钢丝绳极其重要的参数。通过对直径的测量，可以反映钢丝绳直径的变化速度、钢丝绳是否受到过较大的冲击荷载、捻制时股绳张力是否均匀一致、绳芯对股绳是否保持了足够的支撑能力。钢丝绳直径应用带有宽钳口的游标卡尺测量，其钳口的宽度要足以跨越两个相邻的股，如图6-14所示。

B. 磨损检查：钢丝绳在使用过程中产生磨损现象不可避免。通过对钢丝绳磨损检查，可以反映钢丝绳与匹配轮槽的接触状况，在无法随时进行性能试验的情况下，根据钢丝磨损程度可推测钢丝绳实际承载能力。钢丝绳的磨损情况检查主要靠目测进行。

C. 断丝检查：钢丝绳在投入使用后，有可能会出现断丝现象，尤其是到了使用后期，断丝发展速度会迅速加快。如果发现有断丝现象且过于突出，已影响到滑轮等部件的运行时，在保证钢丝绳使用安全的前提下可将突出的断丝去除，如图6-15所示，同时应做好标记和记录，为检测人员判断钢丝绳的使用寿命提供依据。

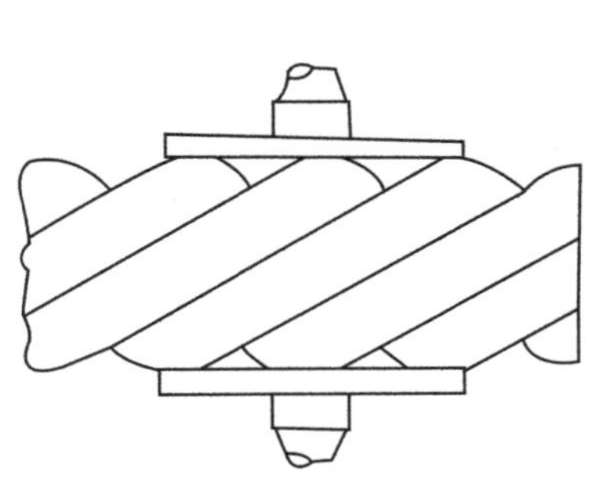

图6-14　钢丝绳直径测量方法

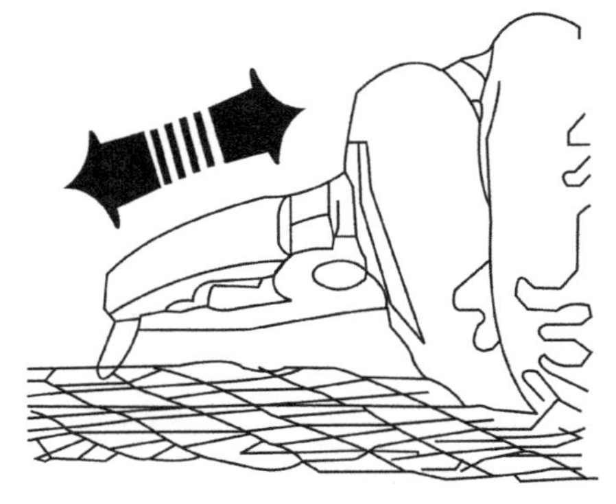

图6-15　去除突出的钢丝

如果断丝明显靠近或者位于钢丝绳固定端，并且沿钢丝绳长度方向的其他部分又不受影响，可以将钢丝绳截短，然后重新装配绳端固定装置。在此之前，应校核钢丝绳的剩余长度，确保停车设备在其极限工作位置时，钢丝绳能够在卷筒上保留所需的最少缠绕圈数。

由于钢丝绳在使用过程中不可能一旦出现断丝现象即停止继续运行，因此，通过断丝检查，尤其是对一个捻距内断丝情况检查，不仅可以推测钢丝绳继续承载的能力，而且根据出现断丝根数的发展速度可间接预测钢丝绳使用疲劳寿命。此外，钢丝绳的断丝情况检查主要靠目测统计。

②钢丝绳内部检查。

对钢丝绳进行内部检查要比进行外部检查困难得多，但由于内部损坏（主要由锈蚀和疲劳引起的断丝）隐蔽性更大，因此，为保证钢丝绳安全使用，必须在适当的部位进行内部检查。

钢丝绳内部检查是通过专用工具夹住某段钢丝绳，并反向旋转，使钢丝绳股松开并于钢丝绳绳心分离，如图6-16所示。钢丝绳松开小缝出现后，用螺钉旋具之类的探针把妨碍视线的油脂或其他异物拨开，对内部润滑、钢丝锈蚀、断丝、钢丝及钢丝相互运动产生的磨痕等情况进行仔细检查。检查完毕后，使钢丝绳股绳完全恢复到原来位置。并对受检部位及区域涂敷润滑脂。

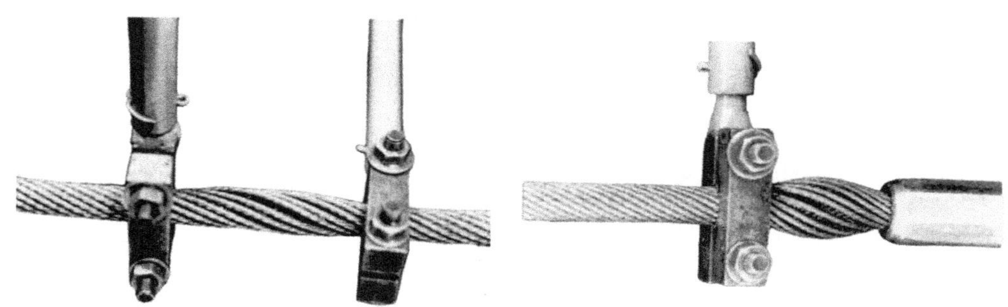

a) 对一段连续钢丝绳区段　　b) 对靠近绳端装置的钢丝绳尾部区段

图6-16　钢丝绳内部检查图示

③停车设备停用一段时间后的检查。

如果停车设备停用3个月以上，在重新使用前，应按照定期检查的规定对钢丝绳进行定期检查。

④钢丝绳缺陷鉴别及报废标准。

钢丝绳经过一段时间的使用，其表面的钢丝发生磨损和弯曲疲劳，使钢丝绳表层的钢丝逐渐折断，折断的钢丝数量越多，其他未断的钢丝承担的拉力越大，疲劳与磨损也越严重，从而加快断丝速度。当断丝发展到一定程度，将无法保证钢丝绳的安全性能，届时钢丝绳将不能继续使用，应予以报废。钢丝绳的报废还应考虑磨损、腐蚀、变形等多种情况。钢丝绳的报废标准应考虑如表6-5所示的项目。

钢丝绳缺陷鉴别及报废基准 表 6-5

序号	缺陷	典型图示	报废基准
1	外部磨损		(1)是否能够继续安全使用到下一次定期检查。 (2)是否需要立即更换或者在规定的时间段内更换。 对常见的劣化模式量化(测量、计算)评价或主观评价(目测检查)
2	股顶断丝		按现行标准《起重机 钢丝绳 保养、维护、检验和报废》(GB/T 5972)
3	股沟断丝		按现行标准 GB/T 5972
4	内部断丝	 a) 外层股完整的钢丝绳 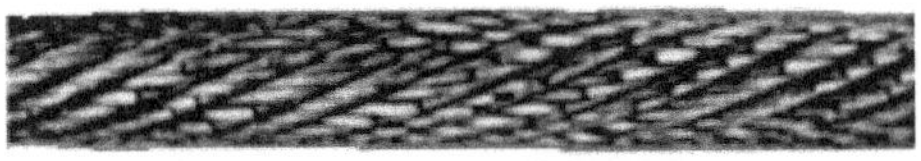 b) 移除外层股的钢丝绳 注:分图 a)为外层股完整的钢丝绳,分图 b)为移除外层股的钢丝绳,说明没有外部断丝,但存在内部断丝	按现行标准 GB/T 5972
5	钢丝绳直径局部减小(绳股凹陷)		按现行标准 GB/T 5972,如果发现直径有明显的局部减小,如由绳芯或钢丝绳中心区损伤导致的直径局部减小,则立即报废
6	外部腐蚀	 a) 外部腐蚀 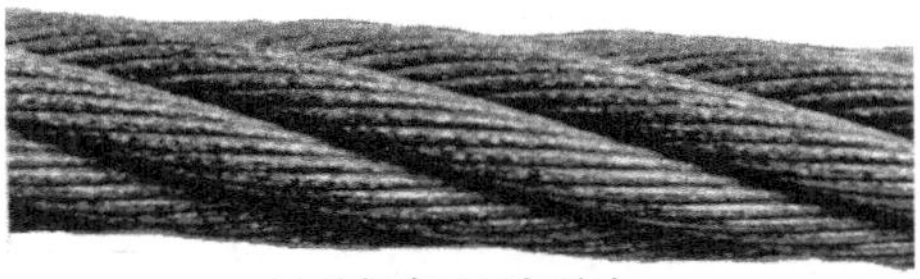 b) 外部腐蚀局部放大	按现行标准 GB/T 5972,在评估前,应将钢丝绳的拟检测区段擦净或刷净,但不宜使用溶剂清洗。 腐蚀报废基准及严重程度分级: (1)表面存在氧化迹象,但能够擦净, 程度分级:浅表——0%; (2)钢丝表面手感粗糙,表面氧化, 程度分级:轻度——20%; (3)表面氧化影响严重, 程度分级:重度——60%; (4)钢丝表面重度凹痕、钢丝松弛、出现裂隙, 程度分级:报废——100%

续上表

序号	缺陷	典型图示	报废基准
7	内部腐蚀	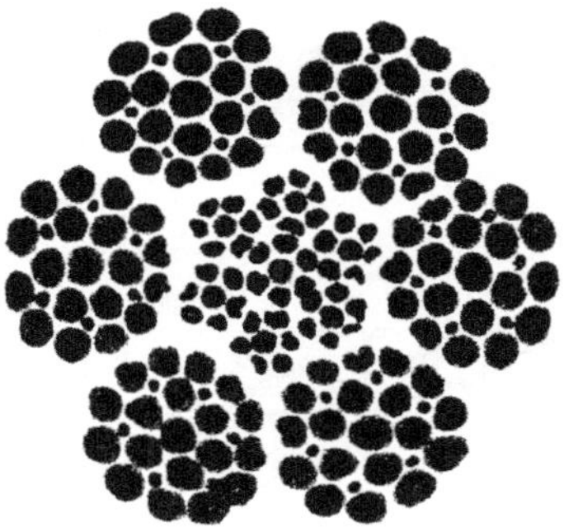	按现行标准 GB/T 5972,在评估前,应将钢丝绳的拟检测区段擦净或刷净,但不宜使用溶剂清洗。 明显可见的内部锈蚀迹象——腐蚀碎屑从外层绳股之间的股沟溢出。 报废——100%。 或如果主管人员认为可行,则按标准要求步骤进行内部检验
8	波浪形		在任何条件下,只要出现以下情况之一,钢丝绳应报废(见下图): (1)在从未经过、绕进滑轮或缠绕在卷筒上的钢丝绳直线区段上,直尺和螺旋面下侧之间的间隙 $g \geqslant 1/3d$。 (2)在经过滑轮或缠绕在卷筒上的钢丝绳区段上,直尺和螺旋面下侧之间的间隙 $g \geqslant 1/10d$。 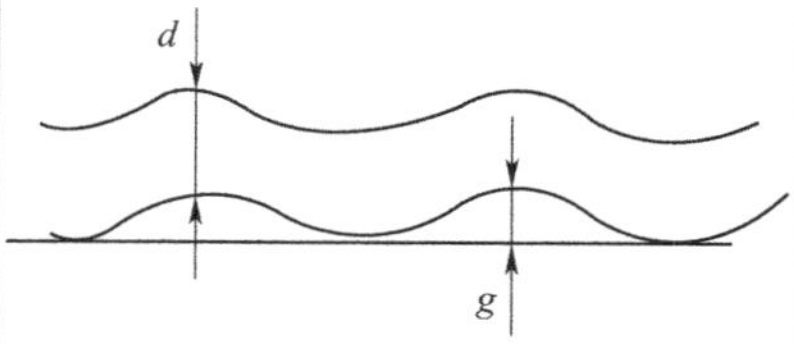 d g 标引符号说明: d——钢丝绳公称直径; g——间隙
9	笼状畸形		出现篮形或笼状畸形的钢丝绳应立即报废,或将受影响的区段去掉,但应保证余下的钢丝绳能满足使用要求
10	绳芯突出——单层钢丝绳		发生绳芯或绳股突出的钢丝绳应立即报废,或者将受影响的区段去掉,但应保证余下的钢丝绳能满足使用要求
11	阻旋转钢丝绳的内层绳芯突出		立即报废或将受影响的区段去掉,但应保证余下的钢丝绳能满足使用要求

续上表

序号	缺陷	典型图示	报废基准
12	绳股突出或扭曲		立即报废或将受影响的区段去掉，但应保证余下的钢丝绳能满足使用要求
13	钢丝突出		钢丝突出通常成组出现在钢丝绳与滑轮槽接触面的背面，发生钢丝突出的钢丝绳应立即报废。 注：钢丝绳外层股中突出的单根钢丝，如果能除掉或在工作时不会影响钢丝绳的其他部分，可不必将其作为报废钢丝绳的理由
14	绳芯扭曲引起的钢丝绳直径局部增大		钢芯钢丝绳直径增大5%及以上，纤维芯钢丝绳直径增大10%及以上，应查明其原因并考虑报废钢丝绳。 注：钢丝绳直径增大可能会影响到相当长的一段钢丝绳。例如，纤维绳芯吸收了过多的潮气膨胀引起的直径增大，会使外层绳股受力不均衡而不能保持正确的位置
15	局部扁平（弯曲型）		钢丝绳的扁平区段经过滑轮时，可能会加速劣化并出现断丝。在这种情况下，根据压扁的程度，来考虑是否可报废钢丝绳。 在钢丝绳扁平区段可能会比正常绳段遭受更大程度的腐蚀，尤其是当外层绳股散开使湿气进入时。如果继续使用，就应对其进行更频繁的检查，否则宜考虑报废钢丝绳
16	局部扁平（平直型）		钢丝绳的扁平区段经过滑轮时，可能会加速劣化并出现断丝。在这种情况下，应根据压扁的程度，来考虑是否可报废钢丝绳。 在钢丝绳扁平区段可能会比正常绳段遭受更大程度的腐蚀，尤其是当外层绳股散开使湿气进入时。如果继续使用，就应对其进行更频繁的检查，否则宜考虑报废钢丝绳
17	扭结（正向）		发生扭结的钢丝绳应立即报废

续上表

序号	缺陷	典型图示	报废基准
18	扭结(反向)		发生扭结的钢丝绳应立即报废
19	扭结		发生扭结的钢丝绳应立即报废

⑤更换钢丝绳的注意事项。

A. 不管是新装设备的新钢丝绳还是维修更换的新钢丝绳,在正式投入使用前设备都经过一个从低速低载荷(约10%额定工作载荷)到额定速度、额定载荷的运行过程,使钢丝绳经过一个初始的磨合期,确保新钢丝绳及其附件调整到适应实际工作状态。

B. 采用多绳曳引式起升机构的停车设备,当一根钢丝绳需要更换时,应一并更换其他钢丝绳。原因在于:一是安装时所有钢丝绳均为一批产品,在同样的使用环境、载荷下,一根出了问题,其他根也可能出现问题;二是新的钢丝绳延伸性比旧的钢丝绳要好,新、旧钢丝绳混用时会导致钢丝绳受力不均,影响其他钢丝绳的寿命。同时也会使曳引轮绳槽在钢丝绳径向或周向受力差异较大,导致曳引轮绳槽磨损不均匀,最终加速曳引轮的异常磨损与损坏。

C. 更换后的钢丝绳绳头连接方式应符合国家相关规范的要求。当采用绳夹固定时,应在钢丝绳第一次承载后马上检查绳夹是否有移动、钢丝绳有无松动的现象。

6.2.12 防坠落装置

防坠落装置是停车设备不可或缺的重要部件之一,是用来防止停车设备的载车板或升降平台升降到位后处于空中静态位置时坠落的装置,行业中简称防坠器。停车设备所用防坠器有标准和非标准两大类,标准防坠器是由专业厂家生产的系列产品,供设备生产厂家选用,非标准的防坠装置是停车设备生产厂家根据自身设备的特点设计的专用防坠装置。目前,市场上80%以上的停车设备使用的均是标准类防坠器。

停车设备的标准类防坠器有多种形式,常见的有挂钩式、牵引式,如图6-17所示。

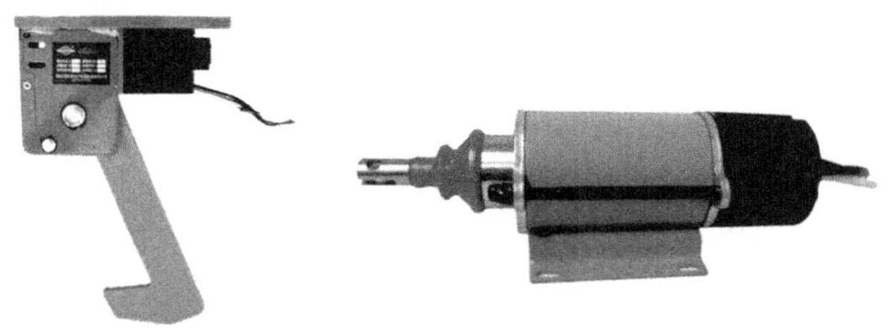

a) 挂钩式防坠器　　b) 牵引式防坠器

图6-17　挂钩式、牵引式防坠器

这些形式的防坠器一般均采用电磁铁做动力，由电磁铁、防坠挂钩（插销）、支架以及发讯开关等组成。工作时电磁铁通电驱动防坠挂钩收起（插销缩回），当其收回到位后，发讯开关发出到位信号，载车板或升降平台即可安全升降。据不完全统计，在停车设备使用过程中，因防坠落装置故障导致的设备故障与事故数量占事故总量的40%以上。因此加强对防坠落装置的日常检查与维护，这对机械式立体停车设备的正常使用有着重要意义。

1）防坠器的定期检查与维护

（1）定期检查防坠器的电磁铁工作是否正常，线圈有无发热，芯轴有无卡顿等现象，如果电磁铁线包长期发热会加大电磁铁的剩磁力和加速绝缘层的老化，缩短电磁铁的寿命。

（2）定期清理防坠器的灰尘与杂物，清洁后对动作机构适当加注润滑剂，以保证防坠挂钩、插销轴等运动部件动作灵活、位置准确，防止发生安全事故。

（3）检查防坠器支座的连接螺栓是否紧固，对有松动现象的螺栓应及时处理。

（4）定期查看防坠机构与目标物之间的安全间隙是否符合安全要求；挂钩式防坠器的挂钩在保证能够挂住目标物的前提下，与目标物的安全间隙不宜小于10mm。

（5）检查防坠器的发讯开关工作是否正常，发讯位置是否准确；用手推动挂钩（插销）收回到发讯位置，观察防坠钩（插销）是否已与目标物脱开，以保证设备运行安全。

（6）当同一目标物由多套防坠器共同保护时，应随时观察各防坠器动作是否同步，如有视觉上的差别应及时调整，防止发生剐蹭事故。

2）电磁式防坠器的常见故障及解决方法

电磁式防坠器的常见故障及处理办法如表6-6所示。

电磁式防坠器的常见故障及解决方法 表6-6

故障现象	可能原因	解决方法
防坠挂钩（插销）不动作	（1）防坠器没有电源； （2）电磁铁线圈损坏； （3）挂钩（插销）等运动部件被卡； （4）运动机构连接件脱落	（1）检查供电线路； （2）更换电磁铁； （3）清理防坠器各部件，加强润滑； （4）对防坠器相关部位进行维修
防坠挂钩（插销）收回不到位	（1）挂钩（插销）等运动部件被卡； （2）驱动电磁铁位置不对； （3）电磁铁吸合不到位	（1）清理防坠器各部件，加强润滑； （2）调整电磁铁的位置，保证挂钩回收到位； （3）检查电磁铁磁芯有无卡涩，线圈有无损伤，必要时更换电磁铁
防坠器回收到位，但设备不动作	（1）发讯开关损坏； （2）发讯开关位置不对，挂钩（插销）回收到位后，碰不到开关； （3）开关触点接线脱开	（1）更换开关； （2）调整开关位置； （3）重新接牢
防坠器动作后，控制系统跳闸	电磁铁有漏电、短路的现象	查找漏电部位，及时处理，或更换电磁铁

6.3 停车设备金属结构检查与维护

6.3.1 常见金属结构件类型

机械式立体停车设备的金属结构可分为两大类：一类是框架金属结构（简称“钢结构”），例如设备的外框钢结构、车位钢结构、各类钢质运行轨道等；另一类是设备部件金属结构，例如升降机自身的钢结构、载车板、搬运台车及搬运小车自身的结构框架等。

钢结构是各类停车设备的主要承载结构之一，一般由各种规格的型钢杆件、板件及连接螺栓等组成。根据其设置的位置可分为室外独立式钢结构、室内独立式钢结构和附建式钢结构。室外独立式钢结构自成一体，室内独立式钢结构独立置于建筑物内，附建式钢结构则与主体建筑物连接。

停车设备在设计寿命期内，除了一些可维修可更换的零部件外，主体钢结构的使用期限是影响机械式立体停车设备使用寿命的主要因素之一。因此维护好主体钢结构的各构件，保证其能够满足设计承载力要求的能力，是满足停车设备正常使用的基础。

由于以前大量的停车设备安装在室外，经受恶劣的环境和岁月的侵蚀，以及人们对钢结构维护观念的淡薄，导致早期建成的一些机械式立体停车设备金属构件表面防腐涂层破损，加速了设备钢结构的腐蚀形成与扩散，如图 6-18 所示。由此会对设备的使用产生严重的影响，甚至会导致设备提前报废。因此，对钢结构进行定期维护对于减缓钢结构腐蚀以保持其功能和延长服役寿命至关重要。

a)

b)

图 6-18 钢结构腐蚀严重的机械停车设备

6.3.2 金属结构件维护

1）定期进行防锈防腐维护

一般停车设备设计预期寿命为 30 年，在钢结构使用过程中因超载使用而遭到破坏的概率很小。大多数钢结构损坏都是由锈蚀造成结构力学性能和物理性能下降而产生的，所以对钢结构防腐保护应当满足钢结构的使用要求，一般情况下钢结构的防腐保护每 3 年进行一次，如清理钢结构中尘埃、锈蚀及其他污物后再进行防腐。对于建于室外或运行环境较为恶劣的设备,应根据情况缩短维护周期。

2)定期进行防火处理保护

钢材的耐温性较差,当停车设备发生火灾时,由于高温会使钢结构变软,失去承载能力。因此,一些大型停车设备的主体钢结构有防火保护的要求,如封闭的垂直升降类停车设备、平面移动类停车设备等。为此,对这类有防火要求的钢结构防火涂层应进行定期检查,发现损坏时,应用对应的耐火材料对钢结构进行必要的维护。

3)结构件变形检查与调整

主体结构件为机械式立体停车设备中主要的承载部件,其所受载荷大、受力复杂,尤其设备在使用时机构运行产生的振动、冲击都会对钢结构件产生较大的影响,长此以往,在冲击荷载或交变荷载作用下,可能会使部分钢结构件发生弯曲变形,甚至脆性断裂,从而引发安全事故。为此,在停车设备使用期间应定期对停车设备的主体钢结构件进行应力、变形和裂纹的检查监测,对发生变形、损坏的构件及时维修、更换。

4)钢结构构件的可靠性、稳定性的定期检查与维护

停车设备的钢结构与各运动机构有着密切关系,设备运动的冲击与振动除了对各钢结构构件自身的刚度与强度产生影响,还会导致各连接节点的松动与损伤。因此还应对钢结构的以下几个方面进行检查:

(1)焊缝、螺栓等连接处是否出现裂纹、锈蚀、松动、断裂等现象。

(2)各杆件、腹板、连接板等构件是否出现局部变形过大,有无损伤现象。

(3)整个结构变形是否异常,有无超出正常的变形范围。

(4)设备运行时,钢结构是否有明显晃动、抖动或异常声响。

为了及时发现问题、解决问题,避免造成严重后果,维护或使用单位必须定期对设备的金属结构等进行周密的检查。当发现问题时应及时处理,对于变形较大或出现裂纹、断裂的现象,应进行技术评估,采取合理措施加以修复或进行更换直至报废。

6.4 停车设备液压驱动系统检查与维护

液压驱动系统是动力驱动的一种方式,与其他方式相比具有体积小、结构紧凑、运行平稳、调速方便、布置方便等特点。系统一般由动力元件、执行元件、控制元件、辅助元件和液压油五部分组成。

机械式立体停车设备使用液压驱动系统的类型不多,常见的有升降横移类、简易升降类和汽车专用升降机,主要用于车辆的起升驱动。在平面移动类和巷道堆垛类停车设备的搬运小车上偶见使用。液压驱动系统的优点很多,但故障的检查和处理相对较为复杂,所以在设备的使用过程中应做好日常维护,减少出现故障的概率。当系统出现故障时,专业维修人员可参考系统故障排查逻辑流程图方法查找液压系统故障,如图6-19所示。

停车设备的液压系统相对简单,排查故障时可结合液压系统的功能、传动原理和停车设备运行特点,并根据故障现象进行判断,逐渐深入,逐步缩小范围。现场维修人员可以利用简单的仪器和实践经验,通过"看、听、摸、问、阅"(看:查看设备外观有无异常,观察运行情况;听:倾听系统工作时的声音;摸:用手触碰系统各部件,感受其温度是否正常;问:询问相

关人员了解情况；阅：查阅设备的技术资料及以往的维修记录）进行故障诊断，判别产生故障的原因，进行处理。

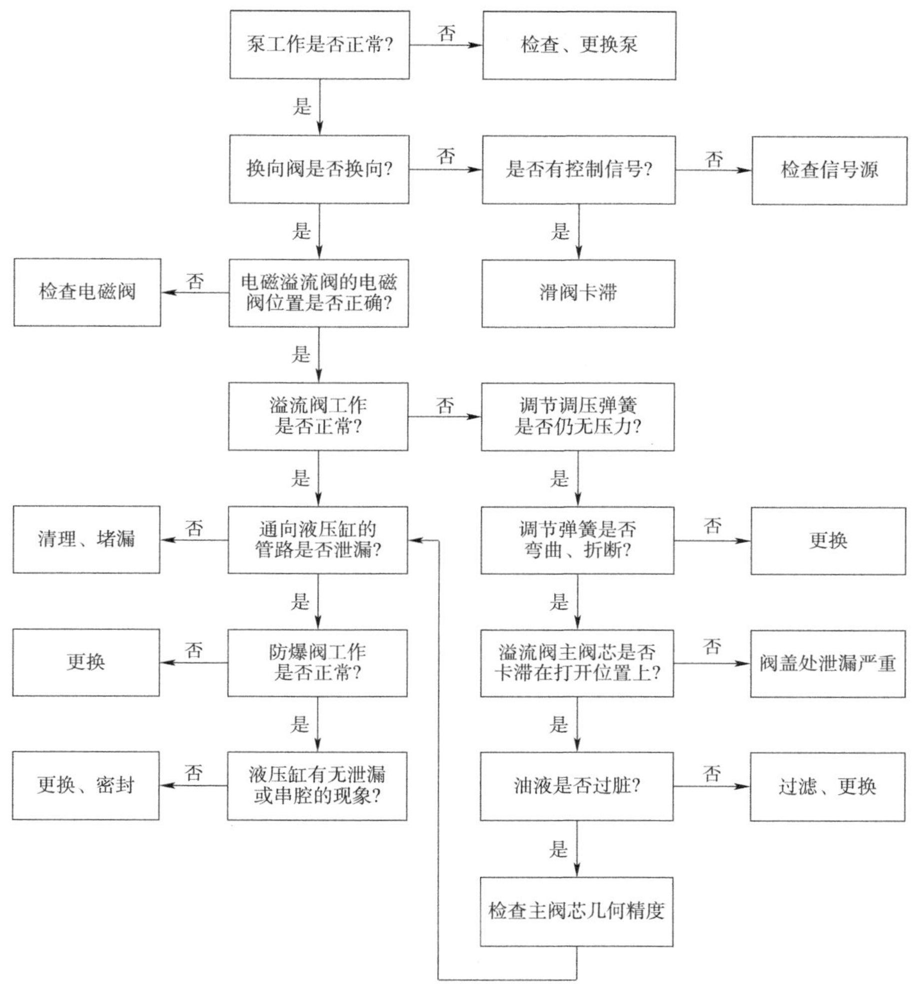

图6-19 液压系统故障排查逻辑流程图

6.4.1 液压系统的日常维护

（1）定期检查液压系统的外观，查看各液压元件，液压缸、管路及接头等有无泄漏现象；防止空气进入系统管线，发生吸空故障。

（2）定期检查系统中油液的污染程度。油液的清洁是液压系统正常工作的前提，油液被污染会导致液压元件、油缸密封件的损坏，控制阀芯卡涩甚至控制系统失灵等故障。

（3）定期检测油液的温度，检查油箱的液面位置，控制液压油的温升。温度过高的液压油会引起系统工作效率降低，加速密封件老化，使密封性能变差，产生外漏；同时也会加速液压油的氧化速度，导致液压油变质，降低液压油使用寿命。

（4）关注液压系统的工作状态，系统工作中如有噪声或不正常的振动，应停机检查，防止液压元件受损以及因振动引起设备零部件松动导致的意外事故的发生。

(5)应根据设备的运行频率和各密封件的寿命,定期更换液压系统各元件的密封件。

6.4.2 液压系统常见故障及维修

1)液压系统常见故障与相关零部件的关系

液压系统发生故障的原因往往不是单一的,可能有多种因素都会导致故障的出现,在实际应用中我们可以通过分析故障现象与系统各零部件可能的关联因素,逐一排查,寻找原因。液压系统主要故障与其关联零部件的关系如表6-7所示。

液压系统的主要故障与关联零部件的关系 表6-7

部位	现象				
	没有压力或压力太低	没有流量或流量太小	压力不稳定或流量不稳定	液压油温度太高	噪声较大
液压油箱	油面太低,油黏度较低,导致较大漏损	油面太低,预压较小或无预压	从回流口到吸油口有气泡或涡流,油箱预压不够	油黏度不对	油面太低,黏度太高,起油沫
管路或管接头	接头不密封,管道截面太小	接头不密封,节流不对	不密封,含气泡	管道截面太小	机械振动,截面太小,安装不牢靠
泵	内漏(配油盘损坏),总功率调节器损坏,驱动机械损坏	内漏(配油盘损坏),污物磨损	内漏,驱动机械损坏,气蚀	磨损泄漏	轴承和驱动机构损坏或密封损坏
换向阀	阀芯达不到应有的行程(机械卡滞)	阀芯位置不准确	阀芯位置不准确	磨损	节流状态
主安全阀或溢流阀	压力值过低(阀座损坏或太脏,弹簧折断)	压力值过低(阀座损坏或太脏,弹簧折断)	—	压力值不对,漏损较大	压力值不对,有气泡,阻尼孔损坏
流量阀节流孔	—	节流孔堵塞	压差太小,流量太小	调整值不对	—
油缸	缸筒、活塞不密封	缸筒、活塞不密封	不密封	泄漏、磨损	内部密封损坏,支承环太紧
冷油器滤油器	—	—	—	冷却件污染	安装不牢靠
驱动件、联轴器、齿轮	转矩传递结构损坏	转速传递机构损坏	驱动元件损坏	—	机械驱动部分损坏

2)液压系统常见故障及维修

液压系统常见故障的维修可参考表6-8。

液压系统常见故障与解决方法 表6-8

故障现象	故障分析	解决方法
不出油、输液量不足、压力上不去	(1)电动机转向不对; (2)吸油管或过滤器堵塞; (3)轴向间隙或径向间隙过大; (4)连接处泄漏,混入空气; (5)介质黏度太大或温升太高; (6)油箱油面过低、吸油管露出液面	(1)检查电动机转向; (2)疏通管道,清洗过滤器,更换新的工作介质; (3)检查更换有关零部件; (4)紧固各连接处螺钉,避免泄漏,严防空气混入; (5)正确选用工作介质,控制温升; (6)补充油液
压力过低升不上去	(1)油泵不上油或流量不足; (2)溢流阀调整压力过低或出现故障; (3)系统中有泄漏; (4)吸入管道漏气	(1)检查油泵有无损坏,油箱液面是否过低; (2)重新调整溢流阀压力或修复阀件; (3)检查系统,修复泄漏位置; (4)检查管道各连接处,进行密封、紧固
噪声严重压力波动厉害	(1)吸油管及过滤器堵塞或过滤器容量小; (2)吸油管密封处漏气或介质中有气泡; (3)泵与联轴器不同心; (4)油位低; (5)油温低或黏度高; (6)泵轴承损坏	(1)清洗过滤器使吸油管通畅,正确选用过滤器; (2)在连接部位或密封处加点油,如噪声减小可拧紧接头处或更换密封圈,回油管口应在油面以下,与吸油管要有一定距离; (3)调整同心; (4)加油液; (5)把油液加热到适当的温度; (6)检查(用手触感)泵轴承部分温升
系统过度发热	(1)油温过高; (2)油液黏度较低,内泄过大; (3)工作压力过高; (4)回油口与油泵进油口过近	(1)改善油箱散热条件或增设冷却器,使油温控制在推荐正常工作的范围内; (2)选择合适黏度的液压油; (3)减低至额定压力以下; (4)回油口接至油箱液面以下
油缸爬行	(1)空气侵入; (2)液压缸端盖密封圈压得太紧或过松; (3)活塞杆与活塞不同心; (4)活塞杆全长或局部弯曲; (5)液压缸的安装位置偏移	(1)增设排气装置,如无排气装置,可开动液压系统以最大行程使工作部件快速运动,强迫排出空气; (2)调整密封圈,使其不紧不松,保证活塞杆能来回用手平稳地拉动而无泄漏(大多允许微量渗油); (3)校正二者同心度; (4)校直活塞杆; (5)检查液压缸与导轨的平行性并校正
油缸末端运行有冲击	(1)靠间隙密封的活塞和液压缸间歇过大,节流阀失去节流作用; (2)端头缓冲的单向阀失灵,缓冲不起作用	(1)按规定配活塞与液压缸的间隙,减少泄漏现象; (2)修正研配单向阀与阀座
油缸推力不足,速度减慢	(1)液压缸和活塞配合间隙太大或O形密封圈损坏,造成高低压腔互通; (2)由于工作时经常用工作行程的某一段,造成液压缸孔径直线性不良(局部有腰鼓形),致使液压缸两端高低压油互通; (3)缸端油封压得太紧或活塞杆弯曲,使摩擦力或阻力增加; (4)泄漏过多; (5)油温过高,黏度减小,产生内泄,导致油缸行速变慢	(1)单配活塞和液压缸的间歇或更换O形密封圈; (2)镗磨修复液压缸孔径,单配活塞或更换油缸; (3)放松油封,以不漏油为限校直活塞杆; (4)寻找泄漏部位,紧固各接合面; (5)分析发热原因,设法散热降温,如密封间隙过大则单配活塞或增装密封环

除此以外,液压系统也会因为意外出现不常见或偶发性故障,如碰撞事故使零部件明显损坏,异物落入液压系统产生堵塞,管路突然爆裂,内部弹簧偶然断裂,电磁线圈烧坏等。这些故障特征原因、故障区域或部位均相对较为明显。

停车设备液压系统的大修应包含对液压缸、液压泵、液压阀及油箱、管道等各类辅助元件的全面检修。经过修理或更换的液压元件,必须经过液压测试检验合格后才能安装。液压件与管道,应按规定的要求进行安装。安装完成后,液压系统需经过检查。空载调试、负载测试达到原设计或使用要求后,才可交付使用。

6.5 停车设备电气系统检查与维护

6.5.1 常用低压电器

低压电器是指在低压(1200V 及以下)供电网络中能够依据操作信号和外界现场信号的要求,自动或手动地改变电路的状况和参数,用以实现对电路或被控对象控制、保护、测量、指示、调节和转换等的电器元件或设备,它是构成低压电路的最基本元件。常用的低压电器有:保护类低压控制电器,如熔断器、漏电保护器等;控制类电器,如接触器、继电器、电磁阀等;主令电器,如转换开关、按钮、行程开关等。低压电器元件如图 6-20 所示。

图 6-20 低压电器元件

停车设备所用的电器元件多属低压电器。按照低压电器在控制电路中的作用,可以将其分为低压配电电器和低压控制电器。下面就部分常见电器元件的维修作简要说明。

1)熔断器

熔断器在线路中起保护作用,串接在电路中,当线路发生短路故障时,熔体能自动迅速熔断,切断电源回路,从而保护线路和电气设备。熔断器也可做过负荷保护,但做过负荷保护时可靠性不高。熔断器的保护特性必须与被保护设备的过负荷特性有良好的配合。其常见故障及其解决方法如表 6-9 所示。

熔断器的常见故障及其解决方法 表6-9

常见故障	可能原因	解决方法
电动机起动瞬间,熔断器熔体熔断	(1)熔体规格选择过小; (2)被保护电路短路或搭铁; (3)安装熔体时有机械损伤; (4)有一相电源发生断路	(1)更换合适的熔体; (2)检查线路,找出故障点并排除; (3)更换安装新的熔体; (4)检查熔断器及被保护电路,找出断路点并排除
熔体未熔断,但电路不通	(1)熔体或连接线接触不良; (2)紧固螺钉松脱	(1)旋紧熔体或将接线接牢; (2)找出松动处,将螺钉或螺母旋紧
熔断器过热	(1)接线螺钉松动,导线接触不良; (2)接线螺钉锈死,压不紧线; (3)触刀或刀座生锈,接触不良; (4)熔体规格太小,负荷过重; (5)环境温度过高	(1)拧紧螺钉; (2)更换螺钉、垫圈; (3)清除锈蚀; (4)更换合适的熔体或熔断器; (5)改善环境条件
瓷绝缘件破损	(1)产品质量不合格; (2)外力破坏; (3)操作时用力过猛; (4)过热引起	(1)停电更换; (2)停电更换; (3)停电更换,注意操作手法; (4)查明原因,排除故障

2)断路器

断路器又称自动空气开关,是一种可以自动切断故障电路的保护开关,是电路中的重要控制和保护设备。无论电路处在什么状态,例如空载、负载或短路故障,当要求断路器动作时,它应都能可靠地动作,闭合或是切断电路。断路器能够开断、关合及承载运行线路的正常电流,也能在规定时间内承载、关合及开断规定的异常电流,如过载电流和短路电流。其常见故障及其解决方法如表6-10所示。

断路器的常见故障及其解决方法 表6-10

常见故障	可能原因	解决方法
手动操作的断路器不能闭合	(1)欠电压脱扣器无电压或线圈损坏; (2)储能弹簧变形,闭合力减小; (3)释放弹簧的反作用力太大; (4)机构不能复位再扣	(1)检查线路后加上电压或更换线圈; (2)更换储能弹簧; (3)调整弹力或更换弹簧; (4)调整脱扣面至规定值
电动操作的断路器不能闭合	(1)操作电源电压不符; (2)操作电源容量不够; (3)电磁铁损坏; (4)电磁铁拉杆行程不够; (5)操作定位开关失灵; (6)控制器中整流管或电容器损坏	(1)更换电源或升高电压; (2)增大电源容量; (3)检修电磁铁; (4)重新调整或更换拉杆; (5)重新调整或更换开关; (6)更换整流管或电容器
欠电压脱扣器不能使断路器断开	(1)反力弹簧的反作用力太小; (2)储能弹簧力太小; (3)机构卡滞	(1)调整或更换反力弹簧; (2)调整或更换储能弹簧; (3)检修机构

续上表

常见故障	可能原因	解决方法
有一相触头不能闭合	(1)该相连杆损坏; (2)限流开关连杆之间的角度变大	(1)更换连杆; (2)调整至规定要求
分励脱扣器不能使断路器断开	(1)线圈损坏; (2)电源电压太低; (3)脱扣面太大; (4)螺钉松动	(1)更换线圈; (2)更换电源或升高电压; (3)调整脱扣面; (4)拧紧螺钉
断路器在起动电动机时自动断开	(1)电磁式过电流脱扣器瞬动整定电流太小; (2)空气式脱扣器的阀门失灵或橡皮膜破裂	(1)调整瞬动整定电流; (2)更换
断路器在工作一段时间后自动断开	(1)过电流脱扣器长延时整定值不符合要求; (2)热元件或半导体元件损坏; (3)外部电磁场干扰	(1)重新调整更换元件; (2)更换元件; (3)进行隔离
欠电压脱扣器有噪声或振动	(1)铁芯工作面有污垢; (2)短路环断裂; (3)反力弹簧的反作用力太大	(1)清除污垢; (2)更换衔铁或铁芯; (3)调整或更换弹簧
断路器温升过高	(1)触头接触压力太小; (2)触头表面过分磨损或接触不良; (3)导电零部件的连接螺钉松动	(1)调整或更换触头弹簧; (2)修整触头表面或更换触头; (3)拧紧螺钉
辅助触头不能闭合	(1)动触桥卡滞或脱落; (2)传动杆断裂或滚轮脱落	(1)调整或重装动触桥; (2)更换损坏的零部件

3)接触器

接触器可以频繁的接通或切断交直流电路,并可实现远距离控制。在自动控制系统中应用非常广泛,常用于低压配电系统中控制电动机、制动器、电磁铁等动力设备的供电系统。接触器能接通和断开负荷电流,但不能切断短路电流,因此常与熔断器、热继电器等配合使用。接触器的常见故障及其解决方法如表6-11所示。

接触器的常见故障及其解决方法 表6-11

常见故障	可能原因	解决方法
通电后不能闭合	(1)线圈断线或烧毁; (2)动铁芯或机械部分卡滞; (3)转轴生锈或歪斜; (4)操作回路电源容量不足; (5)弹簧压力过大	(1)修理或更换线圈; (2)调整零部件位置,消除卡滞现象; (3)除锈上润滑油或更换零部件; (4)增加电源容量; (5)调整弹簧压力
通电后铁芯不能完全吸合	(1)电源电压过低; (2)触头弹簧和释放弹簧压力过大; (3)触头超程过大	(1)调整电源电压; (2)调整弹簧压力或更换弹簧; (3)调整触头超程

续上表

常见故障	可能原因	解决方法
电磁铁噪声过大或发生振动	(1)电源电压过低; (2)弹簧压力过大; (3)铁芯极面有污垢或磨损过度而不平; (4)短路环断裂; (5)铁芯夹紧螺栓松动,铁芯歪斜或机械卡滞	(1)调整电源电压; (2)调整弹簧压力; (3)清除污垢、修整极面或更换铁芯; (4)更换短路环; (5)拧紧螺栓,排除机械故障
接触器动作缓慢	(1)动、静铁芯间的间隙过大; (2)弹簧的压力过大; (3)线圈电压不足; (4)安装位置不正确	(1)调整机械部分,减小间隙; (2)调整弹簧压力; (3)调整线圈电压; (4)重新安装
断电后接触器不释放	(1)触头弹簧压力过小; (2)动铁芯或机械部分卡滞; (3)铁芯剩磁过大; (4)触头熔焊在一起; (5)铁芯极面有污垢或尘埃	(1)调整弹簧压力或更换弹簧; (2)调整零部件位置、消除卡滞现象; (3)退磁或更换铁芯; (4)修理或更换触头; (5)清理铁芯极面
线圈过热或烧毁	(1)弹簧的压力过大; (2)线圈额定电压、频率或通电持续率等与使用条件不符; (3)操作频率过高; (4)线圈匝间短路; (5)运动部分卡滞; (6)环境温度过高; (7)空气潮湿或含腐蚀性气体; (8)交流铁芯极面不平	(1)调整弹簧压力; (2)更换线圈; (3)更换接触器; (4)更换线圈; (5)排除卡滞现象; (6)改变安装位置或采取降温措施; (7)采取防潮、防腐蚀措施; (8)清除极面或调换铁芯
触头过热或灼伤	(1)触头弹簧压力过小; (2)触头表面有油污或表面高低不平; (3)触头的超行程过小; (4)触头的断开能力不够; (5)环境温度过高或散热不好	(1)调整弹簧压力; (2)清理触头表面; (3)调整超行程或更换触头; (4)更换接触器; (5)接触器降低容量使用
触头熔焊在一起	(1)触头弹簧压力过小; (2)触头断开能力不够; (3)触头开断次数过多; (4)触头表面有金属颗粒突起或异物; (5)负载侧短路	(1)调整弹簧压力; (2)更换接触器; (3)更换触头; (4)清理触头表面; (5)排除短路故障,更换触头
相间短路	(1)可逆转的接触器联锁不可靠,使两个接触器同时投入运行而造成相间短路; (2)尘埃或油污使绝缘变坏; (3)零部件损坏	(1)检查电气联锁与机械联锁; (2)经常清理,保持清洁; (3)更换损坏零部件

4)继电器

继电器是一种电子控制器件,它具有控制系统(又称“输入回路”)和被控制系统(又称

“输出回路”),通常应用于自动控制电路中,在停车设备的电气控制系统中也被大量使用,起着控制、检测、保护和调节的作用。继电器的种类很多,按照它在自动控制系统中的作用可分为控制继电器和保护继电器。

停车设备使用最多的是时间继电器和热继电器。另外,电子式时间继电器和电动机保护器的应用也在不断扩大。

(1)继电器的日常使用与维护及注意事项。

①保持继电器电磁铁及触头的清洁。

②检查接线螺钉是否紧固。

③检查继电器的触头接触是否良好。继电器触头的压力、超程和开距等均应符合规定。

④检查衔铁与铁芯接触是否紧密,应及时清除接触处的尘埃和污垢。

⑤继电器的触头上不得涂抹润滑油。

⑥更换继电器时,不要用力太猛,以免损坏部件,或使触头离开原始位置。

⑦由于时间继电器的分断电路能力很差,因此,不能用时间继电器代替接触器。

(2)继电器常见故障和故障排除。

时间继电器常见故障与解决方法如表 6-12 所示。

时间继电器常见故障与解决方法 表 6-12

常见故障	可能原因	修理方法
触头不动作	(1)电磁铁线圈断线; (2)电源电压低于线圈额定电压很多; (3)接线柱螺钉松旷	(1)更换线圈; (2)更换线圈或调高电源电压; (3)拧紧螺钉,可靠接线
触头动作但未接通	(1)触头间有灰尘或杂物,使触头接触不良; (2)触头弹簧和释放弹簧压力过大; (3)触头超程过大	(1)清除灰尘,保证触碰可靠; (2)调整弹簧压力或更换继电器; (3)调整或更换
触头粘连熔焊	(1)负载侧短路,电流过大; (2)触头断开能力不够; (3)触头开断次数过多; (4)触头表面有金属颗粒突起或异物	(1)排除故障,更换触头; (2)更换继电器; (3)更换触头或继电器; (4)清理触头

热继电器常见故障与解决方法如表 6-13 所示。

热继电器的常见故障及其解决方法 表 6-13

常见故障	可能原因	解决方法
热继电器误动作	(1)电流整定值偏小; (2)电动机起动时间过长; (3)操作频率过高; (4)连接导线太细	(1)调整整定值; (2)按电动机起动时间要求选择合适的继电器; (3)减少操作频率或更换热继电器; (4)选用合适的标准导线
热继电器不动作	(1)电流整定值偏大; (2)热元件烧断或脱焊; (3)动作机构卡滞; (4)进出线脱头	(1)调整整定值; (2)更换热元件; (3)检修动作机构; (4)重新焊好

续上表

常见故障	可能原因	解决方法
热元件烧断	(1)负载侧短路； (2)操作频率过高	(1)排除故障，更换热元件； (2)减少操作频率，更换热元件或热继电器
热继电器的主电路不通	(1)热元件烧断； (2)热继电器的接线螺钉未拧紧	(1)更换热元件或热继电器； (2)拧紧螺钉
热继电器的控制电路不通	(1)调整旋钮或调整螺钉转到不合适位置，以致触头被顶开； (2)触头烧坏或动触头杆的弹性消失	(1)重新调整到合适位置； (2)修理或更换新的触头或动触头杆

5)漏电保护器

漏电保护器，简称漏电开关，又称漏电断路器，主要用来防范在设备发生漏电故障时，给人身造成的致命伤害，同时还具有过载和短路保护功能，可用来保护线路或电动机的过载和短路。停车设备是为用户停放汽车服务的，为了保证用户在存取车过程中的人身安全，停车设备的电气控制系统中一般均装有漏电保护器。漏电保护器在使用中的常见故障及其解决方法如表6-14所示。

漏电保护器的常见故障及其解决方法 表6-14

故障现象	发生原因	解决方法
漏电保护电器不能闭合	(1)储能弹簧变形导致闭合力减小； (2)操作机构卡滞； (3)机构不能复位再扣； (4)漏电脱扣器未复位	(1)更换储能弹簧； (2)重新调整操作机构； (3)调整脱扣面至规定值； (4)调整漏电脱扣器
漏电保护电器不能带电投入	(1)过电流脱扣器未复位； (2)漏电脱扣器未复位； (3)漏电脱扣器不能复位； (4)漏电脱扣器吸合无法保持	(1)等待过电流脱扣器自动复位； (2)按复位按钮，使脱扣器手动复位； (3)查明原因，排除线路上漏电故障点； (4)更换漏电脱扣器
漏电开关断不开	(1)触头发生熔焊； (2)操作机构卡滞	(1)排除熔焊故障，修理或更换触头； (2)排除卡滞现象，修理受损零部件
一相触头不能闭合	(1)触头支架断裂； (2)金属颗粒将触头与灭弧室卡滞	(1)更换触头支架； (2)清除金属颗粒，或更换灭弧室
起动电动机时漏电开关立即断开	(1)过电流脱扣器瞬时整定值太小； (2)过电流脱扣器动作太快； (3)过电流脱扣器额定整定值选择不正确	(1)调整过电流脱扣瞬时整定弹簧力； (2)适当调大整定电流值； (3)重新选用
漏电保护电器工作一段时间后自动断开	(1)过电流脱扣器长延整定值不正确； (2)热元件或油阻尼脱扣器元件变质； (3)整定电流值选择不当	(1)重新调整； (2)将已变质元件更换掉； (3)重新调整整定电流值或重新选用
漏电开关温升过高	(1)触头压力过小； (2)触头表面磨损严重或损坏； (3)两导电零部件连接处螺钉松动； (4)触头超程太小	(1)调整触头压力或更换弹簧； (2)清理接触面或更换触头； (3)将螺钉拧紧； (4)调整触头超程

续上表

故障现象	发生原因	解决方法
过电流脱扣器烧坏	(1)短路时机构卡滞,开关无法及时断开; (2)过电流脱扣器不能正确地动作	(1)定期检查操作机构,使之动作灵活; (2)更换过电流脱扣器

图6-21　按钮开关

6)控制按钮

控制按钮又称按钮开关或按钮,是一种短时间接通或断开小电流电路的手动控制器,一般用于电路中发出起动或停止指令,以控制电磁起动器、接触器、继电器等电器线圈电流的接通或断开,如图6-21所示。同时,控制按钮也可用于信号装置的控制。

控制按钮的常见故障及其解决方法如表6-15所示。

控制按钮的常见故障及其解决方法　　表6-15

常见故障	可能原因	解决方法
按下按钮时有触电感觉	(1)按钮的防护金属外壳与连接导线接触; (2)按钮帽的缝隙间充满铁屑,使其与导电部分形成通路	(1)检查按钮内连接导线; (2)清理按钮
停止按钮失灵,不能断开电路	(1)接线错误; (2)线头松动或搭接在一起; (3)灰尘过多或油污使停止按钮两动断触头形成短路; (4)胶木烧焦短路	(1)改正接线; (2)检查停止按钮接线; (3)清理按钮; (4)更换按钮
被控电器不动作	(1)被控电器损坏; (2)按钮复位弹力不足或弹簧损坏; (3)按钮接触不良; (4)触点氧化或有污物; (5)按钮受热变形,动触头不能接触静触点	(1)检修被控电器; (2)修理或更换弹簧; (3)清理按钮触头; (4)擦拭清除按钮内杂物; (5)更换按钮

7)行程开关

行程开关又称位置开关或限位开关,是一种将位置信号转为电信号的开关元件,应用于停车设备顺序控制器及运动方向、行程、定位、限位、安全等自控系统中,如图6-22所示。停车设备中行程开关被大量使用,其正确装设、使用和维护十分重要,直接决定设备运行安全性、可靠性。升降运动装设开关不当可能会导致升降平台冲顶或蹲底的严重事故。停车设备行程开关或设置的极限开关是维护人员重点关注的质量控制点之一。

(1)行程开关的使用和维护注意事项。

①定期检查行程开关的安装支架连接是否牢固可靠,开关支架与设备本体连接有无松动,与开关对应的碰块与设备本体连接是否牢固可靠,在任何运动状态下,这些连接不得有松动或晃动不确定现象。

②检查行程开关与撞板碰撞的位置是否符合控制电路的要求,应确保能与撞板可靠碰撞触发动作。

③检查行程开关的使用环境。若环境恶劣,应选用防护式行程开关,以免发生误动作和短路故障。

④应经常检查行程开关的动作是否灵活或可靠,螺钉有无松动现象,发现故障要及时排除,保证开关自身始终可靠有效。

⑤应定期清理行程开关的触头,清除油垢或尘垢,及时更换磨损的零部件,以免发生误动作而引起事故的发生。

⑥定期清理室外使用的行程开关罩壳与触头,防止壳体内进水生锈及触头接触不良,影响设备的安全运行。

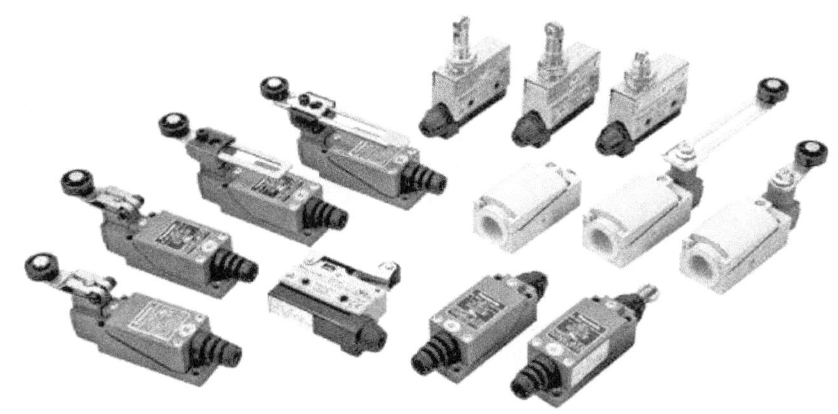

图 6-22　行程开关

(2)行程开关的常见故障及其解决方法如表 6-16 所示。

行程开关的常见故障及其解决方法　　表 6-16

常见故障	可能原因	解决方法
撞块碰撞行程开关,触头不动作	(1)行程开关位置安装不对,离撞块太远; (2)触头接触不良; (3)触头连接线松脱	(1)调整行程开关或撞板位置; (2)清理触头; (3)紧固连接线
开关复位后,动断触头不闭合	(1)触头被杂物卡滞; (2)动触头脱落; (3)弹簧弹力减退或卡滞; (4)触头偏斜	(1)清理开关杂物; (2)装配动触头; (3)更换弹簧; (4)调整触头
摆杆已偏转,但触头不动作	(1)行程开关位置不对; (2)行程开关内异物卡阻; (3)触点脱落或偏斜; (4)连线松脱	(1)调高开关位置; (2)清理异物; (3)修理触点系统; (4)紧固连接线
行程开关动作不能复位	(1)弹簧弹力减弱; (2)机械卡阻; (3)长期不用油泥干涸; (4)外力长期压迫行程开关	(1)更换弹簧; (2)拆卸清除; (3)清洁; (4)改变设计方法

8)接近开关

接近开关是一种非接触式传感器,当某一移动金属装置接近到其所设定区域内,它就发出"动作"信号,它不像机械式行程开关需要施加作用力而动作,也可称非接触式行程开关,如图6-23所示。接近开关种类很多,需要选择使用得当,停车设备上常用的为电感式接近开关。

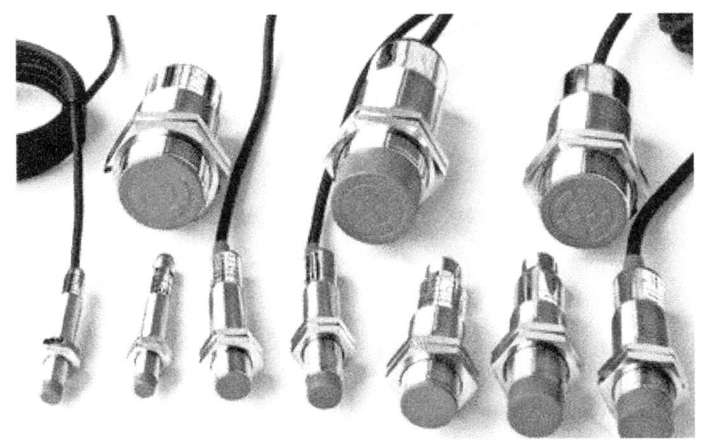

图6-23 接近开关

接近开关正确使用与维护的要求如下:

(1)接近开关应按产品使用说明书的规定正确安装,注意引线的极性、规定的额定工作电压范围和开关的额定工作电流极限值。

(2)对于非埋入式接近开关,应留有一非阻尼区(即按规定使开关在空间偏离铁磁性或金属物一定距离)。接线时,应按引出线颜色辨别引出线的极性和输出形式。

(3)在调整动作距离时,应使运动部件(被测工件)离开检测面的轴向距离在驱动距离之内,例如,对于LJ5系列接近开关的驱动距离为约定动作距离的0~80%。

9)光电开关

图6-24 光电开关

光电开关也是非接触式传感器的一种,属于接近开关类别,因其种类较多,自成系列,如图6-24所示。它通过把发射端和接收端之间光的强弱变化转化为电流变化,以达到探测的目的。由于光电开关输出回路和输入回路是电隔离的(即电绝缘),所以它可以在许多场合得到应用。

光电开关按检测方式可分为反射式、对射式和镜面反射式3种类型。在停车设备中光电开关主要用于车辆规格尺寸检测、车位空间检测、有无车检测等安全检测系统,也是机械式立体停车设备安全保障的关键配件之一。

(1)光电开关的正常使用与维护。

①光电开关应按产品使用说明书的规定正确安装,注意引线的极性、规定的额定工作电压范围和开关的额定工作电流极限值。

②使用中的开关应避免将传动器光轴正对太阳光、白炽灯等强光源;在不能改变受光端

与强光源的角度时，可在传感器的上方或四周加装遮光罩避免直射。

③安装光电开关时应防止相互干扰，发生误动作。当近距离安装两对开关时，应将两对开关的受光器和投光器交叉设置，避免相互干扰。

④在使用反射式光电开关时，有时由于被检物离背景物较近，而背景是光滑等反射率较高的物体时，有可能会使光电开关不能稳定检测。为此可以改用距离限定型投、受光器，或采用远离背景物、拆除背景物，将背景物涂成无光黑色，设法使背景物粗糙、灰暗等方法加以排除。

⑤定期清理光电开关投、受光器的透光镜面，防止降低光电开关的灵敏度。

⑥光电开关应避免在灰尘较大、腐蚀性气体较多，以及水、油、化学品有可能直接飞溅的场所应用。

(2)光电开关的常见故障及其解决方法如表6-17所示。

光电开关的常见故障及其解决方法 表6-17

故障现象	发生原因	解决方法
光电开关不动作，指示灯一边亮，一边不亮	(1)开关供电不正常； (2)两只光电开关的光轴未在一条直线上	(1)检查电源线路和供电电压是否达到要求； (2)调整开关相对位置和角度
光电开关不动作，指示灯全不亮	光电开关电源不正确	查看电源，排除故障
遮挡光电开关后，无信号输出	(1)输出端电压不正常； (2)开光触点损坏； (3)开关输出端触点用错	(1)检查输出端有无电压； (2)更换光电开关； (3)调换常开、常闭触点

6.5.2 电动机及变频器

1)电动机

电动机将电能转换为机械能，是停车设备中的原动机，输出工作需要的转矩及动力，实现停车设备起升、运行及回转等多维运动，是停车设备实现自动化、智能化运行的重要电气设备。停车设备多使用三相异步电动机，以此为例，三相异步电动机的常见故障及其解决方法如表6-18所示。

三相异步电动机的常见故障及其解决方法 表6-18

常见故障	可能原因	解决方法
电动机空载不能起动	(1)熔断丝熔断； (2)三相电源线或定子绕组中有一相断线； (3)开关或起动设备接触不良； (4)定子三相绕组的首末端错接； (5)定子绕组短路； (6)转轴弯曲； (7)轴承严重损坏； (8)定子铁芯松动； (9)电动机端盖或轴承盖组装不当	(1)更换同规格熔断丝； (2)查出断线处，将其接好、焊牢； (3)查出接触不良处，予以修复； (4)先将三相绕组的首末端正确辨出，并重新连接； (5)查出短路处，增加短路处的绝缘或重绕定子绕组； (6)校正转轴； (7)更换同型号轴承； (8)先将定子铁芯复位，然后固定； (9)重新组装，使转轴转动灵活

续上表

常见故障	可能原因	解决方法
电动机不能满载运行或起动	(1)电源电压过低; (2)电动机带动的负载过重; (3)将三角形连接的电动机误接成星形连接; (4)笼型转子导条或端环断裂; (5)定子绕组短路或搭铁; (6)熔断丝松动; (7)开关或起动设备的触点损坏,造成接触不良	(1)查明原因,待电源电压恢复正常后再使用; (2)减少所带动的负载,或更换大功率电动机; (3)按照铭牌规定正确接线; (4)查出断裂处,予以焊接修补或更换转子; (5)查出绕组短路或搭铁处,予以修复或重绕; (6)拧紧熔断丝; (7)修复损坏的触头或更换为新的开关设备
电动机三相电流不平衡	(1)三相电源电压不平衡; (2)重绕线圈时,使用的漆包线的截面积不同或线圈的匝数有错误; (3)重绕定子绕组后,部分线圈接线错误; (4)定子绕组有短路或搭铁; (5)电动机“单相”运行	(1)查明电压不平衡的原因,予以排除; (2)使用同规格的漆包线绕制线圈,更换匝数有错误的线圈; (3)查出接错处,并改接过来; (4)查出绕组短路或搭铁处,予以修复或重绕; (5)查出线路/绕组断线或接触不良处,并重新焊接好
电动机的温度过高	(1)电源电压过高; (2)欠电压满载运行; (3)电动机过载; (4)电动机环境温度过高; (5)电动机通风不畅; (6)定子绕组短路或搭铁; (7)重绕定子绕组时,线圈匝数少于原线圈匝数,或导线截面积小于原导线截面积; (8)定子绕组接线错误; (9)电动机受潮或浸漆后未烘干; (10)多支路并联的定子绕组,其中有一路或几路绕组断路; (11)在电动机运行中有一相熔断丝熔断; (12)定、转子铁芯相互摩擦(又称“扫膛”)	(1)调整电源电压或待电压恢复正常后再使用; (2)提高电源电压或减少电动机所带动的负载; (3)减少电动机所带动的负载或更换更大功率的电动机; (4)更换特殊环境使用的电动机或降低环境温度,或降低电动机的容量使用; (5)清理通风道里淤塞的泥土,修理被损坏的风叶、风罩,清理影响通风的物品; (6)查出短路或搭铁处,增加绝缘或重绕定子绕组; (7)按原数据重新改绕线圈; (8)按接线图重新接线; (9)重新对电动机进行烘干后再使用; (10)查出断路处,接好并焊牢; (11)更换同规格的熔断丝; (12)查明原因,予以排除,或更换为新轴承
轴承过热	(1)装配不当使轴承受外力; (2)轴承内无润滑油; (3)轴承的润滑油内有铁屑、灰尘或其他污物; (4)电动机转轴弯曲,使轴承受到外界应力; (5)驱动机构不当,如传动链过紧	(1)重新装配电动机的端盖和轴承盖,拧紧螺钉,合严止口; (2)适量加入润滑油; (3)用汽油清洗轴承,然后注入新润滑油; (4)校正电动机的转轴; (5)调整传动机构,使链条松紧度适当
电动机起动时熔丝熔断	(1)定子三相绕组中有一相绕组接反; (2)定子绕组短路或搭铁; (3)工作机械被卡滞; (4)起动设备操作不当; (5)传动带或传动链过紧; (6)轴承严重损坏; (7)熔断丝过细	(1)分清三相绕组的首末端,重新接好; (2)查出绕组短路或搭铁处,增加绝缘或重绕定子转组; (3)检查工作机械和传动装置是否转动灵活; (4)纠正操作方法; (5)适当调整传动带或传动链; (6)更换新轴承; (7)合理选用熔断丝

续上表

常见故障	可能原因	解决方法
运行中产生剧烈振动	(1)电动机基础不平或固定不紧； (2)电动机和被带动的工作机械轴心不在一条线上； (3)转轴弯曲造成电动机转子偏心； (4)转子或链轮等不平衡； (5)转子上零部件松弛； (6)轴承严重磨损	(1)校正基础板，拧紧底脚螺栓，紧固电动机； (2)重新安装，并校正； (3)校正电动机转轴； (4)校正平衡或更换为新品； (5)紧固转子上的零部件； (6)更换为新轴承
运行中产生异常噪声	(1)电动机"单相"运行； (2)笼型转子断条； (3)定、转子铁芯硅钢片过于松弛或松动； (4)转子摩擦绝缘纸； (5)风叶碰壳	(1)查出断相处，予以修复； (2)查出断路处，予以修复，或更换转子； (3)压紧并固定硅钢片； (4)修剪绝缘纸； (5)校正风叶
起动时保护装置动作	(1)被驱动的工作机械有故障； (2)定子绕组或线路短路； (3)保护动作电流过小； (4)熔断丝选择过小； (5)过载保护时限不够	(1)查出故障，予以排除； (2)查出短路处，予以修复； (3)适当调大； (4)按电动机规格选配适当的熔断丝； (5)适当延长过载保护时限
绝缘电阻降低	(1)潮气侵入或雨水进入电动机内； (2)绕组上有灰尘、油污太多； (3)引出线绝缘损坏； (4)电动机过热后，绝缘老化	(1)进行烘干处理； (2)清除灰尘、油污后，进行浸渍处理； (3)重新包扎引出线； (4)根据绝缘老化程度，予以修复或重新浸渍处理
机壳带电	(1)引出线与接线板接头处的绝缘损坏； (2)定子铁芯两端的槽口绝缘损坏； (3)定子槽内有铁屑等杂物未除尽，导线嵌入后即造成搭铁； (4)外壳没有可靠搭铁	(1)应重新包扎绝缘或套上绝缘管； (2)仔细找出绝缘损坏处，然后垫上绝缘纸，再涂上绝缘漆并烘干； (3)拆开每个线圈的接头，用淘汰法找出搭铁的线圈，进行局部修理； (4)将外壳可靠搭铁

2)变频器

变频器是交流调速的重要装置，它是通过改变交流电动机的供电频率，从而改变交流电动机的转速，以达到调整控制设备运行速度的目的。变频器在停车设备中有着广泛的应用，如图6-25所示。

图6-25 变频器

(1)变频器具有以下特点：

①可以扩大交流电动机的容量，提高交流电动机的转矩。

②对周围环境要求不高，扩大了应用范围。

③结构简单，坚固耐用，经济可靠，维修方便。

④调速性能指标(如调节范围、调节的平滑性、调速稳

定性以及经济性）可与直流调速方式相比较。

⑤有的变频器机型具有监测保护功能、自适应功能、PID 调节功能等，提高了自动化水平。

（2）变频器的常见故障及其解决方法如表 6-19 所示。

变频器的常见故障及其解决方法 表 6-19

故障部位	故障与分析	解决方法
主电路	（1）送电跳闸，原因是误将（N－）作为搭铁线连接； （2）送电时将整流模块击穿，引起跳闸； （3）由于误触发，引起变频器内部短路； （4）主电路绝缘介质损坏对地短路； （5）自整定不良	（1）改变接线； （2）在进线端加装交流电抗器； （3）在极触发信号线前端加装限波器； （4）修复绝缘结构； （5）重新自整定
控制电路	（1）存储器异常； （2）面板通信异常； （3）过电流报警； （4）过电压报警； （5）欠电压报警； （6）散热片过热报警	（1）更换新控制板； （2）更换操作面板或控制板； （3）更换电源板或模块； （4）将减速时间延长或加制动单元和制动电阻； （5）加大电源容量或正确操作； （6）检修散热风扇或更换控制板
驱动电路	（1）三相输出电压不平衡，引起电动机抖动； （2）电源板上的开关电源损坏，通电以后无显示； （3）模块损坏，引起电动机运转时抖动； （4）电源板未给控制板供电	（1）更换电源板； （2）更换电源板； （3）更换模块； （4）更换电源板
现场常见的问题	（1）变频器过载； （2）配线太长，造成跳闸，或产生电涌电压； （3）不能采用电源开关的方法控制； （4）噪声或安全有问题	（1）减小负载，或重新设置转矩提升值； （2）减短配线或加滤波器； （3）改进操作方法； （4）可靠搭铁

（3）变频器主要保护性故障及原因分析。

①变频器过电流故障。

A. 负载变化，导致变频器过电流故障，原因有以下几种：

a. 电动机堵转。可把电动机电源线从变频器上拆下，检查处理好电动机所带负载的问题。

b. 电动机负载增大，致使变频器过电流报警。检查处理负载增大的问题，如为正常性负载增大，应更换较大功率的变频器。

c. 电动机突发性负载增大，导致过电流故障。若故障属于偶然性，可以继续工作；若故障属于经常性，应检查解决突发性负载增大的问题。

d. 电动机内部损坏或电缆线破损，引起过电流故障。检查电动机，如果在变频器停机后发热严重，要更换电动机。

B. 变频器参数设定不合理。

a. 加减速时间设定的时间过短，要重新设定合适的数值。

b. 转矩补偿设定过大，起动和升速时产生过电流，要重新设定。

②过电压故障。

A. 电源电压过高。

a. 测量变频器电源输入端，看其电压是否超出正常值范用。检查电源电压偏高的原因，并及时处理，使其回到正常值范围。

b. 当测量电源电压时，其值正常，由于电网负载突变，使电网供电电压波动，产生短时较高的电源电压，当电压平稳后，变频器可以继续起动运行。

B. 设备减速时间过短，惯性过大。适当调整减速时间，减小设备冲击，或考虑增设制动电阻和制动单元。

C. 制动电阻和制动单元工作不起作用。检查制动单元工作是否正常，所用制动电阻是否合适。

③欠电压故障。

欠电压故障除变频器原因外，主要是变频器电源电压过低所致。电源电压过低的原因有以下几种：

A. 由于电网电压过低所致。

B. 当变频器运行时电源电压正常，而在带负载运行时电源电压过低，是由于电源线路所致，所以必须检查电源电缆线路是否合适，检查电源控制部分如电源开关、熔断丝等是否有接触不良现象。

6.5.3 可编程控制器

停车设备常见的控制系统有3种模式：继电器与接触器的逻辑控制、单板机控制和可编程控制器（PLC）控制。目前较为普遍的是采用可编程控制器（PLC）进行控制的（图6-26）。PLC作为停车设备控制系统的核心，或称之为设备的"大脑"，是保证停车设备正常使用的核心零部件。对PLC的检查与维护是停车设备电气控制系统维护工作中的重要项目。

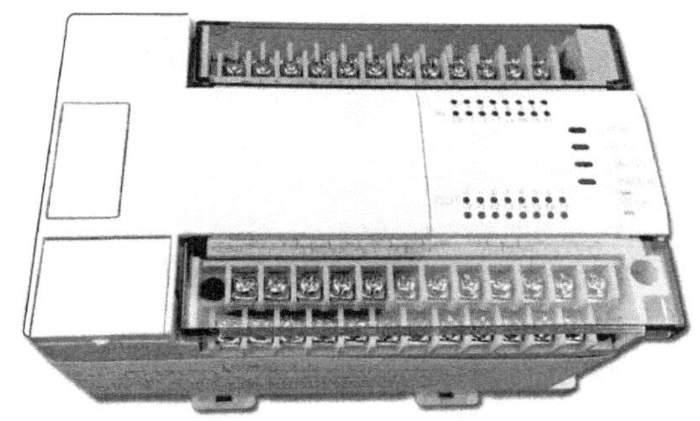

图6-26 可编程控制器

PLC实质上是一种专用计算机，通常由中央处理单元（CPU）、存储器输入/输出（I/O）模块及编程器等组成。据有关资料表明，停车设备PLC控制系统中发生故障的比例大概为：CPU及存储器占5%，I/O模块占15%，传感器和开关占45%，执行装置占30%，接线等其他方面占5%。由此可见，PLC自身的故障所占比率较低，其常见故障可分为功能性故障和硬件部分故障两大类。PLC硬件部分包括外围线路、电源模块、I/O模块等，其中外围线路由现场输入信号（如按钮开关、行程开关及其一些传感器输出的开关量，时间继电器输出触点等）和现场输出信号（如电磁阀、继电器、接触器和电机等），以及一些导线、接线端子及接线盒等组成。硬件部分常见的故障如下：

1）PLC 硬件部分常见故障

（1）电源模块故障。

PLC 的工作电压一般为 AC 220V 或 DC 24V，当 PLC 的电源模块不工作时，应首先检查供电电压是否符合要求，线路有无故障。检查电源模块有无损坏，出现故障应及时处理，以减少设备的故障停机时间。

（2）I/O 模块故障。

常见的 I/O 模块故障是输出输入点的损坏，模块的每个点都有对应的指示灯，当输入点有输入或输出点有输出而对应的指示灯不亮时，就可判断该点有故障，应及时更换备用点或更换整个模块。更换模块时，应在 PLC 断电情况下操作。

（3）PLC 功能性故障。

①PLC 受干扰引起的故障。

PLC 受干扰将会影响系统信号、使 PLC 内部数据丢失、产生设备误动作，严重时可能发生设备安全事故。采取相应的技术措施，增强 PLC 系统抗干扰能力是很有必要的。

干扰包括外部干扰和内部干扰。在现场环境中外部干扰是随机的，与系统结构无关，需针对干扰源加以控制。内部干扰与系统结构有关，通过精心设计系统线路或系统软件滤波等处理，可使干扰得到最大限度的抑制。项目现场的抗干扰技术措施通常从搭铁保护、接线布置、屏蔽和抗噪声等方面着手考虑。对供电系统中的强电设备，其外壳、柜体、框架等金属构件必须搭铁保护。PLC 内部电路包括 CPU、存储器和其他接口也要搭铁，以抑制电磁干扰。

其防干扰措施如下：

A. 电气柜内的接线布置。

交直流线分开设置，直流电压信号线和模拟量信号线不能与交流电压线同在一电缆槽内，只有屏蔽的 220V 电源线才能与信号线装在同一槽内；电气柜进出口的屏蔽一定要搭铁。

B. 电气柜外的接线安排。

直流和交流电压的信号线和模拟量信号线（要用屏蔽电缆）一定要各自用独立的电缆；信号线电缆可与电源电缆同装在一电缆槽内，但为改进抗噪声性能，建议将它们间隔 10cm 安装。

C. 屏蔽。

a. PLC 机壳屏蔽。一般将机壳与电气柜浮空，在 PLC 机壳底板上加装一块等位屏蔽板保护地与底板保持一点连接，使用铜导线，其截面积不少于 10mm，以构成等位屏蔽板，有效地消除电磁场的干扰。

b. 电缆屏蔽。一般对载送小信号（mV 或 μV）的模拟量信号线，要将其电气柜内电缆屏蔽体的一端连接到屏蔽母体；数字量信号线，屏蔽不超出屏蔽母体；对模拟量信号的屏蔽总线可绝缘，并将中央点连到参考电位或地；数字量信号线的电缆两端搭铁，可保证较好地排除高频干扰。

c. 抗噪声的措施。对处于强磁场的部分进行金属屏蔽，电控柜内不采用荧光灯具照明。此外 PLC 控制系统电源也应采用相应的抗干扰措施。因为 PLC 控制系统电源一般都是 220V 市电（工频交流电），市电电网的瞬变过程是经常发生的，电源波动大的感性负载或电源切换，很容易造成电压缺口，如直接供电给 PLC 及 I/O 模板，将引起不良后果。PLC 控制系统电源采取抗干扰的技术措施，其隔离变压器是最常用的，因为 PLC、I/O 模板电源常用

DC 24V,须经隔离变压器降压,再经整流桥整流供给。

②PLC 周期性死机。

PLC 周期性死机的特征是:PLC 每运行若干时间就会出现死机,程序混乱,出现不同的中断故障显示,重新启动后又一切正常。现场实践认为,长时间的积灰是造成 PLC 周期性死机的最常见原因,应定期对 PLC 机架插槽接口处进行清扫,清扫完毕后细心组装,恢复开机便能正常运行。

③PLC 程序丢失。

PLC 程序丢失通常是由于搭铁不良、接线有误、操作失误和干扰等方面的原因造成的。

A. PLC 主机及模块必须有良好的搭铁,通常采用的是主机外壳与开关柜外壳连接的搭铁方式,当出现搭铁不良时,应考虑改用多股铜芯线,采用从主机搭铁端子直接与搭铁装置引线端连接的搭铁方式,确保良好的搭铁。

B. 主机电源接线端子相线必须接线正确,不然也会出现主机不能启动、时常出错或程序丢失的现象。

C. 为防止程序丢失,需准备好程序包,一个完好的程序需提前打入程序包,以备急需。

D. 使用编程器查找故障时,应将锁定开关置于垂直位置,拔出时可起到保护内存的功能,如果要断开 PLC 系统电源,则应先断开主机电源,然后再断开 I/O 模块电源,如果先断开 I/O 模块电源或 I/O 模块和主机电源同时断开,则会使断电处理时存入不正确的数据而造成程序混乱。

E. 由于干扰的原因造成 PLC 程序丢失,其解决方法可参照 PLC 受干扰引起故障的处理方法,尽可能地抑制和削弱干扰。

2)PLC 定期检查与维护

停车设备使用中需经常地、定期地做好 PLC 检查维护,可以使 PLC 系统工作于最佳状态下。经常需要检查与维护的项目、内容及标准可参考表 6-20。

定期检查项目一览表 表 6-20

检查项目	检查内容	标准
供电电源	在电源端子处测电压变化是否在标准内	电压变化范围: (1)上限不超过 110% 供电电压; (2)下限不低于 80% 供电电压
外部环境	环境温度	0～55℃
	环境湿度	相对湿度在 85% 以下
	振动	幅度小于 0.5mm,频率为 10～55Hz
	粉尘	不积尘
输入输出用电源	在输入输出端子处测电压变化是否在标准内	以各输入、输出规格为准
安装状态	各单元是否可靠牢固	无松动
	连接电缆的连接器是否完全插入并旋紧	无松动
	接线螺钉是否有松动	无松动
	外部接线是否损坏	外观无异常

续上表

检查项目	检查内容	标准
寿命元件	接点输出继电器	(1)电器寿命:阻性负载30万次;感性负载10万次。 (2)机械寿命:5000万次
	电池电压是否下降	5年(25℃)

6.5.4 电线与电气设备搭铁装置

设备的电线、电气设备搭铁装置与其他电气设备和装置一样,也要对其进行定期的维护与修理,以此全面保障设备的安全、正常运行。

1)搭铁装置的维护

搭铁装置维护时主要应注意以下4个方面的问题。

(1)定期测电线、电气设备搭铁装置的搭铁电阻。

(2)至少应每两年进行一次搭铁电阻值的测量,并应在土壤电阻率最高的时候进行。

(3)根据季节对电线、电气设备搭铁装置进行检查。

(4)根据季节变化的情况,对搭铁装置的外露部分每年至少应进行一次检查。其检查内容主要应包括以下4个方面:

①搭铁线有没有折断和腐蚀损伤。

②搭铁支线和搭铁干线是否连接牢固。

③自然搭铁体经检修后连接是否牢固。

④搭铁线与电气设备及搭铁网络的接触情况是否良好,如有松动脱落现象应及时进行补修。

2)搭铁装置常见故障与维修

(1)设备的搭铁电阻异常增大或无法测量,可能有以下两种常见的原因:

①搭铁线连接点松动或脱落,设备在运动时会产生振动导致固定螺栓松动,影响搭铁线的可靠性,应及时拧紧或重新将搭铁线接好。

②在维修或更换相关设备时,有可能需要拆装搭铁线接头,在恢复时因疏忽导致连接头被遗漏或接错位置,发现后应及时整改。

(2)搭铁线电阻局部增大。

有可能是连接点或跨接线连接不实,或连接点被污染、腐蚀、生锈,需进行清理维护后重新连接。

(3)搭铁体的搭铁电阻增大。

常见的原因是搭铁体本身被损伤、锈蚀或搭铁体与搭铁干线之间接触不良,应及时对搭铁体进行维修或更换,对接触不良的现象需进行重新连接加固。

6.5.5 电线与元件

停车设备相关电线及元件检查如表6-21所示。

停车设备相关电线与元件检查表 表 6-21

检查项目			检查内容	判定标准
电动机	绕组		(1)检查绝缘电阻; (2)有无发热	(1)绝缘电阻在规定范围; (2)无异常发热
	轴承		检查润滑情况与异常响声	润滑良好和无异常响声
	滑环		检查有无变色、裂痕,接线头有无松动	无明显变色、裂痕、破裂或松动
	电刷与导线		(1)检查有无磨损或松动; (2)压力大小是否合适; (3)附着碳粉情况; (4)转动电动机轴有无火花	(1)无明显磨损,松动; (2)压力适当; (3)无附着碳粉; (4)无火花
集电装置	滑触线及滑触轨道	电源滑线、集电轨道	(1)检查有无变形、磨损; (2)张紧装置动作是否正常; (3)滑线与滑块的接触是否良好; (4)滑触线连接及安装支架固定有无松脱	(1)无明显变形、磨损、损伤; (2)张紧正常; (3)接触良好; (4)无松脱
		壳、盖、罩	(1)检查有无污损、变形; (2)防触电装置是否正常	(1)无污损及明显变形; (2)与滑线有足够间距
		绝缘集电器	检查绝缘集电器的接线有无异常	电缆接线要可靠
	集电器	机械部分	(1)检查有无磨损与损伤; (2)润滑是否良好	(1)无明显磨损与损伤; (2)润滑良好
		弹簧	检查有无变形,腐蚀及疲劳损伤,弹簧是否有弹力	无变形,明显腐蚀及疲劳损伤,有弹性,弹力足够
		接线与绝缘	检查接线有无断线,绝缘子是否破损、污损	无断线、破损、污损
		接头螺栓	检查紧固部分有无松动与脱落	无松动与脱落
	供电电缆	绝缘层	检查有无损伤	无损伤
		连接处	检查紧固部分有无松动与脱落	无松动与脱落
		电缆及导向装置	(1)检查电缆拉伸部分有无弯曲、扭曲及损伤; (2)电缆导向装置动作情况是否良好	(1)无弯曲、扭曲及损伤; (2)电缆导向装置动作平稳
电气元件及控制系统	开关	开关、接触部分	(1)检查开关动作有无异常、外形有无破损; (2)接触部分铰链和夹子的压力是否合适	(1)开关动作无异常、外形无破损; (2)接触部分铰链和夹子的压力适当

续上表

检查项目			检查内容	判定标准
电气元件及控制系统	接触器	触头	检查触头接触压力及接触面磨损情况	接触面无间隙，脱开时彻底
		弹簧	检查有无损坏变形、腐蚀及疲劳老化	无损坏变形、明显腐蚀及疲劳老化
		可动铁芯	(1)检查铁芯吸合面有无附着物； (2)检查工作时有无异常声响，屏蔽线圈有无断线； (3)检查限位块有无磨损及损伤； (4)断路时有无间隙	(1)铁芯吸合面无附着物； (2)工作时无异常声响，屏蔽线圈无断线； (3)检查限位块无磨损及损伤； (4)断路时无间隙
		消弧线圈	检查紧固部分有无松动	紧固部分无松动
		消弧栅	(1)检查是否在原位置； (2)是否烧损	(1)在原位置； (2)无明显烧损
		紧固件	检查有无松动	无松动
	继电器	弹簧	检查有无折弯、变形、腐蚀、疲劳损伤	无损坏变形、无明显腐蚀及疲劳损伤
		时间继电器	检查其限时功能	限时准确
		阻尼延时器	(1)检查油筒是否脱落、漏油； (2)油量及油质是否符合要求	(1)无脱落、漏油； (2)油量及油质符合要求
		接触片	检查接触面有无损伤及磨损	接触面无明显损伤及磨损
		操作机构及操作	用手操作检查其动作状态	动作正常
	内部配线		(1)检查连接端子连接情况； (2)配线及绝缘有无污损、劣化； (3)电线引入管口有无异常	(1)无松动脱落； (2)无损伤、污染及劣化； (3)无损伤及明显劣化
	紧固连接		检查紧固件有无松脱	无松脱
	触电保护装置		检查触电保护装置有无异常	设备无破损、脱落、变形
	控制器操作开关	动作状态	(1)检查动作状态是否正常； (2)零位限制器及手柄动作是否正常	(1)动作平稳； (2)限制器及手柄停止位置牢靠
		复位弹簧	检查有无折弯、变形、腐蚀、疲劳损伤	无折弯、变形、明显腐蚀及疲劳损伤
		接触片及触头	(1)检查接触面有无损伤及磨损； (2)检查接触片接触深度	(1)接触面无明显损伤及磨损； (2)应完全接触
		动作方向显示板	检查有无损伤及污染	显示明显
		电线引入	检查电线引入管口有无异常	无损伤及明显劣化
		开关	(1)检查动作情况； (2)有无损伤及污染；	(1)动作正常； (2)无损伤及污染；

续上表

检查项目			检查内容	判定标准
电气元件及控制系统	控制器操作开关	开关	(3)金属外壳与搭铁线有无松动； (4)电缆是否承受其他外力； (5)外壳、盖保护装置有无异常	(3)无松动； (4)无额外受力； (5)无破损
	电阻器	端子	检查紧固件有无松动	无松动
		电阻片	(1)检查有无裂纹、损伤； (2)各片间有无接触； (3)有无松动； (4)端子附近接线及绝缘是否过热烧损； (5)绝缘体是否积尘	(1)无裂纹、损伤； (2)无接触； (3)无松动； (4)无过热烧损； (5)无粉尘堆积
		绝缘子	检查有无破裂、污损	无破裂及明显污损
		连接紧固	检查有无松动	无松动
线路及通信	机内明线		(1)保护层有无损伤； (2)有无过紧、扭曲、线夹松动等现象	(1)无损伤； (2)无过紧、扭曲、松动
	照明及信号灯		(1)检查照明亮度是否合适； (2)接头有无松动； (3)紧固件是否松动； (4)灯泡及防护装置有无破损	(1)确保仪表及操作部分有充足亮度； (2)接头无松动； (3)紧固件无松动； (4)无破损
	通信装置		检查通信设施功能	正常
	电路绝缘电阻		测定配电电路各支路绝缘电阻有无异常	绝缘电阻值在规定范围之内
随行电缆	上下端固定		检查上下端固定架固定是否牢靠	连接固定牢靠
	电缆		(1)电缆两端连接部分绝缘层有无破损，整体电缆是否完好； (2)随行运动通道有无障碍阻挡，有无碰擦等对电缆损伤现象	(1)整体无松动或损坏； (2)电缆完好
升降平层或水平运行停准	平层或停准光电(接近)开关		(1)光电(接近)开关安装是否可靠； (2)开关支架与本体连接是否牢固可靠； (3)接线是否正常	(1)连接牢固可靠； (2)无松动； (3)接线良好
	认址片与对应开关		(1)认址片连接是否牢固可靠； (2)对应开关是否正常	(1)连接牢固可靠；无松动； (2)开关动作信号正常

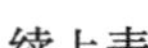

续上表

检查项目		检查内容	判定标准
搬运台车或搬运小车停位	光电(接近)开关	(1)光电(接近)开关安装是否可靠; (2)开关支架与本体连接是否牢固可靠; (3)接线是否正常	(1)连接牢固可靠; (2)无松动; (3)接线良好
	认址片与对应开关	(1)车位认址片连接是否牢固可靠; (2)对应开关是否正常	(1)连接牢固可靠,无松动; (2)开关动作信号正常

6.6 停车设备安全标志与危险图示

停车设备所设置的安全标志与危险图示是向使用、管理和维修等相关人员警示工作场所或周围环境的危险状况,指导人们采取合理行为的标志。安全标志能够提醒人们预防危险,从而避免事故发生。当危险发生时,能够指示人们尽快逃离,或者指示人们采取正确、有效、得力的措施,对危害加以遏制。安全标志不仅要与所警示的内容相吻合,而且设置位置要正确合理,标志清晰完整,否则就难以真正充分发挥其警示作用。安全标志与危险图示应进行日常检查、月检、季检和年检,如发现有不清晰、破损、变形、褪色和缺失等情况时,应及时维护、更换和装设。在修整或更换安全标志时应有临时的标志替换或采取安全措施,以避免发生意外的伤害。

第7章

典型的机械式立体停车设备检查与维护

停车设备设计使用年限是按一定理论依据进行设计的,仅从设计使用年限而言,与停车设备的总工作循环次数、载荷状态有关,即与该停车设备的设计工作级别息息相关。停车设备设计使用年限并不完全等同于停车设备实际服役年限。

对停车设备的实际使用起不利影响的主要因素是:疲劳现象、磨损、腐蚀、装配和拆装维修时的偶发事故、超载运行、维护不良、操作使用不当等。对停车设备使用中存在的有害性因素,通过使用中及时检查,正确维护来消除或减少,利于保证设备安全使用,提高设备的可靠性,减少设备故障率和停机率,保持设备运行良好。机械式立体停车设备在检查和维护时的安全预防措施,应符合相应的技术文件、规范和产品标准要求。

7.1 升降横移类停车设备检查与维护

7.1.1 检查维护

以常见升降横移类停车设备链轮链条、钢丝绳卷筒起升机构为例,按表7-1进行检查维护。

升降横移类机械式立体停车设备检查规范与方法 表7-1

序号	分项	检查规范、检查方法及图例
1 常用方法		
1.1	螺栓	1.1.1 用扳手检查,如果螺栓不动则为正常。 1.1.2 固定螺栓上做标记,检查时若发现标记有变动,说明螺栓松动。在紧固螺栓后重新做标记 1.1.1项 1.1.2项

续上表

序号	分项	检查规范、检查方法及图例
每月检查项目		
2　升降驱动系统		
2.1	链轮及滑轮	2.1.1　检查链轮上的螺栓是否紧固(螺栓检查方法1.1.2)。 2.1.2　检查紧定螺钉是否紧固(螺栓检查方法1.1.1)。 2.1.3　目视检查滑轮的变形及磨耗情况。 2.1.4　检查链轮位置,防止跑偏。 2.1.5　目视检查滑轮轴上的挡板,未松动则正常。 2.1.6　目视检查链轮或滑轮接触的结构是否处于良好的润滑状态。 2.1.7　定期加油润滑 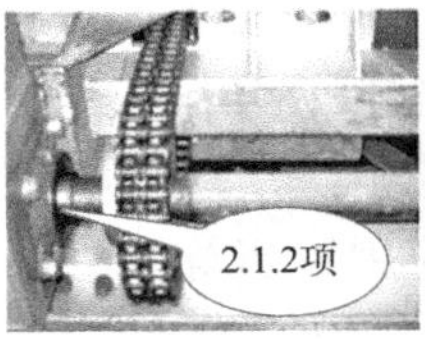   2.1.2项　2.1.5项　2.1.6项
2.2	横移框架	2.2.1　检查横移框架是否变形,对角线是否符合要求(<5mm)。 2.2.2　确保传动轴固定螺丝上开口销不遗失,安全可靠。 2.2.3　目测检查传动轴不弯曲。 2.2.4　检查驱动梁上的螺栓是否紧固(螺栓检查方法1.1.2)。 2.2.5　随行电缆弯头处留有余量,皮管不与限位相干涉。 2.2.6　不和横移电机罩壳相互干涉。 2.2.7　检查供电臂的螺丝的紧固状态,要有一定的活动间隙(螺栓检查方法1.1.1)    2.2.2项　2.2.4项　2.2.6项
2.3	驱动链条	2.3.1　目视检查驱动链条的伸长情况,可调整电机的位置使链条松紧正常。 2.3.2　保证链条松紧合适,与其余部件间无摩擦   电机调节螺栓
2.4	轴承座	2.4.1　检查固定螺栓是否紧固(螺栓检查方法1.1.2)。 2.4.2　轴承座安装面应平整,轴承座无裂缝,定期应加油润滑。 2.4.3　紧定螺钉检查(螺栓检查方法1.1.1)。 2.4.4　运行声音正常    2.4.1项　2.4.2项　2.4.3项

续上表

序号	分项	检查规范、检查方法及图例
2.5	升降钢丝绳	2.5.1 目测车板是否倾斜，钢丝是否断丝，观察是否有杂声。 2.5.2 目测检查钢丝绳压板是否松动。 2.5.3 检查固定钢丝绳导向轮的紧定螺栓是否松动（螺栓检查方法 1.1.2）
2.6	电动机 及减速机	2.6.1 检查安装电动机及减速机的各螺丝的紧固情况（螺栓检查方法 1.1.2）。 2.6.2 启动电动机，检查电动机的声音是否异常；如果声音突然变大或者温度异常应让机器停止，仔细检查各部分。 2.6.3 定期加油润滑（可视具体情况加润滑油） 
3 升降链条及钢丝绳（每月检查项目）		
3.1	安装载车板的升降链条的部分螺栓	3.1.1 检查吊链螺杆上的所有螺母的紧固状态（螺栓检查方法 1.1.1）。 3.1.2 目视检查升降链条销开口状态和磨损情况。 3.1.3 目视检查确保安全挂钩打杆上的螺母处于合适的紧固状态（保证打棒灵活动作，筒销焊接牢固并不掉落） 
3.2	安装升降链条梁中链条的连接部分螺栓	3.2.1 检查调节螺杆上的螺母的紧固状态（螺栓检查方法 1.1.1）。 3.2.2 目视检查调节螺杆端部连接处的磨损状态和开口销状态。 3.2.3 目视检查链条与链条接座的磨损状态。 3.2.4 目视调节螺栓与循环链条及托链轮的有效安全距离 
3.3	压链装置	压链装置和链条距离控制在 2mm 左右 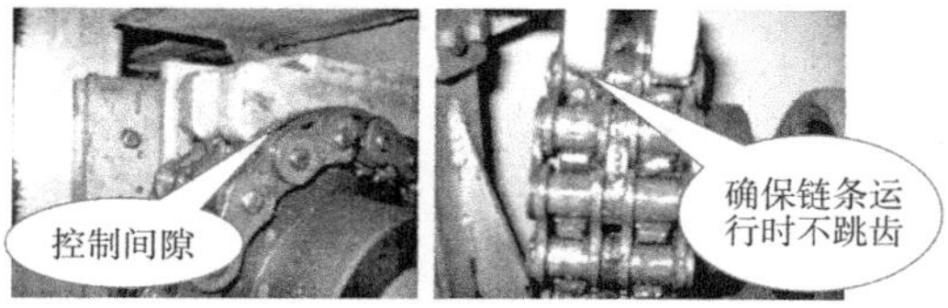

续上表

序号	分项	检查规范、检查方法及图例
3.4	钢丝绳	3.4.1　目测钢丝绳外表无异常,钢丝绳在卷筒上应能按顺序整齐排列,无挤压。 3.4.2　检查固定装置是否有防松或自紧的性能,固定稳妥可靠。 3.4.3　有足够的长度,除固定钢丝绳的圈数外应至少保留两圈,必须有2个压绳板 
3.5	链条伸长及变形	目视检查升降链条是否伸长和变形(扭结等)。如链条伸长可调整链条连接处的调节螺栓,并保证调节螺栓与链条有足够的安全距离;如有变形则须调换该部分链条 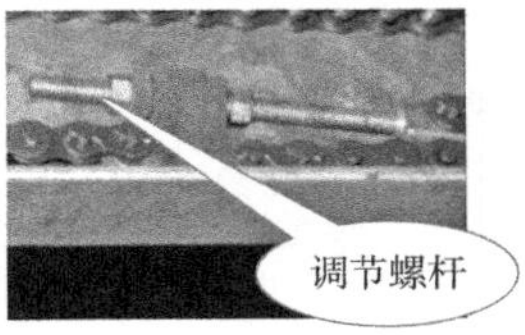
3.6	循环链条	调节循环链条松紧到合适位置
		4　车板及横移导轨
4.1	车板梁上固定螺栓	若车板重载时有异常声音,需检查拧紧螺栓是否紧固
4.2	车板表面	4.2.1　检查车板是否变形,油漆是否剥落。 4.2.2　车板应保持平直、表面良好 
4.3	导轨变形	4.3.1　目视导轨是否有变形,导轨应保持平直。 4.3.2　检查接头之间是否脱焊 
4.4	车板横移时有杂声	4.4.1　检查固定导轨螺栓是否过长(重载时)。 4.4.2　若与车板有干涉需打磨处理 

续上表

序号	分项	检查规范、检查方法及图例
4.5	车板水平	4.5.1　目视检查车板是否水平，如不平则调整链条与车板接头处的螺杆。 4.5.2　检查车板和车板之间距离是否平齐  
5　横移装置		
5.1	电动机及减速机	同2.6
5.2	润滑状态	目视检查滚轮及与轮子接触的结构是否处于良好的润滑状态。视设备的具体情况定期加油润滑
5.3	横移装置上链条	5.3.1　目视检查链条是否松弛。 5.3.2　目视检查链条是否磨损。 5.3.3　检查驱动链条松紧度是否适宜  
5.4	传动轴	目视检查驱动轴是否偏长、弯曲，运行时是否有杂声  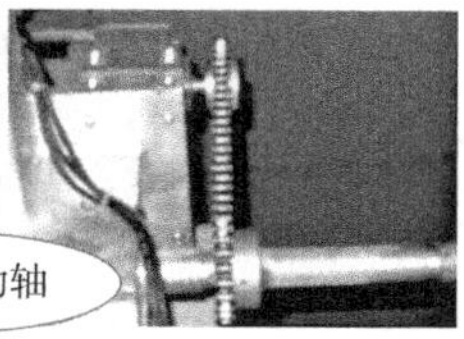
5.5	驱动链条	目视电机链轮和驱动链轮是否垂直、平行，驱动链条是否松紧适宜 

续上表

序号	分项	检查规范、检查方法及图例
		6　电器部件
6.1	急停开关	6.1.1　按急停开关,检查是否报警,设备是否立即停止运行。 6.1.2　检查开关防止其卡滞 
6.2	人车误入及车高/长光电	6.2.1　挡住光电,检查是否报警;设备是否立即停止运行;光电及光电支架安装是否稳固。 6.2.2　检查光电动作是否稳定,观察运行过程中光电对应的 PC 点子是否闪烁。 6.2.3　光电表面保持干净,防止灰尘。 6.2.4　对于车长/高光电,需检查其安装位置是否准确 
6.3	限位开关	6.3.1　对于超上限开关,须确保动作可靠,且与上限位无卡滞现象。 6.3.2　打住超上限,检查是否报警。 6.3.3　上限和超上限不会相互干涉。 6.3.4　每 3 ~ 6 个月对打杆喷油。 6.3.5　超上限安装位置与上限位置距离保持在 2cm 之内,限位支架安装稳固(上限位动作时,打杆与超上限打杆的距离保持在 5 ~ 20mm 内)。 6.3.6　超上限的打杆应调节至挡块的中央位置,确保动作安全可靠。 6.3.7　定期检查限位开关内是否密封,确保无雨水进入,保持内部干燥。 6.3.8　检查横移限位开关动作灵活可靠,无卡滞现象 
6.4	松链开关	6.4.1　上车板脱开下限位后,压住松链开关,检查是否报警。 6.4.2　确保开关上无污物,定期检查,保证动作可靠。 6.4.3　安装位置应处于挂链的中央位置,保证松链开关能可靠动作
6.5	热继电器	6.5.1　热继电器电流调节根据电机额定电流需明确调节到位,热继电器触点采用常闭串联或常开并联的接线方法。 6.5.2　检查热继电器动作后是否报警 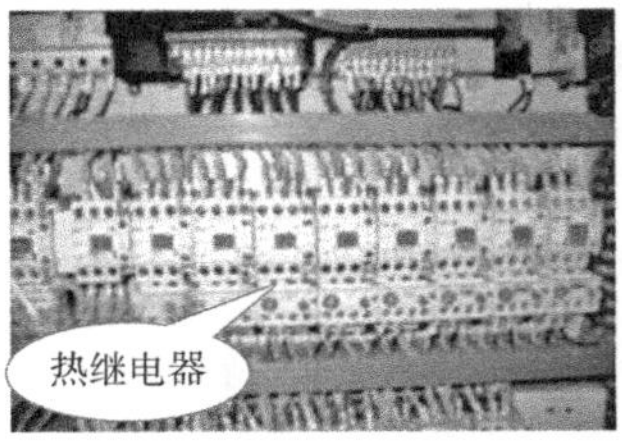

续上表

序号	分项	检查规范、检查方法及图例
6.6	超时运行保护	6.6.1 车板左右横移运行时间超过规定时间2s,电气报警(保护时间在程序内)。 6.6.2 车板上下运行时间超过规定时间2s,电气报警(保护时间在程序内)
6.7	提前少时运行保护	6.7.1 横移在离限位开关前150mm范围内动作限位,电气报警(保护时间在程序内)。 6.7.2 升降在离限位开关前150mm范围内动作限位,电气报警(保护时间在程序内)
6.8	相序保护	6.8.1 拆除一相电源后检查是否报警。 6.8.2 检查出现错相时是否报警 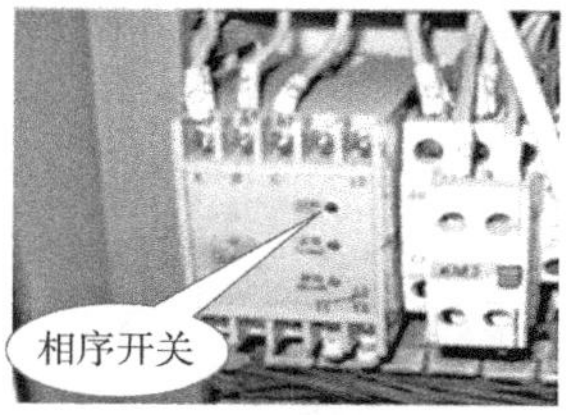
6.9	电磁铁挂钩打开确认开关	能有效检测到挂钩打开,在挂钩未完全打开之前,开关不能动作 
6.10	载车板上有无车辆检知	应能有效检测有无车情况 
7 安全挂钩		
7.1	电磁铁挂钩	7.1.1 呈自然下垂状态,活动灵活无卡滞现象。 7.1.2 保证载车板在上升到位时,挂钩状态能有效地钩住车板。 7.1.3 检查电磁铁动作是否灵活可靠,无卡滞。 7.1.4 连杆应有双锣帽固定,检查是否变形。 7.1.5 定期检查开口销是否安装固定。车板升降时,挂钩应保证打开 
7.2	机械式挂钩	7.2.1 车板上升下降时,挂钩应保证打开。 7.2.2 固定打杆的螺栓应紧固,卡簧应紧固无遗失。 7.2.3 开锁打棒和挂钩滑道动作顺畅,无碰撞现象 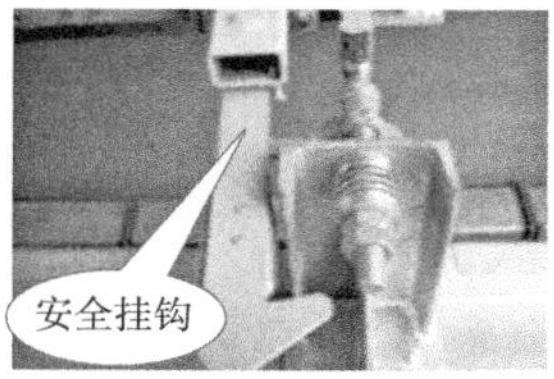

续上表

序号	分项	检查规范、检查方法及图例
		8　卫生及环境
8.1	卫生	8.1.1　停车设备整体外观应该保持美观、整洁,不存在明显的污垢,无设备外表损伤,对现场处理过的部件应有相应的防锈和油漆处理等措施(可请用户协助打扫)。 8.1.2　横移车板下不可有垃圾、杂物 
8.2	控制柜	8.2.1　控制柜内应保持干净,定期清扫。 8.2.2　控制柜内应保持绝对干燥。对于室外的控制柜应确保防雨/雪措施有效可靠。 8.2.3　应注意防潮 
8.3	标牌	设备出入口、操作位等明显可见处设置安全标志(禁止、警告、提示),线槽上不允许踩踏。各项目的标牌、安全规格牌若遗失,须及时补装 
9	栅栏门	9.0.1　检查联锁装置是否正常工作。自动运行时,按开门按钮门无法打开;门开启时,设备不能运行。 9.0.2　保证栅栏门垂直度。 9.0.3　检查固定螺栓是否松动(螺栓检查方法1.1.1)。 9.0.4　滑块定期加润滑油。 9.0.5　检查钢丝绳是否断丝   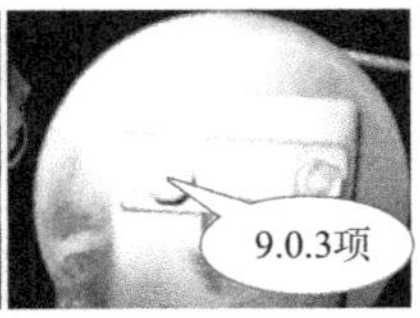  
		每6个月检查项目
10	传动系统	关闭电源。 打开电机罩,检查整机中各连接端螺栓以确保未出现松动(螺栓检查方法1.1.1)

续上表

序号	分项	检查规范、检查方法及图例
11	链条和钢丝绳	车板在原点的状况下，测量车板梁底到挂链梁底4点的距离是否一致，不一致则可将升降链条系统中的调接螺栓调接正确。如出现链条松弛很大且磨耗严重，则必须换链条   调整水平 调整水平
12	链轮	12.0.1　检查每只链轮的磨耗情况，如出现链轮磨耗严重，则必须换链轮，每半年必须用油枪加润滑油一次。 12.0.2　检查压链螺栓是否紧固（螺栓检查方法1.1.1）。 12.0.3　检查地面链条松紧度  链轮
13	车板间距	各横移车板左右间距调整应调节良好，不应出现在车板上下运行时和边上的钢结构干涉  间隙
每12个月检查项目		
14	主框架	14.0.1　检查主框架固定螺栓及接头螺栓部分是否松弛（螺栓检查方法1.1.2）。 14.0.2　检查垂直度、对角线是否有问题。 14.0.3　外框整洁美观 
15	停车设备油漆	目视停车设备表面油漆看其是否破损，如破损则进行补漆，在条件许可下，最好每年进行停车设备表面补漆一次（注意事先与用户协商费用） 

7.1.2　常见故障及解决方法

升降横移类停车设备操作是在多功能操作器上进行，操作器最上部是液晶显示屏，显示停车设备的操作模式、操作状态、车位号、故障报警信息等。液晶显示屏区域还是读卡感应区，在自动操作模式下，将本停车设备的车位卡靠近读卡感应区域，系统将读出此卡片的对应车位号。数字键盘用来输入车位号和系统运行模式。操作器的显示屏可以直接显示设备的故障代码或故障文字信息，通过故障代码或故障信息可以快速排查电控系统故障，如图 7-1 所示。

图 7-1　多功能操作器

升降横移类停车设备大多采用 PLC 控制，可以由 PLC 通过检测各种输入信号的状态发出相应输出指令，维护人员可以从 PLC 输入输出信号指示灯的状态来进行快速排查。

升降横移类停车设备常见电气故障信息处理如表 7-2 所示。

升降横移类停车设备常见电气故障信息处理表　　表 7-2

故障名称	故障现象	故障可能原因	解决方法
左右移动时，上限开关 U：OFF	在横移过程中，上限位开关有一个以上松开	(1)相应上限位开关有问题； (2)相应线路有问题	检查上限位或线路
升降时，左右横移开关异常	在升降过程中，左右横移开关信号不正确	(1)相应开关有问题； (2)由于振动，车位发生偏移； (3)相应线路问题	检查开关及线路
横移超时	系统在运动过程中，在规定时间内没有正确发出信号	(1)相应的行程开关问题； (2)运行时电机被阻滞	检查横移开关或电机、清除阻挡物
横移延时后通道开关未打开	台板在横移运动 0.5s 后，横移开关应释放而实际没有	(1)相应开关损坏； (2)相应电机问题； (3)线路短路问题	检查横移开关或电机及线路
横移行程开关全 ON	层横移开关全部动作	(1)相应层开关有问题； (2)线路短路问题； (3)横移开关位置处有障碍	检查横移开关或线路排除障碍
升降电机过载	系统在运动过程中，检测到热继电器发出过载信号	(1)相应电机有问题； (2)电机可能处于缺相运行； (3)电机在运行中卡滞	检查电机或线路
横移电机过载			
栅栏门电机过载			
上升超时	上限位没有起作用	上限位开关或电机故障	检查上限位开关或升降电机
下降超时	松绳开关或下限位没有起作用	松绳故障或开关、升降电机故障	检查松绳开关或限位开关、升降电机

续上表

故障名称	故障现象	故障可能原因	解决方法
下降延时后上限开关仍 ON	在下降后上限位开关保持 ON 状态	(1)上限位开关损坏; (2)电机没有动作	检查上限位或电机
升降延时后下限开关仍 ON	在升降后下限位开关保持 ON 状态	(1)下限位开关损坏; (2)电机没有动作	检查下限位或电机
下限位开关异常	有 1 个以上下限位开关处于 ON 状态	(1)下限位开关问题; (2)线路问题	检查下限位或相关线路
松绳故障	检测钢丝绳松紧和断裂的限位开关发出故障信号	(1)相应开关或线路有问题; (2)相应的钢丝绳须调整; (3)台板下降过程中遇到阻碍	检查松绳开关或线路、调整钢丝绳或排除阻碍
电磁铁故障	电磁铁发出故障信号	电磁铁未吸合	检查电磁铁或线路
安全区阻挡	在停车过程中没有到位,须前进	(1)停车没有到位; (2)相应光电开关误触发; (3)相应线路问题	将车驶到位,消除误信号并检查线路
PLC 低电压	系统报警且 PLC 的 ERR(表示错误)灯亮	PLC 内电池超过使用期限	须更换电池
相序不正确	电源进线相序发生变化	(1)相序保护器故障; (2)电源反相	检查相序保护器,确认电源相序
紧急停止	紧急开关动作	发生紧急情况	检查紧急开关
越程开关	上限位没有起作用	上限位故障	检查上限位开关
通信故障	触摸屏没有获取通信	触摸屏与 PLC 通信有问题	检查通信电缆
操作方式错误	两种操作方式都 ON	触摸屏与按钮箱同时操作	退出一种操作方式

升降横移类停车设备常见机电故障处理如表 7-3 所示。

升降横移类停车设备常见机电故障处理表 表 7-3

序号	常见故障	故障可能原因	解决方法
1	系统不能启动	(1)电源无电压; (2)熔断丝断开(灯亮)	(1)检查电源; (2)合上相应的开关; (3)检查熔断丝断开的原因,控制回路、元件等有无短路,排除故障后,更换熔断丝
2	在运行过程中,发出声光报警,系统停止运行	(1)汽车超长或超高。 (2)电动机过载、热继电器脱扣: ①电源电压不正常; ②机械卡阻,汽车超重; ③电动机制动片间隙异常,或制动片损坏; ④电动机制动整流器损坏,制动片不能开启。 (3)设备运行过程中有物体遮挡住检测光电开关	(1)汽车超限故障联系工作人员。 (2)电动机过载: ①检查电源电压是否过高或过低,如是,联系供电部门调整供电变压器高压侧抽头,使电源电压恢复到正常数值; ②检查是否有机械卡阻、泊车超大超重等现象,排除故障后按下相应的热继电器复位按钮,消失的白色标志重新出现,此时可恢复正常操作; ③调整好制动间隙,或更换损坏的制动片; ④检修或更换制动整流器。 (3)清除遮挡物,重新启动运行

续上表

序号	常见故障	故障可能原因	解决方法
3	系统运行正常，但操作箱面指示灯不亮	(1)指示灯线路断； (2)指示灯损坏； (3)稳压电源损坏	(1)检查线路，更换熔断丝； (2)更换相同型号指示灯； (3)检修或更换稳压电源
4	主回路、控制回路电源正常，按操作面板上的按钮，无反应	(1)PLC 内部“运行”开关未合上； (2)操作盒按键损坏	(1)合上 PLC 内部“运行”开关； (2)更换操作盒
5	横移动作正常，但不能升降	(1)安全挂钩被卡住； (2)到位检测开关信号异常	(1)调节“升”到位行程开关位置，使安全挂钩与上台板的提升座位置保持 15 ~ 20mm； (2)调整前安全挂钩的到位检测开关位置，或更换开关，检查到位信号线路及行程开关有无异常并修复
6	能升降，但不能横移，或横移速度异常	(1)热继电器脱扣后，未按复位按钮； (2)小车轨道有阻碍物，或电动机制动异常； (3)横移开关信号异常	(1)按下复位按钮； (2)清除轨道上的阻碍物，或按序号 2 措施中③、④方法进行处理； (3)检查横移开关信号及行程开关是否异常并修复
7	电机停后，停载车板下滑	(1)制动器磨损，间隙过大； (2)制动器弹簧失效； (3)制动器弹簧的作用力不均匀； (4)有润滑油进入摩擦片	(1)调整制动器间隙，保持间隙为 0.3 ~ 0.4mm； (2)更换弹簧； (3)将弹簧取出，测量弹簧座的深度，并检查弹簧自由长度，使其压缩行程相等，个别弹簧弯曲疲劳，则更换新弹簧； (4)清除摩擦片及压紧盘上的润滑油，杜绝润滑油再进入
8	电机运行或停止瞬间出现尖叫声	(1)制动器摩擦片不平； (2)制动器盘与磨擦片间隙不均	(1)调整制动器上的垫片； (2)调整制动间隙，使各方向间隙一致
9	链条运转有响声	(1)链条未张紧； (2)电机轴线与被动轮轴线不平行； (3)链轮与链条不在同一个平面	(1)调整电机，张紧链条； (2)调整电机轴线，使之平行一致； (3)调整链轮平面度
10	台板倾斜	4 根起吊链条或钢丝绳受力不均匀，张紧程度不一	调节 4 根链条或钢丝绳的松紧
11	横移到位不准	(1)行程开关位置变动； (2)横移电机制动器不灵	(1)检查开关位置及紧固螺栓； (2)检查横移电机制动器
12	电机通电正常，输出轴不转	(1)多数为制动器的制动片受潮吸附或锈蚀黏结； (2)减速电机齿轮轴断裂	(1)清除湿、干燥(地下室通风干燥)； (2)更换新减速电机
13	卷筒异响(甚至断裂)	(1)轴承损坏； (2)卷筒裂纹(焊接裂纹、卷筒结构不合理)、窜动干涉	(1)更换轴承； (2)全面检查，施焊牢固或更换、调整位置
14	钢丝绳脱槽(卷筒或滑轮)	(1)钢丝绳松紧不一，有时过松； (2)下限位开关位置不适合； (3)钢丝绳偏斜角过大，脱出绳槽乱绳； (4)脱出滑轮，滑轮轴倾斜或挡绳装置无效	(1)调整钢丝绳涨紧度适中，不应过松； (2)调整开关位置或撞杆角度； (3)减小偏斜角，调整钢丝绳卷筒上整体有序排列； (4)整改滑轮位置，调整加固滑轮轴及挡绳装置

续上表

序号	常见故障	故障可能原因	解决方法
15	载车板下降到位、上车前后摇晃	(1)限位开关设置位置不当; (2)钢丝绳受载荷变化(负载、空载)伸出或收缩设置时间不合理; (3)未设置载车板固定挡块或挡块无效	(1)调整开关位置; (2)调整合理延时时间; (3)装设挡块或改进结构形式
16	光电开关故障报警(超长、超高、人车误入检测)	(1)线路不通; (2)开关损坏; (3)对射光电未对准; (4)异物遮挡、污损物; (5)开关或开关支架松动或变形	(1)检查接通线路; (2)更换开关; (3)调整对准光信号; (4)清除灰尘、污损及遮挡物; (5)调整开关及支架,紧固可靠
17	设备运动超时报警	(1)开关失效损坏; (2)线路不正常,短路或断路; (3)开关摆臂卡阻或与极限开关相干涉,摆臂别住; (4)循环链条悬垂度大,运动上下摆幅大,设置不当,未触碰开关摆臂	(1)更换开关; (2)检查线路,接通完好; (3)调整开关无卡阻或摆臂无干涉,摆臂可靠; (4)调整张紧链条,设置槌杆可行,有安全余量
18	横移欠时报警	(1)开关设置不合理,与地面过近,易于异物碰撞; (2)地面有异物; (3)开关摆臂卡阻; (4)开关失效损坏; (5)线路不正常	(1)调整开关可靠适当位置; (2)清除垃圾异物,保持整洁; (3)修复调整开关,无卡阻干涉现象; (4)更换开关; (5)检查线路,接通完好

7.2 简易升降类停车设备检查与维护

简易升降类停车设备检查维护、相关故障原因分析及处理可参见对应起升机构的相关内容(图7-2)。详见升降横移类停车设备7.1节中停车设备常用零部件检查维护的相关内容。

7.2.1 检查维护

每月应定期检修,以确保设备使用安全和延长设备的使用寿命。

(1)检查载车板、金属结构能否正常工作。

(2)检查起升链、平衡链链条及其接头、链条销轴、开口销等是否正常。

(3)检查螺栓是否松动,如松动应当紧固。

(4)检查防坠落装置能否正常工作,如工作不正常,应查找原因排除故障。

(5)检查立柱是否变形,是否与地面垂直。如因超载、非正常使用导致立柱变形严重应当停止使用该设备。

(6)向链条加注适量润滑脂。

(7)向带座轴承内加注适量润滑油。

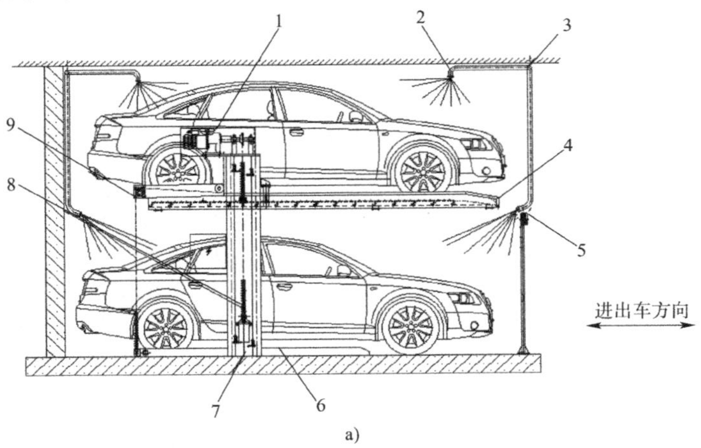

a)

1-提升电机;2-消防喷淋设备;3-消防主管;4-载车板;5-报警指示灯;6-立柱支承;7-立柱;8-提升链条;9-平衡链条

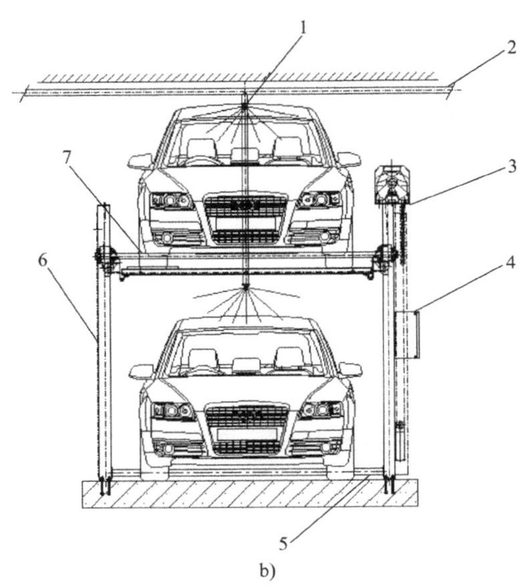

b)

1-消防喷淋设备;2-消防主管;3-提升电机;4-控制柜;5-挡轮杆;6-立柱;7-载车板

图 7-2 简易升降类停车设备

7.2.2 常见故障及解决方法

沉箱式简易升降类停车设备常见的设备故障信息处理如表 7-4 所示。

沉箱式简易升降类停车设备常见的设备故障信息处理表 表 7-4

常见现象	故障可能原因	解决方法
电源无电	内部断路器跳闸或者未合闸	将断路器合闸
载车板左右高度不同	平衡链条没有调节准确	调节端部平衡链条吊杆

续上表

常见现象	故障可能原因	解决方法
载车板前后高度不同	提升链条没有调节准确	调节端部提升链条吊杆
运行抖动	(1)链条不垂直; (2)导向轮与轨道接触过紧	(1)调整链条吊杆,使链条垂直; (2)调整轨道与导向轮位置关系
蜂鸣器报警,停车设备不运行	(1)电机烧坏; (2)电压过低; (3)断路器跳闸; (4)限位开关损坏; (5)防坠器未打开	(1)检查并确认电源正确后更换电机; (2)检查并确认电压为规定电压; (3)闭合断路器; (4)更换限位开关; (5)调整防坠器位置
光电故障	(1)有人或物挡住光电; (2)车辆超长; (3)光电位置移动对射错误	(1)确保光电作用区域无其他物体; (2)将超长车辆驶出设备; (3)调整光电位置
电源指示灯不亮,按动升降按钮均无反应	(1)控制线路熔断丝已烧坏; (2)电源线断路	(1)检查更换烧坏的熔断丝; (2)检查线路确保接线正确
电源指示灯亮,按动升降按钮均无反应	急停开关被按下	旋转急停开关使之弹起复位
电源指示灯亮,按动上升按钮无反应,按动下降按钮可以下降	(1)平台已达最高位置; (2)限位开关接线不良	(1)正常现象; (2)检查限位开关线路,确保接触良好

液压俯仰简易升降类停车设备如图 7-3 所示,其故障信息处理如表 7-5 所示。

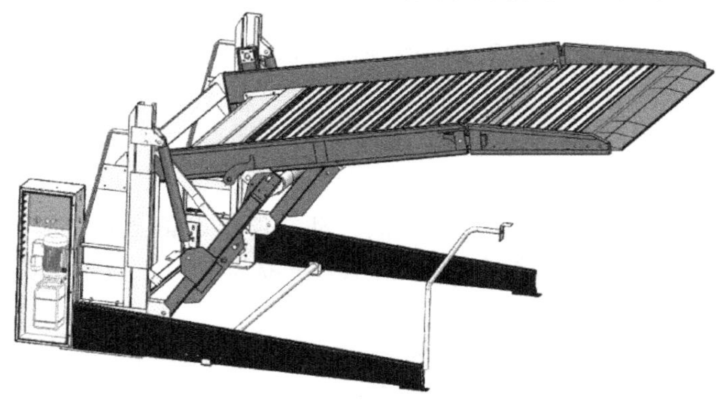

图 7-3 液压俯仰简易升降类停车设备

液压俯仰简易升降类停车设备故障信息处理表 表 7-5

常见现象	故障可能原因	解决方法
电机转,无液压渗漏、声音异常,但平台不上升	(1)液压油中含有空气; (2)液压缸内泄漏; (3)液压油凝固或由于环境温度过低导致液压油黏度过大; (4)负载超重; (5)电流过大	(1)空载举升至最高点保持数秒后降落,降落至一半高度时,拧开油管接头,排气后拧紧; (2)更换油缸“O”形密封圈; (3)排净液压油,重新加注合格的液压油,低温应该重新选择液压油; (4)检查并确认举升重量小于额定负载; (5)断路器跳闸,排除故障合上总开关

续上表

常见现象	故障可能原因	解决方法
油管接头处液压油渗漏	(1)接头松动； (2)接头损坏	(1)缠绕生料带拧紧管接头； (2)更换接头
油缸液压渗漏	油缸密封圈磨损	更换密封圈或油缸
电机不转	(1)电机烧坏； (2)电压过低； (3)按下了急停按钮； (4)限位开关损坏	(1)检查并确认电源正确后更换电机； (2)检查并确认电压为规定电压； (3)旋转急停按钮，复位； (4)更换限位开关
平台下降慢	(1)液压油黏度过大； (2)动力单元插阀堵塞； (3)油管或油管接头堵塞	(1)调节油速和螺栓，液压油过浓应咨询当地液压油厂家； (2)拆开阀件清洗(注意防尘)； (3)疏通油管和油管接头
电机反转	接线错误	对照电机内电路图，修改接线

7.3 平面移动类停车设备检查与维护

在停车设备中，平面移动类停车设备机构及运动部件多，设备整体结构相对较复杂，电气控制技术难度大。受应用环境多种因素，维护不当等原因影响，会造成设备系统产生机械、电控等多种故障和异常现象。设备操作管理人员、维修人员在熟悉设备的基础上，应正确维护，及时处理发生的异常问题。

7.3.1 检查维护

定期检查是在日常检查的基础上，对平面移动类停车设备金属结构和各传动系统的工作状态和零部件磨损状况进一步检查，以判定其技术状态是否正常和是否存在缺陷，并根据定期检查结果，制订预防修理计划，组织实施。

定期检查包括月检查、季度检查和年度检查。通常月检查由操作人员实施，季度检查和年度检查由专业维修人员负责，操作人员配合进行。检查时不仅靠人的感官观察，还要用仪器、量具进行必要的测量，准确地查清磨损量并认真地做好记录。

平面移动类停车设备的检查维护工作，直接关系到停车设备的寿命、正常工作、存取车效率和安全使用，是操作人员、维护人员职责范围内的一项重要工作。

停车设备的检查与维护工作主要包括：交接班检查、定期检查、润滑、预检预修和排除临时故障等。

1)交接班检查安全

(1)交接班检查和维护内容。

交班时应认真负责地向接班人员介绍当班工作情况，交接班人员应共同做好检查维护工作。下班时若无人员接班，当班操作人员应写好交接班记事簿。

连续工作的设备，每班应有30min左右的交接班检查和维护时间。存取工作不是很繁忙的停车设备，检查维护工作应在设备工作前进行。

交接班检查时，应按一定顺序进行检查以防漏检。交接班检查的主要内容和顺序如下：

①接班时首先应检查设备控制柜电源是否断开，不允许带电进行检查。

②检查常用工具与易损备件的完好情况。

③检查制动器制动性能，如出现打滑或磨损应及时调整或更换。

④检查钢丝绳在卷筒上的缠绕情况，有无窜槽或重叠；链轮链条啮合状态，有无异响等。

⑤检查继电器的滑块在滑线上的接触情况。

⑥检查控制器触头的接触情况。

⑦进行上述检查后，通电试验，试验前应发出警告信号，确认设备内无人，处于安全状态方可进行。

⑧检查试验起升机构制动器的松紧情况和上限开关是否良好。

(2)交接班检查维护工作中的安全注意事项。

①接班前要穿戴好劳动保护用品，认真开好安全教育会；交接班时，应把搬运台车、升降机升降平台停在利于人员进出的位置。

②一般情况下先不带电检查和维修。

③手持检查灯在平台上行走时，应特别注意灯线，以防被挂住将人拖倒。

④清扫设备上油污、灰尘时，要站在稳妥位置上，以防用力过猛闪倒或跌落。

⑤静态检修或观察控制器时，必须在切断电源后进行。动态带电检查控制器时，旋转轮类有防护罩盖的必须盖上牢固。

2)停车设备日常检查

平面移动类停车设备技术状态的日常检查由操作人员负责，每天检查一次，每个周末或不停车时应对设备进行一次全面检查。发现异常现象应及时加以排除。工作机构日常检查的内容和要求以及供电装置、驱动装置、电气元器件、控制及操纵系统的检查内容判定标准见7.3.2小节。

平面移动类停车设备的润滑是日常维护工作的重要内容之一，润滑情况的好坏不仅直接影响各机构的运转与零部件寿命，而且还会影响安全使用和出入口效率。因此，操作和维修人员必须经常检查设备各润滑点的润滑情况，按时补充和更换润滑剂。设备各润滑零部件和润滑周期如表7-6所示。

润滑零部件和润滑周期 表7-6

序号	零部件名称	润滑周期	润滑剂	
			夏季	冬季
1	滑动轴承	每班检查或润滑	机械油或液压油	
2	开式齿轮	每班检查或润滑	开式齿轮油、石墨钙基润滑脂	
3	钢丝绳	每月检查或润滑	合成石墨钙基润滑脂(SH/T 0396—92)、钢丝绳麻心脂、其他钢丝绳润滑脂	

续上表

序号	零部件名称	润滑周期	润滑剂	
			夏季	冬季
4	齿轮联轴器	每月检查或润滑	钙基润滑脂(SYB 1041—62)	
5	十字联轴器	每周检查或润滑	钠基润滑脂(SYB 1041—62)	
6	传动链条	每周检查或润滑	机械油或润滑脂	
7	控制器、主令控制器、接触器和限位器的转轴及滚轮	每月检查或润滑	40 号~50 号机械油或液压油	
8	滚动轴承	6 个月	钙基润滑脂(SYB 1043—59)	
9	工作滑轮	3 个月	钙基润滑脂(SYB 1043—59)	
10	减速器	每月油量补足到油尺刻度线,每半年更换新油	85W/90 齿轮油	80W/90 齿轮油

注:请使用正规厂家的润滑脂,不同品牌的润滑脂不能交叉使用。

3)设备的负荷试验

(1)试验前的准备工作。

①关闭电源,检查所有连接部位的紧固情况。

②检查钢丝绳在卷筒、滑轮组中的卷绕情况,或链轮链条、曳引轮及钢丝绳等起升机构工作情况。

③用兆欧表检查电路系统和所有电气设备的绝缘电阻。

④检查各减速器的油位,必要时加油;各润滑点加注润滑油脂。

⑤清除搬运台车、搬运小车运行轨道上,升降机、平衡重或对重井道上及试验区域内有碍负荷试验的一切障碍物。

(2)无负荷试验。

①可以直接用人工转动的机构,使最后一根轴转动一周,所有传动机构的运动平稳且无卡阻现象。

②分别开动各机构,先慢速试运转,再以额定速度运行,观察各机构应平稳地运转没有冲击和振动现象。

③搬运台车、搬运小车沿全行程往返运行 3 次,检查运行机构的工况。搬运台车车轮应在轨道全长上接触,导向轮与轨道的间隙不超过设计间隙或 3mm。

④升降机在全行程范围运行 3 次,检查起升机构运动、升降平台、对重或平衡重顺畅平稳无卡阻、异响等现象。

⑤开展各种开关的试验,包括升降机的上升开关和搬运台车、搬运小车运行开关,自动门上的开关以及操作室的紧急开关等。

(3)有负荷试验。

先额定负荷运行几次,然后起升额定负荷升降高度约 100mm,平稳无冲击施加起升 1.25 倍额定负荷,悬停 10min,卸去负荷,分别检查起升负荷前后升降平台梁或升降机柱、梁的刻度变化,反复试验,最多 3 次,平台或机房上梁应无永久变形(即前后两次所检查的刻度值应相同)。

负荷试验后，应检查金属结构的焊接质量和机械连接的质量，并检查电动机、制动器、起升机构传动轴、轴承座及各减速器等的固定螺钉有无松动现象。如发现松动，应紧固。

平面移动类停车设备因用户需求、使用场景等不同，因地制宜，有多种不同设置方式，其中升降机侧置（在泊位侧）方式较为多见。平面移动类停车设备在机电方面相对复杂，在实际运行中，机械零部件、电气控制和/或液压系统的元器件，不可避免地会出现松动、磨损或损坏等情况，产生设备故障。相同故障现象可能是多种原因引起，相同故障可能有多种表现形式，但还是有规律可循，相同故障的原因可能不是一一对应的关系。因此，要对故障进行认真分析，准确地查找故障原因，并且采取相应的方法排除，从而恢复故障点的技术性能。

7.3.2 常见故障及解决方法

1）升降机

（1）升降机的常见故障及解决方法。

升降机在使用过程中，常见的故障信息处理如表 7-7 所示。在调试和维护过程中，应注意切断电源，需机械及电气专业人员在场配合工作，以免人员受机械传动或电气伤害。

升降机常见的故障信息处理表 表 7-7

序号	常见故障	故障可能原因	解决方法
1	升降机平台不水平	（1）升降机导向轮顶丝松动位移； （2）连接导向轮座螺栓松动移位； （3）起升挠性件及端部连接伸长变化或松动	（1）微调升降机导向轮组，调整至平台水平； （2）调整导向轮座，并连接牢固可靠； （3）调整起升挠性件长度及端部固定，升降平台水平
2	升降过程有异常噪声	（1）导向轮轴承损坏； （2）导轨面无油； （3）导轨面直线度超差、接头错位或两侧导轨不平行； （4）导向轮间隙不合理	（1）更换轴承； （2）导轨滚动面刷黄油； （3）修整导轨接头或调整导轨达到设计或标准要求； （4）调整导向轮符合设计间隙要求
3	提升装置异常运行、噪声大、振动剧烈	（1）提升轴系轴承受损； （2）减速机组安装松动； （3）传动轴联轴器无油或对中超差过大	（1）检查轴承，更换损坏轴承； （2）重新紧固减速机固定螺栓及螺母； （3）加油或调整对中，连接可靠
4	链条有异响	（1）链条无润滑； （2）链条抖动或干涉； （3）主从链轮不共面或偏斜，轴向窜动	（1）链轮链条及轴承良好润滑； （2）检查调整链条，消除与链条干涉； （3）调整主从链轮共面，增加垫片调整水平，加装挡环无窜动

（2）升降机的维护。

良好的日常维护，可延长产品的使用寿命，降低产品的故障率。因此，应按照产品的使用状况，周期性进行维护工作。维护工作的主要内容包括清洁、润滑、紧固、调整、检测，以及排除一般故障和更换零（部）件、润滑油等。

定期进行周维护(7～15d),维护内容包括升降机导轨面清洁、润滑等。

定期进行月维护(1～2m),维护内容包括各转动及滑动部位加注润滑油,检查导向轮组有无位移,导轨面是否水平等。

定期进行季度维护(3～6m),维护内容包括观察各运动机构的运行声音和状况,如有异常及时排除,否则会造成机械的磨损和损坏等。

表7-8升降机维护项及周期表列出了升降机的维护项及相应的维护周期。维护时,将停车设备入口封闭,插上平层插销,切断提升机驱动电源。

升降机维护项及周期表 表7-8

序号	维护项	周	月	季度
1	升降机轨道面的清扫、除污	√		
2	提升钢丝绳润滑防护		√	
3	升降及配重导轨清洁润滑		√	
4	平层插销轴注油润滑,销孔涂油		√	
5	设备运转状态是否正常,无异常噪声		√	
6	设备运转有无卡阻现象			√
7	导轨水平度检查			√
8	提升轴系注油			√
9	各传感器功能是否正常			√

2)回转盘

(1)回转盘的常见故障及解决方法。

回转盘在使用过程中,常见的故障分析与解决方法如表7-9所示。在调试和维护过程中,应注意切断电源,需机械及电气专业人员在场配合工作,以免人员受机械传动或电气伤害。

回转盘常见的故障分析与解决方法 表7-9

序号	常见故障	故障可能原因	解决方法
1	回转盘旋转中有爬行现象	(1)主动齿轮与回转支承外齿间隙过大; (2)驱动传动带过松	(1)打开盖板,调整张紧螺栓,调小驱动齿轮齿隙在0.6～0.8mm以内; (2)张紧驱动传动带,如有老化,则更换
2	回转盘旋转中有敲击声	(1)主动齿轮与回转支承外齿间隙过小; (2)驱动减速电机损坏; (3)齿面无油	(1)打开盖板,调整张紧螺栓,调小驱动齿轮齿隙在0.6～0.8mm以内; (2)拆除驱动皮带,空转转动电机,观察减速电机有无额外噪声,如有,需更换减速电机; (3)齿轮啮合面刷黄油
3	回转盘旋转过程有卡阻现象	回转盘台面旋转部分有障碍物	检查台面,移除障碍物
4	回转盘旋转过程中台面有明显振动	(1)台面螺钉未拧紧; (2)导向轮高度变化	(1)带胶拧紧台面螺钉; (2)根据实际情况调整导向轮高度

续上表

序号	常见故障	故障可能原因	解决方法
5	中心支座转动时有较大阻力和噪声	(1)回转支承缺油; (2)回转支承损坏	(1)用黄油枪通过回转支承内侧注油孔,向滚道内加注2号极压锂基脂(现行GB 7324),加注至油脂从回转支承密封唇边处挤出,注油脂时,可缓慢旋转回转盘,各注油孔交替进行; (2)更换回转支承
6	驱动装置异常运行、噪声大、振动剧烈	(1)小齿轮轴承受损; (2)减速机组安装松动	(1)检查轴承; (2)重新带胶紧固相关螺栓、螺母
7	阻车器滚筒无法放下或抬升	(1)电机损坏; (2)滚筒轴卡阻; (3)行程开关松动	(1)更换电机; (2)校正滚筒轴位置; (3)检查行程开关位置,重新调整紧固
8	活动导向轮组无法回弹	转轴锈蚀卡阻	清洁锈蚀,喷涂防锈油

(2)回转盘的维护。

良好的日常维护,可延长产品的使用寿命,降低产品的故障率。因此,应按照产品的使用状况,周期性进行维护工作。维护工作的主要内容包括清洁、润滑、紧固、调整、检测,以及排除一般故障和更换零(部)件、润滑油等。

定期进行日维护(1～3d),维护内容包括转盘上表面的清扫、除污,搬运小车行走通道内的污渍清除等。

定期进行月维护(1～2m),维护内容包括各转动及滑动部位加注润滑油,检查传动带的松紧程度等。

定期进行季度维护(3～6m),维护内容包括观察各运动机构的运行声音和状况,如有异常及时排除,否则会造成机械的磨损和损坏等。

表7-10～表7-13列出了回转盘的维护项及相应的维护周期。维护时,将停车设备入口封闭,切断转盘驱动电源,打开回转盘上盖板。

回转盘日检表 表7-10

序号	维护项	检查结果	操作人员
1	转盘上表面的清扫、除污		用户
2	转盘行走通道盖板上的污渍清除		用户
3	设备运转状态是否正常,无异常噪声		用户
备注(其他情况):			

回转盘周检表　　表 7-11

序号	维护项	检查结果	操作人员
1	设备运转有无卡阻现象		专业人员
2	各传感器功能是否正常		专业人员
备注(其他情况):			

回转盘月检表　　表 7-12

序号	维护项	检查结果	操作人员
1	传动带张紧力检查		专业人员
2	驱动齿轮表面清洁、油脂润滑		专业人员
3	滚筒轴系去锈、润滑		专业人员
备注(其他情况):			

回转盘季度检表　　表 7-13

序号	维护项	检查结果	操作人员
1	转盘中心电缆外保护层磨损		专业人员
2	中心回转支承注油(或每连续工作 100h)		专业人员
备注(其他情况):			

3)搬运台车

(1)搬运台车的常见故障及解决方法。

搬运台车在使用过程中,常见的故障分析与解决方法如表 7-14 所示。在调试和维护过程中,应注意切断电源,需机械及电气专业人员在场配合工作,以免人员受机械传动或电气伤害。

搬运台车常见的故障分析与解决方法　　表 7-14

序号	常见故障	故障可能原因	解决方法
1	驱动装置异常,运行噪声大、振动剧烈	(1)驱动电机受损; (2)导轨尺寸变化; (3)导轨上有异物; (4)车轮或滚轮轴承损坏; (5)聚氨酯轮脱胶	(1)检查电机; (2)复测导轨尺寸; (3)清理导轨异物; (4)更换轴承; (5)更换聚氨酯轮
2	两侧运动不同步	(1)同步机构损坏; (2)驱动电机损坏	(1)更换同步机构; (2)更换驱动电机

续上表

序号	常见故障	故障可能原因	解决方法
3	运行跑偏	(1)车轮阻力大; (2)减速电机不同步; (3)车轮直径不一致; (4)侧向导向轮间隙不合理	(1)检查车轮是否卡阻,轴承配合,清理异物,注油润滑,运转灵活; (2)调整修正或更换; (3)车削车轮至直径一致或更换新轮; (4)调整侧向导向轮合理间隙

(2)搬运台车的维护。

良好的日常维护,可延长产品的使用寿命,降低产品的故障率。因此,应按照产品的使用状况,周期性进行维护工作。维护工作的主要内容包括清洁、润滑、紧固、调整、检测,以及排除一般故障和更换零(部)件、润滑油等。

定期进行日维护(1~3d),维护内容包括横移台车上表面的清扫、除污,搬运小车行走通道内的污渍清除等。

定期进行月维护(1~2m),维护内容包括各转动及滑动部位加注润滑油,滑触线的安全性检查等。

定期进行季度维护(3~6m),维护内容包括观察各运动机构的运行声音和状况,如有异常及时排除,否则会造成机械的磨损和损坏等。

表7-15列出了搬运台车的维护项及周期表。维护时,将停车设备入口封闭,切断横移台车驱动电源。

搬运台车维护项及周期表 表7-15

序号	维护项	日	月	季度
1	横移台车上表面的清扫、除污	√		
2	导轨表面清理、除污	√		
3	设备运转状态是否正常,无异常噪声	√		
4	设备运转有无卡阻现象	√		
5	各传感器功能是否正常	√		
6	电缆卷筒完好可靠		√	
7	电缆外保护层磨损		√	
8	主动轮组与从动轮组轴系注油(或每连续工作200h)			√

4)电气方面

平面移动类停车设备电气故障分析及解决方法如表7-16所示。

平面移动类停车设备电气故障分析与解决方法 表7-16

序号	常见故障	故障可能原因	解决方法
升降机			
1	急停故障	主接触器断开	急停按钮按下(车室、管理员室)断链开关
2	升降机热保护故障	热继电器断开	检查热保护开关,检查电机和机械部分

续上表

序号	常见故障	故障可能原因	解决方法
3	升降机上下限位故障	升降限位开关断开	检查升降机上下限位
4	升降机强制减速开关故障	上下强制减速开关同时断开	检查升降机强制减速开关
5	旋转光电故障	出、入车位旋转到位光电同时断开	—
6	升降机变频器故障	变频器故障信号	—
7	门故障	门上下限位同时接通	检查门开关信号
8	超时故障	定中电机动作超时，挡车器电机超时，开关门电机超时	检查相应的开关和电机或接触器
9	运行中门故障	运行中出现门下限位断	检查门开关信号
10	强平层故障	下降时强平层插销未开	检查强平层定位开关或执行电机
11	超高故障	超高光电断开	检查超高光电开关
12	超长故障	前后超长光电断开	检查超长光电开关
13	超宽故障	左右车门光电断开	检测左右车门光电开关
14	人员侵入故障	前后入口光电断开	检测前后人员侵入光电开关
15	前轮光电故障	前轮光电未挡住	检测前轮光电开关
16	前轮不到位	存车时前轮光电未接通	检查前轮光电
17	车室内无车	存车时车辆有无光电未接通	检查入车光电
18	取车层停止	所取车辆所在层停止或不正常	检查台车运行按钮，检查台车状态
19	升降开锁故障	升降机上升或下降时突然停止，电脑报升降开锁故障	检查开锁信号
20	升降强制减速开关故障	升降机上升时未到首层停止，电脑报升降强制减速开关故障	检查强制减速开关信号
21	升降关门限位故障	升降机上升或下降时突然停止，电脑报升降关门故障	检查关门信号
22	升降前后光电故障	升降机存取完车后不自动上升，电脑报升降前后光故障	检查前后光电信号
		横移台车	
1	急停故障	主接触器断开 A3KM1	急停按钮按下
2	重叠送车故障	存车时车位内有车光电通	车位有车或检测到其他构件等物体
3	搬运台车热保护故障	热保护继电器断开	—
4	旋转开关故障	出、入车光电同时断开	检查旋转定位光电
5	与搬运小车通信故障	与搬运小车通信不上	—
6	强制减速开关开关故障	左右强制减速开关同时断开	—
7	水平运行开关故障	车位和升降机位认址开关同时断开	—
8	搬运小车回位故障	自动运行时未收到搬运小车回位信号	—

续上表

序号	常见故障	故障可能原因	解决方法
9	超长故障	台车超长光电断开	—
10	旋转不到位故障	台车自动旋转定位不到位	检查旋转定位光电
11	升降机确认故障	台车升降机确认光电断开	—
12	水平运行不到位	到位后车位和升降机位开关断开	—
13	车位不正常	方向丢失	手动行走到下一车位
14	搬运小车回位光电故障	台车搬运小车光电断开	—
15	台车发送故障	台车发送信号未收到	检查无线调制解调器
16	车位光电故障	行走时车位光电常接通	—
搬运小车			
1	变频器急停故障	变频器故障操作盒急停	—
2	动作未停止故障	收到运行信号未动作	—
3	取车时机械手未张开到位	张开检测开关未接通	—
4	取车时搬运小车间距不合适	激光测距仪数据超过范围	—
5	前搬运小车未停到位	前搬运小车定位开关未动作	—
6	存车时机械手未闭到位	闭合检测开关未接通	—
7	抱夹超时	自动工作时闭合检测开关长时间未接通	—
8	机械手张开超时	自动工作时张开检测开关长时间未接通	—
9	搬运小车间距变化大	自动工作时搬运小车间距变化过大	—
10	找不到后轮	自动找后轮时超声波无动作	轮胎检测超声波未动作
11	电机过载	热保护继电器断开	—
12	找停车位超时	自动工作时前搬运小车定位开关规定时间内无动作	检查前后到位光电
13	从车位返回超时	自动工作时搬运小车返回超时	检查开关(或打滑或卡阻)
14	停止时前搬运小车冲出车位	自动工作时前搬运小车停止时未停到位	检查搬运前后到位光电
15	前搬运小车无停止信号故障	—	检查搬运前后到位光电

5)抱夹式搬运小车

(1)抱夹式搬运小车常见故障及处理办法。

常用的搬运小车包括抱夹式搬运小车(图7-4)、伸缩梳齿搬运小车、固定梳齿搬运小车,均可用于平面移动类停车设备和巷道堆垛类停车设备。本节首先介绍抱夹式搬运小车的常见故障及处理方法,伸缩梳齿搬运小车、固定梳齿搬运小车的相关内容将在7.4节介绍。

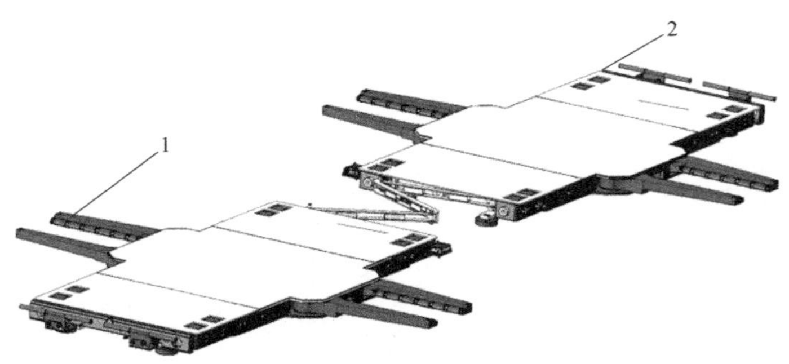

图 7-4　抱夹式搬运小车
1-抱夹臂;2-行走轮

设备自动运行前所有部件必须处于原位,否则将会无法启动。若设备不在原位,应手动操作将其归于原位。设备发生故障时,触摸屏会显示具体故障信息,并弹出报警画面,根据屏幕信息处理。

抱夹式搬运小车常见故障及解决方法如表 7-17 所示。

抱夹式搬运小车常见故障及解决方法　　表 7-17

序号	常见故障	故障可能原因	解决方法
1	搬运小车减速或停止信号异常报警	传感器损坏或传感器检车范围内有异物	检测搬运小车运行轨道附近是否有异物;如无异物,检查传感器是否正常
2	检测车轮报警,取车过程合理范围未检出车轮	(1)车轮开关失效; (2)开关对位不合理或探测距离值过小; (3)对应线路断线或连接点未连接上	(1)更换开关; (2)调整开关位置或调大探测阈值; (3)检查线路,连接线路
3	搬运小车编码器位置异常报警	编码器未在原点位置上电导致的报警	(1)进入调试模式,点击强制运行,手动将小车驶回原点位置附近,关掉调试模式进入半自动模式,点击原点复位,观察主界面到位信号 A/B; (2)等待原点信号灯均为绿色,再次进入调试模式,等待 2s,退出调试模式,点击故障复位,故障排除
4	搬运小车伺服故障报警	搬运小车伺服故障报警	查看伺服驱动报警代码,排除对应故障
5	搬运小车夹臂到位检测信号报警	(1)夹抱、放下动作完成无信号,开关损坏; (2)开关固定松脱或调整不当; (3)线路故障	(1)更换夹臂到位传感器; (2)调整固定好开关; (3)检查连接好线路
6	搬运小车防重叠报警,送车过程中,检测目标车位有车辆	(1)目标车位有车未登记上或有障碍物; (2)防重叠开关位置不对,误检测到其他东西; (3)防重叠超声波传感器有故障	(1)重新调整登记或清除障碍物; (2)调整开关方位; (3)更换无效开关

续上表

序号	常见故障	故障可能原因	解决方法
7	搬运小车底盘检测	(1)防碰撞传感器被触发; (2)触板卡阻; (3)传感器损坏; (4)复位弹簧弹力不足或损坏	(1)检查防碰撞传感器是否被触发; (2)更换传感器; (3)触板卡阻,清除卡阻,转动灵活; (4)更换弹簧
8	搬运小车通信故障报警	搬运台车 PLC 和搬运小车 PLC 通信异常	检查无线接入点和无线模块
9	搬运小车间距传感器故障报警,激光值超出合理范围。收缩、伸展过程中,激光值无变化	检查轴距激光传感器、电缆	更换激光传感器,线路接通完好
10	直线导轨卡阻	(1)导轨表面污垢; (2)滚动体故障; (3)导轨变形	(1)清洁导轨表面,可使用清洁剂和软刷进行清洗; (2)检查导轨滚子或球的状态,如有变形或磨损,及时更换; (3)检查导轨是否发生了弯曲或变形,如有问题,及时修复或更换
11	导轨异响	(1)润滑不良; (2)轨道不平整; (3)滚动体磨损	(1)检查导轨的润滑状态,如需要,补充或更换润滑剂; (2)检查导轨的安装情况,确保其与底座紧密接触,消除间隙; (3)检查滚动体的状态,如有磨损,及时更换
12	导轨偏移	(1)安装错误; (2)外力干扰; (3)导轨松动	(1)检查调整导轨的安装位置和方向,确保正确安装; (2)检查导轨周围是否存在外力干扰,如振动或碰撞等,及时消除干扰源; (3)检查导轨的螺栓和连接件,紧固松动部分
13	夹臂运动不平稳	(1)润滑不均匀; (2)导轨刚度不足; (3)精度不高	(1)检查导轨的润滑情况,确保润滑剂均匀覆盖导轨表面; (2)检查导轨的材质和尺寸是否满足要求,如需要,更换合适的导轨; (3)检查导轨的制造工艺和尺寸精度,确保达到设计要求
14	导轨表面磨损或凹陷	(1)频繁过载; (2)润滑不足; (3)导轨材料选择不当	(1)避免频繁超负荷使用导轨,合理选择负载大小; (2)检查导轨的润滑情况,及时添加润滑剂; (3)根据实际工作环境和负载要求,选择耐磨性能较好的导轨材料

续上表

序号	常见故障	故障可能原因	解决方法
15	其他常见问题(导轨严重变形、滚动体脱落)	载荷过大,受到冲击载荷,有异物进入	(1)消除不当载荷,清洁润滑; (2)进行检修或更换
16	滚珠丝杠回转有阻力	(1)滚珠丝杠周围环境脏污; (2)滚珠丝杠润滑不良或过量; (3)滚珠丝杠负荷过大; (4)丝杠变形	(1)清洁滚珠丝杠的外表面和周围环境; (2)检查滚珠丝杠的润滑情况,根据要求添加适量的润滑剂; (3)检查负载情况是否超出滚珠丝杠的承载能力,适当减轻负荷; (4)调整导轨、丝杠运转灵活自如或更换
17	滚珠丝杠振动或噪声过大	(1)滚珠丝杠安装不稳定; (2)滚珠丝杠磨损过度; (3)滚珠丝杠润滑不良	(1)重新调整滚珠丝杠的安装位置和固定方式,确保其稳定; (2)检查滚珠丝杠的磨损情况,如有需要,更换磨损的零部件; (3)检查滚珠丝杠的润滑情况,重新润滑或更换润滑剂
18	滚珠丝杠游移或卡滞	(1)滚珠丝杠负载不均匀; (2)滚珠丝杠支承刚度不足; (3)滚珠丝杠磨损或损坏	(1)检查负载分布情况,适当调整负载,使其均匀分布在滚珠丝杠上; (2)检查滚珠丝杠的支承结构和支承刚度,必要时进行加固; (3)检查滚珠丝杠零部件的磨损情况,如有需要,及时更换磨损的零部件
19	滚珠丝杠漏油或渗油(滚珠丝杠表面出现油渍或油滴)	(1)滚珠丝杠密封不良; (2)滚珠丝杠润滑剂过量; (3)滚珠丝杠零部件损坏	(1)检查滚珠丝杠的密封情况,确保密封件完好无损; (2)检查润滑系统中的润滑剂供应情况,适量添加润滑剂; (3)检查滚珠丝杠零部件的磨损情况,如有需要,及时更换损坏的零部件
20	滚珠丝杠轴向间隙过大	(1)滚珠丝杠预紧力不足; (2)滚珠丝杠零部件损坏	(1)调整滚珠丝杠的预紧力,确保合适的轴向间隙; (2)检查滚珠丝杠零部件的磨损情况,如有需要,更换损坏的零部件

(2)抱夹式搬运小车的维护。

①定期检查设备电缆有无破损,连接处是否牢固。

②检查限位开关是否有效。

③激光测距传感器反射板定期清理,保持整洁。

④注油。

抱夹搬运小车的注油方法如表7-18所示。

抱夹搬运小车的注油方法　　表 7-18

序号	位置	润滑剂	周期	备注
1	润滑点 A:驱动链条（共 2 处）	SAE30	每 3 个月一次	打开注油孔封闭塞,然后将润滑脂涂抹到链条,驱轮旋转 5～6 圈(往复移动 2 次),确保油膜覆盖整条链条
2	润滑点 B:导轨滑块（共 8 处）		每 6 个月一次	2 处位置,夹臂闭合状态下注油,将润滑脂压入滑块内
3	润滑点 C:滚珠丝杠（共 2 处）	MSA30	每 6 个月一次	打开注油孔盖板,将润滑脂压入丝杠螺母

注:请使用正规厂家的润滑脂。不同品牌的润滑脂不能交叉使用。

7.4 巷道堆垛类停车设备检查与维护

巷道堆垛类停车设备与平面移动类停车设备车位布置方式大同小异,不同的是巷道上的堆垛机取代平面移动的巷道上的搬运台车,其机械核心部件是堆垛机、存取搬运小车,其升降机构与平面移动类停车设备相仿。本节着重介绍堆垛机、伸缩梳齿搬运小车。

7.4.1 检查维护

1)堆垛机维护

堆垛机属高可靠性和少维护的设备,一般的故障由可电控系统监测预防,主要应做好日常维护。

(1)每日应对堆垛机上的光电开关和红外通信器镜面清扫一次灰尘,以保证能正常工作。

(2)每月应进行一次机上行程开关的工作可靠性检查。常用的开关主要检查触点是否失效,快要失效的开关应及时用原牌号进行更换;对极限安全行程开关主要检查在规定的压入量下是否能触发,如有问题,应立即调整或更换。

每月应对升降、走行驱动减速电机、联轴器松动及运行检测位置开关认址片等情况做一次检查。

(3)每季度,应对机上的受力螺钉螺栓松动情况进行一次检查。螺钉、螺栓应拧紧到调整时的标记位。主要的受力螺钉、螺栓失效时,应及时通知生产厂家。

注意:用户不能随意用普通紧固件更换堆垛机上的受力螺钉、螺栓和螺母。

(4)按减速器随机文件的要求对减速器进行日常维护,更换润滑油。

(5)每半年应对堆垛机上的提升钢丝绳或链条进行一次防锈保护。

注意:曳引机构的钢丝绳严禁不按要求涂抹润滑油脂。

(6)每半年应清洗或者更换一次机载控制柜风扇滤气棉,并对柜内外的灰尘进行一次清除。

(7)每半年应对天轨(如有)接头处做一次检查。如有大于 0.4mm 以上严重错位时,应及时修复。

(8)每年应对天地轨及滑触线做一次全面检查,如直线度超出规定的要求时,应及时修复轨道或导轨。堆垛机的升降挠性件的检测报废应按对应钢丝绳或链条要求进行,或钢丝绳按现行 GB/T 5972 的规定。

(9)堆垛机升降台发生断绳或断链后,应及时通知生产厂家,不能自行处理。

(10)机载控制柜中的 PLC 模块与操作人员终端上的保持电池应定期更换。

2)伸缩梳齿搬运小车检查内容及维护方法

(1)将搬运小车停稳至便于维护的位置,切断电源,拆除设备顶盖。需准备维护用器材,包括常规扳手类工具、链条清洗喷剂、黄油喷剂、黄油、毛刷、清洁棉布等。

(2)行走链条清洁润滑:用毛刷配合链条清洗喷剂清洁链条表面污渍,再用毛刷配合黄油喷剂将黄油均匀地喷涂到行走链轮及链条上。

(3)行走链条张紧力检查:用手捏动行走链条下沿,检查链条的松紧程度。如过松,需适当张紧。

(4)行走机构侧导向轮紧固:搬运小车行走过程中,可调侧导向轮的 M14 固定螺钉有松动可能。检查侧导向轮距导轨间隙是否适当,且相对导轨是否左右对称。该螺钉必须定期检查紧固。

(5)行走机构各螺钉紧固:行走机构频繁往复运行停止,安装螺钉有松动可能。定期用扳手检查行走机构各螺钉有无松动,必要时可紧固。

(6)行走包胶轮、侧导向轮表面磨损检查:定期检查各行走轮及侧导向轮表面,看是否有边沿脱胶、明显的裂痕或受外力破损的情况。

3)伸缩机构检查内容及维护方法

将搬运小车停稳至便于维护的位置,处于举升展开状态,切断电源,拆除设备顶盖。需准备维护用的器材,包括常规扳手类工具、卡簧钳、黄油枪、链条清洗喷剂、黄油喷剂、黄油、毛刷、清洁棉布等。

(1)叉臂导轨齿条清洁润滑:用毛刷清洁叉臂轴承内轨道和齿条表面,并再用毛刷配合黄油喷剂或黄油枪将黄油均匀地喷涂到导轨内壁和齿条表面上。

(2)叉臂链轮链条清洁润滑:用毛刷配合链条清洗喷剂清洁链条表面污渍,再用毛刷配合黄油喷剂或黄油枪将黄油均匀地喷涂到前后叉链轮及链条上。

(3)叉臂链条张紧力检查:用手捏动前后叉臂展开链条外沿,检查链条的松紧程度。如过松,需适当张紧。

(4)对中触发机构检查:用手按动前后叉臂侧边的对中机构,检查机构运动回弹有无卡阻现象。按动机构,该开关应能在机构摆动中间区域,清脆触发;检查双螺母有无松动情况。

(5)叉臂展开拖链电缆检查:检查前后叉臂拖链及拖链内部电缆,看是否有拖链起翘、破裂和线缆破损、根部弯折裂痕等现象。如拖链长时间使用磨损后根部易起翘,刮擦汽车底盘,可使用塑料扎带将拖链及拖链安装座捆扎在一起,根除拖链起翘。如拖链内部电缆折弯处有折痕破损,则需更换。

(6)臂滚针轴承注脂:用黄油枪配合 M6 油杯,为各滚针轴承注脂(共 16 处)。

4)举升机构检查内容及维护方法

(1)将搬运小车停在空车位上(车位底部有检修口为佳),展开前后梳齿叉臂,举升至最高点后切断电源,打开设备顶盖。

(2)清洁、润滑链轮、链条表面:用毛刷蘸酒精或煤油,清理链轮、链条表面的油泥,干燥后先用毛刷在其内链板及滚筒缝隙处刷润滑油,再将黄油均匀地涂敷到行走链轮及链条上,确保链条销轴及套筒之间充分润滑;必要时,视具体工况更换链条。

(3)丝杠润滑(3处):举升至最高点,拆下塑料堵头,用黄油喷剂在丝杠表面喷适量黄油润滑。

(4)导向机构润滑:使用黄油枪配合M6油杯为各注油处注油,以从缝隙中挤出为止。

(5)举升链条张紧力及位置检查:检查3处举升链条的松紧程度及连接杆位置。如链条过松,则调整举升链条张紧螺杆,旋转调节螺杆直至链条可轻微晃动为准;如链条连接杆在下降到最低点时远离标识线,则需重新调整胀紧套位置,恢复至标识线位置。

(6)链条张紧螺杆及胀紧套螺钉松紧检查:检查举升链条张紧螺杆两端螺母有无松动;观察胀紧套螺钉有无松动,如有松动,则重新紧固并划线标识。

(7)升降行程状况检查:控制设备举升至最大高度位置后停止,检查3处举升座是否与上限位端盖贴合。如3处举升座与上限位端盖间隙较大,则需微调凸轮位置,该过程应由专业人员完成,请联系报修。

(8)举升链轮端盖检查:从车位底部检修口处检查底部举升链轮链条状况,并检查各包角链轮上端盖和卡簧有无松动和脱落情况,如有松动,则使用扳手紧固。

(9)拆除3处举升点的底部挡盖(6颗M6沉头螺钉),露出主链轮的6颗固定螺钉,依次用内六角扳手检查松动情况。如螺钉有松动,需带胶紧固;如螺钉有损伤,需立即更换;且增加此处巡检频次。如无,可适当降低此处巡检频次。

5)其他检查内容及维护方法

将搬运小车停稳至便于维护的位置,切断电源,拆除设备顶盖。需准备维护用的器材,包括常规扳手类工具、卡簧钳、黄油枪、清洁棉布等。

(1)穿线管检查。

搬运小车往复行走过程中,穿线管受交变拉力影响,其固定螺钉有松动可能。定期用扳手检查螺钉有无松动,必要时可紧固;检查夹头处的线缆有无松动滑出的现象,必要时给予紧固;设备长时间运转后,可打开穿线管盖板,观察内部线缆有无破损情况,如有,必要时重新包裹转弯处外护皮,并松散线缆。

(2)整体巡检。

日常巡检停车设备时,检查搬运小车外观有无磕碰剐擦,行走区域有无异常划痕、线缆外漏或因不正常冲击、撞击掉落的零部件等。

(3)搬运小车巡检、维护表。

定期进行日维护,维护内容包括入门车位内行走通道的清扫、盖板上的污渍清除等;定期进行周维护,维护内容包括润滑及观察各机构的状况,及时排除异常,避免造成机械的进一步磨损和损坏等;定期进行月维护,维护内容包括各部位加注润滑脂,检查链条松紧程度,磨损件的更换等。表7-19~表7-21列出了搬运小车各项维护内容及相应的维护周期,需按表严格执行巡检和记录。

搬运小车日检表 表 7-19

序号	维护项	检查结果	操作人员
1	车位、通道的清扫、除污		
2	搬运小车顶盖板污渍清除、外观表面检查		
3	搬运小车外观有无异常磕碰刷擦		
4	搬运小车随行电缆外观检查		
备注(其他情况):			

搬运小车周检表 表 7-20

序号	巡检部位	维护项	检查结果	操作人员
1	行走机构	行走链条张紧力检查		
2		行走链轮及链条表面清洁、润滑		
3		行走机构侧导向轮紧固螺钉检查、紧固		
4		行走机构行走定位传感器与定位板间隙检测(10～15mm)		
5	展开机构	前后叉臂导轨表面清洁、润滑		
6		前后叉臂齿条表面清洁、润滑		
7		前后叉臂链轮链条表面清洁、润滑,张紧力检查		
8		对中触发机构回弹机构及行程开关回弹性能检查		
9		前后叉臂拖链、线缆外观检查		
10	举升机构	举升高度检查		
11		举升侧导面轴承间隙检查		
12		举升链条张紧力检查		
13	其他	搬运小车穿线管支架、夹头松紧检查(重点检查项)		
14		搬运小车内部各机构运行状况观察		
15		行走通道、车位有无其他散落螺钉、零部件等		
备注(其他情况):				

搬运小车月检表 表 7-21

序号	巡检部位	维护项	检查结果	操作人员
1	行走机构	行走包胶轮、侧导向轮表面磨损检查		
2	展开机构	前后叉臂滚针轴承注脂润滑(共 16 处)		
3		前后叉臂展开距离检查		
4		各限位开关检查各开关触发功能是否正常		
5	举升机构	举升行程状况检查		
6		3 处举升点,顶部胀紧套螺钉松紧		
7		3 处举升点,底面举升链轮紧固性(重点检查项)		
8		举升轴承及导向轴套注脂润滑(共 8 处)		
9		举升链条连接杆松紧度、相对位置检查		

续上表

序号	巡检部位	维护项	检查结果	操作人员
10	其他	搬运小车内部表面清洁		
11		穿线管夹头处线缆磨损情况		
12		穿线管内部转绕处,线缆磨损情况检查(重点检查项)		
13		检查各限位开关、定位传感器等的功能特性		
14		外观检查,检查有无外露电缆、划痕等异常		
备注(其他情况):				

7.4.2 常见故障及解决方法

1)堆垛机常见故障及解决方法

堆垛机故障显示方式与平面移动搬运台车相仿,在其上的触摸屏显示电气相关故障信息,据此排除故障。

堆垛机的人机安全尤为重要,堆垛机控制系统以如下方式来表征故障出现:堆垛机机载控制柜的蜂鸣器鸣叫,堆垛机立即停止运行;堆垛机机载控制柜触摸屏左上角故障灯闪烁,点击触摸屏故障控制键进入故障信号界面,显示相应故障信号。当堆垛机发生故障时,将会停机。故障出现蜂鸣器鸣叫后,如果不需要其继续鸣叫,可将控制状态钥匙开关旋至手动。在线模式状态下,堆垛机向上游控制系统上报最后一个故障,当此故障排除后,才报上一个故障。巷道堆垛类停车设备故障诊断与排除如表7-22所示。

巷道堆垛类停车设备故障诊断与排除 表7-22

序号	故障机构	常见故障	故障可能原因	解决方法
1	进出口	挡车器超时/过载	(1)限位开关未正常触发、触发不灵、损坏,限位开关接线松动或信号反馈线断线; (2)限位滑杆小螺钉拧过头导致与滑槽干涉,滑杆变形不能正常触发开关; (3)驱动回路的继电器、接触器触点不灵敏或线路接线松动; (4)接触器或继电器触点粘连,不能及时断开电机电源(现象为手动操作松开按钮时,电机仍动作); (5)电机动作过限卡死或推杆螺母脱扣; (6)电机缺相	(1)检查开关触线情况,调整开关或更换,检查开关接线是否良好,信号线是否存在接触不良(升降拖链内的线,长期使用后可能会有损断的风险); (2)小螺钉应适当拧紧,并加防松胶固定,避免拧出滑杆; (3)检查线路是否松动,触点是否损坏或不灵敏; (4)更换接触器或拆开清理触点、线圈衔铁,更换继电器触点; (5)电机由于限位失效等原因,动作过限卡死或脱扣,一般收回过限导致卡死,需把电机拆下,将推杆用扳手旋出死位,伸出过限一般导致脱扣,需拆开推杆电机内部,将推杆旋入螺母内,处理后手动操作正常即可; (6)手动在电机侧操作,测三相电压是否缺相

续上表

序号	故障机构	常见故障	故障可能原因	解决方法
2	进出口	对中超时/过载	(1)车辆停放过偏,对中杆无法伸起; (2)限位开关没有正常触发、松动或损坏; (3)对中合页损坏,限位松动(夹车时报); (4)对中撑开限位开关线路损断(夹车时报); (5)对中辅助滚子间杂物多导致不能转动,阻力大(夹车时报); (6)收回到位开关松动或环链过松(收回时报); (7)对中传动轴螺栓松脱、链条损断或被异物卡阻(链轮与链条间),或机械其他部分动作受阻(盖板干涉等); (8)驱动回路的继电器、接触器触点不灵敏或线路接线松动; (9)电机缺相、抱闸不能打开、损坏等; (10)接触器或继电器触点粘连,断开延迟(手动操作时松开按钮,仍继续动作)	(1)确保车辆停放在合理区域; (2)检查、调整开关位置或更换; (3)检查对中合页动作是否良好,按压合页开关是否正常触发并查看PLC输入点; (4)限位线路是否破损,如车已夹正出现此问题,可先查看PLC输入点,确定哪边开关信号未触发,再针对性检查; (5)检查、清理对中辅助滚,确保阻力适中(脚能推动); (6)检查收回到位开关是否松动,链条上的碰杆是否松动走位,环链是否过松; (7)检查对中联轴器是否松动,电机固定是否良好,链条是否正常无异物卡阻,对中动作时有无异常干涉噪声; (8)检查线路是否松动,触点是否损坏或不灵敏; (9)手动在电机侧操作,测三相电压是否缺相,电机动作时抱闸是否打开,抱闸整流输入、输出电压是否正常; (10)更换或清理接触器触点,内部衔铁,更换继电器触点
3	进出口	旋转销超时/过载	(1)限位开关未正常触发、触发不灵、损坏,限位开关接线松动或信号反馈线断线; (2)限位滑杆小螺钉拧过头导致与滑槽干涉,滑杆变形不能正常触发开关(推杆类电机); (3)旋转定位不准,销孔偏差过大; (4)驱动回路的继电器、接触器触点不灵敏或线路接线松动; (5)接触器或继电器触点粘连,不能及时断开电机电源(现象手动操作松开按钮时,电机仍动作); (6)电机动作过限卡滞或推杆螺母脱扣; (7)电机缺相	(1)检查开关触线情况,调整开关或更换,检查开关接线是否良好,信号线是否存在接触不良(升降拖链内的线,长期使用后可能会有损断的风险); (2)小螺钉应适当拧紧,并加防松胶固定,避免拧出滑杆;限位滑杆与挡片固定的螺母应两侧加双螺母备紧; (3)检查旋转开关是否松动、临近减速感应铁是否正常触发临近角度信号,旋转电机固定是否良好; (4)检查线路是否松动,触点是否损坏或不灵敏; (5)更换接触器或拆开清理触点、线圈衔铁,更换继电器触点; (6)电机由于限位失效等原因,动作过限卡滞或脱扣,一般收回过限导致卡滞,需把电机拆下,将推杆用扳手旋出死位,伸出过限一般导致脱扣,需拆开推杆电机内部,将推杆旋入螺母内,处理后手动操作正常即可; (7)手动在电机侧操作,测三相电压是否缺相,电机供电线是否破损

续上表

序号	故障机构	常见故障	故障可能原因	解决方法
4	进出口	旋转销某限位开关信号有误	(1)限位开关损坏,触发后不能正常复位; (2)开关受雨水、油污污染导致短路; (3)伸出与收回开关信号线路短路	(1)检查开关触发是否灵敏; (2)避免开关受雨水、油污污染; (3)检查开关线路是否存在短路情况
5	进出口	挡车器某开关信号有误	(1)限位开关损坏,触发后不能正常复位; (2)开关受雨水、油污污染导致短路; (3)伸出与收回开关信号线路短路	(1)检查开关触发是否灵敏; (2)避免开关受雨水、油污污染; (3)检查开关线路是否存在短路情况
6	进出口	对中机构某开关信号有误	(1)对中撑开限位某个有问题; (2)对中合页弹簧脱落,合页未弹开; (3)对中环链松动导致收回到位误动作; (4)车辆停放过偏,对中杆刚伸起时即触发撑开限位,但此时收回到位还未弹开	(1)检查撑开限位是否正常; (2)对中合页弹簧是否固定良好,弹簧杆螺母是否松动,弹力是否正常; (3)对中大环链是否过松或松脱; (4)车辆是否停放过偏,较正车辆,在车辆未较正前,禁止手动或半自动将车辆存入停车设备
7	进出口	旋转驱动回路报警	(1)旋转极限触发(伴随有旋转极限动作报警); (2)旋转驱动回路保护断路器跳闸或热保护触发; (3)驱动回路线路松动(未出现跳闸及没有触发极限的情况可能性大)	(1)如报驱动回路故障时没有显示极限报警,极限触发的可能性一般可以排除,如触发极限,松开极限,检查旋转定位光电是否正常触发,确保临近减速限位一到感应区域就触发; (2)检查是否存在跳闸,如合闸上电后,操作旋转又出现跳闸,重点检查对应跳闸的保护对象,如抱闸断路器反复跳闸,重点检查抱闸模块是否正常及该段线路是否存在短路现象; (3)如无跳闸情况,无触发极限报警,线路松动的可能性大,检查线路
8	进出口	旋转启动加速或减速时变频器报警(一般报跟踪错误)	(1)变频器加减速斜坡设置不合适; (2)电机编码器固定或线路松动; (3)设备动作受阻	(1)询问相关技术人员,适当加大斜坡加减速时间; (2)检查编码器固定和线路; (3)检查导向轮是否损坏或过紧,设备运行路径是否与物体干涉
9	进出口	进出口门运行超时	(1)门一开一关导致超时; (2)门限位未正常触发或门驱动机构不正常; (3)由于门限位问题,导致门帘卷入过头、卡滞(软门帘式卷帘门); (4)控制门的时间继电器触点有问题或线路松动; (5)门卷簧损断、致门两侧受力不均卡阻(硬质卷帘门)	(1)如地感信号正常触发,车辆进车调整时报警,需优化程序; (2)检查门限位信号是否正常反馈、传动机构是否正常; (3)手动点动操作门使门帘回复至正常动作位,同时检查门限位凸轮开关,通过手动操作调整限位至合适位置触发; (4)检查继电器触点及线路是否正常; (5)检查门卷簧,更换损坏的卷簧

续上表

序号	故障机构	常见故障	故障可能原因	解决方法
10	进出口	系统供电电源质量	(1)进线电压不达标; (2)相序继电器损坏; (3)上端线路相序错相(此原因一般不出现,否则设备所有运转都将反向)	(1)测量电源电压,把相序继电器调到相应等级,并告知甲方相关人员电源电压不达标; (2)更换相序继电器; (3)调整上端进线相序
11	升降机	防坠落超时/过载	(1)限位开关没有正常触发或损坏; (2)升降机平台水平偏差大或层数据过大,防落销孔错位过大无法插出; (3)驱动回路的继电器、接触器触点不灵敏或线路接线松动; (4)电机缺相	(1)调整开关或更换; (2)检查升降平台是否水平,层数据是否定位准确(可手动插出防落销孔观察平台变化); (3)检查线路是否松动,触点是否损坏或不灵敏; (4)手动在电机侧操作,测三相电压是否缺相
12	升降机	升降极限报警	(1)采用开关定位的升降机,可能临近开关信号触发不正常或到位信号不正常; (2)电机固定松动、钢丝绳或链条过松、启动或停止时,载车板下沉或上浮量过大; (3)开关信号进水短路或开关损坏	(1)检查升降时临近到位开关是否一到感应铁就触发(开关定位类升降机); (2)检查电机固定是否良好、钢丝绳或链条是否过松并调整; (3)检查开关情况
13	升降机	升降过快或没动	此故障一般出现在加速时或减速至低速时: (1)变频器加减速斜坡设置不合适; (2)升降机导向轮过紧;齿轮齿条间隙过紧(爬齿条升降机)增大升降阻力; (3)曳引轮与钢丝绳之间打滑; (4)电机抱闸打开不完全; (5)程序设置不合理(一般出现在使用初期)	(1)询问相关技术人员,适当加大斜坡加减速时间; (2)检查导向轮或齿轮间隙,导向轮两侧胶轮是否挤压变形,铁轮是否存在1~2mm间隙; (3)检查钢丝绳是否存在打滑情况; (4)抱闸打开声音是否清脆,抱闸间隙是否合适并清理抱闸灰尘; (5)与电气相关技术人员沟通
14	升降机	升降变频器报警	(1)如伴随有升降极限报警、驱动回路报警,请先排查,此时变频器会因没有380V供电而报警; (2)查看故障代码,并针对性分析,常见故障为跟踪错误	(1)如变频器因无380V供电而报警,排除故障重点在驱动回路或极限触发原因; (2)转速监视报警(SEW变频器代码08): ①适当调整斜坡加减速时间,调整减速斜坡时不能调太大,否则定位停止时可能冲过,触发极限(在加速过程报调整加速斜坡参数130,在减速过程报调整减速斜坡参数131); ②升降电机抱闸是否正常打开(可通过听声音、观察抱闸接触器是否吸合等方法); ③编码器固定是否松动或接线不良; ④传动机构是否正常,动作无阻挡(手动操作观察),如轴承、轴链、各导向轮等是否良好; ⑤爬齿条升降机的两个提升电机中的一个抱闸有问题或电机有问题,可以通过测量抱闸整流块输出、电机绕组阻值、听抱闸声音等判断; ⑥负载过大,超重车辆(大于2.5t); ⑦钢丝绳拉升或过松导致配重箱蹲底(升降机托盘上升到顶时报警),调整钢丝绳

续上表

序号	故障机构	常见故障	故障可能原因	解决方法
15	堆垛机	填缝动作超时/过载	(1)限位开关没有正常触发或损坏; (2)车位交接面平整度差或填缝滑块螺丝松脱,填缝机构伸出时别劲大,导致收回时卡滞; (3)推杆电机自身由于伸出或收回过限,导致丝杆螺母别死或损坏; (4)驱动回路的继电器、接触器触点不灵敏或线路接线松动; (5)电机缺相	(1)调整开关或更换; (2)检查车位交接面,填缝滑块螺丝是否松动,是否存在卡住填缝机构的情况; (3)检查限位是否不灵、驱动继电器触点是否不正常,导致伸出收回过限,折开推杆,手动旋回正常动作范围,检查线路是否松动,触点是否损坏或不灵敏; (4)检查继电器或接触器是否存在延时断开的情况; (5)手动在电机侧操作,测三相电压是否缺相
16	堆垛机	横移变频器报警	(1)如伴随有行走极限报警、驱动回路报警,请先排查,此时变频器会因没有380V供电而报警; (2)设备供电虚接(滑触线接触不好、电源进线接线虚接); (3)查看变频器面板故障代码,并针对性分析,常见故障为跟踪错误(丹佛斯变频器故障代码A61,SEW变频器故障代码08)	(1)如变频器因无380V供电而报警,故障重点在驱动回路或极限触发原因中排查; (2)如在固定位置出现故障,滑触线接触不好的可能性大,调整滑头位置,检查堆垛机、中跑车进线电源线接线; (3)跟踪错误的报警分析处理: ①在加速过程报警,适当调大加速斜坡参数3-41,使加速更平缓; ②横移在减速过程报警,适当调大减速斜坡参数3-42,使减速更平缓,但需注意减速距离是否足够,以免出现速度未能及时减下来,而冲过定位数据; ③编码器固定接线可能松动,检查编码器卡轴内六角螺丝是否松动,接线是否松动; ④行走电机抱闸是否都正常打开,检查抱闸打开情况,通过听声音、手摸电机等表面现象可快速判断; ⑤行走导向轮调整太紧或损坏、卡阻; ⑥行走导向轮太松,设备偏倚与车位或墙面干涉; ⑦各边沿光电某个不稳定,行走过程中信号突然丢失,设备突然停止; ⑧主行走轮大小不一,或损坏; ⑨轨道对接不平、下沉或有杂物; ⑩行走轮轴承损坏或同步轴损坏,可检查润滑轴承、同步轴

续上表

序号	故障机构	常见故障	故障可能原因	解决方法
17	堆垛机	堆垛机/升降机Y向数据超范围	(1)测距仪光斑偏离照射范围或反光胶贴、测距仪表面灰尘覆盖； (2)升降电机固定装置、提升链条、钢绳松动平台在底层有车时，受防坠落或启动瞬间平台下滑量过大，或平台刚取完车，平台无车受防坠落或启动瞬间，平台上浮量过大； (3)传动机构轴键间隙大，电机不动时轴键间有转度； (4)程序设置极限值不合理； (5)通信DP网络或网线连接松动、测距仪BUS灯闪烁； (6)测距仪通信正常但无读数，测距仪损坏	(1)检查光斑照射情况(尽量居中)，清理反光胶贴，清理测距仪表面； (2)检查电机固定装置、链条、钢绳松紧，电机抱闸间隙是否合理(0.3～1mm内)； (3)检查轴键是否磨损、更换； (4)在确保机械方面没问题的情况下与技术人员沟通，适当放大数据限制； (5)检查DP接线/网线各插头连接是否良好； (6)检查测距仪并做更换测试(更换时按求设置参数及地址参照测距仪参数设置指导)
18	堆垛机	X向数据超范围	(1)测距仪光斑偏离照射范围或反光胶贴、测距仪表面灰尘覆盖； (2)横向数据条码损坏、受污或读头偏倚(弧形巷道堆垛机)； (3)行走轮道下沉，或行走轨道杂物多，行走时光斑跳动超出照射范围； (4)程序设置极限值不合理； (5)通信DP网络或网线连接松动、测距仪BUS灯闪烁	(1)检查光斑照射情况(尽量居中)、清理反光胶贴、清理测距仪表面； (2)清理条码、调整读头； (3)检查行走轨道、清理行走轨道，如轨道变形大需及时反馈处理； (4)在确保机械方面没问题的情况下与技术人员沟通，适当放大数据限制； (5)检查DP接线/网线各插头连接是否良好
19	堆垛机	搬运小车存取过程中Y向数据变化过大	(1)齿轮齿条间隙大，堆垛机平台重量变化量大，平台上升量超过限定值(爬齿条升降)； (2)平层液压卡钳螺丝松动，卡钳抱不紧，平台重量变化大时滑动超过限定值(液压卡钳平层系统)； (3)液压卡钳磨擦片磨损过大，无法卡紧(液压卡钳平层系统)； (4)液压卡钳泄压不足，液压表泄压值过大(液压卡钳平层系统)； (5)升降电机固定装置松动，电机轴键、联轴器等处轴键磨损大； (6)提升电机抱闸间隙过大或磨擦片磨损(一般设备用多年后才会出现)	(1)检查齿轮齿条间隙，各轴承座顶丝是否松动、齿条固定螺丝是否松动，适当顶紧齿轮(确保平台有无车时变化量控制在7mm内)； (2)检查液压卡钳螺丝是否松动，适当备紧(注意：卡钳两侧应适当预留间隙，单边1～1.5mm，太小上升过程中会磨卡钳)； (3)检查卡钳磨擦片磨损量； (4)检查泄压后的液压表读数，不能超过0.9MPa； (5)检查电机固定螺丝、轴键间隙； (6)检查抱闸打开间隙，堆垛机测量抱闸间隙有一定的危险性，此项操作需联系专业人员或部门经理，严禁私自操作
20	堆垛机	搬运小车存取过程中X向数据变化过大	(1)行走电机固定松动、电机轴键、横移轴联轴器处、行走轮轮轴处轴键磨损大； (2)行走导向轮间隙过大，导致堆垛机/中跑车定位不准； (3)行走导向轮磨损严重； (4)堆垛机/中跑车行走轮磨损严重	(1)检查行走电机固定及相关轴键间隙(通过观察停止时轴在键槽位是否来回活动确定轴键间隙是否过大)； (2)检查行走导向轮间隙，堆垛机行走导向轮总间隙不能大于5mm，中跑车导向轮，两侧轨道应尽量贴住(中跑车导向轮有叠簧，有压变量)； (3)检查行走导向轮是否磨损严重； (4)检查堆垛机/中跑车主行走轮，是否磨损严重

续上表

序号	故障机构	常见故障	故障可能原因	解决方法
21	堆垛机	行走过慢或显现动力不足	此故障一般在加速时或减速至低速时出现： (1)变频器加减速斜坡设置不合适； (2)行走轨道上有异物，导致低速时阻力过大； (3)行走导向轮过紧，增大行走阻力； (4)电机抱闸打开不完全； (5)程序设置不合理(一般出现在使用初期)； (6)车位数据设置不合理，牙盘对不上	(1)询问相关技术人员，适当加大斜坡加减速时间； (2)清理轨道，检查是否机械有卡阻； (3)检查导向轮或齿轮间隙，导向轮两侧胶轮是否挤压变形，铁轮是否存在1～2mm间隙； (4)抱闸打开声音是否清脆，抱闸间隙是否合适并清理抱闸灰尘； (5)与电气设备技术人员沟通； (6)牙盘顶死，仍未行走到位，调整车位数据
22	堆垛机	升降过慢或显现动力不足	(1)变频器加减速斜坡设置不合适； (2)升降导向轮过紧或齿轮齿条间隙过紧(爬齿条升降机)增大升降阻力； (3)电机抱闸打开不完全； (4)程序设置不合理(一般出现在使用初期)； (5)升降平台由于有车无车重量变化大，启动瞬间弹动量大	(1)询问相关技术人员，适当加大斜坡加减速时间； (2)检查导向轮或齿轮间隙，导向轮两侧胶轮是否挤压变形，铁轮是否存在1～2mm间隙； (3)抱闸打开声音是否清脆，抱闸间隙是否合适并清理抱闸灰尘； (4)与电气设备技术人员沟通； (5)检查升降钢丝绳、链条、轴键间隙、电机固定等
23	堆垛机	变频器报主电源缺相	(1)滑触头与滑触线接触不良； (2)主控制柜接触器或断路器供电到中跑车的下端接线有虚接情况； (3)堆垛机中跑车柜内到变频器的接线有松动	(1)检查滑触头与滑触线接触是否良好，弹簧压力是否压平； (2)检查主控柜到中跑车的供电线路是否接线良好； (3)堆垛机/中跑车柜内到变频器的接线是否良好
24	搬运小车	搬运小车故障	(1)行走驱动器报警； (2)机械臂驱动器报警，导致搬运小车长时不动作，搬运小车内部程序报超时，机械臂驱动器报警多由于限位开关松动、编码器线松动、50针线插头松动、电机松动或机械臂滚针轴承损坏导致； (3)机械臂限位信号某个打开和收回信号同时触发，限位线路存在短路	(1)查看报警代码针对性排查(A5驱动器代码240为编码器故障，160为过载故障，120为过电压故障；240编码器故障多由编码器插头或线路松动导致，160过载故障多由车位不平、搬运小车与车位导轨或载车板底干涉、行走电机抱闸打开失败、继电器板或模组触点松动或损坏等原因造成，120过电压故障多由于电压偏高导致)； (2)检查机械臂限位、编码器接线、电机固定是否良好，滚针轴承是否良好； (3)检查机械臂限位，可查看图纸对应的机械臂信号点或通过按压信号看搬运小车PLC对应的闪点是否正常

续上表

序号	故障机构	常见故障	故障可能原因	解决方法
25	搬运小车	搬运小车故障（驱动器没报警，切换模式即可恢复搬运小车）	搬运小车内部程序报警，影响因素有机械臂限位状态不对、运行超时，极限拉伸触发等	（1）检查机械臂信号收回与打开是否同时有信号； （2）检查搬运小车是否存在提前减速或行走打滑的情况，升降平台与车位轨道是否错位，行走轮是否磨损，并做相应处理
26	搬运小车	搬运小车无基准位信号	（1）搬运小车在堆垛机中间报此故障，可能是搬运小车回到堆垛机中间的信号线有问题（18 芯线中的 6 号线 Q0.5）； （2）搬运小车 18 芯线中的控制线可能出现问题，注意是否固定一个方向出故障	检查 18 芯线外皮是否破损，接线是否松动，重点检查喇叭口处

我国堆垛机多为侧悬结构，侧悬式堆垛机金属结构常见故障及解决方法如表 7-23 所示。

侧悬式堆垛机金属结构常见故障及解决方法 表 7-23

常见故障	故障可能原因	解决方法
下部行走架和立柱各拼接焊缝或节点焊缝脱焊	（1）原焊接质量差，有焊接缺陷； （2）长期超载使用； （3）焊接工艺不当，产生过大的焊接残余应力	（1）用优质焊条补焊； （2）严禁超载使用； （3）采用合理的焊接工艺
下部行走架发生疲劳裂纹	长期超载使用	裂纹不大于 0.1mm，可用砂轮将其磨平，对于较大的裂纹，可在裂纹两端钻大于 Φ8mm 的小孔，然后沿裂纹两侧开 60°的坡口，进行补焊。重要受力构件部位应用加强板补焊，以保证其强度
立柱变形，焊接导轨轨距超差	（1）焊接工艺不当，产生了焊接内应力； （2）超负荷使用，存取交接动作冲击或水平运行产生冲击	（1）采取火焰矫正，消除变形，锤击法消去内应力； （2）严禁超负荷使用； （3）修正导轨，导轨轨距在可控范围内，调整堆垛机轨道接头高低差和缝隙
格构式焊接立柱在巷道方向侧斜变形	（1）制造时焊接工艺不当，焊接内应力与工作应力叠加所致； （2）运输和存放不当； （3）现场装配调整不当后焊死	调整堆垛机两侧导轨的工作面共面，调整侧悬升降平台导向轮，使升降平台空载处于一定仰角，并且使升降平台中心线（垂直巷道）水平
升降平台下沉变形	（1）平台主梁结构应力变形； （2）超载使用； （3）存放、运输不当及其他； （4）设计不当； （5）运行冲击	（1）采用火焰矫正法矫正，并沿主梁下用方管或槽钢等加固； （2）采用预应力法矫正，加固方法则是预应力拉杆； （3）调整堆垛机轨道接头高低差和缝隙

续上表

常见故障	故障可能原因	解决方法
固定连接	结构连接螺栓松动,用手锤敲击,声音异常	连接紧固

堆垛机机械部分常见故障及解决方法如表7-24所示。

堆垛机机械部分常见故障和解决方法 表7-24

常见故障		故障可能原因	解决方法
滚动轴承	(1)温度过高; (2)异常声响(断续哑音); (3)金属研磨声响; (4)锉齿声或冲击声	(1)润滑油有污垢、完全缺油; (2)轴承脏污; (3)缺油; (4)保持架、滚动体损坏	(1)清除污垢、更换轴承、检查润滑油数量; (2)清除脏污; (3)加油; (4)更换轴承
制动器	制动轮失效(升降平台下滑现象)	(1)摩擦片上有油污; (2)制动轮或摩擦片有严重磨损; (3)主弹簧松动和损坏	(1)清除油污; (2)调整制动器间隙或更换摩擦片; (3)更换主弹簧
	制动器不松闸	(1)电磁铁线圈烧毁; (2)通往电磁铁导线断开; (3)摩擦片粘连在制动盘上; (4)弹簧力过大或刚度太大; (5)制动盘卡滞; (6)电压低于额定电压85%,电磁铁吸力不足	(1)更换; (2)接好线; (3)清洗; (4)调整主弹簧力; (5)消除卡滞现象、润滑; (6)查明电压降低原因,排除故障
	制动器发热,摩擦片发出焦味并且磨损很快	(1)制动片分离不彻底,没有均匀地和制动盘完全脱开,因而产生摩擦; (2)制动盘间隙不均匀,或者间隙过小; (3)制动器辅助弹簧损坏或者弯曲; (4)摩擦片工作表面粗糙	(1)调整间隙; (2)调整间隙; (3)更换或修理调整弹簧; (4)按要求车削制动轮表面
	电磁线圈发热或有响声	(1)弹簧力过大; (2)制动盘卡滞,移动不灵活	(1)调整至合适大小; (2)消除卡滞原因、润滑
减速器	有周期性齿轮颤振现象,从动车轮特别明显	节距误差过大,齿侧间隙超差	修理、重新安装
	剧烈的金属摩擦声,减速器振动,机壳叮当作响	传动齿轮侧隙过小,两个齿轮轴不平行;轮齿工作面不平坦	修理、重新安装
	齿轮啮合时,有不均匀的敲击声,机壳振动	齿面有缺陷,轮齿不是沿全齿面接触,而是在一角上接触	更换齿轮
	壳体,特别是安装轴承处发热	(1)轴承破碎; (2)轴颈卡滞; (3)轮齿磨损; (4)缺少润滑油	(1)更换轴承; (2)更换轴承; (3)修整齿轮; (4)更换润滑油

续上表

常见故障		故障可能原因	解决方法
减速器	剖分面漏油	(1)密封失效; (2)箱体变形; (3)剖分面不平; (4)连接螺栓松动	(1)更换密封件; (2)检修箱体剖分面,变形严重则更换; (3)剖分面修平; (4)清理回油槽,紧固螺栓
	减速器在底座上振动	(1)地脚螺栓松动; (2)与各部件连接轴线不同心; (3)底座刚性差	(1)调整地脚螺栓; (2)对线调整; (3)加固底座,增加刚性
	减速器整体发热	润滑油过多	调整油量
滑动轴承	过度发热	(1)轴承偏斜或压得过紧; (2)间隙不当; (3)润滑剂不足; (4)润滑剂质量不合格	(1)消除偏斜,合理紧固; (2)调整间隙; (3)加润滑油; (4)换合格的润滑剂
堆垛机运行机构	歪斜运行、啃轨	(1)两主动车轮直径误差过大; (2)主动车轮不是全部和轨道接触; (3)主动车轮轴线不正; (4)金属结构变形; (5)轨道安装质量差; (6)轨顶有油污或冰霜等; (7)导向轮间隙过大; (8)车轮踏面磨损量超过原厚度的15%	(1)测量、加工、更换车轮; (2)底部行走架变形,或行走架4个轮安装孔高低不一,其中一主动车轮没和轨道完全接触,轮压偏小,调整主动轮或矫正行走架; (3)检查和消除轴线偏斜现象; (4)矫正; (5)调整轨道,使轨道符合技术; (6)消除油污和冰霜; (7)按图纸要求调整导向轮间隙; (8)更换车轮
搬运小车	打滑	(1)轨道有油污或雨水等; (2)轮压不均; (3)同一截面内两轨道标高差过大; (4)升降平台轨道与泊位轨道、驻车室轨道接缝高差过大; (5)起动、制动过于猛烈; (6)轨距超差,导向轮卡阻; (7)聚氨酯包胶轮脱胶	(1)清除; (2)调整; (3)调整轨道至符合技术条件; (4)改善电动机起动方法; (5)选用线式电动机; (6)调整两侧导向轮有合理间隙; (7)更换包胶轮
	车体三条腿运行	(1)车轮直径偏差过大; (2)安装不合理; (3)车架变形	(1)按图纸要求进行加工; (2)按技术条件重新调整安装; (3)车架矫正
	启动时车架扭摆	(1)轮压不均或主动车轮有一只悬空; (2)轨道直线度偏差过大,轨道接缝错位大	(1)调整车轮滚轮“三条腿”现象; (2)调整轨道直线度,堆垛机停准精度满足要求,修正轨道接缝,打磨一定斜面,光滑过渡

续上表

常见故障		故障可能原因	解决方法
搬运小车	汽车车轮从搬运小车滑落	(1)分体式搬运小车前后车运行不同步,制动不同步; (2)分体式搬运小车运行速度偏大,加速度偏大,运行惯性力较大; (3)包夹臂设计不当,或夹臂间距过小,容易越过	(1)调整前后车同步运行,制动一致; (2)调整降低运行速度及起停加速度,降低惯性力; (3)包夹臂构造措施,呈现"V"形抱持,或调整包夹臂合理距离
	运行卡阻	(1)轨距超差,导向轮卡阻; (2)车体变形与下方构件或地面运行干涉; (3)运行通道有垃圾等障碍物	(1)调整两侧导向轮有合理间隙; (2)矫正车体符合要求,或铲除地面凸起干涉部分; (3)清除运行通道一切多余干扰运行的障碍物
钢丝绳及轮系统	钢丝绳迅速磨损或经常破坏	(1)滑轮和曳引轮等直径偏小; (2)曳引轮上绳槽尺寸和绳径不相匹配,太小; (3)有脏物,缺润滑; (4)钢丝绳安装不正确,钢丝绳运动有构件接触相碰,经常磨绳; (5)滑轮槽底或轮缘不光滑有缺陷	(1)更换挠性更好的钢丝绳,或加大滑轮/曳引轮直径; (2)更换相适配钢丝绳,或更换滑轮及修改曳引轮; (3)清除、润滑; (4)调整干涉构件,保持钢丝绳运动畅通; (5)更换或修改滑轮
	滑轮转动不灵活或不转	轴承中缺油,有污垢和锈蚀、损坏,或滑轮偏斜安装与周围有干涉阻挡	润滑、清洗或更换损坏轴承,调整无干涉阻挡
联轴器	(1)联轴器半体内有裂纹; (2)连接螺栓及销轴孔磨损; (3)齿形联轴器轮齿磨损或折断; (4)键槽压溃与变形; (5)销轴、柱销、橡胶圈等磨损	(1)联轴器损坏; (2)起、制动时产生冲击与振动、螺栓剪断,起升机构中则易发生吊重坠落; (3)缺少润滑、工作繁重、打反车所致,联轴器损坏; (4)脱键,不能传递转矩; (5)起、制动时产生强烈的冲击与振动	(1)更换; (2)对起升机构应更换新件; (3)对运行等机构补焊后扩孔; (4)对起升机构,轮齿磨损达原齿厚15%即应更换,对运行机构,轮齿磨损量达原齿厚30%时应更换; (5)更换已磨损件

电气设备部分常见故障及解决方法如表7-25所示。

电气设备部分常见故障及解决方法 表7-25

常见故障		故障可能原因	解决方法
交流电动机	整个电动机均匀过热	(1)频繁起动,通电时间长,引起过载; (2)在低电压下工作; (3)电动机选择不当; (4)检修后改变了设备性能参数	(1)降低设备繁重程度或更换相应的接电率高的电动机; (2)电压低于10%额定电压,停止工作; (3)选择合适电动机; (4)维修,保持设备设计参数

续上表

常见故障		故障可能原因	解决方法
交流电动机	定子局部过热	定子硅钢片之间局部短路	消除引起短路的原因，用绝缘漆涂抹在修理的地方
	定子绕组局部过热	(1)接线错误； (2)某相绕组与外壳短路	(1)检查并排除接线错误； (2)修复该相绕组
	转子温度升高，定子有大电流冲击，电动机在额定负载时不能达到全速	(1)绕组端头、中性点或并联绕组间接触不良； (2)绕组与滑环间接触不良； (3)电刷器械中有接触不良处； (4)转子电路中有接触不良处	(1)检查焊接处，消除缺陷； (2)检查连接状况； (3)检查调整电刷器械，并检查松动与接触不良的情况并修理； (4)检查电阻，断裂的更换
	电动机在工作时振动	(1)电动机轴和减速器轴不同心； (2)轴承损坏和磨损； (3)转子变形	(1)重新安装； (2)更换轴承； (3)检修
	电动机工作时发出不正常的声响	(1)定子相位错移； (2)定子铁芯没压紧； (3)轴承磨损	(1)检查接线并改正； (2)检查定子并修理； (3)更换轴承
	电动机在承受负荷后转速变慢	(1)转子端部连接处发生短路； (2)转子绕组有两处接地	(1)检查并消除短路现象； (2)检查每匝线圈，修理破损，消除短路
	电动机运行时定子与转子摩擦	(1)轴承磨损，轴承端盖不正，定子或转子铁芯变形； (2)定子绕组的线圈连接不正确，使磁通不平衡	(1)更换失效轴承，检查端盖的位置，清除定子或转子铁芯上的飞刺； (2)检查并使线圈接线正确，测量定子每相中的电流应相等
	电动机工作时电刷上冒火花或滑环被烧焦	(1)电刷研磨不好； (2)电刷在刷握中太松； (3)电刷及滑环脏污； (4)滑环不平，造成电刷跳动； (5)电刷压力不足； (6)电刷牌号不对； (7)电刷间电流分布不均匀	(1)磨好电刷； (2)调整电刷或研磨合适； (3)用酒精将滑环擦干净； (4)车削和磨光滑环； (5)调整电刷压力(1.8～2N/cm^2)； (6)更换； (7)检查刷架馈电线及电刷并矫正
	滑环开路	滑环与电刷器械脏污	清污除垢
交流电磁铁	线圈过热	(1)电磁铁过载； (2)磁流通路的固定部分与活动部分之间存在着间隙； (3)线圈电压与电网电压不相符合	(1)调整弹簧拉力； (2)消除间隙； (3)更换线圈，或改变接法
	工作时声响较大	(1)电磁铁过载； (2)磁流通路的工作表面上有污垢； (3)磁力系统偏斜	(1)调整弹簧； (2)消除污垢； (3)调整制动器机械部分，消除偏斜

续上表

常见故障		故障可能原因	解决方法
交流电磁铁	不能克服弹簧作用力	(1)电磁铁过载; (2)主弹簧力过大; (3)电网中电压低	(1)检查调整电磁铁,减少运动阻力; (2)调整制动器主弹簧力; (3)暂停工作
交流接触器和继电器	线圈发热	(1)线圈过载; (2)磁流通路的活动部分接触不到固定部分	(1)减小活动触头对固定触头的压力; (2)消除偏斜、卡塞、污垢或更换线圈
	接触器"嗡嗡"声增高	(1)线圈过载; (2)磁流通路表面上脏污; (3)磁力通路自动调整系统中有卡塞现象	(1)减小触头压力; (2)消除脏污; (3)清除卡塞
	触头发热或烧毁(损)	(1)触头压力不足; (2)触头脏污	(1)调整压力; (2)排除或更换
	主接触器不能接通	(1)闸刀开关、紧急开关没合上; (2)仓口开关没合上; (3)控制器手柄没放回零位; (4)控制电路熔断器烧断; (5)线路无电	(1)闭合开关; (2)闭合开关; (3)手柄回零; (4)检查或者更换熔断器; (5)检查线路有无电压
	设备运行中经常掉闸	(1)触头压力不足; (2)触头烧损; (3)触头污脏; (4)超负载运行,造成电流过大; (5)滑触线不平,集电器和滑线接触不良	(1)调整触头压力; (2)更换触头或者打磨修理; (3)清洗; (4)减少负荷; (5)修整轨道或滑触线及连接支架

控制及线路部分常见故障及解决方法如表7-26所示。

控制及线路部分常见故障及解决方法 表7-26

常见故障	故障可能原因	解决方法
保护箱的开关闭合时,控制回路的熔断器烧毁	控制回路中的该相接地	用兆欧表检查该相接的部位,予以排除
某机构控制器转动后,过电流继电器动作	(1)保护该电动机的过电流继电器的整定值不符合要求; (2)该机构的机械传动部分某环节卡滞而造成电动机过载	(1)调整继电器的整定值; (2)检修传动部分,排除卡滞现象
主接触器接通吸合后,引入线的熔断器烧毁	该相接地	排除接地现象
控制器合上后电动机不转	(1)一相断电,电动机发出响声; (2)转子电路断线;	(1)找出损坏处,接好线; (2)找出损坏处,接好线;

续上表

常见故障	故障可能原因	解决方法
控制器合上后电动机不转	(3)线路无电压; (4)控制器内触头没真正接触; (5)集电刷发生故障; (6)制动器故障,不能松闸	(3)找出损坏处,接好线; (4)检修控制器; (5)检修集电器; (6)检修制动器
控制器合上后电动机仅能单向转动	(1)控制器反向触头接触不好或控制转动机构有故障; (2)配电线路发生故障; (3)工作机构运动到极点,压开了限位开关; (4)限位开关发生了故障	(1)检修控制器,调整触头; (2)用短接法找出故障并消除; (3)只能单方向运转; (4)检查限位开关,消除故障
终点限位开关动作后,主接触器不释放	(1)终点开关电路中发生短路; (2)接至控制器的导线错乱	(1)检修,消除短路; (2)纠正配线错误
控制器工作时,发生卡塞和冲击	(1)定位机械发生故障; (2)触头撑于弧形室内	(1)消除故障; (2)调整触头位置
电源切断后(控制回路分断)保护箱接触器不掉闸	(1)控制回路中有接地或短路之处; (2)接触器触头焊住,对主回路继续供电	(1)检查,排除故障; (2)锉削烧焦的触头,使接触良好

2)伸缩梳齿搬运小车常见故障及解决方法

常用的搬运小车包括:抱持式搬运小车、伸缩梳齿搬运小车、固定梳齿搬运小车,均可用于平面移动类停车设备和巷道堆垛类停车设备,7.3 节中已对抱持式搬运小车的常见故障及处理方法进行了介绍,本节重点介绍梳齿搬运小车。梳齿搬运又分为伸缩梳齿和固定梳齿,这里介绍两种搬运形式的日常维护巡检,同样适用于平面移动类停车设备中运用梳齿搬运形式的维护巡检。

图 7-5 为伸缩梳齿搬运小车的结构示意图,搬运小车在使用过程中(选配电气控制柜),常见故障及解决方法如表 7-27 所示。在调试和维护过程中,应注意切断电源,需机械及电气专业人员在场配合工作,以免人员受机械传动或电气伤害。

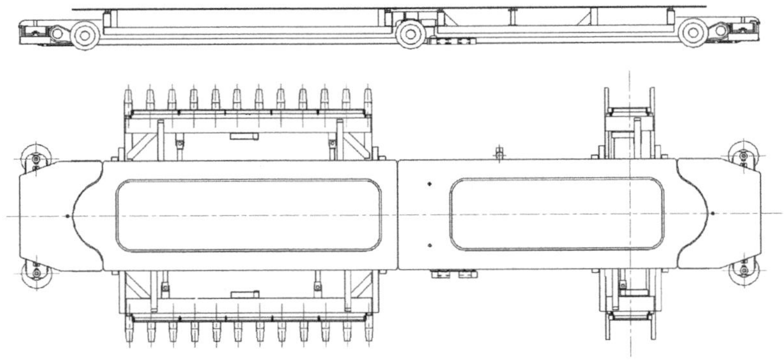

图 7-5　伸缩梳齿搬运小车

伸缩梳齿搬运小车常见故障及解决方法 表7-27

序号	常见故障	故障可能原因	解决方法
1	搬运小车行走时,不能定位到停车梳齿架的准确位置	(1)搬运小车行走低速频率设置过高,定位时有冲过现象; (2)定位感应块相对梳齿架位置不合适	(1)降低搬运小车低速频率至4~6Hz; (2)重新微调定位感应块相对停车梳齿架的位置,使梳齿叉臂相对梳齿架间隙均匀
2	搬运小车行走时,到位无法停止	(1)搬运小车行走低速频率设置过高; (2)定位感应块与传感器间距太大,或感应块长度过短; (3)检查电缆卷筒及接线	(1)降低搬运小车低速频率至4~6Hz; (2)检查定位感应块与传感器间距是否满足10~15mm,或用金属件靠近行走定位传感器底部,观察传感器指示灯有无变化(无变化为传感器损坏),感应块长度过短,两传感器无法同时点亮; (3)检查电缆卷筒接线、阻抗,消除卷筒汇流环坏道造成的影响
3	搬运小车行走时,速度突然变慢	地面不平整,有突起金属物	由于基建施工、台车沉降等其他原因,搬运小车侧边定位传感器运行区域有突出地面较高的金属台阶等,触发行走定位开关
4	搬运小车定位传感器常亮或常灭,并定位失效	(1)传感器失效; (2)穿线管电缆磨损造成短路; (3)电缆卷筒内部短路	(1)更换定位传感器; (2)断电后检查穿线管夹头及内部电缆情况,更换电缆; (3)更换电缆卷筒或调整环道
5	搬运小车行走时,轮系有异常噪声	(1)行走包胶轮损坏; (2)电机故障,表面较热	(1)观察包胶轮内外侧,检查轮子包胶层、与链轮剐蹭处有无严重脱胶,如有请立即联系报修更换; (2)电机内部缺陷,三相不平衡,高速运行时有异常噪声,应立即联系报修(可用万用表检查电机三相间阻抗是否相同)
6	搬运小车无法行走	(1)供电电缆损坏; (2)行走减速电机损坏; (3)变频器或电控箱故障	(1)检查输入供电电缆,有无虚接或损坏现象; (2)将两端的电机制动,同时用力拨开解除行走制动,即可推动搬运小车,如仍无法推动,则为减速器损坏,应立即报修; (3)检查控制箱变频器输出,如有异常现象,应立即联系报修
7	行走电机频率降至0Hz后不能立即制动	电机尾部手动解闸手柄没有恢复原位	把手动解闸手柄恢复原位

续上表

序号	常见故障	故障可能原因	解决方法
8	搬运小车前/后叉臂无法展开	(1)机械卡顿; (2)展开限位开关未回弹; (3)叉臂展开电机损坏	(1)如展开电机有启动冲击,但叉臂无法展开,则为机械故障,应立即联系报修; (2)检查限位开关有无未回弹或损坏、被外物压到处于触发状态; (3)打开集线盒2,上电后点动第二个或第三个交流接触器,观察有无电机运行声音,如无反应,应立即联系报修
9	搬运小车空载叉臂推正至极限位置时,推正电机无法自动停止	(1)空运行时,展开限位开关损坏或无法触发; (2)检查电缆卷筒及接线	(1)展开限位开关安装片被撞击移位,叉臂展开后无法触发行程开关,可微调恢复,如开关损坏,应立即联系报修更换; (2)检查输入供电电缆,有无虚接或损坏现象
10	搬运小车有车叉臂推正至与轮胎接触时,推正电机无法自动停止	(1)展开对中机构弹簧卡滞,机构未压缩; (2)对中机构行程开关损坏或无法触发; (3)检查电缆卷筒、接线或电控程序	(1)拆下相应对中机构的连杆,检查弹簧或内部有无污物,如有则清理; (2)检查相应叉臂的对中行程开关,有无移位或损坏现象,如有则清理; (3)检查输入供电电缆,有无虚接或损坏现象,检查电控程序有无正常运行
11	搬运小车空载叉臂伸缩时,叉臂与停车梳齿架有干涉	(1)车位定位感应块位置有偏差; (2)地面停车梳齿架安装不对称或加工不标准	(1)微调定位感应块安装位置; (2)修正地面停车梳齿架安装误差或整体更换
12	举升/下降高度不到位	(1)升降限位开关挡块位置松动,举升到位停止后,举升座未处在最高位; (2)链条松动; (3)其他机械松动干涉	(1)重新微调限位开关挡块位置,满足出厂尺寸要求; (2)运动机构件磨损,链节变松,需重新张紧链条及调整胀紧套到合理位置; (3)检查相对运动车架间有无异物导致机构卡顿,若仍无法恢复,应立即联系报修
13	举升/下降电机无法自动停止	(1)举升行程开关损坏或无法触发; (2)检查电缆卷筒、接线或电控程序	(1)检查相应举升/下降行程开关,有无移位或损坏现象,如有则调整或更换; (2)检查输入供电电缆,有无虚接或损坏现象,检查电控程序有无正常运行
14	带载举升时,前后轮不能同步	(1)举升座顶部张紧套松动; (2)其他机械故障	(1)放下车辆,行驶至空车位打开顶盖,检查相应的举升座张紧套螺母有无松动现象(油漆标记有错位),如有则解闸举升电机,转动风扇将前、中、后三桥恢复至最低位置后复紧; (2)若仍无法恢复,应立即联系报修

续上表

序号	常见故障	故障可能原因	解决方法
15	停车位取车时,叉臂对中机构左右无法同时触发	(1)地面停车梳架安装偏差较大,汽车摆放不正; (2)导轨内宽与行走导向轮间隙过大	(1)检查停车梳齿架内宽,需与其他处行走导轨一致,以避免累计误差; (2)调整搬运小车行走导向轮与导轨间隙至2mm左右,避免汽车存取过程停放存在较大误差
16	自动运行时,叉臂未夹紧车辆便举升行走	(1)展开对中机构弹簧卡滞,机构未回弹; (2)行程开关故障或控制箱程序故障	(1)拆下相应对中机构的连杆,检查弹簧或内部有无污物,如有则清理; (2)检查程序,左右对中机构行程开关未触发不可执行余下操作
17	举升或伸出动作方向与指令相反	输入电源或者集线盒内4C、5C、6C输入电源相序错误	调换输入电源相序
18	行走电机频率降至0Hz后不能立即制动	电机尾部手动解闸手柄没有恢复原位	把手动解闸手柄恢复原位

3)固定梳齿搬运小车常见故障及解决方法

图7-6为固定梳齿搬运小车的结构示意图,搬运小车在使用过程中常见故障及解决方法如表7-28所示。在调试和维护过程中,应注意切断电源,需机械及电气专业人员在场配合工作,以免人员受机械传动或电气伤害。

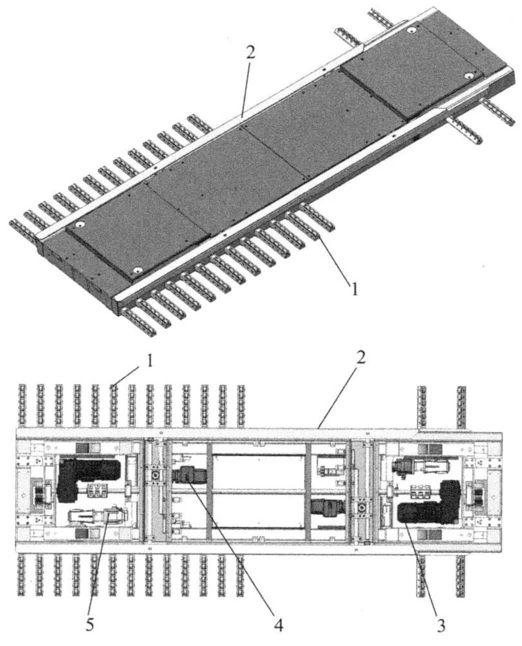

图7-6 固定梳齿搬运小车

1-梳齿;2-对中杆;3-提升电机;4-对中电机;5-走行电机

固定梳齿搬运小车常见故障及解决方法 表 7-28

序号	常见故障	故障可能原因	解决方法
1	搬运小车取车动作时，报搬运小车上已有车	搬运小车在原始位，向库位或进出口做取车动作，系统检测到搬运小车上有车光电信号	检查搬运小车有车光电是否被挡、光电未对准等，如果正常则需检查光电开关、接线线路
2	搬运小车动态超限	搬运小车在进出口进行车辆交换时，可能显示此报警，搬运小车走行过程中，系统检测到搬运的车辆宽度和高度不符合库位容纳的限制	检查搬运小车走行过程是否有超高、超宽光电被挡，或光电未对准等，如果正常，则需检查光电开关、接线线路等
3	存车过程中，检测目标车位有车辆	(1)目标车辆有车未登记上或有障碍物； (2)反光片没对住或检测有车光电坏	(1)重新调整登记或清除障碍物； (2)调整反光片，如光电黄灯还不亮更换反光片；检查光电开关线路，如无误更换有车光电开关
4	搬运小车载车运行时，突然停止运行，报搬运小车定位异常	(1)顶升上到位信号闪断或丢失； (2)前后对中推到位信号丢失； (3)拖缆电机线断缺相接触器不吸合	(1)检查拖缆线对应信号线是否断开及开关是否碰住或损坏； (2)接触器没吸合，检测接触器线圈的阻值应在500Ω左右以及线圈是否通电； (3)检查输入模块信号点(给信号点通24V电是否亮)
5	搬运小车无车运行时，突然停止运行，报搬运小车定位异常	(1)顶升下到位信号闪断或丢失； (2)前后对中回到位信号丢失或闪断； (3)拖缆电机线断缺相接触器不吸合	同上(注：序号4和5检查相同)
6	定位异常搬运小车运行时不能定位到停车梳齿架的准确位置	(1)搬运小车行走中速或高速频率设置过高，定位时有过冲现象； (2)定位块与梳架位置不合适； (3)搬运小车主动轮与轴的键有晃动或剪断，定位时有摆动现象	(1)降低搬运小车中速频率15~20Hz或高速频率； (2)重新微调定位块与梳架位置，使梳齿与梳架间隙均匀； (3)更换搬运小车主动轮和轴、键
7	搬运小车运行时无法准确定位	(1)定位块与接近开关距离太大； (2)电机制动间隙大	(1)调整定位块与接近开关距离5~8mm，或用金属件放在接近开关底部，观察接近开关指示灯，若不亮，须更换接近开关，检查接近开关线路； (2)调整电机制动器

续上表

序号	常见故障	故障可能原因	解决方法
8	搬运小车信号都满足但不能行走	(1)输出模块; (2)拖缆电机缺相; (3)电机接触器没有吸合	(1)输出模块没有输出,更换输出模块; (2)拖缆电机缺相,更换备用线,没有备用线锯线(一般在固定拖缆线弯头处锯); (3)检查接触器线圈阻值500Ω左右
9	梳体顶升中位后,左右晃动	(1)顶升铜套间隙大、松动; (2)顶升柱压板松动	(1)检查顶升铜套与顶升柱之间的间隙是否太大,并更换铜套; (2)检查固定顶升柱压板的螺丝是否松动或断裂
10	梳体顶升运行超时	(1)顶升电机缺相; (2)顶升到位开关失效; (3)输入模块点不亮; (4)升降导柱导套卡阻	(1)检查拖缆电机线及电机接触器;检查到位信号线路; (2)更换开关; (3)更换输入模块; (4)消除导柱导套阻力,注油润滑
11	载车时对中运行超时	(1)对中的中位开关失效; (2)对中电机缺相; (3)对中电流继电器失效	(1)检查对中开关线路是否正常,更换开关; (2)检查拖缆电机线和电机接触器; (3)检查电流继电器,更换电流继电器
12	对中前后不同步	(1)对中电机缺相; (2)对中齿轮打齿断裂; (3)对中杆与对中铜座间隙太紧	(1)检查拖缆电机线和电机接触器; (2)更换对中齿轮; (3)调整铜座

7.5 垂直升降类停车设备检查与维护

垂直升降类停车设备主起升机构有曳引式、链轮链条、钢丝绳卷筒等,常规的垂直升降类停车设备(每层2车位)以曳引驱动为多,标准梳齿式(每层2个车位)、多列联动式、多列垂直升降(大轿厢)等起升机构涉及链轮链条驱动,链轮链条升降驱动在平面移动类、巷道堆垛类停车设备中的升降机上使用较多,故其具体结构可参考平面移动类、巷道堆垛类停车设备对应章节的内容。

7.5.1 检查维护

1)检查规范与方法

垂直升降类停车设备检查规范与方法如表7-29所示。

表 7-29

垂直升降类立体停车设备检查规范与方法

序号	分项	检查规范、检查方法及图例
1	螺栓	1.1　用扳手检查，如果螺栓不动则为正常。 1.2　在固定螺栓上做标记，检查时若发现标记有变动，说明螺栓有松动。要求紧固螺栓后重新做标记 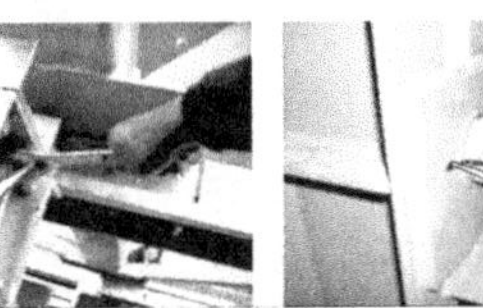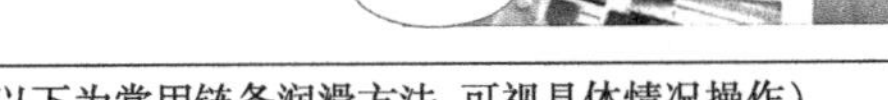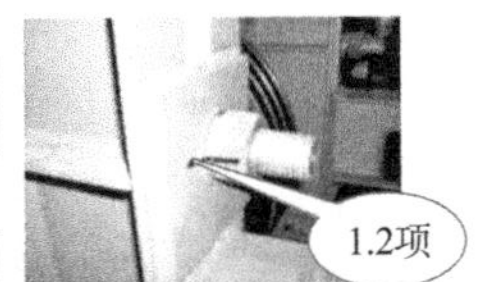
2	链条	2.1　润滑方法（注：以下为常用链条润滑方法，可视具体情况操作） （1）毛刷润滑：用刷子或注油壶定期地在链条松边的内外链板环接处加油。其加油量和周期应足以防止链环接处的润滑油不变色。在低速运行的环境下采用标准的毛刷，保证链条上不能有失油现象。 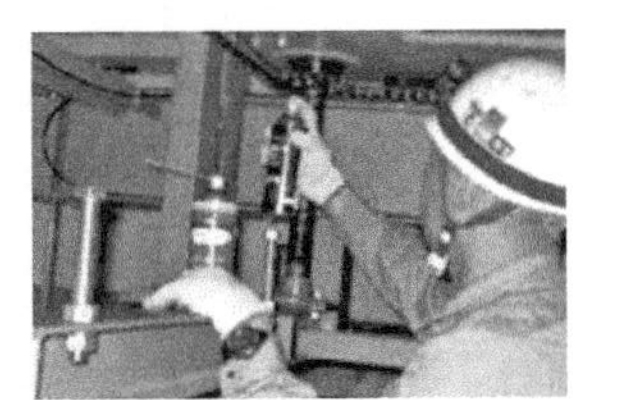 目前垂直升降类停车设备采用喷油润滑 （2）喷油润滑：喷油润滑是对每条传动链供给一连续的油流。油应加在链环的内侧，正好对准链板环接处，沿着链宽很均匀地导向链松弛的一侧上。 2.2　链条检查 （1）链条伸长量简易测定方法。 将链条两端拉直，测量方法见图。测量长度 $L=(L_1+L_2)/2$，标准长度 L_S = 标准节距 × 测定节数，伸长量 $L_e=(L-L_S)/L_S\times100\%$。 （2）采用标准的链条测量尺进行测量。 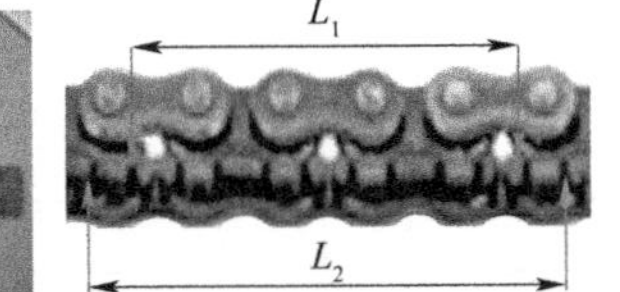

续上表

<table>
<tr><th>序号</th><th>分项</th><th colspan="3">检查规范、检查方法及图例</th></tr>
<tr><td>2</td><td>链条</td><td colspan="3">(3)链条伸长的限度。
链条伸长量过大时会造成链条无法顺畅地传动而降低传动效率,因此伸长率超过一定的限度时,必须更换新链条。
<table><tr><th>齿数(齿)</th><th>伸长率临界值(%)</th></tr><tr><td>60 以下</td><td>1.5</td></tr><tr><td>61 ~ 80</td><td>1.2</td></tr><tr><td>81 ~ 100 及以上</td><td>1.0</td></tr></table>(4)外观检查。
内/外链片是否变形、裂缝、锈蚀;销子是否变形、转动或锈蚀;滚子是否裂缝、破坏、过度磨损;接头是否松脱变形;运转时有无异常声音或不正常振动,链条润滑状况是否良好</td></tr>
<tr><td>3</td><td>钢丝绳</td><td colspan="3">3.1 钢丝绳的使用和维护
(1)钢丝绳在使用过程中特别是钢丝绳在运动中不要和其它物件相摩擦,更不应与钢板的边缘斜拖,以免钢板的棱角割断钢丝绳,直接影响钢丝绳的使用寿命。
(2)在高温的物体上使用钢丝绳时,必须采用隔热措施,因为钢丝绳在受到高温后其强度会大大降低。
(3)钢丝绳在使用一段时间后,必须加润滑油。一方面可以防止钢丝绳生锈;另一方面,钢丝绳在使用过程中,它的每股子绳之间同一股中的钢丝与钢丝间都会相互产生滑动摩擦,特别是在钢丝绳受弯曲力时,这种摩擦更加激烈,加了润滑油后就可以减少这种摩擦。
(4)钢丝绳存放时,要按上述方法将钢丝绳上的脏物清洗干净后上好润滑油,再盘绕好,存放在干燥的地方,在钢丝绳的下面垫以木板或枕木,必须定期进行检查。
(5)钢丝绳在使用过程中,尤其注意防止钢丝绳与电焊线相接触。因触电后,钢丝绳会损坏,影响作业的顺利进行。
(6)钢丝绳在使用过程中,必须经常注意检查有无断丝、锈蚀、折损、变形等情况,必要时需更换新绳,确保安全。
3.2 钢丝绳报废标准(具体见表 6-5 钢丝绳缺陷鉴别及报废基准)</td></tr>
<tr><td colspan="5">每月检查项目</td></tr>
<tr><td>4</td><td>机房驱动系统</td><td>4.1</td><td>联轴器</td><td>4.1.1 用扳手检查联轴器上的螺栓(1.1 项检查方法)。
4.1.2 以低速运行,目视联轴器上转动过程是否正常,听联轴器在转动过程中是否有异常声音。检查联轴器是否在同一轴线,配合间隙应一致。如有异常,应马上停止运行</td></tr>
</table>

续上表

序号	分项	检查规范、检查方法及图例		
4	机房驱动系统	4.1	联轴器	  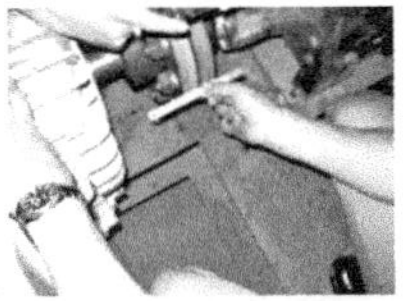
		4.2	减速机的杂音和温度	4.2.1 检查减速机运行的声音是否异常。 4.2.2 如果声音过大或者温度异常过高应让电机停止。 4.2.3 打开减速机上封盖，检查内部结构部分。 4.2.4 检查减速机是否有漏油现象，通气孔是否堵塞 
		4.3	编码器	检查旋转连接轴与编码器的固定情况  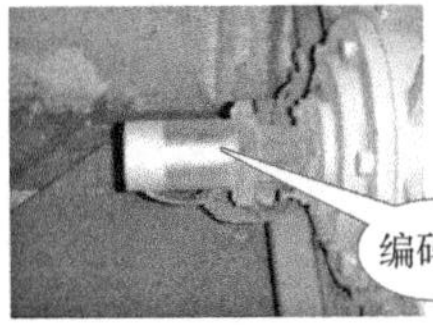
		4.4	电动机和减速机的螺栓	检查各螺栓的紧固状态(1.1 项、1.2 项检查方法) 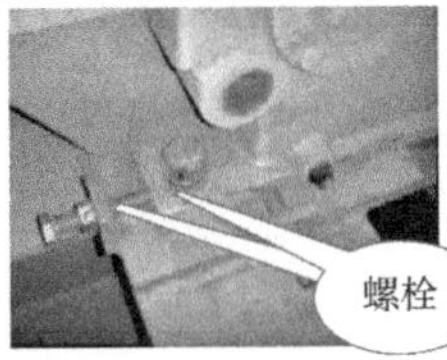
		4.5	轴承座上的螺栓	检查各螺栓的紧固状态(1.2 项检查方法) 

续上表

序号	分项	检查规范、检查方法及图例		
4	机房驱动系统	4.6	曳引机座和底座上的螺栓	检查螺栓的紧固状态(1.2 项检查方法)
		4.7	减速机的油量	4.7.1 检查减速机的油量,油位不应低于油标中线刻度。若油量不够,需补充。 4.7.2 定期更换机油。 4.7.3 若油质不清洁应及时更换
		4.8	滑轮、滑轮装置的螺栓及挡板	4.8.1 检查各螺栓的紧固状态(1.2 项检查方法)。 4.8.2 滑轮出现下列情况应报废: (1)出现裂纹。 (2)绳槽不均匀磨损量 >3mm。 (3)绳槽径向磨损量达到钢丝绳的 50%。 (4)绳槽壁厚磨损量达原壁厚的 20%。 (5)其他损害钢丝绳的因素。 4.8.3 目视检查钢丝绳的防跳装置,装置与导向轮之间的间距为 6mm。 4.8.4 目测检查滑轮轴承是否破损异常,声音是否异常
		4.9	电动机的杂音和温度	4.9.1 启动电动机,检查电动机的声音是否异常,冷却风扇是否正常,绝缘是否符合要求。 4.9.2 如果声音过大或者温度异常过高应让电机停止。仔细检查各部位并分析原因。 4.9.3 目测风扇是否转动及转动方向是否正确,如发现异常,立即检查原因

续上表

序号	分项	检查规范、检查方法及图例		
4	机房驱动系统	4.10	轴承座	设备运行时,注意轴承是否有杂音,检查润滑情况。防止出现过度磨损 
		4.11	绳轮	绳槽应保持清洁,注意检查磨损情况。绳槽中不允许添加润滑油 不可加油 
		4.12	机房照明、卫生	4.12.1　机房内应保持照明良好。 4.12.2　机房内应清洁,无杂物 
		4.13	卷筒	以目视检查卷筒上钢丝绳盘绕是否正常,横向记号线是否有不规则的移动。如有变动,应检查轿厢的水平是否有高低,并重新在钢丝绳上划横向线。检查并拧紧钢丝绳夹板上的螺栓。卷筒和轴连接处应完好无裂纹   标记　夹板

续上表

序号	分项	检查规范、检查方法及图例		
5	钢丝绳及相关组件	5.1	卷筒	5.1.1 采用3.1项的方法对钢丝绳进行检查，发现钢丝绳有出现断丝明显的情况下必须更换；用游标卡尺测量钢丝绳的直径，直径减小7%以上，钢丝绳必须更换。 5.1.2 钢丝绳应正确地卷于卷筒上，卷筒上附着钢丝绳头必须有2个以上压绳板。 5.1.3 钢丝绳不能与主机座、绳孔和挡绳杆等相磨擦
		5.2	升降平台钢丝绳绳头组合	5.2.1 检查螺栓的紧固状态(1.1项检查方法)。 5.2.2 目视检查钢丝绳与拉杆连接部分的磨损情况和开口销状态。 5.2.3 确保钢丝绳头固定牢靠
		5.3	对重钢丝绳绳头组合	5.3.1 检查绳头组合螺杆上螺母的紧固状态(1.1项检查方法)。 5.3.2 目视检查钢丝绳与拉杆连接部分的磨损情况和开口销状态。 5.3.3 对重绳头组合钢丝绳应有3个压板固定 螺杆上螺母 固定压板
		5.4	对重钢丝绳松弛检查	反复拨动钢丝绳松驰开关确保动作灵敏
6	对重	6.1	对重块	6.1.1 把对重降到最低处，检查对重块在对重架中是否存在脱落现象。检查对重块压紧螺栓紧固状态(1.2项检查方法)。 6.1.2 检查对重平衡度，确保对重块保持平衡。检查滑块磨损情况。对重与缓冲器距离为250～500mm

续上表

序号	分项	检查规范、检查方法及图例				
6	对重	6.2	对重导轨			目视检查对重导轨是否变形，导轨应保持平直、润滑良好。可点调整（局部调整）或整体调整
7	轿厢	7.1	轿厢导轨和导靴	7.1.1	轿厢导轨	（1）以目视检查导轨是否变形，导轨应保持平直、润滑良好。 （2）以目视确认安装导轨的部分、接头螺栓是否有松动
				7.1.2	轿厢导靴	（1）轿厢缓慢升降，检查导靴左右间隙是否一致。 （2）让轿厢回到原点位置，检查导轨和导靴的间隙，导轨正面间隙为3mm，导轨侧面间隙为2mm
		7.2	软着陆	7.2.1	轿厢软着陆	软着陆挂钩打开时与挡块的间隙在2～4mm，动力缸出限到位时，马蹄收回确认的4只开关应都动作可靠，开关动作同步要求达到<2s
				7.2.2	控制导线	在动力缸正常状态下，控制导线应伸展自如，若出现缩回迟缓，须加润滑油润滑或更换控制导线

续上表

序号	分项	检查规范、检查方法及图例				
7	轿厢	7.2	软着陆	7.2.2	控制导线	
				7.2.3	电动推杆 限位开关	(1)电动推杆到位后,限位开关的行程要留有一定的余量。 (2)开关位置固定应保证可靠
		7.3	旋回转盘	7.3.1	旋回转盘	(1)以轿厢两端的中心位置定两点拉出一根线,测量升降旋转盘和轿厢的中心距。距离左右误差为2mm,旋回转盘左右可晃动间隙<2mm。 (2)旋转盘和齿轮盘紧固可靠。 (3)检查旋回转盘上橡皮垫的磨损情况,是否固定可靠。 (4)旋转盘回转角度,B 型 90°回转时左右停止位置相同,A 型 180°回转时左右停止位置相同。 (5)打开升降旋转盘上面中央的铁板,用黄油枪从油嘴处注入油脂(一般为每 6 月一次)
				7.3.2	升降旋回转盘行程及旋转位置	(1)升高升降旋回转盘,测量地平面与车板底部距离: B 型 90°时应 > 150mm;A 型 180°时应 > 70mm。 (2)把载车板旋转 90°,检查载车板与轿厢构架是否平行

续上表

序号	分项	检查规范、检查方法及图例				
7	轿厢	7.3	旋回转盘	7.3.3	旋转电机	(1)将升降台上升到旋转位置,开动旋转电机,检查其是否正常。 (2)检查旋转电机固定螺栓紧固情况(1.2 项检查方法) 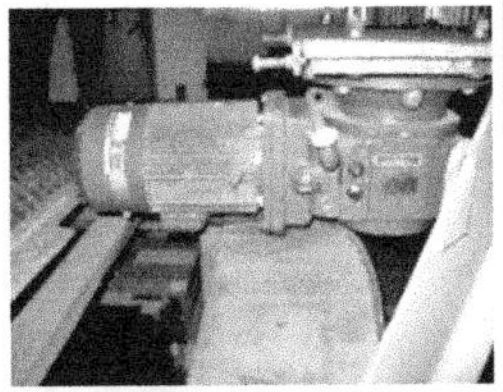
				7.3.4	升降旋回转盘的旋转齿轮	(1)在环形齿轮的表面和小齿轮上涂上润滑油脂。 (2)电机齿轮与旋转齿轮间应保证适当间隙。 (3)检查旋转盘固定螺栓的固定情况(1.2 项检查方法) 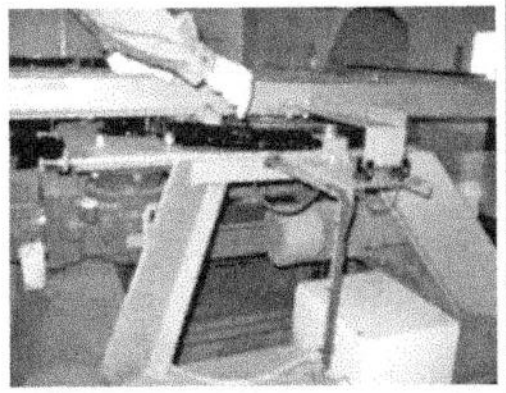
				7.3.5	旋转钩拉机构	(1)检查轴承是否破损,定期加油。 (2)固定螺栓是否松动(1.2 项检查方法)。 (3)检查卡簧是否完好 
		7.4	升降台	7.4.1	滚珠丝杆	丝杆传动声音平稳无异响,旋回转盘在静止时左右晃动尺寸≤3mm,滚珠丝杆链条松紧适宜,水平偏差≤3mm,各运动组件运转平稳,顺畅。无抖动振颤现象,丝杆各部位螺栓紧固可靠 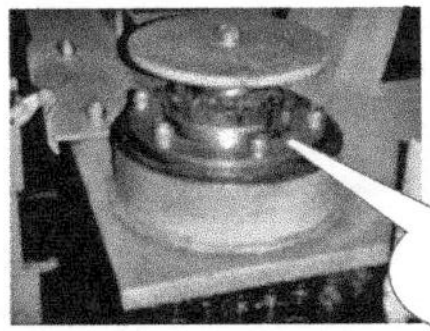 

续上表

序号	分项	检查规范、检查方法及图例				
7	轿厢	7.4	升降台	7.4.2	升降电机和电气布线	(1)检查升降电机是否正常运转。 (2)检查电气布线、软线是否有损伤。 (3)对限位开关位置做标记,便于日后调整
				7.4.3	旋回转盘的升降链条	(1)检查调整链条松紧度和润滑。 (2)检查齿轮定位是否正确。 (3)检查固定螺栓、调节螺栓是否紧固(1.2 项检查方法)
		7.5	轿厢车板导轨	7.5.1	轿厢上接近开关	以金属片接近传感器,距离控制在 10 ~ 15mm 之间,确认 PLC 输入模块显示是否动作
				7.5.2	轿厢车板导轨	轿厢车板导轨和车板梁的顶部应该保持水平,左右无偏差

续上表

序号	分项	检查规范、检查方法及图例				
7	轿厢	7.6	其他	7.6.1	轿厢踏板	检查定位是否准确，定位杆定期少量加油，滑块是否偏离  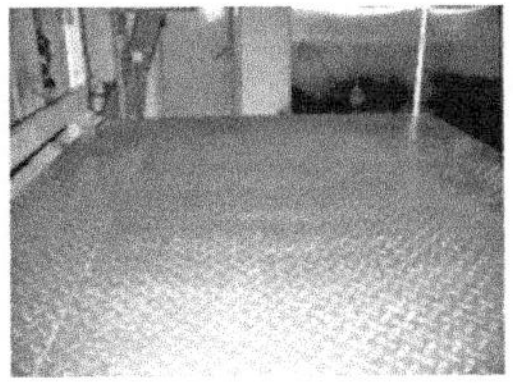
				7.6.2	随行电缆	（1）升降平台压缩缓冲器后，电缆不得与底坑、地面及升降平台底部接触，随行电缆不应有打结或波浪扭曲现象。 （2）确保固定支架紧固，并保证在运行时不与其余部件发生干涉 
				7.6.3	轿厢横梁端部螺栓	检查螺栓的紧固状态（1.2 项检查方法） 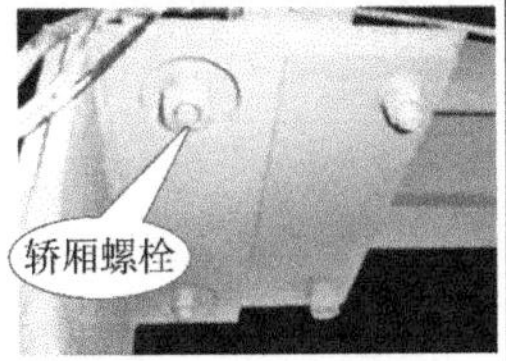
				7.6.4	轿厢表面	以目视检查轿厢结构表面有无油漆剥落、碰撞等产生的痕迹，应及时予以修补，以保持表面良好 

续上表

序号	分项	检查规范、检查方法及图例				
7	轿厢	7.6	其他	7.6.5	搬运小车上保护开关	(1)防车门打开检测传感器动作时，搬运小车应停止运行。 (2)搬运机上车板平行位置检测传感器在有车板时应同时检测到，否则搬运小车应立即停止运行。 (3)检测车板双重存放传感器动作时，搬运小车停止放车板。 (4)钢丝绳断绳检测开关动作可靠，动作时搬运小车立即停止运行
				7.6.6	轿厢缓冲器	(1)检查轿厢缓冲器距离，定位控制在 250 ~ 500mm 之间。 (2)检查缓冲器是否老化
8	门	8.1	自动门	目测门板上是否有擦痕，在开关门时应无异常声音，上下门应无相互磨擦情况		
		8.2	导靴	检查门板导靴是否正常		

续上表

序号	分项	检查规范、检查方法及图例			
8	门	8.3	自动门钢丝绳	钢丝绳应无保持适当的润滑，表面不能有扭曲及毛刺现象	钢丝绳
		8.4	电动机及卷筒	运行时听电动机声音是否正常，卷筒转动时是否正常	电动机 卷筒
		8.5	上下限位开关	自动门上下运行时，限位开关能否可靠控制自动门停止	门限位开关
		8.6	自动门联锁	8.6.1　自动运行中，按开门按钮不会自动打开； 8.6.2　自动运行中，打开安全门时机械应停止	
		8.7	自动门防夹开关	反复动作以确保自动门防夹保护开关动作可靠	门防夹光电

续上表

序号	分项	检查规范、检查方法及图例		
8	门	8.8	安全门	检查安全门联锁装置是否可靠
		8.9	消防联动	在运行中停车设备打开消防门应报警，升降平台停止运行，有消防信号后，设备应立即停止，自动门应强迫关上
9	电气控制	9.1	操作盘和控制盘	9.1.1　以自动方式开动，确认操作盘中触摸屏接受来自 PC 的各种信息。 9.1.2　转换为维修方式，确认触摸屏作出相应显示。 9.1.3　检查各显示灯是否正常显示。 9.1.4　检查继电器是否工作正常，若出现触点发黑的情况应予更换。 9.1.5　检查各接线端子及接触器的接线是否松动。 9.1.6　检查接触器工作是否正常，若在接触器吸合时有火花或黑色粉状物质喷出，则该接触器应予以更换
		9.2	限位开关	9.2.1　主电源开关打开（注意动力电源应关闭），拨动上极限、上限停止、下极限、下限停止、钢丝绳松弛、升降旋回转盘限位开关的杠手柄，检查机械的动作、PLC 是否接收信号，即显示灯是否有变化。 9.2.2　限位开关安装动作应灵活可靠，两只限位安装在一起时，不允许有一只限位动作，而又与另一只限位杆相碰

续上表

序号	分项			检查规范、检查方法及图例
9	电气控制	9.3	光电传感器的动作	检查长、宽、双重停放、上下方高度、有车板、车高、门各处的光电传感器是否正常动作，可用滤光或不透明的东西遮住光电的发射端，观察相应的 PC 输入模块中显示灯是否熄灭。检查传感器的表面是否有垃圾或灰尘附着，如有垃圾或灰尘，应用干净的软布擦去 光电开关
		9.4	断错相保护功能	反复动作以确认断错相保护功能是否正常
		9.5	变频器和 PLC	9.5.1　在变频器和 PLC 部分，检查是否有垃圾或灰尘附着，如有垃圾或灰尘，应用干净的软布擦去。变频器、风扇及电阻上不能有杂物。 9.5.2　检查接线是否有松动。电源断开，手按各接线部分，检查接线有否断开或松动现象。 9.5.3　检查故障代码显示是否正常 变频器　PLC
		9.6	检测车辆停放位置的光电	以下光电动作时，系统应无法自动运行： （1）车长检测光电开关动作状态； （2）车辆尾部超高检测动作状态； （3）车辆超高检测开关动作状态 超长光幕

续上表

序号	分项	检查规范、检查方法及图例		
9	电气控制	9.7	检测移动物体功能	检测停车设备内是否有人在行走，如检测到有人在走动时，系统应无法启动
		9.8	紧急停止按钮和警铃	9.8.1　底层处紧停动作可靠，设备立即停止；操作盘处紧停动作可靠，设备立即停止。 9.8.2　顶层处紧停动作可靠，设备立即停止。 9.8.3　控制柜处紧停动作可靠，设备立即停止。 9.8.4　警铃保证正常工作
10	车板	10.1	车板梁固定螺栓	用扳手检查螺栓固定情况（1.2项检查方法）。
		10.2	车板	检查车板是否变形，油漆是否剥落，车板应保持平直、表面良好

续上表

序号	分项	检查规范、检查方法及图例
10	车板	10.3 车板梁勾拉机械打开机构：检查在正常状态下，车板梁上防滑钩与车板上防滑杆最近距离必须在5mm以上。且钩子运行必须灵活可靠
11	底坑	检查底坑情况，保持底坑排水通畅。应做到无积水、渗水且卫生清洁
每6个月检查项目		
12	端子	注意关闭电源。打开操作盘、控制盘、AMP盘、自动门控制盘、耐振中继盘、升降旋回转盘、旋转盘、轿厢终端盘，拧紧每个接头端子的螺钉。在不移动开关支架的前提下，拧紧固定开关支架的螺栓
13	挡绳轴	用卷尺测量挡绳轴和引轮、滑轮钢丝绳的最短距离，调整挡绳螺栓使其间距保持在4～6mm
每12个月检查项目		
14	环境检查	打开屋顶天窗以后检查外面的状态，检查屋顶是否有异常或者空洞，检查避雷针是否完好
15	轿厢水平	用水平仪或水平管测量轿厢水平，以轿厢车板梁为基准面，测量轿厢四角的水平度（注意测量时人不能站在轿厢上），允许误差 <2mm
16	曳引轮的磨损	检查曳引轮轮槽磨损情况。用游标卡尺检查各轮槽磨损，其最大差距达到曳引钢丝绳直径的1/10以上或严重凹凸不平影响使用时应予以更换；用游标卡尺检查钢丝绳与绳槽底的间隙≤1mm时，或带切口半圆槽绳磨损至切口深度小于2mm时，应予以更换

2)主要部件定期更换表

(1)机房系统(表7-30)。

机房系统主要部件定期更换表 表7-30

序号	名称	更换周期	备注
1	轴承座	每10~15年	—
2	联轴器	每10年	—
3	升降电动机	—	按检查使用情况而定
4	减速机	—	按检查使用情况而定

(2)传感器限制开关系统(表7-31)。

传感器限制开关系统主要部件定期更换表 表7-31

序号	名称	更换周期	备注
1	轿厢上升限位开关	每5年	—
2	轿厢下降减速开关	每5年	—
3	轿厢钢丝绳松弛开关	每5年	—
4	车体右侧感应光电开关	每5年	—
5	车体左侧感应光电开关		
6	上平层位置检出光电开关	每5年	—
7	平层确认光电开关	每5年	—
8	车板平行右接近开关	每5年	—
9	车板平行左接近开关	每5年	
10	旋回转盘原点光电开关	每5年	—
11			
12	旋回转盘180°确认开关	每5年	—
13	升降机上升停止/确认开关,升降机下降停止开关	每5年	—
14			
15	初始位置车长检测/前边光电开关	每5年	—
16	初始位置车长检测/后边光电开关		
17	检测是否有汽车光电开关	每5年	—
18	确认关自动门限位开关	每5年	
19	确认关安全门限位开关		
20	汽车超高检测光电开关	每5年	

(3)轿厢系统(表7-32)。

轿厢系统主要部件定期更换表 表7-32

序号	名称	更换周期	备注
1	旋转减速器组	每10~15年	按检查使用情况而定
2	升降减速器组	每7~10年	按检查使用情况而定
3	横移推拉杆	每5年	—

续上表

序号	名称	更换周期	备注
4	张紧轮组	每5年	—
5	主链轮	每8年	—
6	轿厢滑动导靴	每5年	—
7	升降链条	每8年	—
8	滚珠丝杆	每8年	—
9	钢丝绳	每6年	按检查使用情况而定

3)润滑油(脂)及润滑部位

润滑油(脂)及润滑部位如表7-33～表7-36所示。

每个月加油1次　　表7-33

序号	名称	润滑部位	润滑油名称	油量	加油方法	备注
1	丝杆	滑动轴承	4403号合成齿轮油	适量	注入	—
2	升降链条	链条	普通开式齿轮油100	适量	涂刷	升降平台上链条
3	滚筒装置	轴承座	2号钙基润滑脂	适量	注入	—
4	滑轮装置	轴(轴承座)	2号钙基润滑脂	适量	注入	—
5	升降系统	主链条、传动链条	普通开式齿轮油100	适量	涂刷	—
6	导轨	—	机械油N15	适量	涂刷	—

每3个月加油1次　　表7-34

序号	名称	润滑部位	润滑油名称	油量	加油方法	备注
1	旋回转盘	轴承	2号钙基润滑脂	适量	注入	—
2	丝杆	螺母油孔中	主轴油	适量	注入	—
3	张紧轮装置	车板轮	4号钙基润滑脂	适量	注入	—
4	导向轮架	轴承	2号钙基润滑脂	适量	注入	—

每6个月加油1次　　表7-35

名称	润滑部位	润滑油名称	油量	加油方法	备注
旋回转盘	齿轮轴啮合面	2号钙基润滑脂	适量	涂刷	—

其他　　表7-36

名称	润滑部位	润滑油名称	油量	加油方法	备注
升降减速机	减速机	(壳牌)Omala320	油量计	注入	—

7.5.2 常见故障及解决方法

垂直升降类停车设备机型较多,有载车板式、梳齿式等不同停车方式,常见类型有单列、多列、多列联动和环形(常见圆形)等。市场上使用较多的是载车板式单列垂直升降停车设备。单列垂直升降停车设备的存取交接机构不同,制造厂家也有所不同,但在起升机构选用方面以曳引为主,以此设备为例进行介绍垂直升降类停车设备的常见故障及解决方法如表7-37所示。

垂直升降类停车设备的常见故障及解决方法 表 7-37

常见故障	故障可能原因	解决方法
升降平台不水平	(1)四角起升挠性件长短不一； (2)曳引钢丝绳松紧不一； (3)曳引轮绳槽磨损差异； (4)绳槽滑移或润滑油过剩； (5)钢丝绳质量不符合要求	(1)调整升起挠性件长度，使平台水平； (2)调整钢丝绳，平均张力≤5%； (3)修整或更换曳引轮，绳槽直径符合图纸要求，必要时绳槽表面淬硬处理； (4)清除多余润滑油脂； (5)更换符合要求的曳引钢丝绳
升起机构异响	(1)轴承损坏； (2)联轴器润滑不良； (3)钢丝绳偏斜过大	(1)检查更换轴承； (2)按要求润滑良好； (3)纠正偏斜角，符合设计或标准要求
强平层对不准	(1)见升降平台不水平原因； (2)安装本体对应平层构件位置错位； (3)装配对应强平层装置松动、移位	(1)见升降平台排除措施； (2)纠正本体强平层构件位置； (3)调整平层装置正确位置，紧固可靠
载车板横移卡阻	(1)升降台轨道与泊位轨道高差大，或水平错位； (2)升降台升降导向在水平方向间隙大； (3)滚轮轴承损坏，滚轮运转不灵活	(1)调整泊位轨道使其满足一致性要求； (2)调整升降平台导向装置间隙符合要求； (3)更换损坏件，润滑良好，滚轮运转自如
载车板存板回弹	(1)横移运行碰撞速度过大，撞击回弹； (2)存取机构钩拉销销叉干涉不畅，回带载车板； (3)两侧存取机构销叉不同步； (4)泊位轨道倾斜度回溜	(1)消除回弹碰撞，或调整泊位挡块适合位置； (2)检查调整存取机构钩拉销，或调整销叉啮合脱离顺畅，修正载车板不合理变形； (3)检查调整两侧销与板上叉槽同步啮合或脱离良好； (4)调整泊位轨道，倾斜度符合设计要求
出入口检测报警	(1)超长、超宽、超高等检测信号异常； (2)线路故障； (3)光电开关或与此支架移位未对准	(1)按显示屏故障信息清除； (2)排查线路接通良好； (3)调整开关对位准确，紧固开关或开关支架牢固可靠
设备自动运行时停止	(1)安全检测开关位置不对，开关信号异常触发或丢信号； (2)开关本身质量问题； (3)线路接触不良或断路； (4)各传动机构或部件导向间隙偏大晃动或变形移位，如载车板移位超宽	(1)手动调整各机构归位，检查对应故障信息，排除开关异常； (2)更换合格开关； (3)检查线路，如随行电缆无破损、无断点现象，接通完好； (4)调整机构传动、导向间隙使其更合理，纠正构件变形，使其处在正确位置
升降平台认址层数错误	(1)层认址装设不当、丢失认址信号； (2)升降平台水平导向间隙偏大； (3)开关自身问题； (4)线路连接不良； (5)信号干扰	(1)调整认址片，与“U”形光电开关对准，连接牢固可靠； (2)升降平台导向设置合理间隙； (3)更换可靠开关； (4)检查线路，接通完好； (5)屏蔽隔离干扰源，使用屏蔽电缆，搭铁完好，采用动力线、信号线分设等措施

注：其余故障参见相应章节、如变频机故障见单独变频器常见故障。

7.6 垂直循环类停车设备检查与维护

7.6.1 检查维护

垂直循环类停车设备的运动原理、传动机构和控制系统相对简单,其检查维护可按表7-38进行。

垂直循环类立体停车设备维护记录表 表7-38

垂直循环类立体停车设备(□月度 □季度 □年度)维护记录					
项目名称:			使用单位:		
设备层数: 车位数: 分区:			产品编号:		
序号	**检查项**		**维护内容及要求**	**检查周期**	**检查结论**
1	档案模块	随行文件	检查验收报告、使用说明书、出厂合格证应完整	Y	
2		维护记录	检查以往的维护记录无未处理项、待整改项等	Y	
3		其他档案	检查设备安装、改造、维修注册登记等其他档案	Y	
4	安全防护模块	安全标识	检查标牌、安全标志应齐全、清晰、牢固	D	
5		周围环境	在排除其他干扰的情况下,测量停车设备产生的噪声值应符合产品标准的规定	D	
6		警示装置	通过功能试验,检查警示装置应能发出声或光报警信号	D	
7		照明	检查设备照明应正常有效	D	
8		底坑	目测检查底坑应无积水、杂物等影响设备运行的物质	D	
9		栅栏门	如有时,目测检查应运行正常	D	
10		工作区围栏	目测检查应完整、无损坏、无松动	D	
11		引导镜	成像清晰,无扭曲,固定牢固	D	

序号	检查项		维护内容及要求	检查周期	检查结论
12	结构模块	连接件	检查主要受力结构、部件、各机构的连接件,应无缺损、松动	Q	
13		可靠性	空载试验,每套控制单元正反旋转一圈,应无异常振动、噪声,导向清晰	D	
14		主要受力结构件	目测检查各结构焊缝应无裂纹	Q	
15			目测检查主要受力结构件应无明显塑性变形、无锈蚀	Q	
16		轨道调节螺栓	两边间隙一致,无倾斜现象,备母固定牢固	Q	
17		其他部位螺栓	检查应无裂纹、松动	M	
18		导向槽	停车设备运行时上下导向槽和导向轮无剐蹭卡阻,导向清晰,导向轮完全进入导向槽内部,地面位置固定牢固	M	

续上表

序号	检查项		维护内容及要求	检查周期	检查结论
19	提升模块	载车板	目测检查载车板应清洁、无明显变形和损伤、车板号无脱落	D	
20			测量载车板停车表面端部与出入口地面接合处的水平距离不应大于40mm，垂直高度大于10mm	Q	
21		阻车装置	检查阻车装置应无缺损、无松动	Q	
22		导向架	检查地面导向架固定牢固	M	
23		导向轮	导向轮无剐蹭的痕迹，导向轮在导向槽里咬合的尺寸合理，导向清晰，轴承良好，卡簧无丢失	M	
24		减振垫	检查减振器应无缺损、无松动	Q	
25		轨道	检查导轨应固定牢固、接头平整	Y	
26			观察轨道的磨损程度，轨道上应附着一层油脂	Y	
27		电机链条	检查链条环节接头处应安全可靠，摆动灵活无卡阻	M	
28			检查应无裂纹、无过盈配合或松动，链条相对磨损伸长率达到3%应报废处理	Q	
29			偏载时正反向驱动链条应无噪声、无啃齿、无跳齿	M	
30	提升模块	循环链条	检查上下端轨道运行顺畅无杂声，轴承足够润滑，链条轮和轨道接触点足够润滑，在下半圆运行时无压下轨道现象，弹性销无缺失、无松动，链轮轴足够润滑	Q	
31		轴承	目测轴承完好，无破损、无裂纹	Y	
32		传动轴	检查前后大转盘应同步运行，转盘拨齿无翘边	Y	
33			目测无弯曲变形，连接处紧固无松动，保证同步传动，运转与相邻部件无干涉	Y	
34		电机座	目测检查固定牢固，无扭曲	M	
35		操作装置	检查操作装置应整洁，按钮及指示灯应无缺损，指示信号和开关应正常，应无失灵失控现象	D	
36		制动系统	通过空载试验检查电机应工作正常	D	
37			检制动摩擦面，无对制动性能产生不良影响的缺陷，如裂纹、磨损不均匀、表面剥落等，也不能有油污存在	Y	
38			目测检查油封应无漏油现象	Y	
39			目测检查弹簧应无塑性变化	Y	

续上表

序号	检查项		维护内容及要求	检查周期	检查结论
40	机电模块	控制柜	目测检查电控箱应干燥清洁，柜门应开关灵活、防护良好；电气线路及元器件应无过热、烧焦、融化痕迹，无破损	M	
41	机电模块	总断路器	通过功能试验检查总断路器应功能正常	Y	
42	机电模块	电气保护	检查相序保护器是否正常，电气连接及搭铁应可靠，导线无老化、无破损	Y	
43	机电模块	电气元件、线缆及电气配线	检查电气元件应完好，触点无接触不良；导线接头、连接端子固定可靠；配线及绝缘层无污损老化，无接触不良	Y	
44	机电模块	制动电阻	检查制动电阻固定牢靠，散热良好	Y	
45	机电模块	电动机保护	手动检查测试过载保护器应功能有效	Y	
46	机电模块	自动门防夹装置	通过功能试验，检查自动门防夹装置应可靠有效	M	
47	机电模块	自动门防夹装置	检查配重体运行顺畅，钢丝绳/链条无损，锚点紧固无松动	M	
48	机电模块	自动门防夹装置	检查安全门逻辑符合现场使用条件	Y	
49	机电模块	地感	检查地感和门的逻辑符合设计要求，信号无干扰。感应高度符合适停车辆底盘高度	D	
50	机电模块	车牌识别	目测检查镜面无灰尘，固定牢固可靠，角度合理，识别准确	D	
51	机电模块	LED 显示	检查显示屏固定牢固，通信无干扰，显示信息准确，画面清晰，防水良好	D	
52	机电模块	车辆检测	通过功能试验模拟存车状态，车辆检测装置应可靠有效	D	
53	机电模块	汽车长宽高限制装置	通过功能试验模拟超过适停车辆尺寸时，设备应报警不运行	D	
54	机电模块	人车误入检测装置	通过功能试验模拟人车误入状态，人车误入检测装置应可靠有效，人员进出逻辑应准确	D	
55	机电模块	出入口门联锁保护装置	如出入口设有门或围栏时，通过功能试验模拟动作，联锁保护装置功能应可靠有效	Q	
56	机电模块	动作逻辑	通过功能试验，存取车逻辑无漏洞	Y	

检修调整及更换配件说明：

维护人员：

日期：　　年　　月　　日

使用单位意见：

使用单位管理人员：

日期：　　年　　月　　日

检查结论填写说明：

1."M"代表月度维护；"Q"代表季度维护，覆盖月度维护；"Y"代表年度维护，覆盖季度、月度维护；"D"代表日维护，覆盖月度、季度、年度维护。

2.填写"√"代表确认正常项，填写"○"代表维护调整项，填写"△"代表维修/整改项

7.6.2 常见故障及解决方法

垂直循环类停车设备在使用过程中常见的故障现象及解决方法如表7-39所示。在调试和维护过程中,应注意切断电源,需机械及电气专业人员在场配合工作,以免人员受机械传动或电气伤害。

垂直循环类停车设备常见故障现象及解决方法 表7-39

常见故障	故障可能原因	解决方法
系统不能启动	(1)电源无电压; (2)熔断丝断开(灯亮)	(1)检查电源,合上相应的开关; (2)检查熔断丝断开的原因,控制回路、元件等有无短路,排除故障后,更换熔断丝
在运行过程中,发出声光报警,系统停止运行	(1)汽车超高、超长; (2)电动机过载、热继电器脱扣; (3)电源电压不正常; (4)机械卡阻,汽车超重; (5)电动机制动片间隙异常,或制动片损坏; (6)电动机制动整流器坏,制动片不能开启	(1)汽车超限故障参见前章的方法进行操作; (2)排除电动机过载故障; (3)检查电源电压是否过高或过低,如果是,联系供电部门调整供电变压器高压侧抽头,使电源电压恢复到正常数值; (4)检查是否有机械卡阻,泊车是否有超大超重等现象,排除故障后按下相应的热继电器复位按钮,消失的白色标志重新出现,此时可恢复正常操作; (5)调整好制动间隙,或更换损坏的制动片; (6)检修或更换制动整流器
主回路、控制回路电源正常,按操作盒上的按钮,无反应	(1)PLC内部"运行"开关未合上; (2)按钮开关损坏	(1)合上PLC内部"运行"开关; (2)更换按钮
电机停后,停载车板下滑	(1)制动器磨损,间隙过大; (2)制动器弹簧失效; (3)制动器弹簧的作用力不均匀; (4)有润滑油进入摩擦片	(1)调整制动器间隙,保持其间隙在0.3~0.4mm之间; (2)更换弹簧; (3)将弹簧取出,测量弹簧座的深度,并检查弹簧自由长度,使其压缩行程相等,个别弹簧弯曲疲劳,则更换新弹簧; (4)清除摩擦片及压紧盘上的油,杜绝润滑油再进入
电机运行或停止瞬间出现尖叫声	(1)制动器摩擦片不平; (2)制动器制动盘与磨擦片间隙不均	(1)调整制动器上的垫片; (2)调整制动间隙,使各方向间隙一致
链条运转有响声	(1)链条未张紧; (2)电机轴线与被动轮轴线不平行; (3)链轮与链条不在同一个平面; (4)链条内滚轮轴承破损	(1)调整电机,张紧链条; (2)调整电机轴线,使之平行一致; (3)调整链轮平面高度; (4)更换轴承

续上表

常见故障	故障可能原因	解决方法
主电机跳闸	(1)电机有短路或接地现象; (2)主电机过载运行	(1)检查主电机的电控系统是否正常; (2)检查主体设备有无卡涩,有无过载,处理后关闭箱内的断路器,并按下热动型继电器(THR)跳闸按钮
门电机跳闸	(1)电机有短路或接地现象; (2)门电机过载运行	(1)检查门电机的电控系统是否正常; (2)检查门电机有无过载,门扇有无卡涩等现象,处理后关闭箱内的断路器,并按下THR跳闸按钮
操作期间左侧后视镜检测	在自动操作过程中感应左侧安全传感器	(1)由于感应到左侧安全而停止旋转操作; (2)传感器排除障碍物后,按“CE”按钮; (3)旋转过程继续进行; (4)在按下“复位”按钮之前,确保停车设备内没有人
操作过程中检测到右侧后视镜	在自动操作过程中感应右侧安全传感器	(1)由于感应到右侧安全而停止旋转操作; (2)传感器排除障碍物后,按“CE”按钮; (3)旋转过程继续进行; (4)在按下“复位”按钮之前,确保停车设备内没有人
操作过程中检测到前保险杠	自动操作期间检测后侧安全传感器	(1)由于感应到后侧安全而停止旋转操作; (2)传感器排除障碍物后,按“CE”按钮; (3)旋转过程继续进行; (4)在按下“复位”按钮之前,确保停车设备内没有人
操作过程中检测到后保险杠	在自动操作过程中感应前侧安全传感器	(1)由于感应到前侧安全而停止旋转操作; (2)传感器排除障碍物后,按“CE”按钮; (3)然后旋转过程继续进行; (4)在按下“复位”按钮之前,确保停车设备内没有人
入口干扰传感器检测	入口传感器检测	(1)移除入口传感器检测到的物体; (2)检查操作的安全性,并按下“CE”按钮; (3)在按下“复位”按钮之前,确保停车设备内没有人
完全停车	完全被占用	(1)不能再有车辆进入; (2)车辆只能是提取
未检测到车辆	入口表明:汽车不得入内	(1)不能再有车辆进入; (2)车辆只能是提取
相同的PIN码	冗余号码(PIN)	(1)其中一辆已经停放的车辆有相同的PIN; (2)输入另一个号码
工作引脚号	无编号(VIN)	搜索并确认正确的VIN
即使在按下CE后仍持续发出蜂鸣声按钮	入口传感器故障	(1)检查是否有障碍物(传感器周围); (2)检查传感器的发光部分和反射板是否扭曲
托盘没有停在正确的位置;或者另一个托盘启动移动	输入的托盘编号不是由于停车设施运行期间突然断电而被系统识别	更改托盘编号

续上表

常见故障	故障可能原因	解决方法
托盘保持旋转	附近的一个传感器有故障	(1)检查传感器和之间的距离检测支架(应为10mm); (2)检查传感器

7.7 水平循环类停车设备检查与维护

7.7.1 检查维护

水平循环类停车设备检查及维护参考其他类别停车设备相关内容。

7.7.2 常见故障及解决方法

目前,实际应用的机械式立体停车设备如在设备使用中出现故障,在设置的显示屏上都可以快速准确查找并排除。本节以多排多列多层水平循环类停车设备使用过程中出现的异常及解决方法为例进行介绍,如表7-40所示,此类故障可由存车人员或设备管理人员直接处理。

水平循环类停车设备直接处理的异常情况 表7-40

异常现象	发生要因	处置人员	本体操作盘画面显示 状态	处置方法
超过高度限制	入库汽车的总高度超过了可入库尺寸	使用人	超过限制高度: 汽车的总高超过了可入库高度。 请从停车设备驶出汽车,按下操作盘的取消按钮	①请将汽车驶出停车设备外。请确认可入库尺寸。 ②请按[取消]按钮。 ③请确认可入库尺寸及入库车尺寸 (附着雪或集灰等,请清除)
			1.语音: (1)(库内)超高了,不能入场。 (2)(操作盘)检测到异常。请确认显示内容。 2.警报音。 3.入库指示灯显示[后退]	
闯入检测	在出入口库门关闭途中,有人进入,停车设备内的传感器变成了检测状态	使用人	闯入检测: (1)可能有人进入停车设备内。 (2)请再次确认停车设备内无人,按下取消按钮。 (3)请遵照操作步骤,关闭库门	①请按[取消]按钮。 ②请通过目视及监视器确认停车设备内无人。 ③请按下[关闭库门]按钮,关闭出入口库门
			1.语音: (1)(库内)请走出停车设备。 (2)(操作盘)检测到异常。请确认显示内容。 2.警报音。 3.出入口库门反转→出入口库门打开	

续上表

异常现象	发生要因	处置人员	本体操作盘画面显示 状态	处置方法
忘关库门	在出入口库门打开的状态经过了一定时间	管理人员	忘关库门： (1)出入口库门一直开着。 (2)请遵照操作步骤，关闭出入口库门。 1.语音： (操作盘)检测到异常。请确认显示内容。 2.警报音	①请联系管理人员。 ②管理人员请通过目视及监视器确认停车设备内无人。 ③管理人员请关闭出入口
认证号、卡重试错误	在出入口库门打开的状态经过了一定时间	使用人	认证号、卡重试错误： (1)认证号、卡错误。 (2)请按取消按钮，确认认证号、卡 警报音	①请按[取消]按钮。 ②请确认认证号或者IC卡是否正确。 ③请再次输入认证号，或者刷IC卡
车门后视镜检测	前面的使用人忘记折叠车门后视镜，从载车板伸出	使用人	车门后视镜检测： (1)检测到前面入库的汽车的车门后视镜伸出。 (2)能够收折车门后视镜时，请关闭出入口库门。 (3)不能够收折车门后视镜时，请联系管理人员 1.语音： (操作盘)检测到异常。请确认显示内容。 2.警报音	①请进入停车设备内，折叠载车板上的汽车的车门后视镜(不能折叠时，请联系管理人员)。 ②请按[取消]按钮。 ③请通过目视及监视器确认停车设备内无人。 ④请关闭出入口库门。 ⑤请再次开始入库操作
无操作入库	由于出入口库门已打开，不进行入库操作，直接使汽车入库	管理人员 使用人	无操作入库： (1)由于前面使用人的出库操作没有完成，不能入库。 (2)请让前面使用人关闭出入口库门，或者联系管理人员 1.语音： (1)(库内)由于前面使用人的出库操作没有完成，不能入库。请确认操作盘的显示内容。 (2)(操作盘)检测到异常。请确认显示内容。 2.警报音。 3.入库指示灯显示[后退]	①使用人请将汽车移到停车设备外。 ②使用人请联系前面使用人或者管理人员。 ③使用人请通过目视及监视器确认停车设备内无人。 ④管理人员或者前面使用人请关闭出入口库门。 ⑤使用人请开始入库操作

注：该表中为了便于表述，将停车设备以生活中常用语“车库”来表达。

维护人员或设备管理人员可处理如表7-41所示的相关异常情况。

水平循环类停车设备需维护人员或管理人员处理的异常情况 表 7-41

序号	异常注释	异常种类	等级	循环停止	发生原因	解除方法
■轻异常(等级 C~D)						
1	超高	轻异常	D	—	在进入停车设备中汽车遮挡了光电开关	超高汽车离开停车设备,按下操作盘【取消】按钮
2	天线检测	轻异常	D	—	在进入停车设备中遮挡了光电开关	降低天线,按下操作盘【取消】按钮
3	关门过程检测到侵入	轻异常	D	—	门关动作中遮挡了防夹光电开关	门打开后,按下操作盘【取消】按钮
4	超长	轻异常	D	—	进入停车设备的汽车遮挡了超长光电开关	超长汽车离开停车设备,按下操作盘【取消】按钮
5	忘关停车设备门	轻异常	D	—	门一直开着,经过了规定的时间	在操作盘上进行关门操作,关门解除
6	右侧超宽	轻异常	D	—	遮挡右侧光电开关	右侧超宽解除后,按下操作盘【关门】按钮
7	左侧超宽	轻异常	D	—	遮挡左侧光电开关	左侧超宽解除后,按下操作盘【关门】按钮
■重异常(等级 A、B) ※地下部分停止循环						
8	逃生门异常	重异常	B	无	自动启动中,逃生门开启	从管理菜单按下【异常解除】按钮
9	入口周围紧急停止	重异常	B	无	按下了操作盘及出入口周围紧急停止按钮	从管理菜单按下【异常解除】按钮
10	检测到人员滞留	重异常	B	有	启动铃中检测到活体(空间)传感器	从管理菜单按下【异常解除】按钮
11	停车设备门运行超时	重异常	A	有	门运行一定时间内未完成动作	从维护菜单按下【异常解除】按钮
12	相应层检测超高	重异常	A	无	设备运转中在相应层遮挡了超高光电开关	按下【各模式 OFF】+控制柜【异常解除】按钮
13	载车板不到位	重异常	A	无	相应层车位载车板超出正常范围	按下【各模式 OFF】+控制柜【异常解除】按钮
14	车位动力单元检测故障	重异常	A	无	对应单元发出异常警报	按下【各模式 OFF】+控制柜【异常解除】按钮
15	动力单元纵向运行电机超负荷	重异常	A	无	动力单元纵向电机热过载(自动复位式)	按下【各模式 OFF】+控制柜【异常解除】按钮
16	动力单元横向运行电机超负荷	重异常	A	无	动力单元横向电机热过载(自动复位式)	按下【各模式 OFF】+控制柜【异常解除】按钮
17	动力单元转向切换电机超负荷	重异常	A	无	动力单元转向切换电机的热过载(自动复位式)	按下【各模式 OFF】+控制柜【异常解除】按钮
18	动力单元运行超时	重异常	A	无	载车板运行 30s 以内未完成动作	按下【各模式 OFF】+控制柜【异常解除】按钮

续上表

序号	异常注释	异常种类	等级	循环停止	发生原因	解除方法
19	动力单元转向切换超时	重异常	A	无	转向切换运行10s内未完成动作	按下【各模式OFF】+控制柜【异常解除】按钮
20	升降超时	重异常	A	无	升降机运行在一定时间内未完成动作	按下【各模式OFF】+控制柜【异常解除】按钮
21	升降机上极限	重异常	A	无	升降机上极限动作	按下【各模式OFF】+控制柜【异常解除】按钮
22	升降机下极限	重异常	A	无	升降机下极限动作	按下【各模式OFF】+控制柜【异常解除】按钮
23	无提升动作指令	重异常	A	无	呼叫虽然开始了，但是没有动作模式和目的地层	按下【各模式OFF】+控制柜【异常解除】按钮
24	全体非常停止	重异常	A	无	地坑、操作盘、控制箱的紧急停止按钮被按下	从维护菜单按下【异常解除】按钮
25	存取路径通信故障	重异常	A	无	路径搜索计算机在一定时间内没有响应	按下【各模式OFF】+控制柜【异常解除】按钮
26	停电故障	重异常	B	无	在运行后不到60s的状态下，自动模式上升	从管理菜单按下【异常解除】按钮
27	火灾信号	重异常	A	无	从灭火装置控制柜接收到火灾信号	从维护菜单按下【异常解除】按钮
28	电源跳闸异常	重异常	A	无	断路器跳闸	按下【各模式OFF】+控制柜【异常解除】按钮

7.8 多层循环类停车设备检查与维护

7.8.1 检查维护

多层循环类停车设备的检查维护可按表7-42进行。

多层循环类停车设备维护记录表 表7-42

多层循环类停车设备(□月度 □季度 □年度)维护记录										
项目名称：						使用单位：				
设备层数： 车位数： 分区：						产品编号：				
序号	检查项		维护内容及要求	检查周期	检查结论	序号	检查项		维护内容及要求	检查周期	检查结论
1	档案模块	随行文件	检查验收报告、使用说明书、出厂合格证应完整	Y		3	档案模块	其他档案	检查设备安装、改造、维修注册登记等其他档案	Y	
2	档案模块	维护记录	检查以往的维护记录无未处理项、待整改项等	Y		4	安全防护模块	安全标识	目测检查标牌、安全标志应齐全、清晰、牢固	D	

续上表

序号	检查项		维护内容及要求	检查周期	检查结论
5	安全防护模块	周围环境	在排除其他干扰的情况下，测量停车设备产生的噪声值应符合产品标准的规定	D	
6		警示装置	通过功能试验，检查警示装置应能发出声或光报警信号	D	
7		照明	检查设备照明应正常有效	D	
8		底坑	目测检查底坑应无积水、杂物等影响设备运行的物质	M	
9		安全门	应运行顺畅，无噪声	M	
10		工作区围栏	目测检查应完整、无损坏、无松动	D	
11		引导镜	目测检查成像清晰、无扭曲，固定牢固	D	
12	提升模块	载车板	目测检查载车板应清洁，无明显变形损伤，车板号无脱落	D	
13			测量载车板停车表面端部与出入口地面接合处的水平距离不应大于40mm，垂直高度大于10mm	Q	
14		阻车装置	目测检查阻车装置应无缺损，无松动	Q	
15		导向轮	导向轮无剐蹭的痕迹，导向轮与导向咬合的尺寸合理，导向清晰，轴承良好，卡簧无丢失	M	
16		缓冲器	目测检查缓冲器应无缺损、无松动	Y	
17		导轨	检查导轨应固定牢固、接头平整	Q	
18			观察轨道的磨损程度，轨道上应附着一层油脂	Y	
19	提升模块	链条	检查链条环节接头处应安全可靠摆动，灵活无卡阻	M	
20		动作逻辑	通过功能试验，存取车逻辑无漏洞	Q	
21		LED显示	固定牢固，通信无干扰，显示信息准确，画面清晰，防水良好	D	
22		地感	地感和门的逻辑符合设计要求，信号无干扰。感应高度符合适停车辆底盘高度	M	
23		车牌识别	目测检查镜面无灰尘，固定牢固可靠，角度合理，识别准确	D	
24		吊点	检查开口销是否缺失，在螺杆处用漆笔做标记，螺杆强度可靠，受力端加备用螺母，无形变、无裂纹	M	
25	结构模块	连接件	检查主要受力结构、零部件、各机构的连接件，应无缺损、无松动	Q	
26		可靠性	空载试验，每套控制单元运行一遍，应无异常振动、无噪声，导向清晰	M	
27		主要受力结构件	测量金属结构的垂直度、平行度、对角线长度，应分别符合各产品标准的规定	Y	
28			目测检查各结构焊缝应无裂纹，主要受力结构件应无明显塑性变形、无锈蚀	Q	
29		螺栓	目测检查应无裂纹，无松动	Q	

续上表

序号	检查项		维护内容及要求	检查周期	检查结论
30	横移模块	轨道	目测检查轨道应固定牢固、接头平整，接头间隙应合规	Q	
31		轨道末端止挡装置	目测检查轨道端部止挡装置应无变形、无缺损、无开焊	Q	
32		横移驱动	目测检查前后主动轮起动和制动保持同步性	M	
33		人车误入检测装置	通过功能试验模拟人车误入状态，人车误入检测装置应可靠有效，人员进出逻辑准确	D	
34		出入口门联锁保护装置	如出入口设有门或围栏时，通过功能试验模拟动作，联锁保护装置功能应可靠有效	D	
35		车辆检测	通过功能试验模拟存车状态，车辆检测装置应可靠有效	D	
36		汽车长宽高限制装置	通过功能试验模拟超过适停车辆尺寸时，设备报警不运行	D	
37		总断路器	通过功能试验检查总断路器应功能正常	Y	
38	机电模块	电气保护	检查相序保护器是否正常，检查电气连接及搭铁应可靠，导线无老化、无破损	Y	
39		电气元件、线缆及电气配线	检查电气元件应完好，触点无接触不良；导线接头、连接端子固定可靠；配线及绝缘层无污损、无老化，无接触不良	Q	
40	机电模块	制动电阻	检查制动电阻固定牢靠，散热良好	Y	
41		电动机保护	手动检查测试过载保护器应功能有效	Y	
42		自动门防夹装置	通过功能试验，检查自动门防夹装置应可靠有效，安全门逻辑符合现场使用条件	M	
43			检查配重体运行顺畅，钢丝绳/链条无损，锚点紧固无松动	M	

检修调整及更换配件说明：

维护人员：

日期： 年 月 日

使用单位意见：

使用单位管理人员：

日期： 年 月 日

检查结论填写说明：

1. “M”代表月度维护；“Q”代表季度维护，覆盖月度维护；“Y”代表年度维护，覆盖季度、月度维护；“D”代表日维护，覆盖月度、季度、年度维护。

2. 填写“√”代表确认正常项，填写“○”代表维护调整项，填写“△”代表维修/整改项。

7.8.2 常见故障及解决方法

多层循环类停车设备在使用过程中常见的故障现象及解决方法如表7-43所示。在调试和维护过程中,应注意切断电源,需机械及电气专业人员在场配合工作,以免人员受机械传动或电气伤害。

多层循环类停车设备常见故障、现象及解决方法 表7-43

序号	错误信息	错误状态	解决方法
1	门运行超时	自动门运行时间过长	检测门限位开关,门撞板是否脱落、错位
2	门超限	自动门超出限位,触发极限	检查门限位开关,门限位是否脱落、错位
3	门限位全闭合	门上下限位同时闭合	检查门限位开关,是否有异物遮挡限位开关
4	自动运行中门被打开	门被非正常打开	检查现场、门电机及限位是否正常
5	旋转盘运行超时	旋转盘运行时间超长	检查旋转定位光电及撞板是否脱落、错位
6	锁止电机运行超时	锁止动作运行时间超长	检查锁止定位光电及撞板是否脱落、错位
7	锁定限位全闭合	锁定限位被同时遮挡	检查锁定光电及撞板是否脱落、错位或遮挡
8	电机控制中心(MCC)急停		MCC急停被按下,解除即可
9	机房层急停		停车设备顶层急停按下,解除即可
10	触摸屏急停		触摸屏急停按下,解除即可
11	底层急停		停车设备底层急停按下,解除即可
12	防坠限位全闭合	防坠限位被全部遮挡	检查防坠器限位开关是否遮挡
13	提升上超限	提升机上极限误动作	检查上极限行程开关,调整或更换
14	提升下超限	提升机下极限误动作	检查下极限行程开关,调整或更换
15	垂直对射故障	垂直对射光电异常/提升机运行中垂直对射光电被遮挡	垂直对射光电被遮挡或损坏,清理遮挡或更换光电
16	提升机减速光电异常	减速光电被异常遮挡	检查减速光电是否被遮挡,清理遮挡或更换光电
17	链条松动	链条松链开关松动或损坏	检查松链开关是否移位或损坏,恢复原位或更换
18	托盘两侧光电被同时遮挡	光电被异常遮挡	检查两侧光电是否被遮挡,清理遮挡或更换光电
19	水平电机运行超时	齿销运行时间过长	检查当前齿销位置及光电感应情况是否正常
20	齿销传感器同时闭合	齿销光电被遮挡	检查当前齿销位置及光电感应情况是否正常

续上表

序号	错误信息	错误状态	解决方法
21	层数多,链条伸长升降机轨道与泊位层轨道上下错位	调整开关	升降机轨道与层轨道对齐

7.9 汽车专用升降机检查与维护

汽车专用升降机检查与维护、相关故障原因分析及处理可参见对应起升机构升降机和第5章相关内容,在此不再一一赘述。

汽车专用升降机采用液压驱动较多,以液压汽车专用升降机为例进行介绍。

7.9.1 检查与维护

1)维修注意事项

非维修人员不得擅自开展维修作业,升降机采用液压控制系统,有的采用进口液压系统,维修时应谨慎行事。

(1)升降机维修时应遵守下列规定:

①在各层门处悬挂"升降机维修、禁止使用!"的检修停用警示牌;当层门打开时应采取有效隔离措施,以防人员或汽车误入而发生危险。

②应断开相应位置的开关。

③在机房时应将电源总开关断开。

④在轿顶时应合上检修开关。

⑤在底坑时应将底坑检修箱急停开关断开,或同时将限速器张紧装置安全开关断开。

⑥使用的电灯必须带护罩并采用36V以下的安全电压(在机房底坑、轿顶应装设检修用的低压插座)。

⑦操作时应由主要维修人员和助手协同进行。

⑧操作时如需管理人员配合进行,管理人员要精神集中,严格服从维修人员的指令。

⑨严禁维修人员站在井道外探身到井道内,和在轿厢顶或轿厢地坎的轿厢内外各站一只脚来进行检修工作。

⑩严禁维修人员拉、吊井道电缆线,以防电缆线被拉断。

(2)维修时,使用仪器要注意以下几点:

①万用表直流电压挡内阻在20kΩ/V以上。

②交流电压挡量程为AC 500V。

③交流钳形电流表量程为AC 100A。

④高压兆欧表应使用500V兆欧表,进行绝缘检测时,应先将电子部件的接线脱开后进行。

⑤电源切断后,进行主回路方面的作业时,应确认电解电容器的端子电压为DC 0V,再开始作业。

此外,有关控制屏内各实际安装的元件名称,可参照电气原理图及元件代号说明。

(3)维修要点(表7-44)。

液压汽车专用升降机维修要点　　表7-44

序号	时间间隔	项目	内容
1	每次维修	熔断丝	确认熔断丝有无烧断
2		舒适性	运行试运行,确认从起动到平层皆无异常振动、冲击以及异常声响
3		平层状态	确认平层误差在±15mm以内
4		层门外指示灯、轿内指示灯及操纵按钮的检查	检查各层指示灯及轿内指示灯的状态及操纵按钮的灵活可靠状态
5		轿厢门和自动门机构、层门检查	擦拭门导轨,涂抹少量机油,检查门锁位置、触点状态及门机微动开关完好状况,进行开关门动作检查
6		泵站、控制屏清洁	对泵站、控制屏外表进行清洁工作
7		润滑检查	检查导轨润滑情况和导轨加油器中的油量
8		限速器的检查	检查超速开关动作的可靠性,检查绳槽并清除异物,检查限速器运转是否灵活可靠、是否有不正常的响声
9	每2个月	安全钳检查	传动杠杆配合转动处涂机械防锈油,钳口滚动或滑动部位涂锂基润滑脂防锈,检查其动作是否灵活可靠
10		液压油管	检查液压油管有无破损及管接头处有无漏油现象
11		柱塞密封圈	确认柱塞密封圈无磨损
12	每6个月	油箱	检查油箱各焊接处有无漏油现象
13		油量	升降机升至最高层检查油量是否处于规定位置
14		导轨检查	检查导轨磨损情况,对滚动导靴更换轴承润滑脂
15	每12个月	滑轮组	检查滑轮绳槽的磨损情况,视工作是否正常及轴承的磨损情况更换轴承润滑脂
16		钢丝绳检查	检查钢丝绳的磨损情况,超过磨损标准应予以更换。检查钢丝绳的伸长情况,如发生过分伸长应截短

2)维修说明

人车共乘汽车专用升降机需进行舒适性调整,当升降机在起动运行、平层出现影响舒适感时,应进行调整。

(1)有起动冲击时。

①机械系统的确认。

确认导靴的安装位置、导轨的垂直度、导轨接头平整等。

②液压系统的确认、调整。

确认是液压系统存在问题时,则按顺序调整涉及起动冲击的有关可调螺钉等。

(2)运行中有振动、抖动时。

①机械系统的确认。

确认在运行中是否有钢丝绳拉伸等不良现象,有时往往由于导轨的接头高低不平,而产生振动,不应将与电气系统所引起的振动相混淆。

②液压系统的确认、调整。

经机械系统的检查,确定是液压系统存在问题时,先校对系统是否与泵站相配对,发现差错时可将系统调换。液压元件是否损坏、油缸内的空气会影响升降机运行导轨的振动,可将油缸内的油全部注入油箱,再拧松放气螺钉进行放气。油箱内有非液压油的液压成分影响反馈功能,则将液压油换掉。如果油箱在注油前没有进行清理,箱内的残渣由于升降机上、下运行会将过滤器堵塞,致使升降机运行振动。泵站上的阻尼孔太大也会使升降机运行时振动。

(3)平层时冲击或振动过大时。

检查楼层感应器、平层感应器有否损坏,刀片是否从感应器的中间插过,升降机平层速度是否超过规定范围。要消除平层时的振动,可调节控制系统相关调节阀,调节时应作好记录。

3)液压泵站、油缸的检查

(1)长时间使用后,过滤器内有杂物而使升降机运行时舒适感差,可将过滤器取出进行清理,以保证升降机原有的舒适感。

(2)阀体经过长时间使用,由于各种原因使手动下降阀、液压止回阀、下行电磁阀处微量漏油,导致升降机平层后出现明显的低落。

(3)应保持箱内液压油的位置,使油保持在油标线规定的范围内,否则应及时采取措施,应经常检查油管接头处不应有漏油现象。

(4)升降机长期运行后应检查油缸柱塞间的密封程度,以免产生漏油(可检查油缸顶部回油管的回油量,一般不大于1L/月),否则应及时采取措施。

(5)升降机长时间停用,应将升降机停到最低层,防止柱塞生锈损坏密封圈。

4)限速器的检查

(1)限速器的动作应灵活可靠,对轴承应每年进行检查加注锂基润滑脂。

(2)保持限速器张紧装置正常工作,检查其断绳安全开关工作的可靠性。

(3)当限速器钢丝绳索伸长到超出规定范围而切断控制电路时,应将绳索截短。

(4)当限速器钢丝绳磨损严重时,应更换钢丝绳。

(5)经常检查超速开关工作的可靠性,检查夹绳钳口及绳槽处,清除异物,以保证限速器动作正确。

5)轿厢门和自动门机构的检查

(1)对驱动轿厢门的电动机轴承应定期加锂基润滑脂,每年清洗1次。

(2)传动皮带张力的调整,在使用过程中传动皮带如出现伸长现象引起张力降低而打滑,可以调节电动机座调节螺钉使皮带恢复至适当的张力。

(3)安全触板的动作应灵敏可靠,其碰撞力不大于5N。

(4)升降机因中途停车或电气系统发生故障而停止运行时,在轿厢外能用手将门拨开,其拨门力应在200~300N范围内。

(5)在轿厢门完全关闭、安全开关闭合后,升降机方能行驶。

(6)门导轨每周擦拭1次,涂抹少量机油并经常检查连接螺栓并紧固,使门移动轻便灵活,运行时无跳动、无噪声,吊门滚轮外圆直径磨损1.5mm时予以更换。

(7)在联动机构装配之前,使单扇门在水平面方向牵引时其阻力应小于3N。

(8)对摆杆部分等轴承应定期加注锂基润滑脂,每年清洗1次。

6)安全钳的检查

(1)传动杠杆配合转动处,钳口滚动或滑动部位每2个月加注1次锂基润滑脂防锈,使其动作灵活可靠。

(2)动作时必须断开控制电路,迫使升降机停止。

(3)安全钳楔块与导轨工作面间隙双楔块一般为4mm,各间隙应近似,单楔块一般为2.5mm。

7)导轨和导靴的检查

(1)采用滚轮导靴的升降机,导轨工作面上不允许有润滑剂;采用滑动导靴时,对自动润滑装置应每周添加1次润滑油,润滑油可采用精制矿油。

(2)检查滑动导靴的衬垫磨损情况,当衬垫工作面磨损量达1mm时应予以更换,防止导靴和导轨之间的间隙过大,使轿厢运行时产生晃动。

(3)滚动导靴应每月检查1次,同时轴承处加注锂基润滑脂,每年应清洗1次,如发现滚轮有脱圈、剥落、轴承损坏等应及时更换。

(4)由于长时间使用或导靴润滑不良等造成导轨面毛糙及安全钳制动造成表面损伤时,必须将导轨磨光后方可再进行使用。

(5)导轨装置每年应详细检查1次,检修人员可站在轿底上以慢速从上向下进行检查并顺序拧紧全部压板、接头和导轨架的螺栓。

8)层门的检查

(1)层门机械电气联锁装置,每月检查1次导电片与触头有无虚接现象,触头的簧片压力能否自动复位,铆接焊接及胶合处有无松动现象,锁钩、臂及各滚轮应能灵活转动,轴承处挤加锂基润滑脂,每年清洗1次。

(2)层门应每月检查1次吊门滚轮,如发现磨损与损坏应及时更换。当吊门滚轮外圆直径磨损1.5mm时应予以更换,并检查连接螺栓有无松动现象,应每周清洗1次门导轨,涂抹少量机油,使门无跳动和噪声,运行时轻便灵活。

(3)层门外面不允许用手把层门拨开。

(4)层门在未装联动结构时,使单扇门在水平方向任何部位牵引时,其阻力应小于3N。

(5)调整吊门滚轮的偏心挡轮,使门与导轨底端面间间隙小于0.5mm。

(6)对摆杆滚轮应定期加注锂基润滑脂,每年清洗1次。

9)曳引钢丝绳的检查

应经常检查调整各曳引绳,使之张力均匀,具体测定方法和误差要求如下:

(1)将轿厢置于最下层进行测定,在轿厢上方1m的位置对钢丝绳施加打击振动波往复5次所需要的时间,其误差应满足下式要求:

$$\frac{\text{最大往复时间}-\text{最小往复时间}}{\text{最小往复时间}}\leqslant 0.2$$

(2)检查曳引绳如发现下列情况之一时,应予以更换:

①断丝在各绳股之间均匀分布时,在一个拧距内最大断丝数超过 32 根。

②断丝集中在 1 或 2 个绳股中,在一个拧距内最大断丝数超过 16 根(表 6-5)。

③曳引绳表面的钢丝绳有较大磨损或锈蚀。

④曳引绳严重磨损后其直径小于原直径的 90%。

A. 当曳引绳过分伸长时应截短。

B. 绳表面有污油或砂等脏物时,应用煤油擦洗干净。

10)润滑油(脂)及润滑部位

润滑油(脂)及用途如表 7-45 所示,润滑零部件及清洗更换周期如表 7-46 所示。

润滑油(脂)及用途 表 7-45

序号	代号	名称	标准号	用途
1	N46	抗磨液压油	现行 GB 2512	用于液压泵站用油
2	ZL45-2	2 号航空润滑脂(简称“锂基润滑脂”)	现行 SY 1508—65	用于各类轴承润滑
3	L 类 CKB32	精制矿油	现行 GB/T 7632	用于升降机轿厢导轨和门导轨润滑,用安全钳传动杠杆配合转动处润滑

润滑零部件及清洗更换周期 表 7-46

名称	润滑部位	加油及清洗换油周期	润滑油名称
滑轮组	滚动轴承	每年清洗换油 1 次	锂基润滑脂
滚动导靴	滚轮导靴轴承	每半年清洗换油 1 次	锂基润滑脂
导轨	导靴上的润滑装置(油盒内油量及油质)	每周检查 1 次油盒内油质,不符合要求时应及时加润滑油或更换; 每年用煤油清洗轿厢导轨和滑轮组导轨工作面 1 次	精制矿油
开关门系统	轿厢门和厅门、吊门滚轮及自动门锁各滚轮轴承	每月换加 1 次; 每年清洗 1 次	锂基润滑脂
	厅门、轿门、门导轨	每月擦洗 1 次,并加少量润滑脂	精制矿油
	自动门传动机构上的各种滚动轴承和轴销	每月挤加 1 次; 每半年清洗换油 1 次	锂基润滑脂
	自动门机构钢丝绳	每月淋抹 1 次	精制矿油
	安全触板轴销	每月加润滑油 1 次	精制矿油
安全钳	安全钳传动杠杆	每月加润滑油 1 次	精制矿油
	安全钳钳口	每半年加润脂 1 次	锂基润滑脂
限速器装置	限速器轴承及转轴、销、张紧轮与轴套	每月加润滑脂 1 次; 每年清洗换油 1 次	锂基润滑脂
缓冲器	弹簧	每半年涂油 1 次	锂基润滑脂

7.9.2 常见故障及解决方法

液压系统故障及解决方法见第 6 章,在此不再赘述。

第8章

机械式立体停车设备安装、使用与维护发展新趋势

机械式立体停车设备未来将朝着更加智能化和自动化方向迈进。在设备安装方面，现代安装技术不仅注重高效性，还强调精准度和安全性。通过引入先进的机器人和自动化设备，安装过程能够大幅减少人工干预，提高安装精度，同时降低安全风险。此外，智能化安装系统还能实时监测安装进度和质量，确保设备在安装阶段就能够达到最佳的性能状态。

在设备使用方面，机械式立体停车设备的发展趋势是更加便捷和智能化。用户可以通过手机端应用快速预约车位、存取车辆，实现无缝衔接的停车体验。同时，设备还配备了先进的用户交互界面和智能导航系统，可以帮助用户快速找到空余车位并顺利停车。此外，设备还将具备防盗、防火、防坠落等安全保障措施，确保车辆和人身安全。随着智能技术的不断发展，未来机械式立体停车设备将更加人性化、智能化，为用户提供更加便捷、高效的停车服务。

在设备维护方面，预防性维护和远程监控将深度融合。利用物联网和大数据技术，可以实时监测设备的运行状态和性能参数，提前预测潜在故障，实现预防性维护。这种维护模式不仅能显著提高设备的可靠性和使用寿命，还能大幅降低因故障停机造成的经济损失。同时，远程监控和故障诊断技术的应用，使得维护人员能够迅速响应并解决问题，提高设备的维护效率。

8.1 远程监控管理系统与故障诊断云平台

通过搭建立体停车设备远程监控管理系统与故障诊断云平台（图8-1），能够实现电脑WEB端和手机端双客户端监控（图8-2），实现对立体停车设备项目的线上监测、管理、查看实时影像、设备运行状态监测、故障诊断、快速报修、维护派单、技术支持等功能，实现设备自动报警、业主报修双渠道监控设备运行，切实加强设备的运行监管，提高产品售后服务，提升客户满意度。

该平台系统下可分为两个子系统：一个系统是为用户或设备使用者服务的用户终端，它可以让业主或使用单位根据数据平台的监控系统对设备运行的情况进行监督、管理、记录，以及获得基本的维护支持；另一个系统服务于设备生产商或维护服务单位，通过云端平台系统对所建项目或在使用的项目进行远程监控，及时了解设备的使用情况、维护状态，日常故障及零部件的使用寿命等相关信息，对各项目加强售后服务与管理。同时通过大数据分析还可以对在用的停车设备的一些关键零部件做出故障预警，防止重大事故的发生。

图 8-1　立体停车设备远程监控管理系统与故障诊断云平台

【系统组成】

公众号H5实现方案

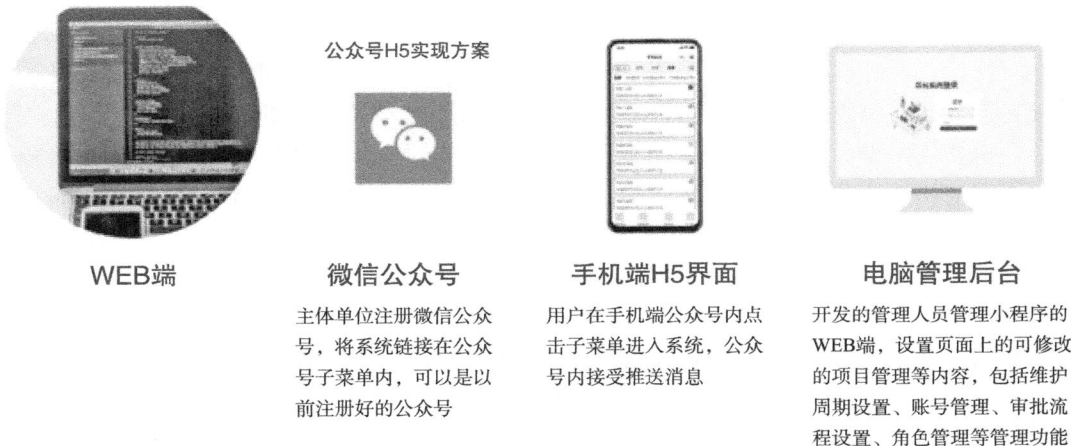

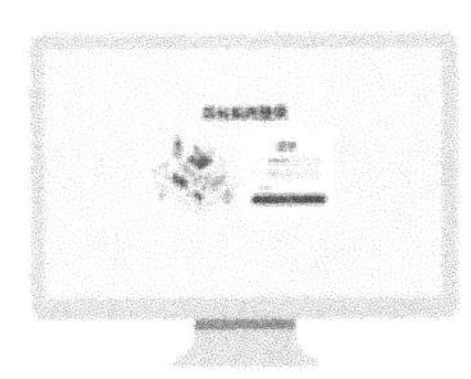

WEB端

微信公众号

主体单位注册微信公众号，将系统链接在公众号子菜单内，可以是以前注册好的公众号

手机端H5界面

用户在手机端公众号内点击子菜单进入系统，公众号内接受推送消息

电脑管理后台

开发的管理人员管理小程序的WEB端，设置页面上的可修改的项目管理等内容，包括维护周期设置、账号管理、审批流程设置、角色管理等管理功能

图 8-2　电脑 WEB 端和手机端双客户端监控

此类平台可通过软件进行自动维护及设备报警维修流程。系统软件中的业务角色设定，可以根据设备方的需求进行调整，如图 8-3 所示。

(1)系统总管理人员：使用电脑端总后台管理系统，分配子管理人员账号，设置权限，添加各角色账号，及维护系统所有业务功能。

(2)系统子管理人员：具有部分系统的功能权限，可在手机端或电脑端监测设备运行，根据业务需求设置，权限范围由总管理人员下分。

(3)业主：上报设备故障信息，申请维护工单，查看维护进度，签收维护结果。

该类云平台设置的使用功能通常都具有多样性和实用性，常见的主要功能如图 8-4 所示。

(1)项目汇总：通过数据汇总以地图形式展示所属项目在全国的分布情况，根据设备类型对项目进行分类，点击查看项目名称、地址信息、类型项目数量统计等。

(2)实时监控：通过各个项目设备内部的摄像头监控运行状况，集成各类摄像头应用程序编程接口(API)，利用项目的设备内监控摄像头查看实时监控情况。

(3)项目管理：该功能可以注册客户信息、管理项目，将项目与设备信息关联，展示设备信息，对设备进行增删改查。

【主要业务角色】

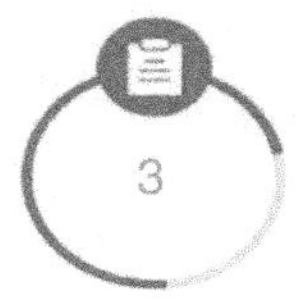
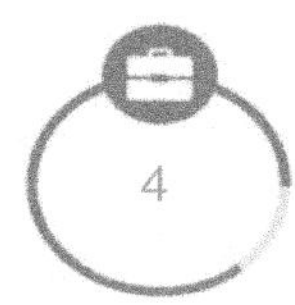

1
2
3
4
5
系统总管理人员
使用电脑端总后台管理系统，分配子管理员账号，设置权限，添加各角色账号，维护系统所有业务功能
系统子管理人员
具有部分系统的功能权限，可手机端或电脑端监测设备运行，根据业务需求设置，权限范围由总管理人员下分
区域经理/售后部长
监测车库所有项目运行，接收报警、预警消息，查看维护工单，分配城市维护工执行维护服务;审核维护工作完成情况，归档维护计划
城市维护人员
接收并执行派工单，按照维护工单要求完成维护工作，填写维护单，提交审核
业主
上报设备故障信息，申请维护工单，查看维护进度，签收维护结果
使用的客户端
使用的客户端
使用的客户端
使用的客户端
使用的客户端
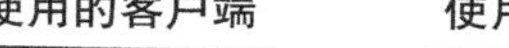

图 8-3　立体停车设备远程监控管理系统主要业务角色

【主要功能】

全部功能
WEB端
部分功能
手机端
项目地图
首页地图形式展示全国项目，根据设备类型对项目进行分类，点击查看项目名称、地址信息、类型项目数量统计等
运维监测
对每个项目全面监测，预警列表、公众号消息推送、报警监测、零部件寿命监测，系统自动生成维护计划推送给相关运维负责人员。运维负责人员派单给城市维护人员，维护人员按照维护工单及时对现场设备维修等
实时监控
各个项目的设备内部的摄像头监控运行状况，需要集成API接口。利用项目的设备内监控摄像头查看实时监控
资料查询
系统建立资料库，上传内部和外部学习资料，包含不同产品的使用步骤、操作规范、说明书、维护标准、维护流程、维护单、修理单、验收单、应急预案、设备的安全注意事项等内容
项目管理
注册客户信息，管理项目，将项目与设备信息关联，展示设备信息，对设备的增删改查
审批功能
个人中心设置审批入口，解决派工过程中的审批需求，包含查看个人提交的审批、审批状态，审批流程中相关审批人的待审批列表等

图 8-4　立体停车设备远程监控管理系统主要功能

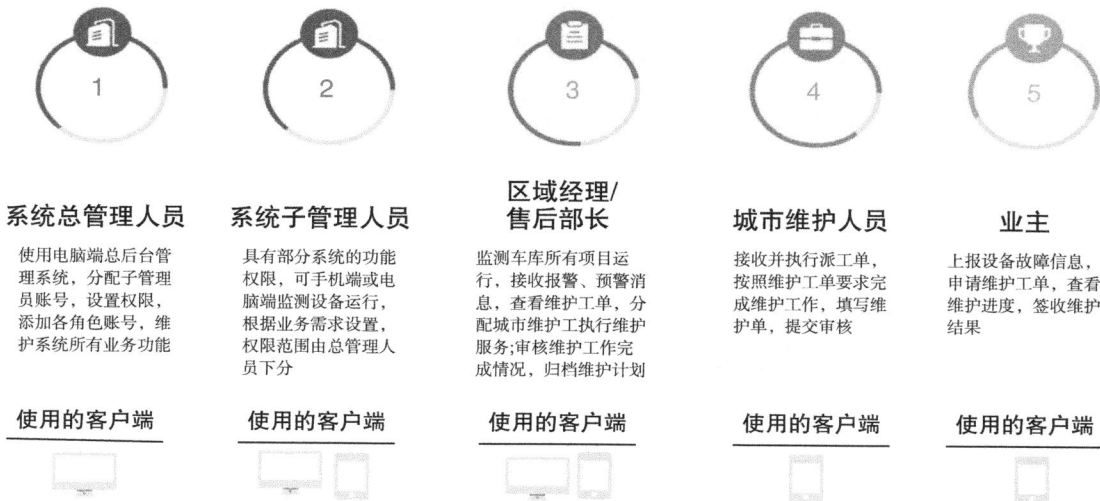

(4)运维检测:对每个项目进行全面监测,设定预警列表、公众号消息推送、报警监测、零部件寿命监测,系统自动生成维护计划推送给相关运维负责人员。运维负责人员派单给城市维护人员,维护人员按照维护工单及时对现场设备维修等。

(5)资料查询:在系统上建立资料库,上传机械式立体停车设备的相关知识图谱及内外部学习资料,包含不同产品的使用步骤、操作规范、说明书、维护标准、维护流程、维护单、修理单、验收单、应急预案、设备的安全注意事项等内容。

(6)审批功能:在系统中的个人中心界面设置审批入口,解决派工过程中的审批需求,包含查看个人提交的审批、审批状态,审批流程中相关审批人的待审批列表等。

此外,软件还具备零部件寿命监控功能,能够及时检测到零部件的使用寿命,提醒售后维护人员定期更换,如图 8-5 所示。在客户端系统可以方便业主进行设备报修,业主使用手机端便可发起报修流程，如图 8-6 所示。

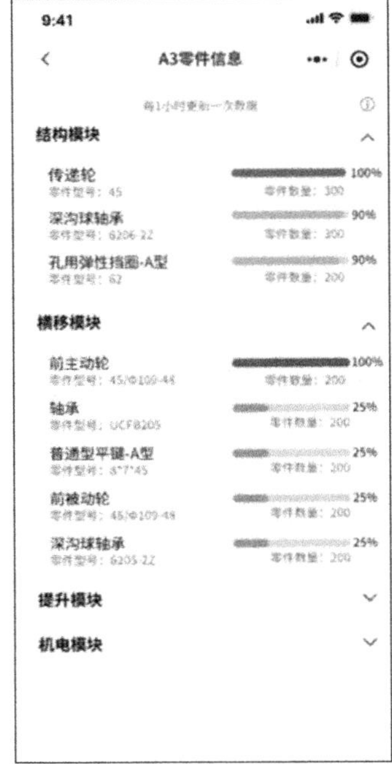

图 8-5　零部件寿命监控和知识库信息

【业务流程】

业主上报流程：

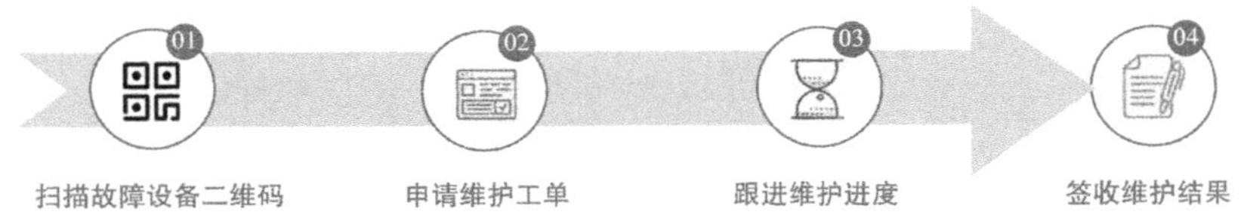

每个设备粘贴
一个专属二维码

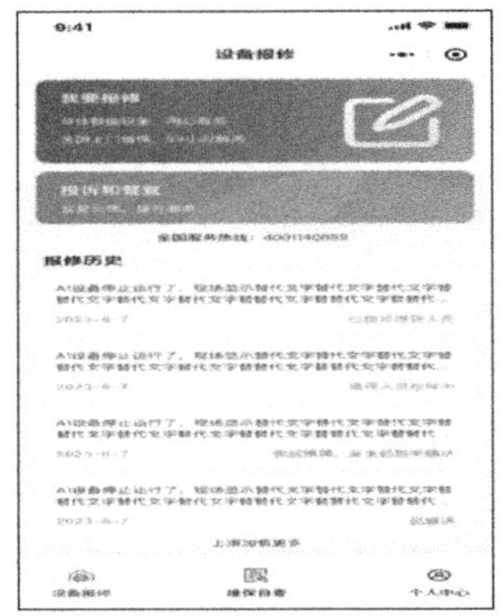

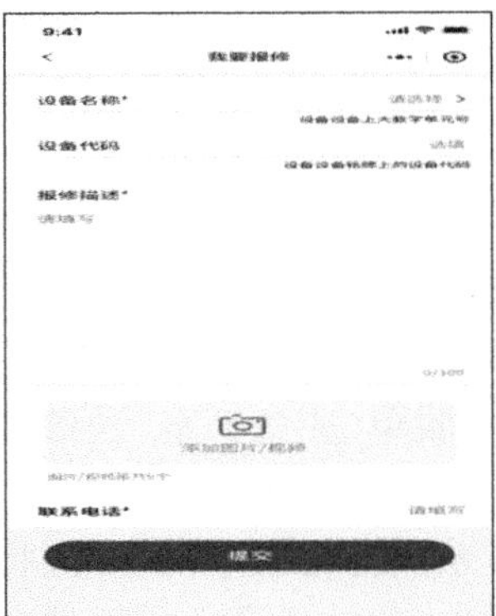

图 8-6　业主报修流程示意图

平台接收到报修申请后，软件系统会自动进行任务分配，维修人员接到派工单后，会第一时间赶到现场处理问题，如图 8-7 所示。用户端软件还可具备收费系统功能，业主可以根据自己需求进行收费权限设置。

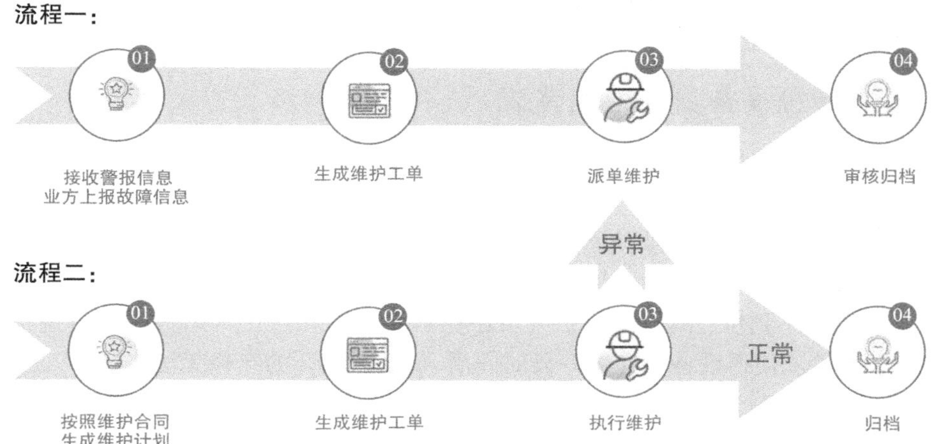

图 8-7　故障排除及维护流程

此外，该类系统可通过软件进行自动维护及设备报警维修流程，如图 8-8 所示。

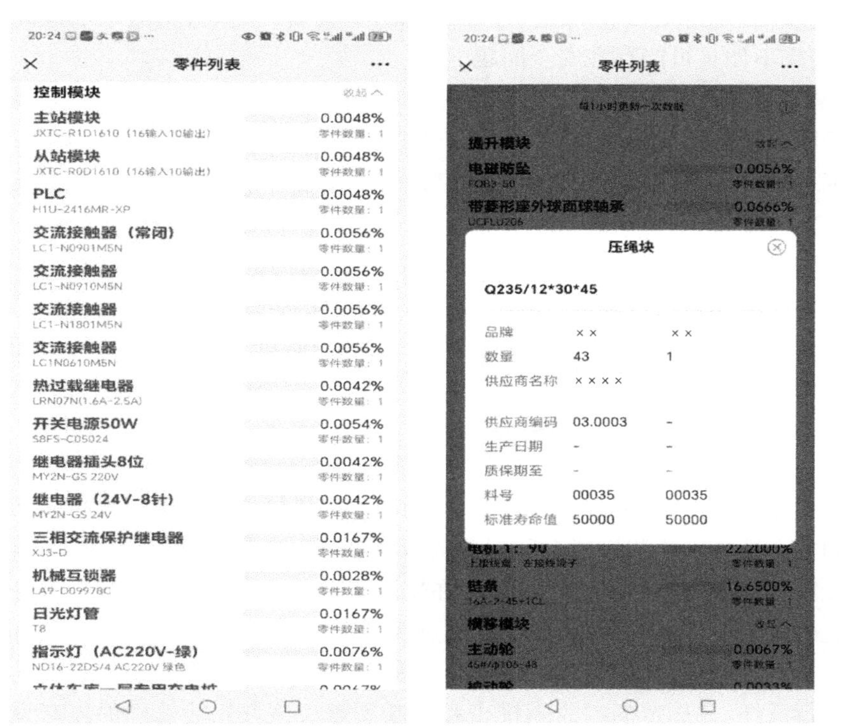

图 8-8　自动维护及设备报警维修

8.2 机械式立体停车设备维护巡检机器人

随着现代化企业对于安全管理工作的要求和科学技术的飞速发展，作为安全管理的智能辅助手段，安全巡检机器人适应安全、绿色及数据化管理的大趋势，机械式立体停车设备检测机器人系统的应用可以为停车设备企业的良性发展提供坚实基础，对提高安全管理、节能减排及智能运营水平有着巨大的应用价值和社会价值。

8.2.1 传统设备安全检测弊端

传统的设备安全检测主要包括人工检测、定期检测、部门抽查等方式，该检测方式存在以下较为明显的弊端：

(1)对相关工作人员的专业技术水平要求较高，出现的问题可能来自设备、电控、设计、软件以及电路等多个方面，经验不足的人员无法准确进行处理，工作效率低且费用成本高。

(2)人工检测不到位、不全面，维护人员往往只对当前无法正常运行的车位进行故障处理，一些潜在的故障使得设备在使用一段时间后，又会出现新的车位无法工作。

(3)不能实时监测设备状态，隐患发现不及时，且设备的维护相关人员不足，甚至存在多个设备安排一位维护人员的情况，仅靠该人员无法完全承担设备中各种设备的维护工作。

(4)人工检测无法做到系统化、标准化的排查，对于隐蔽线路和检测人员难以到达的区域缺乏检测手段，存在大量的检测盲区。

(5)对于高处(大于2m)或低处(小于0.5m)等位置，工作人员需采取登高或趴卧等形式，给巡检带来不便且可能存在安全问题。

(6)大量设备依靠厂家或第三方来完成维护任务，当现场的维护人员对设备出现的问题无法解决并向厂家进行反馈时，还需要层层上报，使得维修周期长且十分低效；部分厂家和第三方对维护工作态度消极，使得部分车位长期无法正常工作，对运营方造成极大的经济损失。

为了解决以上传统检测的弊端，追求标准化、经济且高效的安全检测方式，智能巡检机器人作为目前停车设备内较为可行的智能设备方案，要求功能完善、应用范围广、性能优良，通过对其应用技术的不断改进、优化处理以及成本控制，可直接提高停车设备的运维质量，是停车设备巡检发展新趋势之一。

8.2.2 智能检测机器人功能及特点

机械式立体停车设备检测机器人用于检测和监控机械式立体停车设备的运行状况和关键零部件的安全性能。检测机器人利用搭载的视频信息采集系统、声光报警系统、红外温度探测系统、环境温湿度探测系统等传感器，在轨道平台上运行过程中完成对设备工作状态和零部件外观的全方位信息采集，这些信息通过机器人的通信功能上传到基站，利用软件系统对其进行分析，可实现数据存储、数据查询、报表生成及执行信息生成等功能，再通过相应的执行模块进行反馈，完成定期的故障排查和诊断预警。该方式能够确保停车设备长期的正常运行和安全使用，此外，还可以在信息化、数字化技术支持下完成对停车设备关键零部件的定期检测、加油润滑等多样的维护任务。智能检测机器人架构如图 8-9 所示。

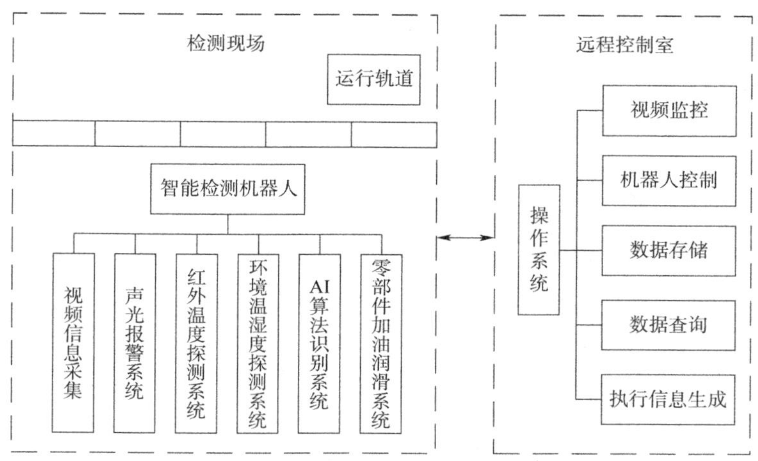

图 8-9　智能检测机器人架构示意图

(1)视频信息采集。检测机器人搭载高精度摄像机,可以在运行过程中将零部件外观检测的视频信息实时反馈至后台操作平台,在其运行过程中后台工作人员可通过操作平台控制机器人的移动,根据需要调节摄像头缓慢转动或对图像进行放大、定位等,对人工难以检测到的零部件进行无死角全方位的排查,实现整体全方位可视化监控。

(2)声光报警系统。巡检机器人搭载声光报警系统,在探测到设备温度异常、环境温湿度异常、动物入侵、车辆被剐蹭或掉落、零部件损坏或缺失、搬运器出现冲顶无法自动对准等其他意外情况时,可通过自身搭载的声光报警器发出警报,同时向后台上位机发送报警信息,通知运维人员及时处理。

(3)红外温度探测系统。检测机器人内部设置红外探测系统,红外探测系统能接收一定视场范围内物体发射的红外线来对温度进行探测,通过动态和静态屏蔽排除干扰后,将信号经数字化处理后由计算机进行图像处理、数值运算,如发现温度异常时,检测机器人的声光报警系统立即发出警报,同时将信息传输至后台的基站控制器进行反馈。

(4)环境温湿度探测系统。停车设备内部的温度和湿度对设备耐久性产生较大影响,检测机器人将温湿度传感器内置于温湿度检测系统,采集停车设备内部环境中的温度和湿度信号,并实时输出、远程传输至后台,当环境温湿度超过设定阈值范围时,通过机器人自带的声光报警系统报警,及时提醒工作人员对停车设备内的温湿度控制器情况进行排查。

(5)AI 算法识别系统。检测机器人搭载的 AI 智能识别系统,可通过巡检机器人运行过程中采集到的视频及图像数据进行智能识别,针对设备作业区域的动物入侵、车辆是否剐蹭或掉落、零部件损坏或缺失、搬运器出现冲顶无法自动对准、明火等意外情况时快速识别和报警,并利用声光报警系统发出警示,及时排除作业区域可能出现的人员安全隐患,且目前算法智能识别准确率和可靠性均有较大提升。

(6)零部件加油润滑系统。通过检测机器人内置的加油润滑系统,可在设备检测中排除故障的同时完成对停车设备零部件的定期润滑。后台的工作人员可操控机器人运行至目标位置完成加油润滑工作,并将每次润滑的数据上传至后台进行统计、备份。

8.3 精细化维护与安全化使用

随着物联网、大数据、人工智能等技术的不断发展,机械式立体停车设备正逐步实现智能化升级。通过智能控制系统,设备能够自动识别车辆信息、分配车位、引导车辆停放,并实时监控设备运行状态,及时发现并处理安全隐患,确保停车过程的安全与高效。未来在机械式立体停车设备精细化维护与安全化使用方面将有如下新趋势:

(1)通过政策引导与标准制定加强行业监管。随着停车难问题的加剧及城市土地空间的日趋紧张,政府将出台一系列相关政策,鼓励机械式立体停车设备行业的发展,并加强对行业的监管力度。同时,国家和行业层面也将完善相应的标准和规范,对设备的生产、安装、使用和维护等方面提出明确要求,确保设备的安全性和可靠性。

(2)技术创新与设备升级将推动精细化安全化管理。企业不断投入研发,采用新技术、新材料和新工艺,提升设备的性能和质量。例如,采用先进的防坠落装置、超载限制器、急停开关等安全零部件,确保设备在紧急情况下能够迅速响应并保障人员安全。

(3)市场需求与用户体验也是推动精细化安全化管理的重要因素。随着城市汽车保有量的不断增加,停车难问题日益突出,机械式立体停车设备的需求持续增长。为了更好地满足用户需求,企业不断优化产品设计和服务流程,提升用户体验,同时加强设备的维护和定期检查,确保设备长期稳定运行。

机械式立体停车设备精细化安全化管理使用的新趋势是智能化、自动化、政策引导、技术创新与市场需求共同推动的结果。这些趋势将促进机械式立体停车设备行业的健康发展,为城市交通的顺畅和人们生活的便利作出更大贡献。

附　　录

附　录　1

机械式立体停车设备安装、使用与维护术语

特种设备通常具有高价值和重要性，关乎人民群众生命财产安全，关乎社会稳定和公众利益，质量无小事，安全大如天，预防为主、综合治理是关键。安全不仅是企业的责任，也是每个从业人员的责任，我们应当高度重视特种设备安全，加强监管力度，形成安全第一的意识。

作为特种设备的一种类型，停车设备能否安全有效运行除了其设计、制造应符合相关法律法规、安全技术规程的规定及相关标准的要求外，停车设备安装质量的有效控制、正确的使用管理及维护也至关重要。《特种设备安全监察条例》《特种设备安全技术规程》中明确规定，停车设备安装验收合格投入使用后，使用单位应当加强对停车设备的安全管理，严格执行特种设备安全技术规范的规定，停车设备安装维护单位对其安装维护的停车设备安全性能负责。

机械式停车设备安装、使用与维护的常见术语如下。

(1)安装单位：从事机械式立体停车设备安装活动的单位。

(2)维护单位：从事机械式立体停车设备维护活动的单位。

(3)主要受力结构件：是指机械式立体停车设备横(纵)梁、立柱。

(4)主要机构：特指机械式立体停车设备起升机构。

(5)主参数：是指机械式立体停车设备层数。

(6)安装：采用组装、固定和调试等一系列作业方法，将停车设备零部件组合为具有使用价值的停车设备整机的活动，包括移装。

(7)改造：是指改变原有停车设备主要受力结构件的结构形式，或者主要机构的配置形式，或者主参数的活动。

(8)修理：更换原有主要零部件、安全保护装置，调整控制系统，但不改变主参数的活动。

(9)重大修理：更换原有主要受力结构件、控制系统，但不改变主参数的活动。

(10)使用单位：具有机械式立体停车设备使用管理权的单位或者具有完全民事行为能力的自然人。一般是机械式立体停车设备的产权单位，也可以是产权单位通过符合法律规定的合同关系确立的机械式立体停车设备实际使用管理者。

注：机械式立体停车设备属于共有的，共有人可以委托物业服务单位或者其他管理人管理机械式立体停车设备，受托人是使用单位；共有人未委托的，实际管理人是使用单位；没有实际管理人的，共有人是使用单位。

(11)自行检查：简称“自检”，是指停车设备安装施工单位按照安装等文件的要求，对停车设备的施工(即安装、改造和重大修理的作业活动)质量进行符合性检查的过程，包括停车设备施工过程的检查、检测以及停车设备竣工后整机性能的检查、检测和试验。

(12)操作人员：经过相应培训并考核合格的、负责操作机械式立体停车设备的人员。

(13)日常检查：操作人员每天(班)对设备进行使用维护的一项重要工作，其目的是及时发现设备运行前及其运行过程中的不正常情况，并予以排除。

(14)维护规程：针对各种类型停车设备结构特点及运行要求，依据设备说明书及该设备维护实践所提供的经验综合制定的有关本设备规范性维护的条文。

(15)设备的定期维护：停车设备的操作者或维护者对运行设备进行定期的维护工作，以保持设备的整齐清洁、润滑、安全良好。根据不同类型的停车设备及运行环境，可按不同的等级或周期进行。

附 录 2

停车设备安全防护装置的具体要求应符合现行《机械式停车设备设计规范》(GB/T 39980)相应规定。常见停车设备安全防护装置的设置应符合附表1的要求。

常见停车设备安全防护装置的设置 附表1

<table>
<tr><th colspan="2">停车设备类型</th><th>升降横移类</th><th>简易升降类</th><th>垂直循环类</th><th>水平循环类</th><th>多层循环类</th><th>平面移动类</th><th>巷道堆垛类</th><th>垂直升降类</th><th>汽车专用升降机</th></tr>
<tr><td rowspan="21">安全防护装置</td><td>紧急停止开关</td><td>应装</td><td>应装</td><td>应装</td><td>应装</td><td>应装</td><td>应装</td><td>应装</td><td>应装</td><td>应装</td></tr>
<tr><td>防止超限运行</td><td>应装</td><td>应装</td><td>—</td><td>应装</td><td>应装</td><td>应装</td><td>应装</td><td>应装</td><td>应装</td></tr>
<tr><td>汽车长、宽、高限制装置</td><td>限长
限高</td><td>限高</td><td>限长
限高</td><td>应装</td><td>限长
限高</td><td>应装</td><td>应装</td><td>应装</td><td>限长</td></tr>
<tr><td>阻车装置</td><td>应装</td><td>应装</td><td>应装</td><td>应装</td><td>应装</td><td>应装</td><td>应装</td><td>应装</td><td>宜装</td></tr>
<tr><td>人车误入检出装置</td><td>应装</td><td>宜装</td><td>—</td><td>—</td><td>—</td><td>—</td><td>—</td><td>—</td><td>—</td></tr>
<tr><td>汽车位置检测装置</td><td>—</td><td>—</td><td>—</td><td>应装</td><td>应装</td><td>应装</td><td>应装</td><td>应装</td><td>应装长度方向检测</td></tr>
<tr><td>出入口门(栅栏门)联锁保护装</td><td>应装</td><td>应装</td><td>应装</td><td>应装</td><td>应装</td><td>应装</td><td>应装</td><td>应装</td><td>应装</td></tr>
<tr><td>自动门及防夹装置</td><td>—</td><td>—</td><td>应装</td><td>应装</td><td>应装</td><td>应装</td><td>应装</td><td>应装</td><td>应装</td></tr>
<tr><td>防重叠自动检测装置</td><td>—</td><td>按现行GB/T 39980的规定</td><td>—</td><td>—</td><td>—</td><td>应装</td><td>应装</td><td>应装</td><td>—</td></tr>
<tr><td>防坠落装置</td><td>应装</td><td>应装</td><td>—</td><td colspan="5">在转换区有地坑且超过0.5m时</td><td>应装</td></tr>
<tr><td>平层装置</td><td>—</td><td>—</td><td>—</td><td colspan="6">按现行GB/T 39980的规定</td></tr>
<tr><td>警示装置</td><td>应装</td><td>宜装</td><td>应装</td><td>应装</td><td>应装</td><td>应装</td><td>应装</td><td>应装</td><td>应装</td></tr>
<tr><td>轨道端部止挡装置</td><td>应装</td><td>应装</td><td>—</td><td>—</td><td>—</td><td>应装</td><td>应装</td><td>应装</td><td>—</td></tr>
<tr><td>缓冲器</td><td>—</td><td>按现行GB/T 39980的规定</td><td>—</td><td>应装</td><td>应装</td><td>应装</td><td>应装</td><td>应装</td><td>应装</td></tr>
<tr><td>松绳(链)检测装置</td><td>应装</td><td>—</td><td>—</td><td>—</td><td>—</td><td>—</td><td>—</td><td>—</td><td>—</td></tr>
<tr><td>安全钳限速器</td><td>—</td><td>—</td><td>—</td><td>—</td><td>—</td><td>—</td><td>—</td><td>—</td><td>应装</td></tr>
<tr><td>紧急联络装置</td><td>—</td><td>—</td><td>—</td><td>—</td><td>—</td><td>—</td><td>—</td><td>—</td><td>应装</td></tr>
<tr><td>运转限制装置</td><td>—</td><td>—</td><td colspan="7">按现行GB/T 39980的规定</td></tr>
<tr><td>控制联锁功能(GB/T 39980—2021)</td><td>应装</td><td>应装</td><td>应装</td><td>应装</td><td>应装</td><td>应装</td><td>应装</td><td>应装</td><td>应装</td></tr>
</table>

续上表

停车设备类型		升降横移类	简易升降类	垂直循环类	水平循环类	多层循环类	平面移动类	巷道堆垛类	垂直升降类	汽车专用升降机
安全防护装置	超载限制器（TSG 51—2023）	—	—	—	—	应装	应装	应装	应装	应装
	载车板锁定装置（GB/T 39980—2021）	—	—	—	—	—	应装	应装	应装	—

附 录 3

机械式立体停车设备的日常检查和定期检查项目、方法、内容及要求见附表2。

日常检查和定期检查项目、方法、内容及要求 附表2

项目		检查方法、内容及要求	处置方式	周期				备注
				日检	月检	季检	年检	
技术文件和资料	随行文件	检查随行图纸、使用说明书、出厂合格证应完整	整改完善				○	
	检查记录	检查以往的检查记录应完整、无未处理的缺陷	整改完善				○	
	维护记录	检查以往的维护记录应完整、无未验证的维护	整改完善				○	
	其他档案	检查设备安装、改造、维修、注册登记等其他档案	整改完善				○	
整机	安全标志	目测检查标牌、安全标志应齐全、清晰	更换/维护	○	○	○	○	
	底坑	目测检查底坑应无积水、杂物等影响设备运行的物质	维护/清除		○	○	○	
	连接件	目测检查主要受力结构件、部件、各机构的连接件,应无缺损、无松动	更换/调整		○	○	○	
	可靠性	空载试验,每套控制单元完成一次存取车,应无异常振动、无噪声	停机调整	○	○	○	○	
	周围环境	在排除其他干扰的情况下,测量停车设备产生的噪声,噪声值应符合各产品标准的规定	维修/调整			○	○	
	照明	检查设备照明应符合现行GB 17907中附录B.2的规定	更换/维修	○	○	○	○	
金属结构	立柱、纵梁、横梁与斜杆等主要受力结构件	测量金属结构的垂直度、平行度、对角线长度应分别符合各产品标准的规定	校正/调整				○	
		目测检查各结构焊缝应无裂纹	维修			○	○	
		目测检查主要受力结构件应无明显塑性变形	维修			○	○	
		目测检查主要受力结构件应无锈蚀现象	维修			○	○	
关键零部件	导轨	目测检查导轨应固定牢固、接头平整	维修		○	○	○	
		测量导轨的连接处间隙应符合各产品标准的规定	维修			○	○	
	搬运小车载车板	目测检查搬运小车、载车板应清洁	维护	○	○	○	○	

续上表

项目		检查方法、内容及要求	处置方式	周期				备注
				日检	月检	季检	年检	
关键零部件	搬运小车载车板	目测检查搬运小车、载车板应无明显变形和损伤	维修		○	○	○	
		测量搬运小车、载车板停车表面与出入口地面之间的距离应符合现行 GB 17907 中 5.3.1.2 的规定	调整			○	○	
	钢丝绳	目测检查钢丝绳应润滑良好，无扭结、压扁、弯折、断股、笼状畸变、断丝等现象	维护/更换	○	○	○	○	
		目测检查防止钢丝绳跳出绳槽的装置应无缺损、无松动	维修		○	○	○	
	卷筒	目测检查应无明显变形，钢丝绳尾端防松或自紧装置应无缺损、无松动	维修		○	○	○	
		目测检查应符合现行 GB 17907 中 5.4.2.8 的规定(必要时可采用无损探伤检查裂纹情况)	更换			○	○	
	滑轮	目测检查应符合现行 GB 17907 中 5.4.2.9 的规定(必要时可采用无损探伤检查裂纹情况)	更换			○	○	
	层门	目测或测量检查应符合现行 JB/T 10546 中 5.2.8 的规定	维修			○	○	
	链条	目测检查防脱措施应有效	维修	○	○	○	○	
		目测检查应符合现行 GB 17907 中 5.4.3.3 的规定	更换		○	○	○	
	起升用螺杆/螺母	通过空载试验检查运转应动作灵活、无卡阻	调整		○	○	○	
		目测检查应无裂纹	更换		○	○	○	
		目测检查防止搬运小车从其上脱开的装置应无缺损、无松动	调整			○	○	
		目测检查防止尖锐物和异物进入的装置应无缺损、无松动	维护			○	○	
		目测检查螺杆两端止挡装置应无缺损、无松动	维护			○	○	
		通过空载试验检查载车板到达终点后起升螺杆副应有足够的安全缓冲行程	调整			○	○	
		目测检查防止载车板落地后对螺杆副直接冲击的装置应无缺损、无松动	维护			○	○	

续上表

项目		检查方法、内容及要求	处置方式	周期				备注
				日检	月检	季检	年检	
关键零部件	制动系统	通过空载试验检查制动器应工作正常	调整/更换		○	○	○	
		目测检查制动摩擦面应无影响制动性能的缺陷或油污	维护/更换			○	○	三合一电动机除外
		目测检查(或无损探伤)制动器应无裂纹	更换		○	○	○	三合一电动机除外
		测量制动衬垫厚度磨损应低于原厚度的50%	更换		○	○	○	三合一电动机除外
		目测检查弹簧应无塑性变形	更换		○	○	○	三合一电动机除外
		测量小轴或轴孔直径磨损应低于原直径的5%	更换			○	○	
		目测检查(或无损探伤)制动轮应无裂纹	更换			○	○	
		测量制动轮轮缘厚度磨损应低于原厚度的20%	更换			○	○	
		测量修圆后轮缘的减薄量应低于20%	更换			○	○	
	回转盘	设有定位装置的回转盘,目测检查在升降或回转位置定位装置应有效	维修/更换		○	○	○	
		空载试验,运行应平稳、可靠	维修/调整		○	○	○	
	出入口处栅栏门	如设有时,目测检查应无损坏	维修		○	○	○	
	工作区围栏	目测检查应完整、无损坏,连接处无松动	维修	○	○	○	○	
液压系统	过压保护	通过功能试验检查安全保护装置应有效	维修		○	○	○	
	液压油	目测检查油缸、管路、接头应无松动、无漏油、无异响、无过热现象,液位在正常范围内,油质应符合要求	维修			○	○	
电控系统	供电电源	目测检查供电电源应工作正常						
	总断路器	通过功能试验检查总断路器应功能正常	维修				○	
	电气元件、电线电缆及电气配线	目测检查各电气元件断路器、熔断器、相序开关、接触器、时间继电器、热继电器等完好,触点无松动,连接可靠,无破损、无接触不良;导线接头、连接端子固定可靠;配线及绝缘层无污损、无老化,无接触不良及导线裸露现象	维护		○	○	○	
	控制柜	目测检查电控箱应干燥清洁,柜门应开关灵活,防护良好;可编程控制器、变频器应有良好的通风散热;电气线路及元器件应无过热、烧焦、融化痕迹,无破损	维护		○	○	○	

续上表

项目		检查方法、内容及要求	处置方式	周期				备注
				日检	月检	季检	年检	
电控系统	电动机	目测检查手动复位的过载保护器应功能有效	维修			○	○	
	接地保护	目测检查装置应完好，功能有效	更换/维修			○	○	
	电气保护	目测检查短路、失压、缺相及错相等电气保护应无缺损	更换			○	○	
		目测检查电气连接及接地应可靠，接线无老化、破损	维护				○	
		测试动力电路导线和保护接地电路之间施加500V(DC)时，绝缘电阻不小于1MΩ	维护				○	
	控制装置	目测检查操作装置应整洁，按钮及指示灯应无缺损，指示信号或开关应正常，无失灵失控现象	维护	○	○	○	○	
安全保护装置	紧急停止开关	触动紧急停止开关，设备应立即停机。紧急停止开关不应自动复位，手动复位后，重新启动，设备应能恢复正常运行	维修	○	○	○	○	
	防止超限运行装置	通过功能试验模拟操作，在垂直方向上查看限位开关和超程限位开关，水平方向上查看限位开关，应可靠有效	维修		○	○	○	
	汽车长、宽、高限制装置	通过功能试验模拟超过适停汽车尺寸时，设备不应动作，并应报警	维修		○	○	○	
	阻车装置	目测检查阻车装置应无缺损、无松动	维修		○	○	○	
	人车误入检测装置	通过功能试验模拟人车误入状态，目测人车误入检测装置应可靠有效	维修		○	○	○	
	汽车位置检测装置	通过功能试验，检查汽车未停在搬运小车或载车板上的正确位置时，停车设备不应运行	维修		○	○	○	
	出入口门(栅栏门)联锁保护装置	如出入口设有门或围栏时，通过功能试验模拟动作，联锁保护装置功能应可靠有效	维修		○	○	○	
	自动门防夹装置	通过功能试验，检查自动防护门防夹装置应可靠有效	维修		○	○	○	
	防重叠自动检测装置	通过功能试验，检查防重叠检测装置应可靠有效	维修		○	○	○	
	防坠落装置	通过功能试验，检查防坠落装置应可靠有效	维修		○	○	○	

续上表

项目		检查方法、内容及要求	处置方式	周期				备注
				日检	月检	季检	年检	
安全保护装置	警示装置	通过功能试验，检查警示装置应能发出声或光报警信号	维修	○	○	○	○	
	轨道端部止挡装置	目测检查轨道端部止挡装置应无变形、无缺损、无开焊	维修		○	○	○	
	缓冲器	目测检查缓冲器应无缺损、无松动	维修			○	○	
	松绳（链）检测装置	通过功能试验检查松（断）绳（链）检测装置应可靠有效	维修		○	○	○	
	安全钳、限速器	通过功能试验，检查人车共乘式汽车专用升降机的安全钳和限速器应可靠有效	维修		○	○	○	汽车专用升降机
	紧急联络装置	通过功能试验，检查人车共乘式汽车专用升降机的停车设备，搬运小车内设有的紧急联络装置应有效	维修	○	○	○	○	汽车专用升降机
	运转限制装置	通过功能试验，检查转换区里检测有无人员出入的光电装置应有效（有管理人员确认安全时，可不设此装置）	维修		○	○	○	
	控制联锁功能	通过功能试验，检查汽车存取由几个控制点启动时，联锁功能应正常	维修		○	○	○	
	超载限制器	通过功能试验，检查超载限制器应可靠有效	维修		○	○	○	
	载车板锁定装置	通过功能试验，检查载车板锁定装置应可靠有效	维修		○	○	○	

附 录 4

机械式立体停车设备特殊检查项目、方法、内容及要求见附表3。

特殊检查项目、方法、内容及要求　　附表3

特殊检查的条件	检查项目	检查方法、内容及要求	处置方式	备注
安全防护装置型式或规格改变	安全防护装置	针对被改变的安全防护装置,其检查方法、内容及要求应按附表2的相应规定执行	按附表2的相应规定	
额定载荷改变	机构、金属结构	通过超载试验检查机械式立体停车设备各项性能应满足使用要求	加固机构和金属结构	
主要受力结构件截面特性或材质改变	金属结构	针对被改变的金属结构,其检查方法、内容及要求应按附表2的相应规定执行	按附表2的相应规定	
		通过超载试验,检查被改变的金属结构应满足设计要求	加固金属结构	
机构型式改变	机构、零部件	针对被改变的机构或其零部件,其检查方法、内容及要求应按附表2的相应规定执行	按附表2的相应规定	
		通过超载试验检查机械式立体停车设备各项性能应满足设计要求	更换起升机构	
控制方式	控制系统	针对被改变的控制系统或其元件,其检查方法、内容及要求应按附表2的相应规定执行	按附表2的相应规定	
		通过功能试验检查机械式立体停车设备的控制性能应满足设计要求	按附表2的相应规定	
动力源改变	动力源	针对被改变的动力源或其元件,其检查方法、内容及要求应按附表2的相应规定执行	按附表2的相应规定	
钢丝绳或起升链条性能改变	钢丝绳或起升链条	目测检查钢丝绳与卷筒、滑轮的匹配情况,并满足现行GB/T 5972的相应要求,通过载荷试验检查链条和链轮的啮合性能	按附表2的相应规定	
水灾侵袭	机械零部件、电控系统	针对被水灾侵袭的机械零部件、电控系统,其检查方法、内容及要求应按附表2的相应规定执行	按附表2的相应规定	
Ⅵ度烈度及以上的地震	附表2的所有年检项目	按附表2的年检规定	按附表2的相应规定	
		通过功能试验、额定载荷试验、超载试验检查机械式立体停车设备各项性能应满足设计要求	按附表2的相应规定	

续上表

特殊检查的条件	检查项目	检查方法、内容及要求	处置方式	备注
超载	机构、金属结构	针对受影响的机构及金属结构，其检查方法、内容及要求应按附表2的相应规定执行	按附表2的相应规定	
		通过超载试验检查机械式停车设备各项性能应满足设计要求	按附表2的相应规定	
火灾	主要受力结构件、各机构、电气系统	通过目测检查、功能试验或/和额定试验检查受火灾影响的项目，应符合附表2的相应要求	按附表2的相应规定	
设备停用一年及以上再次投入使用前	附表2的所有年检项目	按附表2的年检规定	按附表2的相应规定	

附 录 5

机械式立体停车设备的检查报告格式参见附表4。

检查报告

附表4

编号：

<table>
<tr><td>检查类别</td><td colspan="3">定期检查 □</td><td colspan="2">特殊检查 □</td></tr>
<tr><td>设备编号</td><td colspan="3"></td><td>设备名称</td><td></td></tr>
<tr><td rowspan="2">使用单位</td><td>名　　称</td><td colspan="2"></td><td>地　　址</td><td></td></tr>
<tr><td>设备负责人</td><td colspan="2"></td><td>联系电话</td><td></td></tr>
<tr><td>制造单位</td><td colspan="3"></td><td>出厂编号</td><td></td></tr>
<tr><td>规格型号</td><td></td><td>制造日期</td><td></td><td>使用登记证编号</td><td></td></tr>
<tr><td>主要参数</td><td colspan="5">车位数：　　　；单车最大进(出)车时间：</td></tr>
<tr><td rowspan="2">检查单位</td><td>名称</td><td colspan="2"></td><td>维护合同
起止日期</td><td></td></tr>
<tr><td>地址</td><td colspan="2"></td><td rowspan="2">工作环境</td><td rowspan="2">露天□　非露天□
高温□　其他□</td></tr>
<tr><td>检查地点</td><td colspan="3"></td></tr>
</table>

<table>
<tr><td colspan="12">检查情况</td></tr>
<tr><td rowspan="2">序号</td><td rowspan="2">检查项目</td><td rowspan="2">检查结果</td><td rowspan="2">原因及处置建议</td><td colspan="2">记录编号</td><td colspan="2">定期检查日期</td><td rowspan="2">检查
周期</td><td rowspan="2">检查
人员</td><td rowspan="2">检查
日期</td></tr>
<tr><td>检查</td><td>维护</td><td>上次</td><td>下次</td></tr>
<tr><td></td><td></td><td></td><td></td><td></td><td></td><td></td><td></td><td></td><td></td><td></td></tr>
<tr><td></td><td></td><td></td><td></td><td></td><td></td><td></td><td></td><td></td><td></td><td></td></tr>
<tr><td></td><td></td><td></td><td></td><td></td><td></td><td></td><td></td><td></td><td></td><td></td></tr>
<tr><td></td><td></td><td></td><td></td><td></td><td></td><td></td><td></td><td></td><td></td><td></td></tr>
<tr><td></td><td></td><td></td><td></td><td></td><td></td><td></td><td></td><td></td><td></td><td></td></tr>
<tr><td></td><td></td><td></td><td></td><td></td><td></td><td></td><td></td><td></td><td></td><td></td></tr>
<tr><td></td><td></td><td></td><td></td><td></td><td></td><td></td><td></td><td></td><td></td><td></td></tr>
<tr><td></td><td></td><td></td><td></td><td></td><td></td><td></td><td></td><td></td><td></td><td></td></tr>
<tr><td></td><td></td><td></td><td></td><td></td><td></td><td></td><td></td><td></td><td></td><td></td></tr>
<tr><td>备注</td><td colspan="10"></td></tr>
<tr><td colspan="2">项目主管</td><td colspan="2"></td><td colspan="2">报告日期</td><td colspan="5"></td></tr>
</table>

附 录 6

机械式立体停车设备的维护记录格式参见附表5。

维护记录 附表5

编号：

<table>
<tr><td>维护工作类别</td><td colspan="3">维护 □</td><td colspan="3">修理 □</td></tr>
<tr><td>设备编号</td><td colspan="3"></td><td>设备名称</td><td colspan="2"></td></tr>
<tr><td rowspan="2">使用单位</td><td>名　称</td><td colspan="2"></td><td>地　址</td><td colspan="2"></td></tr>
<tr><td>设备负责人</td><td colspan="2"></td><td>联系电话</td><td colspan="2"></td></tr>
<tr><td>制造单位</td><td colspan="3"></td><td>出厂编号</td><td colspan="2"></td></tr>
<tr><td>规格型号</td><td></td><td>制造日期</td><td></td><td>使用登记证编号</td><td colspan="2"></td></tr>
<tr><td>主要参数</td><td colspan="6">车位数： ；单车最大进（出）车时间：</td></tr>
<tr><td>维护单位</td><td>名称</td><td colspan="2"></td><td>维护合同
起止日期</td><td colspan="2"></td></tr>
<tr><td rowspan="2">维护地点</td><td>地址</td><td colspan="2"></td><td rowspan="2">工作环境</td><td colspan="2" rowspan="2">露天□ 非露天□
高温□ 其他□</td></tr>
<tr><td colspan="3"></td></tr>
<tr><td colspan="7">维护情况</td></tr>
<tr><td>序号</td><td>维护项目</td><td colspan="2">维护方法</td><td>维护结果</td><td>维护人员</td><td>维护日期</td></tr>
<tr><td></td><td></td><td colspan="2"></td><td></td><td></td><td></td></tr>
<tr><td></td><td></td><td colspan="2"></td><td></td><td></td><td></td></tr>
<tr><td></td><td></td><td colspan="2"></td><td></td><td></td><td></td></tr>
<tr><td></td><td></td><td colspan="2"></td><td></td><td></td><td></td></tr>
<tr><td></td><td></td><td colspan="2"></td><td></td><td></td><td></td></tr>
<tr><td></td><td></td><td colspan="2"></td><td></td><td></td><td></td></tr>
<tr><td></td><td></td><td colspan="2"></td><td></td><td></td><td></td></tr>
<tr><td></td><td></td><td colspan="2"></td><td></td><td></td><td></td></tr>
<tr><td>备注</td><td colspan="6"></td></tr>
<tr><td>项目主管</td><td colspan="3"></td><td>记录日期</td><td colspan="2"></td></tr>
</table>

参 考 文 献

[1] 曾超,张敏,辜敏. 机械式立体停车设施[M]. 北京:人民交通出版社股份有限公司,2021.

[2] 曾超. 城市立体停车设施设置理论与方法研究[D]. 重庆:重庆交通大学,2016.

[3] 全国起重机械标准化技术委员会. 机械式停车设备 分类:GB/T 26559—2021[S]. 北京:中国标准出版社,2021.

[4] 全国起重机械标准化技术委员会. 机械式停车设备 术语:GB/T 26476—2021[S]. 北京:中国标准出版社,2021.

[5] 国家市场监督管理总局. 起重机械安全技术规程:TSG 51—2023[S]. 北京:新华出版社,2023.

[6] 全国起重机械标准化技术委员会. 机械式停车设备 设计规范:GB/T 39980—2021[S]. 北京:中国标准出版社,2021.

[7] 中华人民共和国住房和城乡建设部. 机械设备安装工程施工及验收通用规范:GB/T 50231—2009[S]. 北京:中国计划出版社,2009.

[8] HUANG J F, CHEN Q, XIE F. Design of intelligent stereo garage system based on PLC control[J]. Procedia Computer Science,2022,208:88-93.

[9] 陈红艳,王建波,刘鹏,等. 升降横移式立体车库钢结构安全评估[J]. 机械强度,2019,41(5):1260-1265.

[10] 中华人民共和国国家质量监督检验检疫总局. 特种设备使用管理规则:TSG 08—2017[S]. 北京:中国标准出版社,2017.

[11] EHAB A A, BRAHIM B K, MAXIME S F. Case Study: Design, Construction, and Performance of the La Chancelière Parking Garage's concrete flat slabs reinforced with GFRP bars[J]. Journal of Composites for Construction,2017,21(1):05016001.

[12] LIU Z D, ZHU X Y, ZHOU W H, et al. Research on the key parameters of lifting equipment in a high-speed, multi-story lifting and sliding parking system[J]. CICTP 2014,2014,1310-1317.

[13] 田祖织,郭阳阳,谭立远,等. 地震荷载下高层垂直循环立体车库结构响应特性[J]. 振动与冲击,2024,43(22):279-286.

[14] 岳仁峰,张嘉琦,刘勇,等. 基于颜色和纹理特征的立体车库锈蚀检测技术[J]. 山东大学学报(工学版),2024,54(3):64-69.

[15] 李其朋,卢乐鹏,陈岁繁,等. 抱持式车辆搬运器转臂冲击性能的研究[J]. 机械设计与制造,2022,(11):144-147,153.

[16] 陈小怡. 立体车库载车器液压缓冲系统设计[J]. 液压与气动,2021,45(9):115-121.